2022年版

# 新規開業白書

日本政策金融公庫総合研究所　編

# 刊行に当たって

2020年1月に日本国内で初めて確認された新型コロナウイルス感染症の流行は、人々の行動や物流を制約し、多くの中小企業に影響を与えている。経営基盤が相対的に弱い開業後間もない企業にとっては、とりわけ大きいショックだったといえるだろう。では、新規開業企業はコロナ禍でどのような影響を受け、どのような対応を行っているのか。いわゆる平時とは、どのような点が異なっているのか。本書では、こうした問題意識の下に、分析を進めた。構成は次のとおりである。

序章では、第1章から第4章までの分析に用いる、日本政策金融公庫総合研究所が実施した三つのアンケート「新規開業実態調査」「新規開業追跡調査」「起業と起業意識に関する調査」について、調査方法とサンプルの特性などを簡単に紹介する。第1章では、当研究所が1991年度から毎年度実施してきた「新規開業実態調査」の結果から、新規開業企業と経営者の属性などの長期的変化を示すとともに、コロナ禍における経営状況を明らかにする。第2章では、同じく「新規開業実態調査」をもとに、コロナ禍の新規開業企業への影響について、さらに詳しく分析する。また、長期データ系列により、コロナ禍のインパクトとその大きさを、リーマンショックや東日本大震災といった過去の経済ショックと比較する。第3章では、2020年度の「新規開業実態調査」と、その回答企業に対してちょうど1年後に行った「新型コロナウイルス感染症が新規開業企業に与えた影響に関する追跡調査」の二つの調査の個票データを組み合わせたパネルデータセット「新規開業追跡調査」から、新規開業企業の開業後の変化、コロナ禍の影響、対応策などを整理する。また、いわゆる平時といえる2016年に開業した企業を追跡した当研究所「新規開業パネル調査（第4コーホート)」のデータと比較し、コロナ禍の影響の大きさを検討する。第4章では、2013年度から行っているインターネットアンケート「起業と起業意識に関する調査」の2021年度調査の結果を中心に、「起業家」「パートタイム起業家」「起業関心層」「起業無関心層」の現状を紹介する。なお、序章から第4章までの執筆は、当研究所研究主幹の深沼光、同研究員の西山聡志、同客員研究員の山田佳美が担当した。

第5章と第6章は外部の専門家にご執筆いただいた。第5章は、東京大学社会科学研究所教授の三輪哲氏に、コロナ禍の下での自営業層の階層移動について、個人の就業状況の変化を観察できるリクルートワークス研究所「全国就業実態パネル調査」の個票データを用いて、実証的に分析していただいた。第6章は、ブレーメン大学経営・経済学部中小企業経営・アントレプレナーシップ研究科の研究員・専任講師で、ドイツのブレーメンに滞在している播磨亜希氏に、欧州を中心とした海外の起業家の事例をもとに、コロナ禍のなかでのトランスナショナル創業の実態について論じていただいた。

また、「事例編」では当研究所が発行している『日本政策金融公庫調査月報』の「未来を拓く起業家たち」のコーナーで連載した、コロナ禍のなかでビジネスに挑んでいる経営者へのインタビュー記事を収録した。インタビューは、当研究所主任研究員の山崎敦史、同研究員の長沼大海、西山聡志、秋山文果(現・国民生活事業本部審査企画部)、青木遥が担当した。「資料編」には、「新規開業実態調査」の2021年度調査のアンケート票と単純集計結果を掲載するとともに、一部の項目については、業種別、性別、開業時の年齢別のクロス集計結果と、1991年度調査から2021年度調査までの時系列データも記載した。また、日本政策金融公庫国民生活事業の新規開業支援窓口も併せて紹介している。

本書をまとめるに当たって実施した各種アンケートやインタビューにつ

いては、長引く新型コロナウイルス感染症の流行下で、経営上のさまざまな問題が発生するなか、多くの経営者の方々に快くご協力をいただいた。ここに改めて御礼申し上げるとともに、今後の事業のご発展をお祈りしたい。本書が、新規開業を目指す方々、開業を支援する諸機関の皆さま方にとって、多少なりとも参考になれば幸いである。最後に、コロナ禍が一刻も早く終息することを願いたい。

2022年6月

日本政策金融公庫総合研究所

所長　武士俣 友生

# 目　次

## 事例編



## 資料編

# 序　章

# コロナ禍の新規開業を探る三つの調査

日本政策金融公庫総合研究所
研究主幹　深沼　光

本章では、新型コロナウイルス感染症の流行が続くなかでの新規開業企業の実態を探るべく当研究所が2021年に実施した、三つの調査について紹介する。詳しい分析は第1章から第4章で行うが、ここでは、それぞれのサンプルと調査の特性を整理する。

第1章と第2章で扱うのは、当研究所が1991年から毎年度実施してきた「新規開業実態調査」である。大規模で長期間実施されている新規開業企業の調査としては国内で唯一といえる。2021年度調査は、2021年7月に行った。調査対象は、日本政策金融公庫国民生活事業が2020年4月から同年9月にかけて融資した企業のうち、融資時点で開業後1年以内の企業（開業前の企業を含む）4,793社（不動産賃貸業を除く）で、回収数は1,467社、回収率は30.6％であった[1]。発送と回収は郵送である。回答企業の開業年の分布は2019年が12.4％、2020年が85.3％、2021年が2.3％で、開業から調査時点までの経過月数は平均13.9カ月である（図序－1）。国内で最初に新型コロナウイルスへの感染が確認されたのは2020年1月であるため、回答企業の多くは、開業の時点でコロナ禍の影響をある程度は予想していたと考えられる。

新規開業実態調査は、各年度の調査対象は異なるが、調査結果を比べることで長期間の新規開業企業の変化をみることができる。第1章と第2章の分析でも、必要に応じて長期系列のデータを紹介するとともに、コロナ禍前後での新規開業の動向の変化や、過去の経済ショックと比べたコロナ禍のインパクトの大きさなどについて考察する。なお、調査対象は日本政策金融公庫国民生活事業の融資先であるため、開業時に多くの資金を必要としないきわめて規模の小さいビジネスは調査対象に含まれていないことに注意する必要がある。

---

1　実施要領は、第1章 p.9に示した。

図序−1　開業年

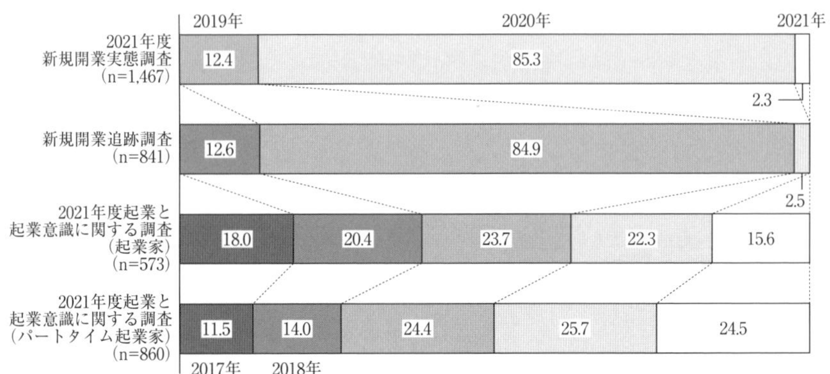


資料：日本政策金融公庫総合研究所「2021年度新規開業実態調査」「新規開業追跡調査」「2021年度起業と起業意識に関する調査」

（注）1　2021年度新規開業実態調査の「2017年」「2018年」、新規開業追跡調査の「2017年」「2021年」の回答割合は0.0%。

2　起業と起業意識に関する調査は、性別・年齢別構成比を実際の人口構成比に近似させるためウエイト値による重みづけを行った集計。

3　nは回答数。

第3章で分析するのは、「新規開業追跡調査」である。この調査は、2020年7月に実施した2020年度の新規開業実態調査（回収数は1, 597社、回収率は30. 9%）と、その回答企業のうち1, 290社に対してちょうど1年後の2021年7月に行った「新型コロナウイルス感染症が新規開業企業に与えた影響に関する追跡調査」（回収数は841社、回収率は65. 2%）の二つの調査個票データを組み合わせたパネルデータセットである[2]。同じ企業の2時点の状況をとらえているため、コロナ禍における新規開業企業の動きを、よりはっきりととらえることができる。二つの調査ともに、発送と回収は郵送で、調査対象は日本政策金融公庫国民生活事業の融資先である。開業した年は2018年が12. 6%、2019年が84. 9%、2020年が2. 5%であり、ほとんどが新型コロナウイルス感染症の流行を考慮しないで開業していると考えられる。

2　実施要領は、第3章 p.69に示した。

開業からの経過月数は、二つ目のアンケートを実施した2021年7月の時点で平均25.8カ月であった。

なお、第3章では当研究所が2016年に開業した企業を5年にわたって追跡した「新規開業パネル調査（第4コーホート）」のデータと比較することで、いわゆる平時とコロナ禍における新規開業企業の開業後の変化の違いについても探った。新規開業パネル調査は、当研究所がわが国で初めて実施した新規開業企業を対象とした大規模なパネル調査で、最初の調査は2001年に開業した企業を5年間追跡した。その後、5年ごとに新しいサンプルに調査を実施しており、第4コーホートは4番目に当たる。調査対象は日本政策金融公庫国民生活事業の融資を受けて2016年に開業した企業で、2016年の第1回調査以降、毎年12月末を調査時点として2020年12月末時点まで5回アンケートを行った。発送と回収は郵送である。

第4章では、2021年11月に行った2021年度の「起業と起業意識に関する調査」を分析する[3]。この調査は2013年度から行っているインターネットアンケートで、ここまで紹介した各調査では観察することが難しい非常に小さな起業のデータを得ることができる。勤務者など事業を行っていない人を調査対象に含んでいるのも特徴である。集計は、「起業家」「パートタイム起業家」「起業関心層」「起業無関心層」の4カテゴリーで行っている[4]。調査は、事前調査（回収数はA群2万4,928人、B群3万6,971人）と詳細調査（回収数は2,460人）の2段階で実施した。事前調査A群の調査対象は、わが国の実態により近いデータを得るために、性別、年齢層、居住地域の3点が、実際の人口構成比に合致するように抽出している。詳細調査は、

---

3　実施要領は、第4章 p.111に示した。

4　「起業家」は、自ら開業して事業を経営している人のうち、事業に充てる時間が1週間当たり35時間以上の人、「パートタイム起業家」は同じく35時間未満の人、「起業関心層」は、事業経営者ではないが起業に関心がある人、「起業無関心層」は、事業を経営しておらず起業にも関心がない人である。

A群と事業を経営している人が多いB群の事前調査回答者のなかから、4カテゴリーが一定数確保できるよう抽出した調査対象に対して実施した。詳細調査のデータは、A群の分布状況に従ってウエイトづけをして集計している。事業を行っている「起業家」「パートタイム起業家」の開業年のそれぞれの分布は、2017年が18.0%、11.5%、2018年が20.4%、14.0%、2019年が23.7%、24.4%、2020年が22.3%、25.7%、2021年が15.6%、24.5%であった。前掲図序－1をみてもわかるように、2021年度の新規開業実態調査や新規開業追跡調査と比べると開業年の幅は広く、2017年以降のそれぞれの年の開業を含んでいる[5]。

このように、「新規開業実態調査」「新規開業追跡調査」「起業と起業意識に関する調査」は、サンプルと調査の特性がそれぞれ異なっている。続く第1章から第4章では、各調査の特徴を生かして、コロナ禍における新規開業企業の実態を明らかにしていきたい。

5　開業月を尋ねていないため、開業からの平均経過月数は計算できない。

# 第1章

# 「2021年度新規開業実態調査」結果の概要

日本政策金融公庫総合研究所
研究員　西山 聡志

本章では、日本政策金融公庫総合研究所が2021年7月に実施した「2021年度新規開業実態調査」（以下、本調査という）の結果について、必要に応じて過去の新規開業実態調査で得られたデータとも比較しながら概説する。

本調査の対象は、日本政策金融公庫国民生活事業が2020年4月から同年9月にかけて融資した企業のうち、融資時点で開業後1年以内の企業（開業前の企業を含む）4,793社（不動産賃貸業を除く）である。回収数は1,467社で、回収率は30.6％であった。

回答企業の業歴の分布をみると、2021年に開業した「0～6カ月」が2.3％、2020年に開業した「7～12カ月」「13～18カ月」が、それぞれ38.1％、47.2％となっており、これらを合わせると全体の9割近くに達する（図1－1）。日本国内で初めて新型コロナウイルスへの感染が確認されたのは2020年1月であることから、回答企業の多くが新型コロナウイルス感染症の経営への影響をある程度は想定してビジネスをスタートしたものと推測される。なお、業歴の平均は13.9カ月であった。

「2021年度新規開業実態調査」の実施要領

調査時点：2021年7月
調査対象：日本政策金融公庫国民生活事業が2020年4月から同年9月にかけて融資した企業のうち、融資時点で開業後1年以内の企業（開業前の企業を含む）4,793社（不動産賃貸業を除く）
調査方法：調査票の送付・回収ともに郵送、アンケートは無記名
回 収 数：1,467社（回収率30.6％）

**図1－1　回答企業の業歴**

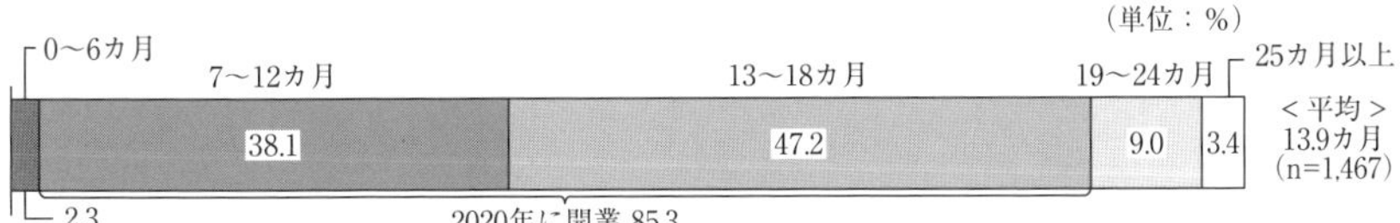


資料：日本政策金融公庫総合研究所「2021年度新規開業実態調査」。ただし、時系列データは各年度の調査による（以下同じ）
（注）1　nは回答数（以下同じ）。
2　構成比は小数第2位を四捨五入して表記しているため、その合計が100％にならない場合がある（以下同じ）。

図1−2 性 別

（調査年度） （単位：％）

| 調査年度 | 男 性 | 女 性 |
|---|---|---|
| 1991 | 87.6 | 12.4 |
| 92 | 87.1 | 12.9 |
| 93 | 87.1 | 12.9 |
| 94 | 85.3 | 14.7 |
| 95 | 86.7 | 13.3 |
| 96 | 86.8 | 13.2 |
| 97 | 85.1 | 14.9 |
| 98 | 86.4 | 13.6 |
| 99 | 87.5 | 12.5 |
| 2000 | 85.6 | 14.4 |
| 01 | 84.7 | 15.3 |
| 02 | 86.0 | 14.0 |
| 03 | 86.2 | 13.8 |
| 04 | 83.9 | 16.1 |
| 05 | 83.5 | 16.5 |
| 06 | 83.5 | 16.5 |
| 07 | 84.5 | 15.5 |
| 08 | 84.5 | 15.5 |
| 09 | 85.5 | 14.5 |
| 10 | 84.5 | 15.5 |
| 11 | 85.0 | 15.0 |
| 12 | 84.3 | 15.7 |
| 13 | 84.9 | 15.1 |
| 14 | 84.0 | 16.0 |
| 15 | 83.0 | 17.0 |
| 16 | 81.8 | 18.2 |
| 17 | 81.6 | 18.4 |
| 18 | 80.1 | 19.9 |
| 19 | 81.0 | 19.0 |
| 20 | 78.6 | 21.4 |
| 21 | 79.3 | 20.7 |

## 1 開業者の属性とキャリア

### (1) 性 別

開業者の性別をみると、「男性」が79.3％、「女性」が20.7％となっている（図1−2）。女性の割合は2020年度の21.4％から若干低下したものの、引き続き2割を超えた。開業者に男性が多い傾向はこれまでと変わらないものの、女性の割合は1991年度の調査開始以降、緩やかな上昇傾向が続い

図1−3　開業時の年齢

（調査年度）　（単位：％）　＜平均年齢の推移＞

| 調査年度 | 29歳以下 | 30歳代 | 40歳代 | 50歳代 | 60歳以上 | 平均年齢（歳） |
|---|---|---|---|---|---|---|
| 1991 | 14.5 | 39.9 | 34.1 | 9.3 | 2.2 | 38.9 |
| 92 | 14.1 | 38.5 | 36.7 | 9.0 | 1.7 | 38.9 |
| 93 | 14.7 | 37.8 | 34.3 | 11.8 | 1.4 | 39.2 |
| 94 | 13.4 | 39.0 | 34.3 | 11.1 | 2.1 | 39.2 |
| 95 | 13.2 | 36.9 | 36.1 | 11.5 | 2.3 | 39.7 |
| 96 | 13.1 | 37.9 | 35.0 | 12.3 | 1.8 | 39.6 |
| 97 | 15.0 | 37.0 | 32.6 | 12.8 | 2.5 | 39.6 |
| 98 | 15.2 | 35.6 | 31.7 | 14.6 | 2.9 | 40.2 |
| 99 | 12.2 | 36.1 | 30.4 | 18.8 | 2.6 | 40.9 |
| 2000 | 12.1 | 32.2 | 31.9 | 21.1 | 2.7 | 41.6 |
| 01 | 11.0 | 34.4 | 29.2 | 21.5 | 3.9 | 41.8 |
| 02 | 13.4 | 35.4 | 28.3 | 19.1 | 3.8 | 40.9 |
| 03 | 11.8 | 36.5 | 26.4 | 21.1 | 4.2 | 41.4 |
| 04 | 10.3 | 33.4 | 27.3 | 23.2 | 5.8 | 42.6 |
| 05 | 9.9 | 31.8 | 27.7 | 24.1 | 6.5 | 43.0 |
| 06 | 8.3 | 34.2 | 29.1 | 23.1 | 5.3 | 42.9 |
| 07 | 11.3 | 39.5 | 24.3 | 20.5 | 4.3 | 41.4 |
| 08 | 9.5 | 38.9 | 28.4 | 18.4 | 4.8 | 41.5 |
| 09 | 9.1 | 38.5 | 26.5 | 19.4 | 6.5 | 42.1 |
| 10 | 8.7 | 35.6 | 29.2 | 18.9 | 7.7 | 42.6 |
| 11 | 8.2 | 39.2 | 28.4 | 17.7 | 6.6 | 42.0 |
| 12 | 9.8 | 39.4 | 28.3 | 16.9 | 5.6 | 41.4 |
| 13 | 8.1 | 40.2 | 29.8 | 15.5 | 6.5 | 41.7 |
| 14 | 7.6 | 38.6 | 30.5 | 17.4 | 5.9 | 42.1 |
| 15 | 7.4 | 35.8 | 34.2 | 15.4 | 7.1 | 42.4 |
| 16 | 7.1 | 35.3 | 34.5 | 16.9 | 6.2 | 42.5 |
| 17 | 8.1 | 34.2 | 34.1 | 16.9 | 6.6 | 42.6 |
| 18 | 6.9 | 31.8 | 35.1 | 19.0 | 7.3 | 43.3 |
| 19 | 4.9 | 33.4 | 36.0 | 19.4 | 6.3 | 43.5 |
| 20 | 4.8 | 30.7 | 38.1 | 19.7 | 6.6 | 43.7 |
| 21 | 5.4 | 31.3 | 36.9 | 19.4 | 7.0 | 43.7 |

ている。結婚や出産といったライフイベントを経ても、就労を続ける女性が増えており、働き方の選択肢として起業を考える女性も少しずつ増加していると推測される。

### (2)　開業時の年齢

開業時の平均年齢は43.7歳で、2020年度と同じ水準となった（図1−3）。平均年齢は長期的にみて上昇する傾向にあり、調査を開始した1990年代前半と比べると5歳近く高くなっている。

開業時の年齢層で最も割合が高いのは「40歳代」で、36.9%を占めている。次いで「30歳代」が31.3%と、開業の主要な担い手は「40歳代」「30歳代」であるということがわかる。また、長期的にみてもその傾向は変わらない。

そのほかの年齢層をみると、「29歳以下」は5.4%で、2020年度（4.8%）と比べるとやや増加したものの、全体に占める割合は低い。「50歳代」（19.4%）は、2000年代には2割を超える年度もあったが、2010年代以降は1割台が続いている。「60歳以上」（7.0%）は、1990年代前半には2%前後の水準であったが、その後は徐々に割合を高めた。ただ、2010年代に入ってからは、人口に占める60歳以上の割合が増加を続けているのにもかかわらず、おおむね6～7%台で推移している。

### (3) 開業者のキャリア

開業者の最終学歴の分布をみると、「大学・大学院」の割合が37.6%と最も高い（図1－4）。それに次いで「高校」が27.6%、「専修・各種学校」が26.2%となっている。1990年代には全体の4割前後で最も高い割合であった「高校」は徐々に減少し、2009年度に「大学・大学院」に逆転されている。文部科学省「令和3年度学校基本調査」では、2021年度の大学（学部）への進学率（過年度高卒者等を含む）は54.9%で、比較可能な1954年度以降で最高の水準を示している。開業者の学歴の高まりは、社会全体の流れを反映したものと考えられる。

開業前の勤務キャリアをみると、「勤務経験あり」が97.2%で、経験年数の平均は20.6年、中央値は20.0年であった（表1－1）。調査時点の事業に関連する仕事をした経験（斯業経験）がある人は82.2%を占めており、平均は15.1年、中央値は14.0年となっている。また、管理職（3人以上の部下をもつ課もしくは部などの長またはリーダー）の経験がある人の割合は66.9%で、経験年数の平均は11.4年であった。調査時点での事業を開始する前に、別の

## 図1−4　最終学歴

（調査年度）　　　　　　　　　　　　　　　　（単位：％）

| 調査年度 | 中学 | 高校 | 専修・各種学校 | 短大・高専 | 大学・大学院 | その他 |
|---|---|---|---|---|---|---|
| 1992 | 7.4 | 40.7 | 16.5 | 4.8 | 30.6 | 0.0 |
| 93 | 8.0 | 40.8 | 17.2 | 3.8 | 29.6 | 0.6 |
| 94 | 8.6 | 39.4 | 18.0 | 3.9 | 29.5 | 0.6 |
| 95 | 7.6 | 40.9 | 12.9 | 7.5 | 30.8 | 0.3 |
| 96 | 7.5 | 41.5 | 13.2 | 7.4 | 29.7 | 0.7 |
| 97 | 5.7 | 42.2 | 15.5 | 7.1 | 29.1 | 0.3 |
| 98 | 6.9 | 39.5 | 18.4 | 4.1 | 30.5 | 0.7 |
| 99 | 6.2 | 40.0 | 15.3 | 3.8 | 33.8 | 1.0 |
| 2000 | 6.4 | 38.0 | 14.9 | 7.2 | 32.9 | 0.6 |
| 01 | 5.0 | 35.9 | 15.1 | 7.6 | 35.2 | 1.2 |
| 02 | 7.1 | 36.5 | 15.1 | 5.5 | 34.4 | 1.3 |
| 03 | 6.2 | 37.9 | 16.4 | 4.2 | 34.3 | 0.9 |
| 04 | 6.6 | 37.0 | 17.6 | 3.8 | 34.6 | 0.3 |
| 05 | 5.6 | 36.4 | 17.4 | 4.6 | 35.5 | 0.5 |
| 06 | 6.0 | 34.5 | 17.5 | 5.4 | 36.4 | 0.2 |
| 07 | 3.6 | 35.0 | 21.5 | 5.2 | 34.0 | 0.6 |
| 08 | 5.8 | 35.0 | 20.1 | 4.6 | 34.2 | 0.2 |
| 09 | 5.0 | 33.2 | 21.3 | 4.5 | 35.9 | 0.1 |
| 10 | 5.5 | 32.0 | 19.1 | 5.3 | 37.9 | 0.2 |
| 12 | 3.5 | 31.3 | 24.3 | 4.3 | 36.2 | 0.4 |
| 13 | 3.0 | 30.4 | 23.9 | 4.8 | 37.8 | 0.1 |
| 14 | 3.2 | 27.7 | 26.6 | 4.6 | 37.8 | 0.1 |
| 15 | 4.0 | 28.7 | 24.8 | 5.8 | 36.7 | 0.1 |
| 16 | 3.6 | 30.6 | 24.0 | 4.9 | 36.9 | 0.1 |
| 17 | 3.0 | 27.5 | 26.1 | 5.7 | 37.5 | 0.2 |
| 18 | 3.0 | 31.2 | 23.5 | 4.4 | 37.8 | 0.1 |
| 19 | 3.4 | 29.7 | 27.1 | 4.2 | 35.7 | 0.0 |
| 20 | 3.5 | 28.0 | 24.3 | 5.0 | 39.1 | 0.1 |
| 21 | 3.7 | 27.6 | 26.2 | 4.7 | 37.6 | 0.2 |

（注）1　1991年度調査の選択肢には「短大」が含まれていないため、結果を掲載していない。また、2011年度調査では最終学歴を尋ねていない。
　　2　1992年度調査の選択肢には「その他」がない。また、1999～2002年度調査の「その他」には「海外の学校」が含まれる。

## 表1−1　勤務キャリア

（単位：％、年）

| | 割　合 | 経験年数（平均値） | 経験年数（中央値） |
|---|---|---|---|
| 勤務経験あり（n=1, 442） | 97. 2 | 20. 6 | 20. 0 |
| 斯業経験あり（n=1, 446） | 82. 2 | 15. 1 | 14. 0 |
| 管理職経験あり（n=1, 446） | 66. 9 | 11. 4 | 10. 0 |
| 経営経験あり（n=1, 340） | 15. 6 | 8. 6 | 7. 0 |

（注）1　「斯業経験」は調査時点の事業に関連する仕事をした経験、「管理職経験」は3人以上の部下をもつ課もしくは部などの長またはリーダーとして仕事をした経験、「経営経験」は調査時点の事業を始める前に別事業を経営した経験（すでにその事業をやめている場合を含む）。
　　2　経験年数の平均値と中央値は、経験がある人だけを集計した。

## 図1−5　開業直前の職業

（調査年度）　　（単位：％）

| 調査年度 | 会社や団体の常勤役員（正社員・正職員） | 正社員・正職員（管理職） | 正社員・正職員（管理職以外） | 非正社員 | その他 |
|---|---|---|---|---|---|
| 1991 | 14.8 | 35.0 | 39.5 | 1.5 | 9.1 |
| 92 | 14.5 | 36.3 | 36.7 | 2.9 | 9.5 |
| 93 | 14.8 | 36.5 | 39.5 | 3.3 | 5.8 |
| 94 | 13.9 | 35.2 | 41.9 | 3.0 | 5.9 |
| 95 | 12.0 | 35.2 | 36.4 | 3.2 | 13.2 |
| 96 | 14.2 | 37.6 | 36.2 | 2.6 | 9.4 |
| 97 | 12.2 | 31.5 | 47.1 | 3.6 | 5.5 |
| 98 | 11.3 | 37.1 | 42.2 | 3.2 | 6.2 |
| 99 | 12.2 | 36.1 | 40.9 | 4.2 | 6.7 |
| 2000 | 14.6 | 36.8 | 38.5 | 5.3 | 4.8 |
| 01 | 14.5 | 36.6 | 36.5 | 6.9 | 5.5 |
| 02 | 13.3 | 34.6 | 40.1 | 4.9 | 7.2 |
| 03 | 12.0 | 42.1 | 30.4 | 7.4 | 8.0 |
| 04 | 12.2 | 37.4 | 34.7 | 5.6 | 10.2 |
| 05 | 12.4 | 36.1 | 33.5 | 8.0 | 9.8 |
| 06 | 13.1 | 37.2 | 32.6 | 7.6 | 9.5 |
| 07 | 10.9 | 39.8 | 33.6 | 8.7 | 7.0 |
| 08 | 13.1 | 38.2 | 33.9 | 7.8 | 7.0 |
| 09 | 13.7 | 38.4 | 32.9 | 8.0 | 6.9 |
| 10 | 13.0 | 45.2 | 26.3 | 8.5 | 7.1 |
| 11 | 13.0 | 38.0 | 31.3 | 8.7 | 9.1 |
| 12 | 10.7 | 41.2 | 31.0 | 9.4 | 7.6 |
| 13 | 10.7 | 44.7 | 28.8 | 8.8 | 7.1 |
| 14 | 10.2 | 44.9 | 29.2 | 9.2 | 6.4 |
| 15 | 11.3 | 40.7 | 29.4 | 10.6 | 8.0 |
| 16 | 10.4 | 45.1 | 28.5 | 10.8 | 5.2 |
| 17 | 10.0 | 40.8 | 31.9 | 9.1 | 8.3 |
| 18 | 10.0 | 42.2 | 29.5 | 10.5 | 7.8 |
| 19 | 11.4 | 38.3 | 32.1 | 11.1 | 7.1 |
| 20 | 10.7 | 39.5 | 29.8 | 12.3 | 7.6 |
| 21 | 11.2 | 41.3 | 28.3 | 10.7 | 8.4 |

（注）1 「非正社員」は「パートタイマー・アルバイト」と「派遣社員・契約社員」の合計である。ただし、1991～1994年度および2004年度調査では選択肢に「派遣社員・契約社員」がない。また、1995～1999年度調査の選択肢は「派遣社員・契約社員」ではなく「派遣社員」である。
2 「その他」には「専業主婦・主夫」「学生」が含まれる。

事業を経営した経験がある人は15.6％で、経験年数の平均は8.6年となった。

開業直前の職業を尋ねたところ、最も高い割合となったのは「正社員・正職員（管理職）」の41.3％であった（図1－5）。次いで「正社員・正職員（管理職以外）」が28.3％、「会社や団体の常勤役員」が11.2％となっている。これら三つの割合を合わせた約8割の開業者が「正社員・正職員」としてキャリアを積んできたことがわかる。

図1−6　勤務先からの離職理由

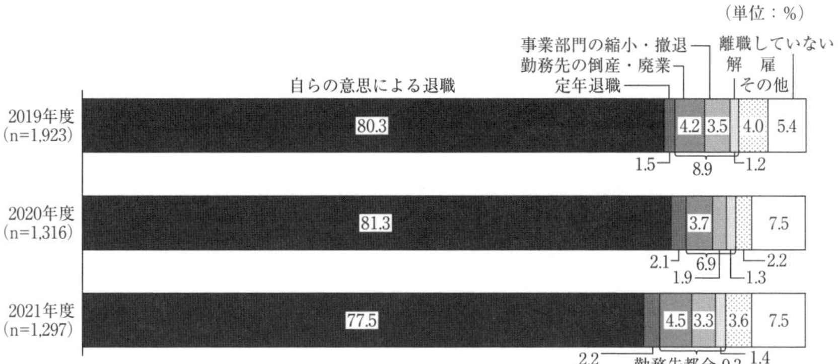


（注）小数第2位を四捨五入しているため、「勤務先都合」とその構成項目の合計が一致しないことがある。

一方で、「パートタイマー・アルバイト」と「派遣社員・契約社員」を合わせた「非正社員」の割合は10.7%となった。「正社員・正職員」に比べ割合は高くないが、1990年代の5%以下の水準から徐々に割合を高め、近年は10%台で推移している。これは日本の雇用に占める非正規の割合が長期的にみて高まってきたことの表れだろう。

### (4) 離職理由

開業者が開業直前の勤務先を離職した理由は、「自らの意思による退職」が77.5%と大半を占めている（図1−6）。2019年度（80.3%）、2020年度（81.3%）に比べるとその水準は低くなったが、事業をスタートするに当たって前向きに離職した開業者が多いという傾向は変わらない。

一方、「勤務先の倒産・廃業」（4.5%）、「事業部門の縮小・撤退」（3.3%）、「解雇」（1.4%）の三つを合計した「勤務先都合」を挙げた割合は9.3%となった。2019年度の8.9%から2020年度に6.9%と低下したものの、2021年度は増加に転じている。これはコロナ禍の結果だと思われるが、2021年度のサンプルにはコロナ禍以前に勤務先を辞めた人も一部含まれると考えられるため、影響の大きさについては次の2022年度の調査で再度確認する必要があろう。

このほか、「離職していない」の割合は2020年度に引き続き7.5%であった。副業としての事業を始める人、あるいは開業した事業をメインとしながらも副業として勤務を続けている人が、一定数存在するようである。

## 2　開業動機と事業の決定理由

### ⑴　開業動機

開業動機（三つまでの複数回答）を尋ねると、「自由に仕事がしたかった」（54.1%）と回答した開業者が最も多く、続いて「仕事の経験・知識や資格を生かしたかった」が47.3%、「収入を増やしたかった」が43.4%となっている（図1－7）。

2019年度からの3年間の推移をみると、上位三つの項目の順番に変化はみられない。そのほか「事業経営という仕事に興味があった」「自分の技術やアイデアを事業化したかった」は、約3割の回答者が動機として挙げている。

これらのなかで最も重要な開業動機を尋ねたところ、「自由に仕事がしたかった」（19.1%）を選ぶ開業者が最も多かった。ただし、年代別にみると傾向は異なる。29歳以下と30歳代は「自由に仕事がしたかった」（同25.3%、22.3%）を、40歳代と50歳代は「仕事の経験・知識や資格を生かしたかった」（同20.0%、22.1%）を挙げている。比較的若い世代は働き方の自由度を求め、経験を多く積んだ世代はスキルの活用の場を求めていることがわかる。60歳以上では「収入を増やしたかった」が24.0%で最も高い割合だった。自ら退職する開業者もいるが、定年により離職する人が多い世代であり、今後の収入源として開業を考えている割合が高いのかもしれない。

図1-7　開業動機（三つまでの複数回答）

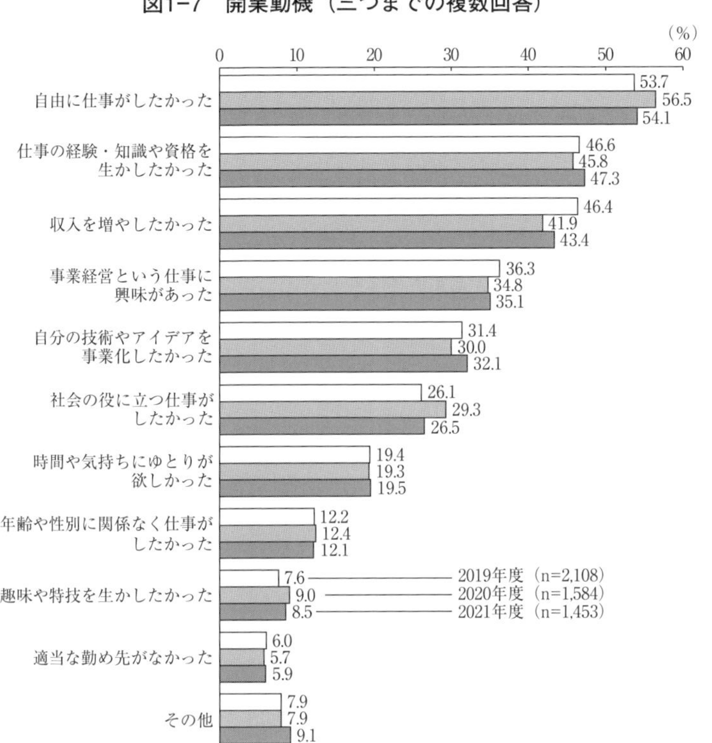


## (2)　事業内容の決定理由

事業内容の決定理由は、「これまでの仕事の経験や技能を生かせるから」（43.8%）が最も多く、次いで「身につけた資格や知識を生かせるから」（19.4%）が続く（図1－8）。開業するまでの実務経験を生かせる分野を事業とする開業者が多いようだ。また、「地域や社会が必要とする事業だから」が15.9%となっており、2019年度（13.3%）、2020年度（13.8%）と比べて上昇している。

これらを男女別にみると、上位3項目の順位は同じだが、回答割合の傾向には少し違いがみられる。最も回答割合の高い「これまでの仕事の経験や技

図1−8　事業内容の決定理由

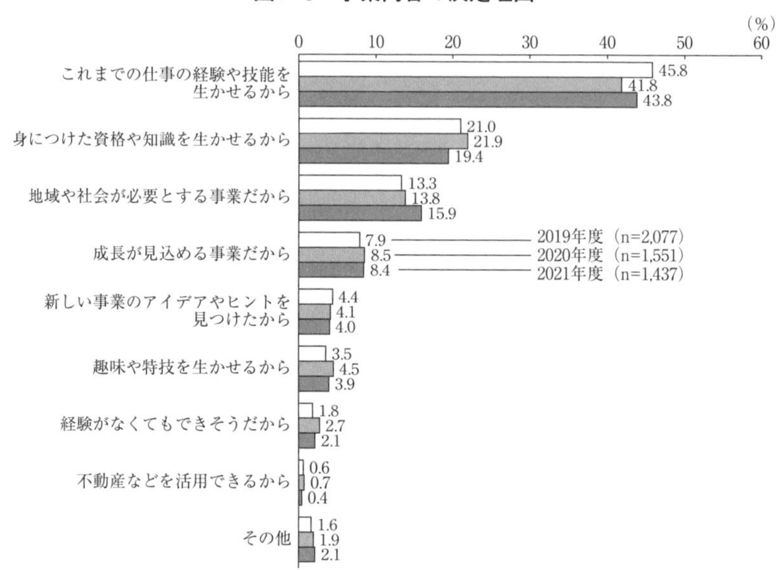


能を生かせるから」は男性が45.1%、女性が39.1%と、男性の方が高い割合となった。一方「身につけた資格や知識を生かせるから」は男性が18.5%、女性が22.9%、「地域や社会が必要とする事業だから」は男性が15.7%、女性が16.5%と、女性の方が高い割合となっている。「趣味や特技を生かせるから」も男性が3.2%、女性が6.4%と、性別による顕著な違いがみられた[1]。

## 3　企業の属性

### (1)　業　種

開業業種は表1−2に示したとおりである。業種別で最も高い割合となった「サービス業」は28.1%で、長期にわたり1位を保っている。業種をさら

1　その他の選択肢については巻末資料編（p. 361）を参照されたい。

### 表1-2　開業業種

（単位：%）

| 調査年度 | 建設業 | 製造業 | 情報通信業 | 運輸業 | 卸売業 | 小売業 | 飲食店・宿泊業 | 医療・福祉 | 教育・学習支援業 | サービス業 | 不動産業 | その他 |
|---|---|---|---|---|---|---|---|---|---|---|---|---|
| 2004 | 8.9 | 5.5 | 3.2 | 3.8 | 7.5 | 14.2 | 14.0 | 14.9 | 1.6 | 23.5 | 2.2 | 0.8 |
| 05 | 8.5 | 5.2 | 2.5 | 3.6 | 6.8 | 15.9 | 14.5 | 16.1 | 1.5 | 21.1 | 2.4 | 1.9 |
| 06 | 9.6 | 5.4 | 2.6 | 3.6 | 8.2 | 15.2 | 14.5 | 14.1 | 2.2 | 20.9 | 3.2 | 0.5 |
| 07 | 7.5 | 5.0 | 3.2 | 2.4 | 5.9 | 13.6 | 16.9 | 15.8 | 1.6 | 25.6 | 1.6 | 0.9 |
| 08 | 9.5 | 4.0 | 2.8 | 3.2 | 7.4 | 14.0 | 14.5 | 13.2 | 2.5 | 24.1 | 4.2 | 0.6 |
| 09 | 9.5 | 6.2 | 3.0 | 3.6 | 6.1 | 10.4 | 13.9 | 14.8 | 1.3 | 26.3 | 4.2 | 0.9 |
| 10 | 8.8 | 4.7 | 2.4 | 2.5 | 8.4 | 14.0 | 12.8 | 15.7 | 2.1 | 23.2 | 4.1 | 1.2 |
| 11 | 7.1 | 2.7 | 2.9 | 4.0 | 7.9 | 12.9 | 13.6 | 17.5 | 2.3 | 24.8 | 3.6 | 0.8 |
| 12 | 7.2 | 3.2 | 2.7 | 2.2 | 7.2 | 14.6 | 12.9 | 19.8 | 2.6 | 22.0 | 4.2 | 1.5 |
| 13 | 6.3 | 4.5 | 2.6 | 2.5 | 6.1 | 10.6 | 15.1 | 19.6 | 3.4 | 23.6 | 4.8 | 0.9 |
| 14 | 6.4 | 3.5 | 2.5 | 1.8 | 5.5 | 13.2 | 14.9 | 21.9 | 3.2 | 22.2 | 3.7 | 1.2 |
| 15 | 8.6 | 4.1 | 2.6 | 2.0 | 5.1 | 11.9 | 15.9 | 19.5 | 2.6 | 23.2 | 3.7 | 0.7 |
| 16 | 8.5 | 4.4 | 1.6 | 1.9 | 5.6 | 9.4 | 15.8 | 18.0 | 2.9 | 26.2 | 4.5 | 1.1 |
| 17 | 8.9 | 4.2 | 2.2 | 2.7 | 4.6 | 11.9 | 14.2 | 19.6 | 3.6 | 23.3 | 4.1 | 0.7 |
| 18 | 7.7 | 3.4 | 3.2 | 2.8 | 4.9 | 13.1 | 14.7 | 17.4 | 2.6 | 25.1 | 4.2 | 0.8 |
| 19 | 8.8 | 3.4 | 2.7 | 3.5 | 5.3 | 12.8 | 15.6 | 14.7 | 3.1 | 25.9 | 3.7 | 0.5 |
| 20 | 9.4 | 3.1 | 2.9 | 2.6 | 3.5 | 11.8 | 14.3 | 16.7 | 3.6 | 26.4 | 4.4 | 1.3 |
| 21 | 7.2 | 2.7 | 2.5 | 4.6 | 4.3 | 11.5 | 14.7 | 17.4 | 2.9 | 28.1 | 3.3 | 0.9 |

（注）「持ち帰り・配達飲食サービス業」は、「小売業」に含む（以下同じ）。

に細かくみてみると、「美容業」「経営コンサルタント業」「税理士事務所」「エステティック業」「理容業」などが多い。「サービス業」に続くのは「医療・福祉」（17.4%）、「飲食店・宿泊業」（14.7%）である。「医療・福祉」の割合は2000年代後半に高まり、2014年度には21.9%にまで達したが、その後はやや低下し、最近は10%台後半で推移している。「飲食店・宿泊業」は15%前後の水準で大きな変化はみられず、2021年度も14.7%とコロナ禍にも

図1-9　開業時の経営形態

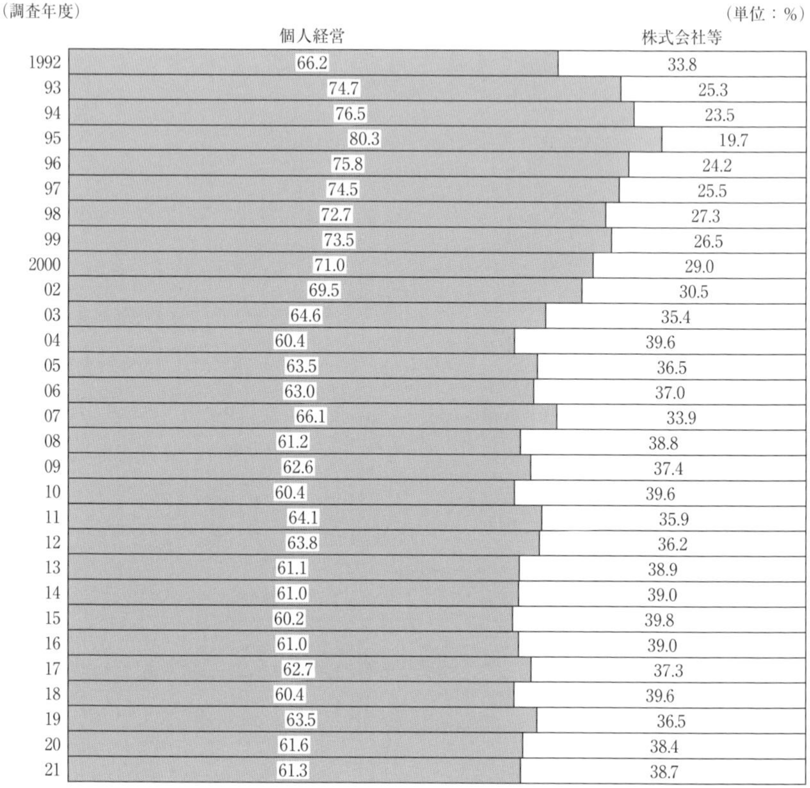

| 調査年度 | 個人経営 | 株式会社等 |
|---|---|---|
| 1992 | 66.2 | 33.8 |
| 93 | 74.7 | 25.3 |
| 94 | 76.5 | 23.5 |
| 95 | 80.3 | 19.7 |
| 96 | 75.8 | 24.2 |
| 97 | 74.5 | 25.5 |
| 98 | 72.7 | 27.3 |
| 99 | 73.5 | 26.5 |
| 2000 | 71.0 | 29.0 |
| 02 | 69.5 | 30.5 |
| 03 | 64.6 | 35.4 |
| 04 | 60.4 | 39.6 |
| 05 | 63.5 | 36.5 |
| 06 | 63.0 | 37.0 |
| 07 | 66.1 | 33.9 |
| 08 | 61.2 | 38.8 |
| 09 | 62.6 | 37.4 |
| 10 | 60.4 | 39.6 |
| 11 | 64.1 | 35.9 |
| 12 | 63.8 | 36.2 |
| 13 | 61.1 | 38.9 |
| 14 | 61.0 | 39.0 |
| 15 | 60.2 | 39.8 |
| 16 | 61.0 | 39.0 |
| 17 | 62.7 | 37.3 |
| 18 | 60.4 | 39.6 |
| 19 | 63.5 | 36.5 |
| 20 | 61.6 | 38.4 |
| 21 | 61.3 | 38.7 |

（注）1　1991年度調査と2001年度調査では開業時の経営形態を尋ねていない。
　　　2　経営形態の質問に対する選択肢は調査ごとに若干異なる。このため、「個人経営」以外は「株式会社等」で一括した。

かかわらず割合は低下しなかった。そのほか、「小売業」（11.5%）、「建設業」（7.2%）、「運輸業」（4.6%）、「卸売業」（4.3%）などの順となっている。

## ⑵　経営形態

開業時の経営形態は、「個人経営」が61.3%と大半を占め、「株式会社」（29.4%）、「NPO法人」（0.4%）、「その他（合同会社、合資会社、一般社団法人など）」（8.9%）を合わせた「株式会社等」は38.7%である（図1－9）。

図1−10　開業時の平均従業者数および開業者本人のみで開業した割合

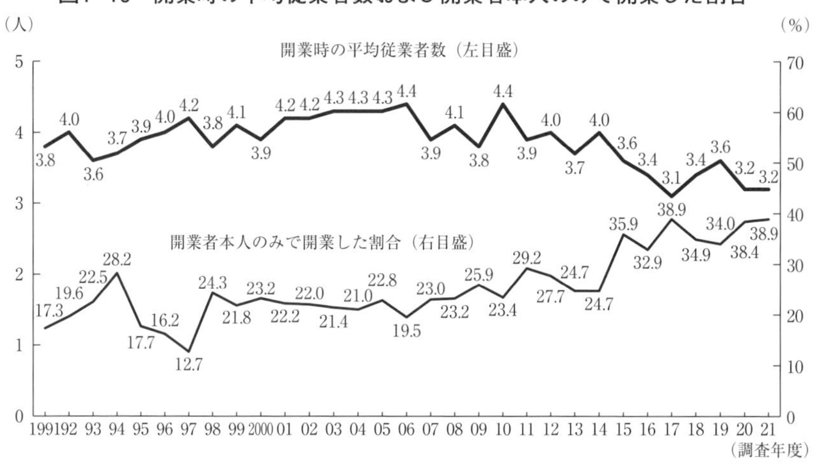


（注）　従業者は、「開業者本人」「家族従業員」「常勤役員・正社員」「パートタイマー・アルバイト」「派遣社員・契約社員」を含む（以下同じ）。

1991年に施行された商法改正により株式会社で最低資本金が設けられるとともに、有限会社の最低資本金が引き上げられた。その影響からか1990年代は「株式会社等」の割合は20%台が目立つ。その後、2003年の改正新事業創出促進法により、一定の要件を満たす創業の場合については最低資本金規制が緩和され、さらに2006年に施行された会社法では最低資本金規制が撤廃された。同割合をみるとこの時期におおむね30%台後半まで上昇している。なお、図に示していないが、調査時点では「個人経営」が60.0%、「株式会社等」が40.0%となっている。

## (3)　従業者数

開業時の従業者数は平均3.2人で、2020年度と同程度の水準となった（図1－10）。2000年代前半には4人を超えていたが、近年は3人台で推移している。また、従業員を雇用せずに開業者本人のみで開業した割合は38.9%と、過去最高となった。おおむね20%台前半だった2000年代と比べると、

図1−11　開業費用の平均値と中央値

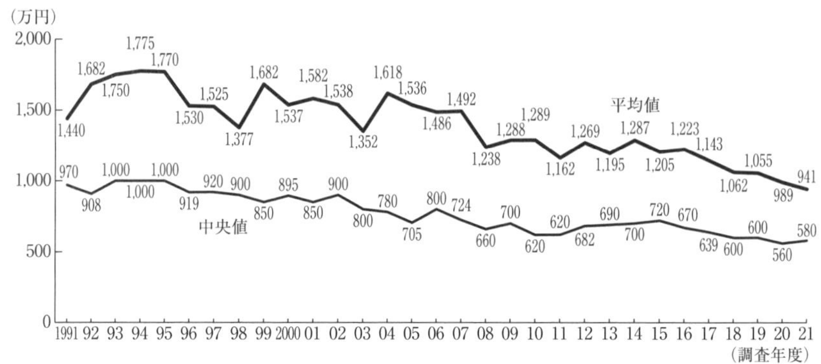


2倍近くに達している。これらのデータから、長期的にみて規模の小さい開業が増える傾向にあることがうかがえる。

## 4　開業費用と資金調達

### ⑴　開業費用

開業費用の平均は941万円と、1991年度の調査開始以降で最も少なくなった（図1－11）。中央値も580万円で、2020年度の560万円に次ぐ低水準である。長期的にみると低下傾向にあるようだ。金額カテゴリーごとにみると、「500万円未満」が42.1%、「500万～1,000万円未満」が30.2%、「1,000万～2,000万円未満」が17.8%、「2,000万円以上」が9.9%となっている（図1－12）。「500万円未満」の割合は2020年度の43.7%と比べるとやや低下したものの、2010年代半ば以降は割合を高める傾向にある。一方で「2,000万円以上」の割合は長期的に低下しており、2021年度は調査開始以来最も低い値を示した。

近年、ITの活用によりリモート環境でできる仕事が増え、事務所を構えなくても自宅でビジネスができる可能性も高まった。シェアオフィスのような固定費を低く抑える仕組みも広がっている。また、前述のとおり開業者1人で

**図1－12　開業費用**

（単位：％）

| （調査年度） | 500万円未満 | 500万～1,000万円未満 | 1,000万～2,000万円未満 | 2,000万円以上 |
|---|---|---|---|---|
| 1991 | 23.8 | 26.7 | 28.7 | 20.8 |
| 92 | 22.4 | 29.3 | 26.8 | 21.5 |
| 93 | 21.0 | 28.3 | 27.8 | 22.9 |
| 94 | 19.6 | 28.1 | 27.0 | 25.3 |
| 95 | 20.3 | 28.0 | 27.5 | 24.2 |
| 96 | 22.1 | 30.3 | 25.2 | 22.4 |
| 97 | 21.5 | 29.8 | 28.6 | 20.1 |
| 98 | 24.3 | 27.5 | 28.8 | 19.3 |
| 99 | 24.3 | 30.8 | 23.6 | 21.3 |
| 2000 | 24.4 | 29.2 | 25.2 | 21.1 |
| 01 | 22.6 | 32.2 | 24.5 | 20.8 |
| 02 | 24.9 | 28.8 | 25.2 | 21.1 |
| 03 | 29.6 | 30.2 | 23.0 | 17.1 |
| 04 | 29.8 | 28.9 | 21.7 | 19.6 |
| 05 | 31.8 | 29.0 | 19.8 | 19.4 |
| 06 | 30.1 | 27.1 | 23.9 | 18.9 |
| 07 | 31.7 | 28.6 | 21.4 | 18.3 |
| 08 | 35.4 | 29.1 | 21.6 | 13.9 |
| 09 | 34.3 | 28.3 | 21.6 | 15.8 |
| 10 | 38.1 | 28.5 | 17.9 | 15.5 |
| 11 | 39.8 | 26.6 | 19.2 | 14.5 |
| 12 | 35.4 | 31.1 | 19.2 | 14.3 |
| 13 | 34.7 | 31.0 | 21.1 | 13.2 |
| 14 | 32.5 | 31.8 | 20.5 | 15.2 |
| 15 | 32.8 | 31.6 | 21.8 | 13.8 |
| 16 | 35.3 | 30.9 | 20.5 | 13.3 |
| 17 | 37.4 | 29.3 | 20.8 | 12.6 |
| 18 | 37.4 | 31.0 | 19.5 | 12.1 |
| 19 | 40.1 | 27.8 | 20.6 | 11.5 |
| 20 | 43.7 | 27.3 | 18.2 | 10.8 |
| 21 | 42.1 | 30.2 | 17.8 | 9.9 |

事業を行っている割合も高まり、開業時の従業者数も以前より少なくなっている。こうしたことが開業費用の少額化につながっていると考えられる。

## (2)　資金調達

開業時の資金調達額の平均は1, 177万円で、やはり1991年度の調査開始以来、最も少額になった（図1－13）。内訳をみると「金融機関等からの借入」が平均803万円で全体の68. 3％と最も多い。長期的にみても、この傾向は変化していない。それに続くのは「自己資金」の平均282万円で、全

**図1−13　資金調達額**

（調査年度）　　（単位：万円）

| 調査年度 | 自己資金 | 配偶者・親・兄弟・親戚 | 友人・知人等 | 金融機関等からの借入 | その他 | <平均調達総額> |
|---|---|---|---|---|---|---|
| 1991 | 360 | 124 | 119 | 748 | 101 | 1,452 |
| 92 | 441 | 151 | 129 | 917 | 111 | 1,750 |
| 93 | 426 | 154 | 77 | 972 | 120 | 1,749 |
| 94 | 445 | 149 | 81 | 1,062 | 91 | 1,828 |
| 95 | 453 | 136 | 65 | 1,067 | 92 | 1,813 |
| 96 | 424 | 151 | 53 | 897 | 73 | 1,598 |
| 97 | 412 | 150 | 83 | 881 | 70 | 1,596 |
| 98 | 435 | 149 | 68 | 723 | 67 | 1,442 |
| 99 | 445 | 177 | 132 | 969 | 108 | 1,832 |
| 2000 | 428 | 131 | 110 | 895 | 82 | 1,645 |
| 01 | 440 | 159 | 88 | 939 | 78 | 1,704 |
| 02 | 413 | 151 | 113 | 865 | 86 | 1,628 |
| 03 | 405 | 152 | 91 | 748 | 67 | 1,461 |
| 04 | 439 | 146 | 110 | 954 | 102 | 1,750 |
| 05 | 448 | 165 | 89 | 932 | 95 | 1,729 |
| 06 | 443 | 161 | 91 | 882 | 70 | 1,645 |
| 07 | 422 | 137 | 77 | 935 | 60 | 1,631 |
| 08 | 374 | 100 | 72 | 793 | 66 | 1,405 |
| 09 | 398 | 124 | 65 | 798 | 62 | 1,448 |
| 10 | 364 | 141 | 70 | 827 | 46 | 1,449 |
| 11 | 356 | 97 | 51 | 840 | 69 | 1,413 |
| 12 | 369 | 112 | 47 | 855 | 95 | 1,478 |
| 13 | 327 | 95 | 50 | 833 | 32 | 1,337 |
| 14 | 350 | 100 | 45 | 928 | 40 | 1,464 |
| 15 | 311 | 110 | 53 | 866 | 25 | 1,365 |
| 16 | 320 | 84 | 56 | 931 | 42 | 1,433 |
| 17 | 287 | 75 | 44 | 891 | 27 | 1,323 |
| 18 | 292 | 70 | 40 | 859 | 21 | 1,282 |
| 19 | 262 | 53 | 39 | 847 | 36 | 1,237 |
| 20 | 266 | 51 | 27 | 825 | 25 | 1,194 |
| 21 | 282 | 46 | 28 | 803 | 17 | 1,177 |

（注）1　「配偶者・親・兄弟・親戚」と「友人・知人等」は借入、出資の両方を含む。
2　「友人・知人等」には「取引先」（1992～1999年度調査）、「事業に賛同した個人・法人」（1992～2021年度調査）、「自社の役員・従業員」（2004～2021年度調査）、「関連会社」（2016年度調査）を含む。
3　「金融機関等からの借入」には、「日本政策金融公庫」（1991～2021年度調査）、「民間金融機関」（1991～2021年度調査）、「地方自治体の制度融資」（1992～2021年度調査）、「公庫・地方自治体以外の公的機関」（1999～2021年度調査）が含まれる。
4　開業費用と資金調達額は別々に尋ねているため、金額は一致しない。

体に占める割合は23.9％だった。また、「配偶者・親・兄弟・親戚」は平均46万円（8.5％）で、初めて50万円を下回った。2000年代前半まではおおむね150万円前後、2010年代前半でも100万円前後であったのと比べると、大きく減少しており、資金調達額に占める割合も低下する傾向にある。

図1－14　開業時と調査時点の平均従業者数

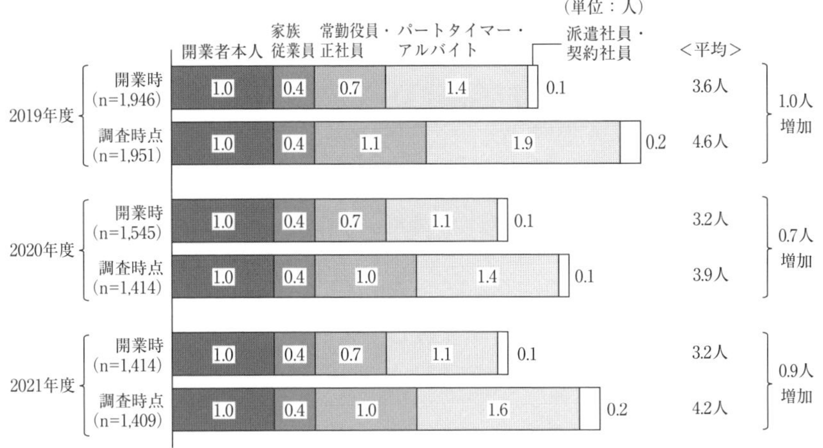


（注）値は小数第2位を四捨五入して表記しているため、同じ値でもグラフの長さが異なったり、内訳の合計と平均、平均の差と増加数が一致しなかったりする場合がある。

この背景としては、開業費用全体が少額化していくなか、事業資金を親族に頼ろうとする人が減ってきていることが考えられる。あるいは、支援する側の親族の考え方が、近年急速に変わってきているのかもしれない。長期的な子どもの数の減少や、未婚率の増加によって、親族の人数自体が減っていることが要因である可能性はあるものの、それらを考慮しても大きな変化であるといえよう。このほか、「友人・知人等」も減少傾向にあり、今回の調査では平均28万円と、2020年度の27万円に次ぐ低水準となっている。

## 5　開業後の状況と開業にかかる課題

### (1)　従業者数の変化

従業者数の変化をみていくと、調査時点（開業時から平均13.9カ月経過した時点）の平均従業者数は4.2人となり、開業時の3.2人から0.9人増加している（図1－14）。増加数は、2020年度の0.7人に比べてやや大きくなっ

図1−15　開業時と調査時点の従業者数

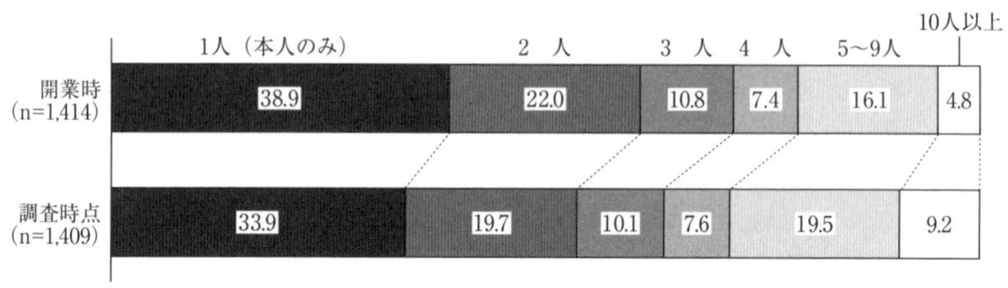


た。従業者の内訳をみると、「常勤役員・正社員」が開業時の0.7人から調査時点の1.0人へ、「パートタイマー・アルバイト」が同じく1.1人から1.6人へ、それぞれ0.3人、0.5人増えている。

図1−15は開業時と調査時点の従業者数の分布を示している。調査時点において、従業者数が「1人（本人のみ）」の割合は33.9%となった。開業時の38.9%からは低下しているが、依然として3割を超える開業者が1人で事業を行っている。一方、「5〜9人」は16.1%から19.5%へ、「10人以上」は4.8%から9.2%へと、それぞれ割合を高めており、一部の企業は順調に規模を拡大していると推測される。

## ⑵　業　況

調査時点の平均月商（1カ月当たりの売上高）は、「100万円未満」が45.9%、「100万〜500万円未満」が41.6%となった（図1−16）。これは、2020年度のそれぞれ45.8%、41.7%とほぼ同じ割合であった。これらを合わせた「500万円未満」の割合は2020年度、2021年度ともに87.5%と、全体の9割近くを占めている。新型コロナウイルス感染症の影響がなかった2019年度では、「100万円未満」が40.3%、「100万〜500万円未満」が45.1%で、「500万円未満」は85.4%となっており、最近の2回の調査では売上高の水準が下方シフトしていることがみてとれる。平均月商も、2019年度に

図1−16　調査時点の月商（1カ月当たりの売上高）

（単位：%）

| | 100万円未満 | 100万～500万円未満 | 500万～1,000万円未満 | 1,000万円以上 | <平均> | 500万円未満 |
|---|---|---|---|---|---|---|
| 2019年度（n=2,014） | 40.3 | 45.1 | 8.5 | 6.2 | 366.7万円 | 85.4 |
| 2020年度（n=1,486） | 45.8 | 41.7 | 7.9 | 4.6 | 292.4万円 | 87.5 |
| 2021年度（n=1,358） | 45.9 | 41.6 | 7.0 | 5.5 | 280.7万円 | 87.5 |

図1−17　予想月商達成率

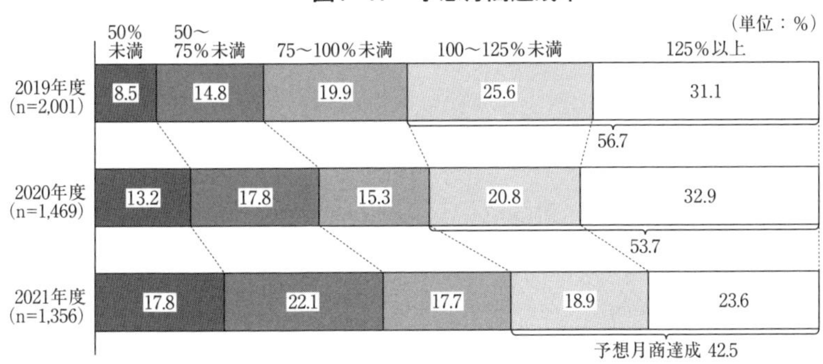


（注）予想月商達成率＝（調査時点の月商÷開業前に予想していた月商）×100

は366.7万円だったものが、2020年度には292.4万円、2021度には280.7万円と低下している。

ここで、調査時点の月商が当初予想していた水準に達しているかどうかをみてみよう。図1−17に示したのは、予想月商達成率（調査時点の月商÷開業前に予想していた月商×100）である。2021年度は、「100～125%未満」（18.9%）と「125%以上」（23.6%）を合わせた、「予想月商達成」の割合は42.5%となった。その一方で、「50%未満」が17.8%、「50～75%未満」が22.1%、「75～100%未満」が17.7%となっており、全体の6割近

図1-18　調査時点の売上状況

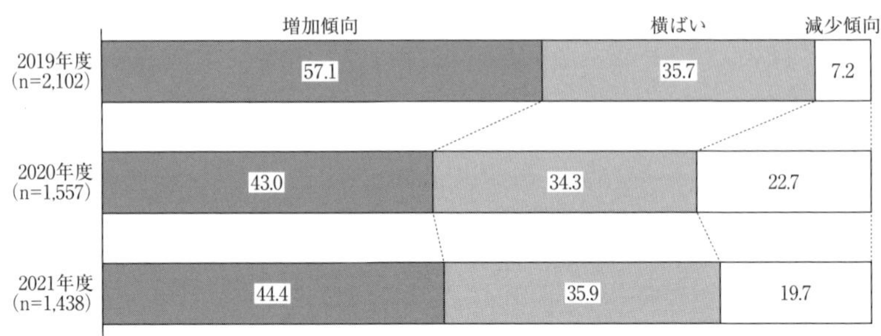


くが予想していた月商を達成できていないことがわかる。「予想月商達成」の割合は、2019年度の56.7%、2020年度の53.7%と比べると大きく低下している。一方、経営状況がかなり厳しくなると推測される「50%未満」の割合は、2019年度の8.5%、2020年度の13.2%と比べて高まってきている。こうした結果には、新型コロナウイルス感染症の影響が大きく出ているものと考えられる。

調査時点の売上状況は、「増加傾向」の割合が44.4%と、2019年度（57.1%）には届かないものの、2020年度の43.0%と比べると少し上昇した（図1－18）。また「減少傾向」の割合は、2019年度には7.2%だったものが、2020年度には22.7%に高まったが、2021年度では19.7%へとやや低下している。

採算状況は、「黒字基調」が58.2%で、2019年度（63.5%）、2020年度（59.8%）に比べてやや低くなった（図1－19）。一方、「黒字基調」になった企業が開業から黒字になるまでの期間をみると、2021年度は平均5.8カ月で、2019年度、2020年度のそれぞれ6.3カ月よりも早く黒字化を達成している。開業してから6カ月以内に黒字となったのは、黒字基調の企業のうち67.0%で、2019年度の61.5%、2020年度の64.4%を上回っている。こうした結果から、全体としては新型コロナウイルス感染症の影響もあって

図1－19　調査時点の採算状況

（単位：％）

| | 黒字基調 | 赤字基調 | 黒字化にかかった期間 <平均> | 黒字化にかかった期間 <「6カ月以下」の割合> |
|---|---|---|---|---|
| 2019年度(n=2,019) | 63.5 | 36.5 | 6.3カ月 | 61.5% |
| 2020年度(n=1,536) | 59.8 | 40.2 | 6.3カ月 | 64.4% |
| 2021年度(n=1,413) | 58.2 | 41.8 | 5.8カ月 | 67.0% |

（注）平均は、開業してから黒字基調になった時期を尋ねたもの。「6カ月以下」の割合は、黒字基調の企業に対する、6カ月以内に黒字基調となった企業の割合。

業況が厳しい企業が増える一方で、経営環境へ柔軟に対応している企業が少なからず存在していることがみてとれる。

## (3)　直面した課題

開業時に苦労したこと（三つまでの複数回答）を尋ねたところ、「資金繰り、資金調達」(57.6%）を挙げる開業者が最も高い割合となった。続いて、「顧客・販路の開拓」が44.8%、「財務・税務・法務に関する知識の不足」が38.4%、「従業員の確保」と「仕入先・外注先の確保」が15.1%などの順となっている(図1－20)。一方、「特にない」との回答は5.8%にとどまっており、ほとんどの開業者が開業時に何らかの苦労を感じていることがわかる。回答割合を時系列でみると、「資金繰り、資金調達」(2019年度が46.9%、2020年度が55.0%)、「財務・税務・法務に関する知識の不足」（同30.2%、34.4%）は、2021年度にかけて割合を高めてきている。この要因としては、コロナ禍のなかで開業当初の売り上げが伸びにくかったことや、感染予防のための新たな規制や補助金申請などに関する知識の必要性が高まったことなどが考えられる。なお、「顧客・販路の開拓」は、2019年度の47.0%、2020年度の46.8%とほぼ同じ水準であった。

図1-20　開業時に苦労したこと（三つまでの複数回答）

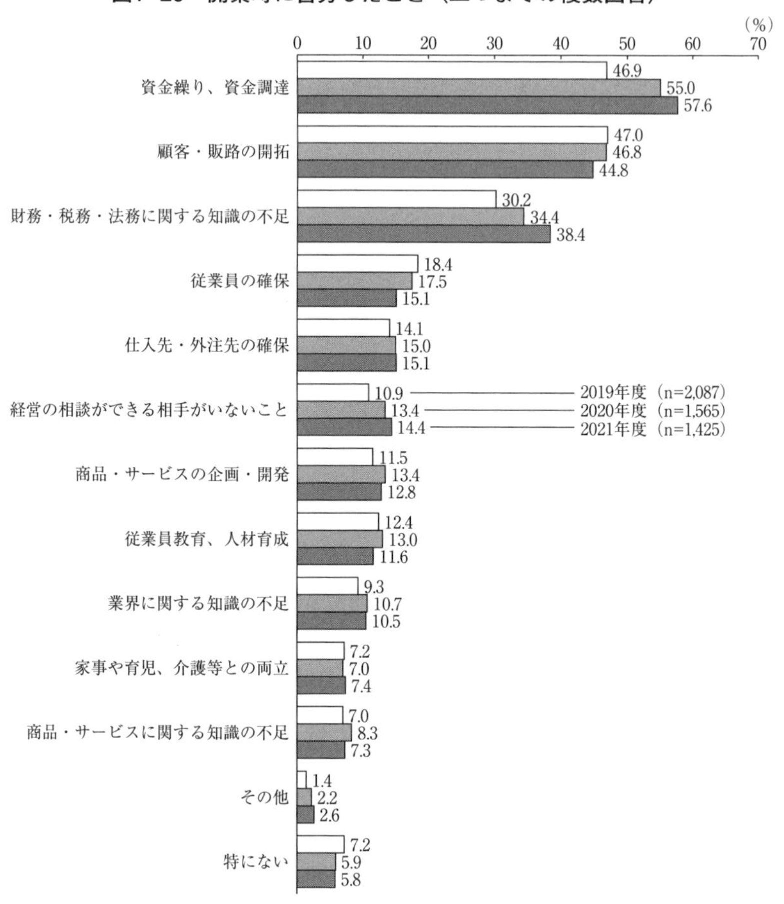


続いて、調査時点で苦労していることを尋ねると、「顧客・販路の開拓」（47.9％）が最も多く、次いで「資金繰り、資金調達」が34.6％、「財務・税務・法務に関する知識の不足」が33.0％、「従業員の確保」が24.0％、「従業員教育、人材育成」が18.0％などとなった（図1－21）。ここでも「特にない」は7.2％と少数派である。時系列でみると、2019年度には24.1％だった「財務・税務・法務に関する知識の不足」が2020年度では32.4％、

図1-21　調査時点で苦労していること（三つまでの複数回答）

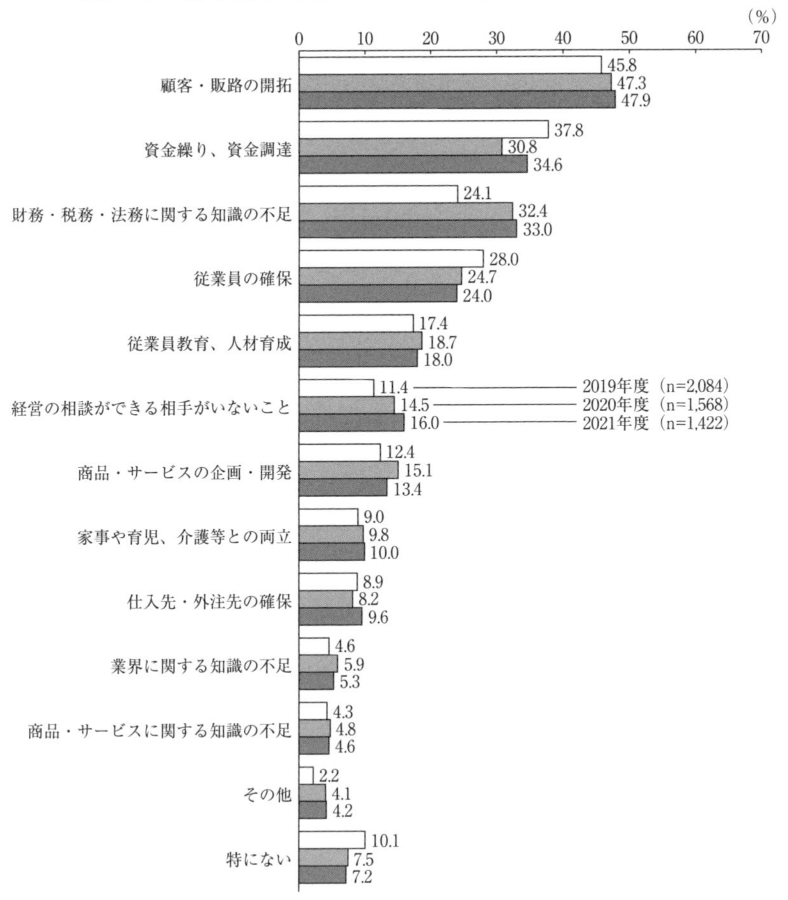


2021年度では33.0%となっているのが目立つ。この項目は開業時でも割合を高めているが、開業してからも、新型コロナウイルス感染症に関連し、新たに実施された規制などに対応するための知識の不足を感じる開業者が一定数いたと推測される。

ここで、2021年度の開業時から調査時点にかけての変化をみると、「資金繰り、資金調達」が57.6%から34.6%へと大きく低下する一方、「従業

図1−22　開業に対する満足度

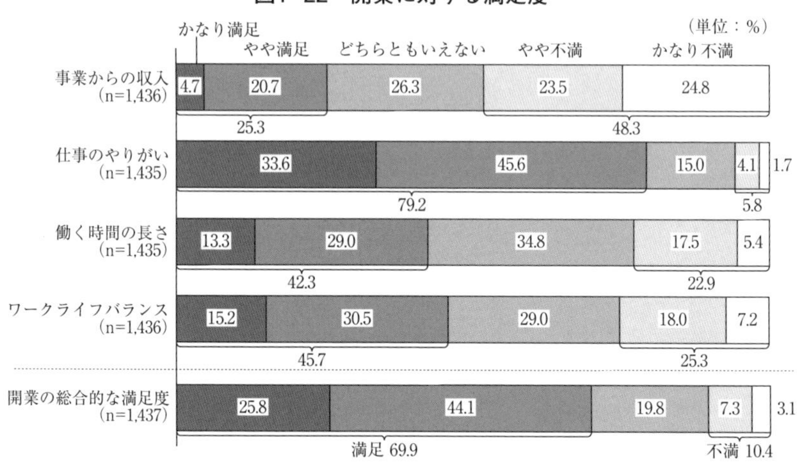


員の確保」が15.1％から24.0％へ、「従業員教育、人材育成」が11.6％から18.0％へと、人材に関する課題を挙げる企業が増えている。開業時には従業員を雇うことまで想定していなかったとしても、事業拡大とともに人手が必要となり、人材面の悩みが出てきたのではないかと考えられる。

## 6　開業に対する満足度と今後の方針

### (1)　開業に対する満足度

図1－22には、開業に対する満足度を示した。まず、事業からの収入、仕事のやりがい、働く時間の長さ、ワークライフバランスの四つの満足度をみてみよう。事業からの収入については、「かなり満足」が4.7％、「やや満足」が20.7％で、これらを合わせた「満足」の割合は25.3％にとどまる。これに対し、「かなり不満」（24.8％）と「やや不満」（23.5％）の合計である「不満」は48.3％と半数に迫る。仕事のやりがいの満足度は、「かなり満足」が33.6％、「やや満足」が45.6％で、「満足」の割合は79.2％

と高かった。働く時間の長さについては、「かなり満足」(13.3%)、「やや満足」(29.0%) を合わせた「満足」が42.3%、「かなり不満」(5.4%) と「やや不満」(17.5%) を合わせた「不満」が22.9%、ワークライフバランスについては、「かなり満足」(15.2%)、「やや満足」(30.5%) を合わせた「満足」が45.7%、「かなり不満」(7.2%) と「やや不満」(18.0%) を合わせた「不満」が25.3%と、それぞれ不満をもつ開業者は一定数いるものの、満足している割合の方が高くなった。

最後に、開業の総合的な満足度をみると、「かなり満足」が25.8%、「やや満足」が44.1%で、「満足」は69.9%となった。「かなり不満」は3.1%、「やや不満」は7.3%で、「不満」と考える開業者も10.4%いるものの、新型コロナウイルス感染症が流行する厳しい経営環境のなかで、全体としてみれば開業の満足度は高いと考えてよいだろう。

### (2)　今後の方針

今後の方針を売上高、商圏、株式公開、事業の継続の項目ごとにみていこう (図1－23)。売上高を「拡大したい」と回答した開業者の割合は全体の90.5%と大半を占めている。商圏についても「拡大したい」との回答が57.4%に上り、開業者は事業拡大への意欲が旺盛のようだ。2019年調査では、売上高を「拡大したい」割合が90.3%、商圏を「拡大したい」割合が57.0%、2020年度調査では、それぞれ89.9%、55.1%であり、新型コロナウイルス感染症の流行の下でも、事業拡大への意欲は変わらない。

一方、株式公開を「考えている」との回答は13.0%で少数派だ。2021年の国内の新規株式公開件数が125件であったことから、実際に株式公開までこぎ着ける企業はごくわずかであろうと考えられるものの、こうした将来の事業の成長について高い目標を掲げた開業者の存在は評価すべきだろう。最後に、事業の承継についての考え方をみると、「自分で続けられる

図1－23　今後の方針

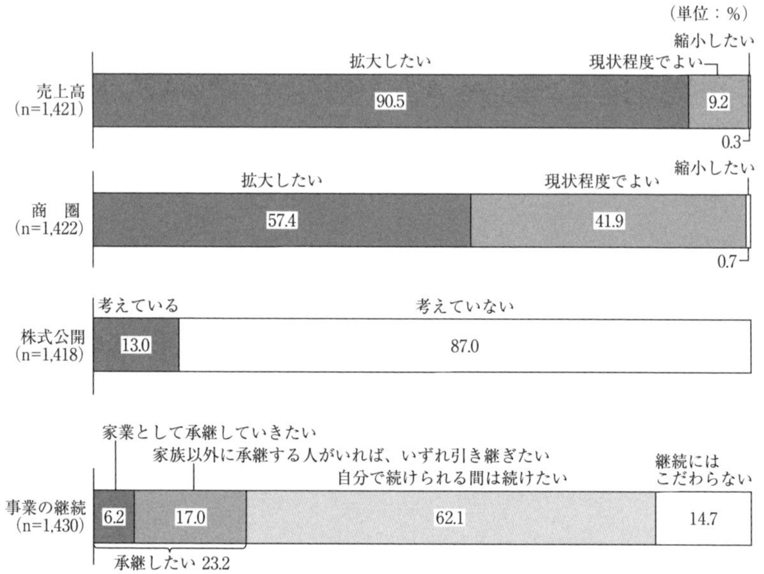


間は続けたい」が62.1％と、最も高い割合となった。また、「家業として承継していきたい」（6.2％）、「家族以外に承継する人がいれば、いずれ引き継ぎたい」（17.0％）を合わせた「承継したい」と考える開業者は23.2％であった。一方、「継続にはこだわらない」という回答も14.7％みられた。開業してからそれほど期間が経っていないため、後継者問題を考えるには時期が早すぎる企業が多いと思われるが、一度開業した企業を事業承継によって長期的に存続させていくことは、新規開業企業数が伸び悩むなかで、今後ますます重要な課題となるだろう。

本章で分析した「2021年度新規開業実態調査」の主な結果は以下のとおりである。

○開業時の年齢は「40歳代」の割合が36.9%と最も高く、次いで「30歳代」が31.3%を占めている。両者は、開業の主要な担い手となっている。

○開業費用の分布をみると、「500万円未満」が42.1%を占めている。開業費用の平均は941万円と、調査開始以来、最も少なくなった。

○調査時点の売上状況が「増加傾向」の割合は44.4%で、2019年度と比べると低いが、2020年度とほぼ同水準となった。現在の採算状況についても2020年度とほぼ同じ約6割が「黒字基調」と回答した。

○直面した課題をみると、「資金繰り、資金調達」「顧客・販路の開拓」「財務・税務・法務に関する知識の不足」を挙げる開業者が開業時、調査時点ともに多い。

○約7割の開業者が、開業について総合的に満足していると回答している。ただ、仕事のやりがいへの満足度が高い一方で、事業からの収入に対する満足度が低いなど項目によって満足度には差がある。

○今後売上高や商圏を「拡大したい」と考えている割合は、それぞれ約9割、約6割を占めており、事業拡大への意欲の高さは変わらない。

近年の開業費用は小額化の傾向にある。ITやシェアオフィスを活用することなどにより、少ない資金でも開業できる環境が整ってきているのが一つの要因であろう。新しい技術やサービスは事業経営の省力化にもつながる可能性がある。こうした背景は、開業へのハードルを下げ、開業者を後押しすることになるとも考えられよう。

一方で、新型コロナウイルス感染症の影響により、開業者を取り巻く状況は厳しい。実際、2020年度、2021年度の売上高や採算状況など業況を示す数値は、新型コロナウイルス感染症が流行する前に調査が行われた2019年度の水準と比べて悪化している。

ただ、売上状況では約4割が「増加傾向」、採算状況では約6割が「黒字基調」と、厳しいなかでも健闘している企業も存在する。開業の総合的な満足度については、開業者の約7割が「満足」と回答している。今後、売上高や商圏を拡大したいとする開業者も、わずかではあるが2020年度と比べて増えてもいる。新型コロナウイルス感染症のわが国の経済社会への影響については、未だ予断を許さない状況にはあるものの、困難ななかで事業を維持・拡大しようとする新規開業者の努力に敬意を表したい。

# 第2章

# 新規開業実態調査にみるコロナ禍の影響



日本政策金融公庫総合研究所

研究主幹　深沼　光

研究員　西山 聡志

第1章では、当研究所が2021年7月に実施した「2021年度新規開業実態調査（以下、本調査という）」の調査結果について概説し、新型コロナウイルス感染症が新規開業企業の業績に影響を与えていることを示した。本章では、引き続き同じデータセットを用いて、新型コロナウイルス感染症が前勤務先からの離職や開業計画に与えた影響、開業後の事業への影響の具体的な内容などを整理したうえで、それらに対して新規開業企業がどのような取り組みを行ったのか、行政によりどのような支援が行われたかなどについて、詳しく論述する。また、過去の「新規開業実態調査」の長期時系列データと比較することで、新型コロナウイルス感染症が新規開業企業に与えた影響の大きさを、ほかの経済ショックと比較して検討する。

## 1　開業までの影響

### ⑴　離職と開業行動

まず、開業の前段階における新型コロナウイルス感染症の影響をみてみることにする。そのため本節では、本調査のサンプルに一部含まれる、すでにコロナ禍の前に開業していた新規開業企業は除外して集計した。

第1章でみたとおり、開業者の直前の職業は、正社員と非正社員を合わせて9割を超える（前掲図1－5参照）。一部に離職せずに開業する人もいるが、多くはそれぞれの勤務先を離れてビジネスをスタートしている。そこで、新型コロナウイルス感染症が開業直前の勤務先からの離職に影響を与えたかどうか尋ねたところ、「影響があった」と回答した割合は29.0％、「影響はなかった」は71.0％となった（図2－1）。離職時期は尋ねていないため、後者には新型コロナウイルス感染症の流行前にすでに離職していた人も含まれていることを考えると、流行後の離職者に占める影響を受けた人の割合はさらに高いことになる。前掲図1－6で示したとおり勤務先の

**図2−1　新型コロナウイルス感染症が開業直前の勤務先からの離職に与えた影響の有無**

（単位：％）

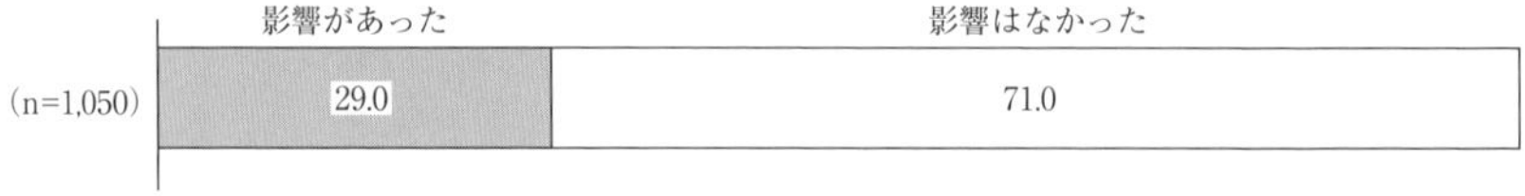

| | 影響があった | 影響はなかった |
|---|---|---|
| (n=1,050) | 29.0 | 71.0 |

資料：日本政策金融公庫総合研究所「2021年度新規開業実態調査」（以下断りのない限り同じ）
（注）1　構成比は小数第2位を四捨五入して表記しているため、その合計が100％にならない場合がある（以下同じ）。
2　開業時期が、新型コロナウイルスが国内で初めて確認された2020年1月より前と回答した企業を除いて集計した（図2−2も同じ）。

**図2−2　新型コロナウイルス感染症が開業のきっかけとなったか**

（単位：％）

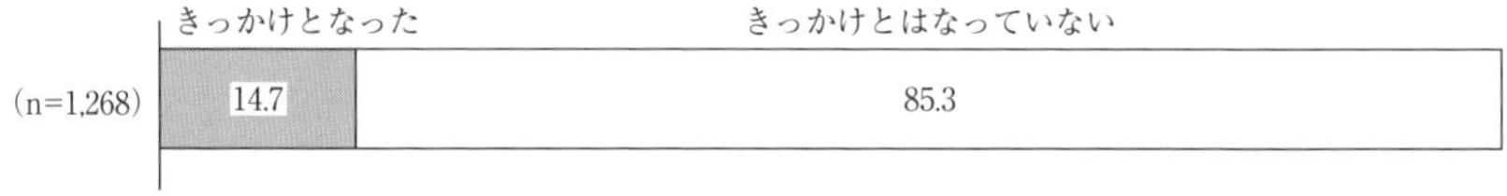

| | きっかけとなった | きっかけとはなっていない |
|---|---|---|
| (n=1,268) | 14.7 | 85.3 |

都合で退職した人の割合が約1割を占め、そのなかにはコロナ禍による勤務先の業績不振が離職の要因となっている人は多いと思われる。しかし、「影響があった」とする人は29.0％に上ることから、全体の約8割を占める自ら退職した人のなかにも、新型コロナウイルス感染症の影響による収入の減少や先行きへの不安などから離職した人が2割くらいは含まれていると推測される。

次に、新型コロナウイルス感染症の流行が開業のきっかけとなったかどうかを尋ねると、「きっかけとはなっていない」が85.3％と大半を占めているものの、「きっかけとなった」との回答も14.7％あった（図2−2）。前者にはコロナ禍の前に開業を決意した人が一定数含まれることを考えると、流行後に開業を決意した人に占める「きっかけとなった」割合はさらに高くなる。新型コロナウイルス感染症が具体的にどのような意味で開業のきっかけになったかは尋ねていないが、仕事を失ったために自ら事業を始めようと決断したケース、感染症対策のための新たなビジネスチャンスを見いだしたケースなどが想定される。

なお、新型コロナウイルス感染症の流行によって、開業時期をアンケートのサンプル抽出期間である2021年7月を超えて延期した人もいたと考えられる。従って、新型コロナウイルス感染症が開業を増やしたか減らしたかについては、このアンケートの結果からは判断できないことには注意する必要がある。

### (2)　計画の変更

新型コロナウイルス感染症の流行によって、当初予定していた開業計画がどうなったのかみてみよう。まず、当初計画から「変更はなかった」とする開業者は60.3％で、残りの約4割が何らかの変更を余儀なくされていたことがわかる（図2－3）。具体的な変更内容をみると、最も高い割合となったのは「開業時期が遅くなった」の22.9％で、続いて「提供する商品・サービスの提供方法を変更した」が8.0％、「提供する商品・サービスを変更した」が7.0％、「従業員を減らした」が4.6％などとなっている。

ここで、「開業時期が遅くなった」場合の遅れの程度をみてみると、「30日以下」が33.2％、「31日～90日」が38.2％、「91日～180日」が23.7％で、平均は82.1日であった。遅れの直接的な原因は尋ねていないが、既存の企業が苦戦している状況をみて様子をうかがったり、商品やサービスに変更を加えるなどの対策をしたりしたことが想定される。開業予定日が営業自粛要請の期間と重なったため、やむを得ず開業を延期したケースも考えられるだろう。

なお、2.4％と回答割合は低いものの、「開業時期が早くなった」との回答もみられた。早まった期間の平均は235.5日と、約8カ月の前倒しとなっている。これも理由は尋ねていないが、前述のとおり新型コロナウイルス

図2−3　コロナ禍で開業時点に当初計画から変更したもの（複数回答）

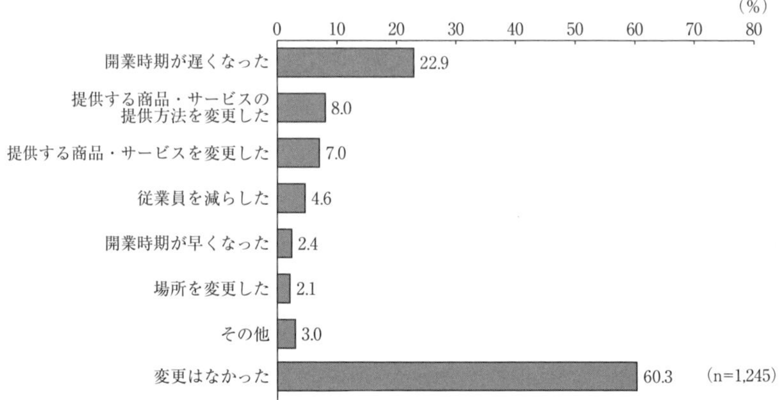


| | 30日以下（%） | 31日〜90日（%） | 91日〜180日（%） | 181日〜360日（%） | 361日以上（%） | 平　均（日） |
|---|---|---|---|---|---|---|
| 開業時期が早くなった（n=30） | 6.7 | 23.3 | 30.0 | 10.0 | 30.0 | 235.5 |
| 開業時期が遅くなった（n=283） | 33.2 | 38.2 | 23.7 | 3.9 | 1.1 | 82.1 |

（注）設問にある選択肢「開業が新型コロナウイルス感染症の流行前だった」と回答した企業を除いて集計した。

感染症の影響で離職した人も少なくはないことから、予定していたよりも早く勤務先を辞めることで、開業時期も早まったケースが多いのではないかと思われる。

## 2　開業後の影響

### (1)　事業へのマイナスの影響

ここからは、第1節では除外したコロナ禍前に開業した企業を含めた、本調査のサンプル全体のデータから、新型コロナウイルス感染症が開業後の新規開業企業に与えた影響をみていくことにする。

### 図2-4　新型コロナウイルス感染症によるマイナスの影響

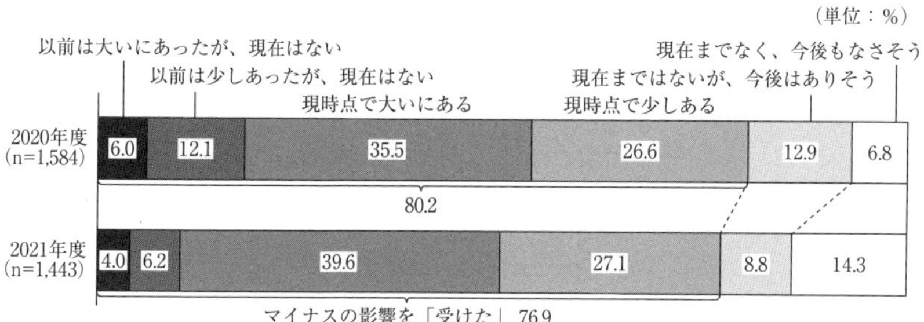


資料：日本政策金融公庫総合研究所「2020年度新規開業実態調査」「2021年度新規開業実態調査」（以下、図2－5～6について同じ）

まず、新型コロナウイルス感染症が事業にマイナスの影響を与えたかどうかを尋ねたところ、国内で感染が確認されてから約1年半経った2021年7月の調査で「現時点で大いにある」が39.6％、「現時点で少しある」が27.1％と、合わせて66.7％が現時点でマイナスの影響があったと回答している（図2－4）。これらに「以前は大いにあったが、現在はない」（4.0％）と「以前は少しあったが、現在はない」（6.2％）を加えた76.9％が、これまでにマイナスの影響を「受けた」ことになる。この数値は、感染確認から約半年後に実施した2020年度調査の80.2％と比べるとやや低下しているが、引き続き8割近くの開業者が影響を受けていたことがわかる。

一方、別の設問でコロナ禍のプラスの影響があったかどうかを尋ねたところ、プラスの影響を「受けた」開業者も18.8％と、少ないながらも存在していることがわかった。

ここで、業種別にマイナスの影響を「受けた」割合をみてみると、2021年度調査では飲食店・宿泊業が93.4％と最も高く、次いで運輸業が87.7％、卸売業が85.7％と続く（図2－5）。最も割合の低い建設業でも67.6％となっており、幅広い業種で新型コロナウイルス感染症の影響があったことがわかる。

**図2−5　新型コロナウイルス感染症によるマイナスの影響を「受けた」割合（業種別）**

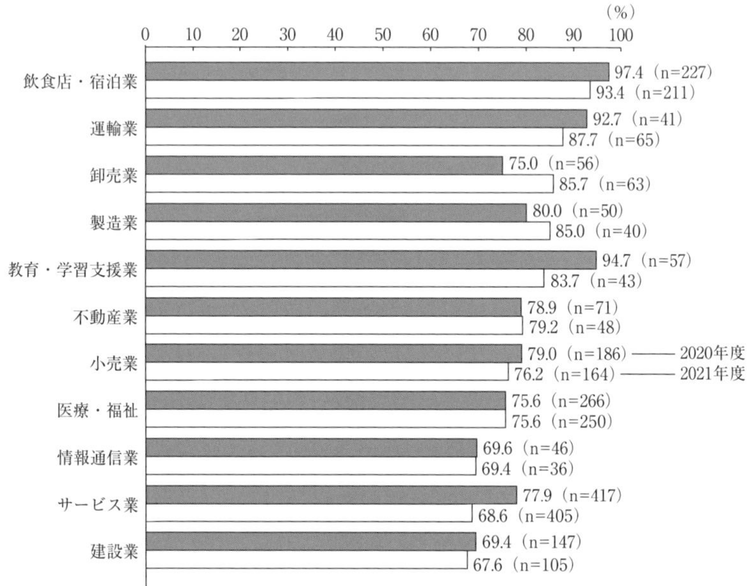


（注）1　図2−4で「以前は大いにあったが、現在はない」「以前は少しあったが、現在はない」「現時点で大いにある」「現時点で少しある」のいずれかを選択した人の割合である。
2　「その他」はサンプルサイズが小さいため記載を省略。

2020年度調査の結果と比較すると、マイナスの影響を「受けた」割合が卸売業で約10ポイント上昇しているのが目立つ。小売業、飲食店・宿泊業などの取引先の売り上げ不振が少し遅れて影響してきているのかもしれない。他方で、教育・学習支援業、サービス業では、10ポイント程度割合が低下している。感染拡大の初期にオンラインによるサービスの提供を進めるなどの対策をとったことで、事業に与える影響が減ってきたのではないだろうか。

## ⑵　具体的な影響

マイナスの影響を受けた企業にその具体的な内容を尋ねると、「売り上げが予定より減った」との回答が2021年度調査では75.0％と最も多く、「利

図2－6　新型コロナウイルス感染症によるマイナスの影響の内容（複数回答）

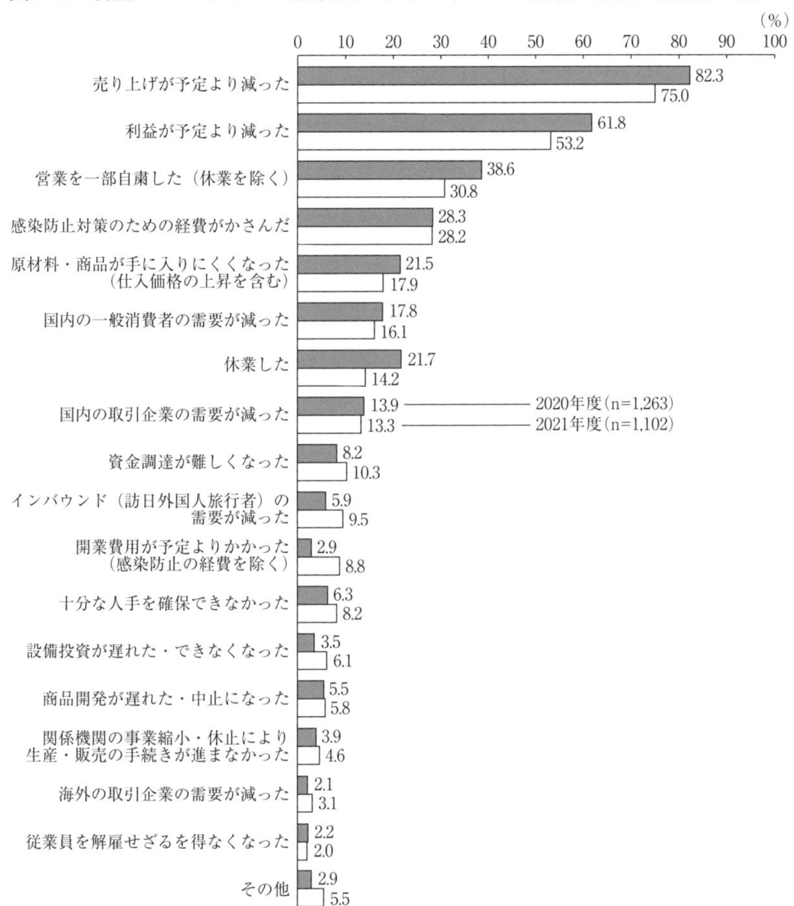


（注）1　図2－4でマイナスの影響が「以前は大いにあったが、現在はない」「以前は少しあったが、現在はない」「現時点で大いにある」「現時点で少しある」のいずれかを選択した開業者に尋ねている。
2　2020年度調査、2021年度調査ともにある選択肢を表示。

益が予定より減った」が53.2％、「営業を一部自粛した（休業を除く）」が30.8％でそれに続く（図2－6）。4番目は「感染防止対策のための経費がかさんだ」の28.2％で、平時であれば不要なコストが開業者の収益を圧迫している状況がうかがえる。さらに、5番目に割合が高かったのは、「原材料・商品が手に入りにくくなった」の17.9%であった。海外からの物流が滞ったり、その影響で国内の仕入先の在庫が少なくなったりしたことで、使用する原材料・商品を調達しにくい状況が生まれたのであろう。原材料・商品価格の高騰も、回答に影響を与えただろうと考えられる。

2020年度調査と比較すると、「売り上げが予定より減った」が82.3%から75.0%、「利益が予定より減った」が61.8%から53.2%へ低下するなど、上位の多くの項目で割合が低下している。これは、2020年度の回答企業はほとんどがコロナ禍の前に開業している一方、今回調査の回答企業の多くは新型コロナウイルス感染症が流行するなかで開業していることから、売り上げや利益の見込みを含む事業計画にコロナ禍の影響をあらかじめある程度織り込んでいるためでないかと推測される[1]。

## 3　新たな取り組み

### (1)　感染症の影響への対策

新型コロナウイルス感染症の影響を受けて、開業者はさまざまな対策を行っている。2021年調査でその具体的な内容をみると、資金関連では、「経営者や家族の預金を取り崩した」(19.5%)、「金融機関から新たに借入を行った」(12.6%)、取引先関連では、「新しい顧客を開拓した」(16.5%)、「販売価格を引き下げた」(5.8%)などの対策が実施されている(図2−7)。他方、「従業員に休業してもらった」(7.9%)、「従業員を削減した」(3.1%)など雇用に関する対策を行った割合は、全体のなかではそれほど高くない。第1章で示したように、本調査の回答企業の平均従業者数は経営者や家族従業員を含んでも開業時で3.2人、調査時点で4.2人と、従業員の数は少な

1　2020年7月に実施した2020年度調査の回答企業のうち、新型コロナウイルス感染症の発生が国内で確認された2020年1月以降に開業したのは全体の2.9%である。

図2−7　新型コロナウイルス感染症の影響を受けて実施したこと（複数回答）

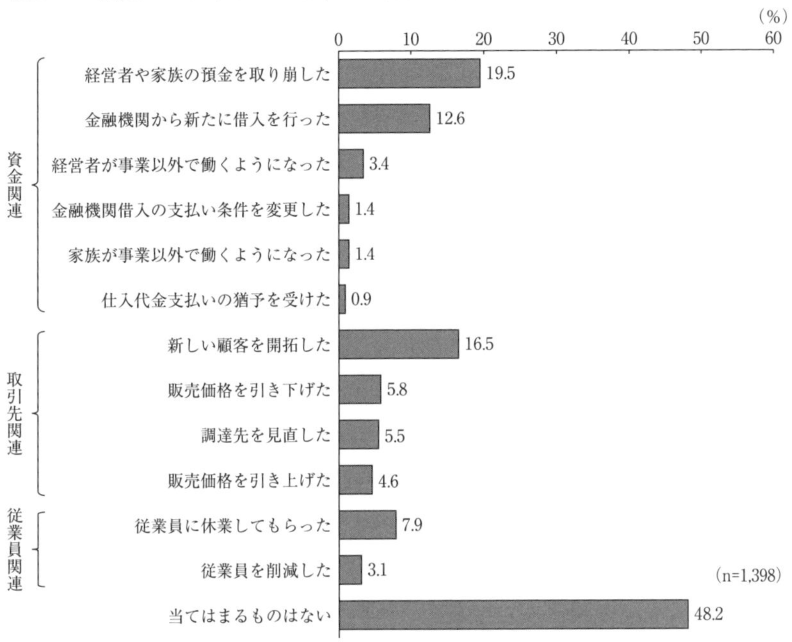


いとはいえ、雇用を守ろうとする経営者の姿勢がうかがえる結果である。なお「当てはまるものはない」とする回答も48.2%と半数近くみられたが、そのなかには選択肢にない対策を行っている場合が含まれている可能性がある。

新型コロナウイルス感染症の流行を受けて、ビジネスをスタートした後に商品やサービスを変化させている企業もみられる。これまで扱ってこなかった商品・サービスの提供や異なる業種への多角化など、新たな商品・サービスが「ある」との回答は10.8%、テイクアウト、インターネット販売、訪問サービスの導入など商品・サービス自体は変えずに、提供方法を変更した商品・サービスが「ある」との回答は8.9%であった（図2−8）。

他方、新型コロナウイルス感染症が流行するなかで事業を行うために、パソコン、空気清浄機、アクリルパーテーションなど、さまざまな新たな

図2−8　商品・サービスの変化

（単位：％）

| | ある | ない |
|---|---|---|
| 新たな商品・サービス（n=1,391） | 10.8 | 89.2 |
| 提供方法を変更した商品・サービス（n=1,391） | 8.9 | 91.1 |

（注）新型コロナウイルス感染症の流行を受けて、開業後に実施したもの。

設備・じゅう器・備品を導入する必要が出てきた企業があることも想定される。消毒用アルコールやマスクなど消耗品の購入費用も、長期間積み重なれば無視できない金額になるだろう。

そこでまず、設備・じゅう器・備品について調査時点までにかかった費用を尋ねると、費用がかかっていない「0円」との回答が48.5％ある一方で、51.5％の開業者に何らかのコストが生じている（図2−9）。金額をみると、「0円超10万円未満」が13.2％、「10万円以上50万円未満」が23.5％、「50万円以上100万円未満」が6.9％で、「100万円以上」と高額の費用が必要だったとの回答も7.9％あった。費用が発生した企業の支出は平均44.6万円である。

次に、消耗品について1カ月当たりでかかった費用を尋ねたところ、「0円」と回答した開業者は18.4％にとどまり、81.6％に上る企業が消耗品への支出を行っている。金額は、「0円超1万円未満」が33.2％、「1万円以上5万円未満」が37.4％、「5万円以上10万円未満」が5.3％で、月間「10万円以上」との回答も5.6％みられた。消耗品費が発生した企業の平均額は1カ月当たり3.3万円である。第1章で紹介したように本調査回答企業は調査時点の平均月商が280万円程度の小さな企業であることを考えると、設備・じゅう器・備品や消耗品の購入といった感染症対策の費用は、かなり大きな負担になっているケースもあると思われる。

図2-9　新型コロナウイルス感染症対策費

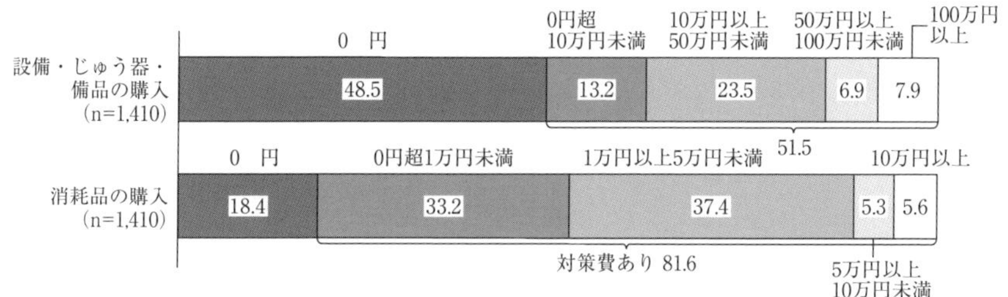


（注）設備、じゅう器・備品の購入は、調査時点までにかかった費用の合計を、消耗品の購入は、1カ月当たりの費用を尋ねている。

## (2)　ITの活用

新型コロナウイルス感染症の影響により業況が悪化する一方、この状況を収益の確保や業務の効率化に取り組むきっかけととらえる企業も少なからずある。その一助としてデジタル技術が改めて注目されている。そこで開業時と調査時点のITの活用状況を尋ねた結果が図2－10である。開業時、調査時点ともに最も高い割合となったのは、「SNSの活用」のそれぞれ50.2％、58.2％で、「ホームページの活用」が45.8％、54.0％でそれに続く。開業時から調査時点にかけて割合はそれぞれ8ポイント程度高まっており、顧客の確保につながる対外発信の強化を重視していることがみてとれる。「会計処理ソフトの導入」をした割合も高く、開業時の44.6％から調査時点では52.6％に上昇した。そのほか、「インターネットバンキング」（開業時が39.7％、調査時点が45.7％）、「キャッシュレス会計」（同35.9％、45.5％）、「リモート会議」（同22.0％、36.2％）、「在宅勤務（テレワーク）」（同16.2％、26.2％）なども、開業時から調査時点にかけて割合を高めた。コストダウンのために有効であると同時に、人と人とがじかに接触する場面を減らし、感染リスクの低減につながることも、こうした

図2−10　ITの活用状況（複数回答）

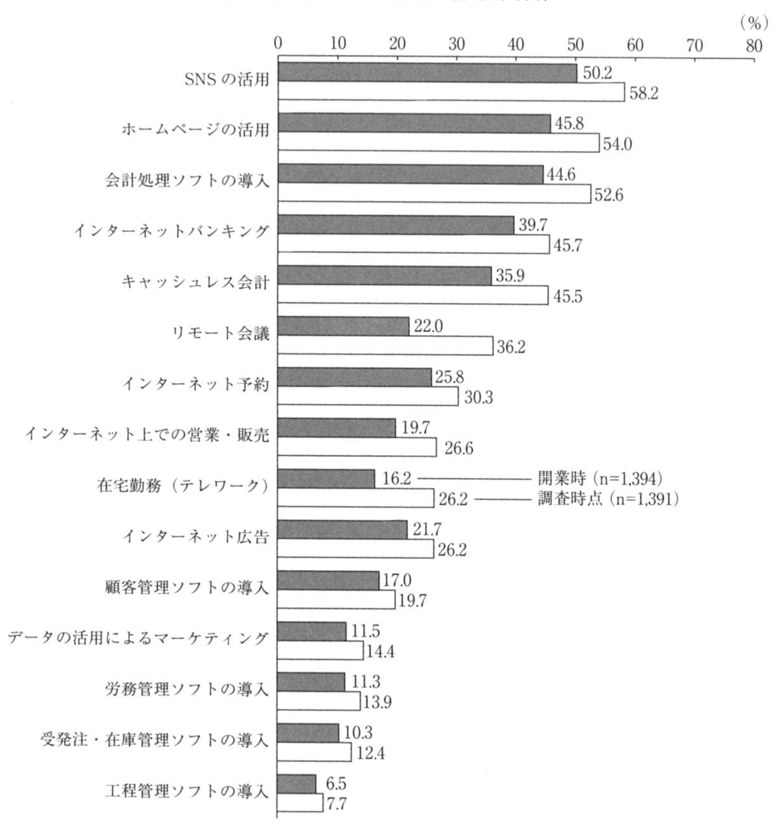


ITの普及を促した側面があるだろう。なお、選択肢のうちいずれかのものを導入した企業は、開業時で85.4%、調査時点で90.9%であった。

導入したこれらのITについて、効果を尋ねたところ「大いに役立った」が41.6%、「多少役立った」が39.3%で、合わせて80.9%が「役立った」と評価している（図2−11）。さらに今後のIT導入の方針について尋ねると「積極的に進めていきたい」が25.0%、「必要に応じて進めていきたい」が59.1%となり、両者を合わせた「進めていきたい」が84.2%となった（図2−12）。このように多くの開業者がITの導入を進めており、導入にメリットを感じ

図2-11　IT導入の効果

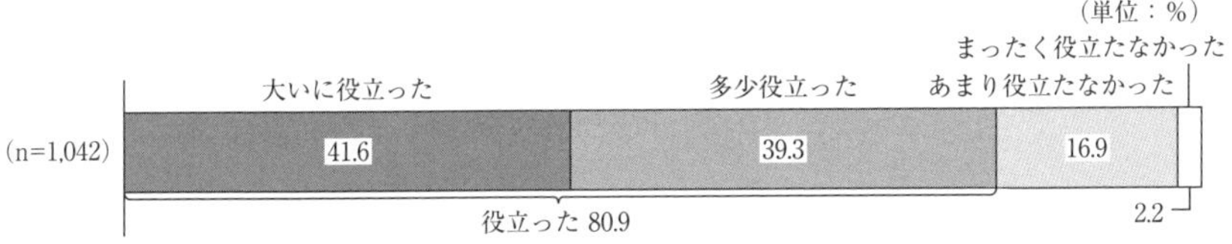


（注）図2－10で調査時点において、いずれかのITを導入したと回答した企業に尋ねている。

図2-12　IT導入の推進

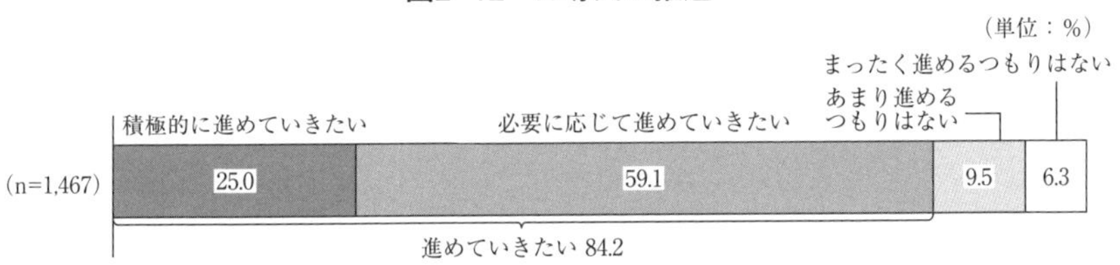


るとともに、今後も導入を推進していこうという意欲をもっている。

一方で、ITの導入を進めるには課題もあるようだ。開業者が感じている課題として最も多くの回答が集まったのは「コストに見合う効果が得られない」の31.5%で、次いで「資金が足りない」で31.0%、「事業内容に合ったものが見当たらない」が25.9%、「何をすれば効果的なのかわからない」が23.6%と続く（図2－13）。ただ、「コストに見合う効果が得られない」「事業内容に合ったものが見当たらない」「何をすれば効果的なのかわからない」といった回答者のなかには、実際にはその企業に適した技術があるにもかかわらず気がついていない人もいると考えられる。開業者を含む規模の小さい企業にITを浸透させるには、経営者の啓蒙にもつながるタイムリーな情報提供といったサポートも必要ではないだろうか。

### (3)　行政からの支援

コロナ禍によって経営に影響を受けた中小企業に対し、政府や地方自治体はさまざまな支援策を用意しており、新規開業企業が利用できるものも

図2−13　IT導入の課題（複数回答）

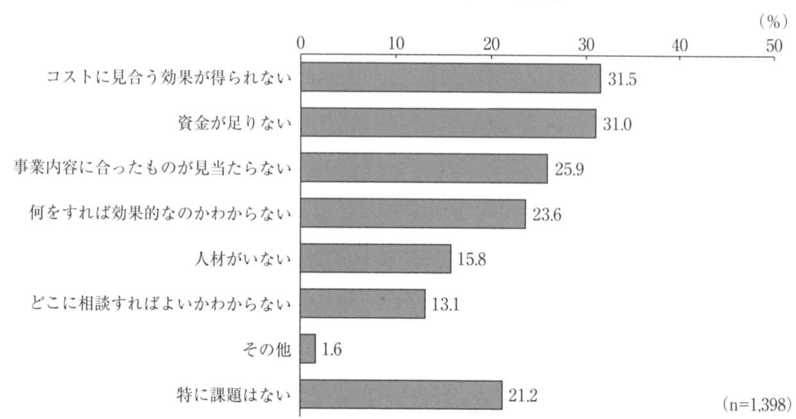


多い。行政からどのような支援を受けたのか具体的な内容を尋ねたところ、まず補助金については、「持続化給付金」が19.9%、「その他の補助金」が13.5%、「休業・営業自粛に対する補助金」が9.8%などとなった(図2−14)[2]。全体の44.3%が「いずれかの補助金」を受けている。融資については、「政府系金融機関による実質無利子・無担保融資」が8.5%、「民間金融機関による実質無利子・無担保融資」が5.2%で、いずれかを利用した割合は12.4%であった。ただし、この数字には開業資金の融資は含まない[3]。

このように、新規開業企業は新型コロナウイルス感染症による経営状況の悪化に対応したさまざまな公的支援を受けている。いずれかの支援を受けた企業の割合は50.2%、「支援を受けていない」との回答は49.8%であった[4]。

---

2　持続化給付金とは、新型コロナウイルスの感染拡大により、営業自粛等の影響を受けた事業者に対する、事業全般に広く使える給付金のこと。申請期間は2020年5月1日から2021年2月15日までで、フリーランスを含む個人事業者では100万円を上限に、資本金10億円以上の企業を除く中小法人等では200万円を上限に給付された。

3　回答企業はすべて、日本政策金融公庫国民生活事業から開業資金の融資を受けている。

4　支援を受けている割合は、第3章で紹介する、開業からの期間が約1年長い新型コロナウイルス感染症が新規開業起業に与えた影響に関する追跡調査の回答企業の78.6%に比べると低い。事業を行っている期間が短い分コロナ禍の影響も少ないこと、制度によっては開業から一定期間経たないと利用できないものがあることなどによると考えられる。

図2－14　新型コロナウイルス感染症によって行政から受けた支援（複数回答）

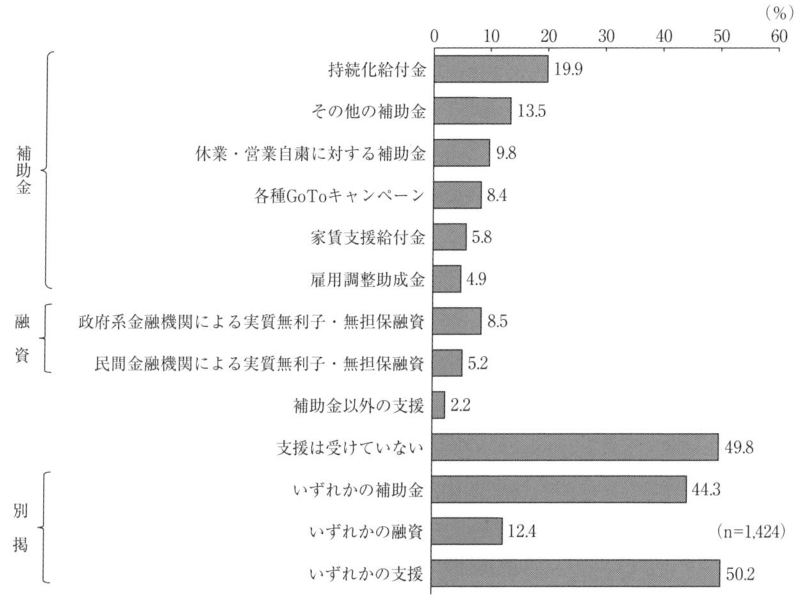


（注）各種GoToキャンペーンは補助金に含めた。

# 4　長期系列でみたコロナショックのインパクト

## (1)　小企業の景気動向

本節では新規開業企業に関する長期時系列データに基づき、新型コロナウイルス感染症の流行による経済ショックの大きさを、過去のリーマンショックや東日本大震災によるショックと比較する。図2－15の太線は、当研究所が実施している「全国中小企業動向調査小企業編」の業況判断 DIの、2005年以降の四半期のデータである[5]。参考系列として、実質

5　小企業は従業者20人未満の企業。

図2-15　小企業の業況判断 DI と実質 GDP 成長率

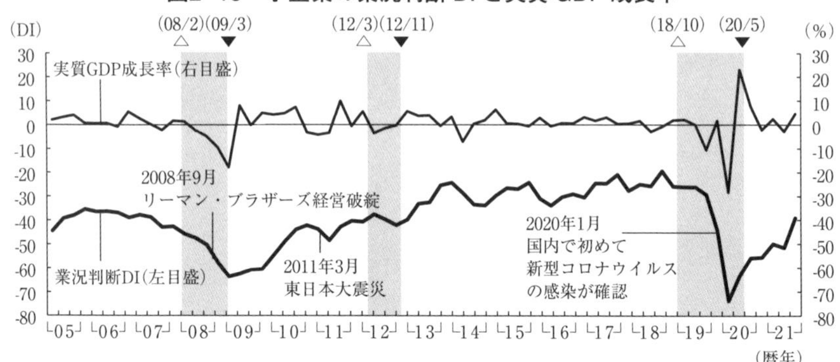


資料：日本政策金融公庫総合研究所「全国中小企業動向調査」、内閣府「国民経済計算」
（注）1　小企業は従業者20人未満の企業。
2　業況判断DIは調査対象企業の業況が「良い」と回答した企業割合から「悪い」と回答した企業割合を差し引いた値。
3　実質GDP成長率は前期比（年率換算、季節調整値）。
4　△は景気の山、▼は景気の谷、シャドー部分は景気後退期を示す。

GDP成長率とともに示した。これをもとに、まず既存の小企業に対しそれぞれの経済ショックがどの程度の影響を与えたのかを確認する。

リーマンショックは2008年9月に米国の大手投資銀行であるリーマン・ブラザーズが経営破綻したことをきっかけに発生した、一連の金融危機に関連する出来事を指す。当時の小企業の業況判断 DIをみると、2006年以降すでに低下傾向にあったものが、2008年後半から2009年1－3月期にかけて急落している。その後業況判断DIは徐々に回復するものの、2008年初めごろの水準に回復するのは2010年の後半である。新規開業実態調査は例年7～8月に実施されているため、調査時点の状況は各年の7－9月期のデータに対応している。ただし、調査時点では開業してから平均でおおむね14カ月程度経過しており、後述の前勤務先からの離職のタイミングは開業よりさらに前になる[6]。そのため、リーマン・ブラザーズの経営破綻前からの

6　2005年度から2021年度までの新規開業実態調査において、開業から調査時点までの平均経過月数は、13.5カ月から15.1カ月となっている。

景気後退を含むショックの影響は、新規開業実態調査では2008年度から2010年度のデータに強く反映されると考えられる。

東日本大震災が発生した2011年3月以降の業況判断DIは、2011年4－6月期に強く落ち込んだものの、同年10－12月期には2010年の同期と同水準にまで回復している。大震災は東北地方を中心に経済に大きなダメージを与えたが、全国の小企業の業況への影響は、リーマンショックよりは小さいようにみえる。この経済ショックは、新規開業実態調査では2011年度から2012年度のデータに影響を与えるだろう。

最後に2020年1月に国内で最初の患者が確認された新型コロナウイルス感染症の影響についてみてみると、業況判断DIは2020年に入って大きく落ち込み、同年4－6月期にはこれまでで最低の水準となった。業況判断DIはその後やや回復したものの依然として低水準であり、コロナ禍はリーマンショックを超える大きな経済ショックであるといえる。その影響は、2020年度と2021年度の新規開業実態調査の結果に強く表れている。

以下では、こうした小企業の景気動向を踏まえつつ、新規開業実態調査の長期時系列データから、それぞれの経済ショックの新規開業企業へのインパクトをみていく。

### (2)　離職理由と開業動機

まず、開業直前の勤務先からの離職理由をみてみよう（図2－16）。ここでは、離職時点の景気動向に左右されやすいと考えられる「勤務先の倒産・廃業」「事業部門の縮小・撤退」「解雇」を合わせた「勤務先都合」の割合の動きに注目する。経済ショックのときには勤務先の業績不振を機に離職して自ら事業を起こす人が増えると考えられるからである。

直前の勤務先から「勤務先都合」で離職した割合は、2008年度には12.6％だったものが、2009年度には16.6％、2010年度には19.4％と上昇してお

図2−16　開業直前の勤務先からの離職理由

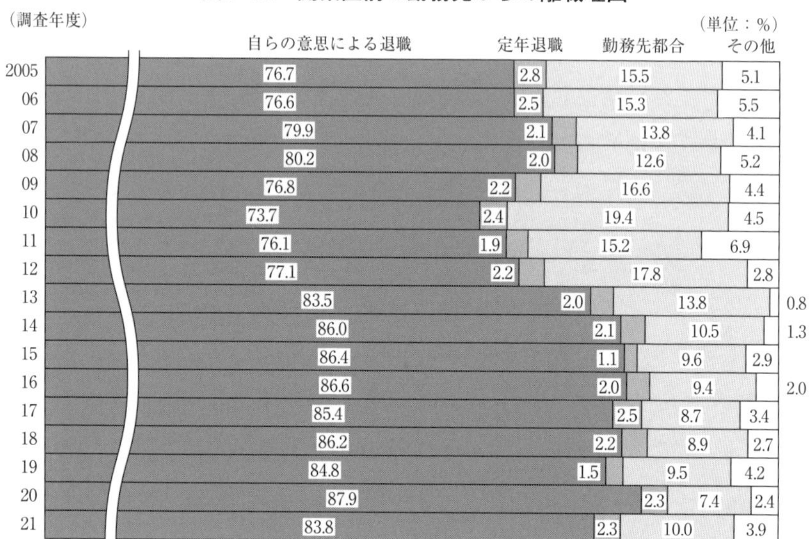


資料：日本政策金融公庫総合研究所「新規開業実態調査」（各年度の調査による、以下同じ）

（注）1　「勤務先都合」は、「勤務先の倒産・廃業」「事業部門の縮小・撤退」「解雇」の合計。ただし、一部の年度は「勤務先の倒産・廃業」を「勤務先の倒産」「勤務先の廃業」に分けて尋ねている。

2　2013年度の「自らの意思による退職」は「自らの意思による退職（結婚や出産・育児等のため）」「自らの意思による退職（それ以外）」の合計。

3　開業直前の職業が「会社や団体の常勤役員」「家族従業員」「正社員（管理職）」「正社員（管理職以外）」「パートタイマー・アルバイト」「派遣社員・契約社員」と回答した経営者に尋ねたもの。ただし、2006年度までは「家族従業員」「パートタイマー・アルバイト」「派遣社員・契約社員」は含まない。

4　2012年度以降は、選択肢に「離職していない」を追加しているが、ここでは集計から除外した。そのため、第1章図1−6（p.15）で示した数値とは異なる（2019年度以降のデータ）。

5　上記3、4のとおり、回答の対象や選択肢に変更があるため、「2006年度まで」「2007年度から2011年度まで」「2012年度以降」のデータを直接比較することはできない。

り、リーマンショックの影響がうかがえる。2011年度には15.2%とやや低下したものの、2012年度は17.8%と再び上昇している。ただし、2012年度から設問の選択肢が変更されているため、東日本大震災の影響があったかどうかは厳密には判断できない。その後、割合は次第に低下して2020年度には7.4%となったが、2021年度には10.0%とやや上昇した。上昇の幅はまだリーマンショックのときほどではないものの、新型コロナウイルス感染症の影響が出始めている可能性がうかがえる。ただ、2021年度調査の

表2－1　最も重要な開業動機

| 調査年度 | 自由に仕事がしたかった | 仕事の経験・知識や資格を生かしたかった | 収入を増やしたかった | 事業経営という仕事に興味があった | 自分の技術やアイデアを事業化したかった | 社会の役に立つ仕事がしたかった |
|---|---|---|---|---|---|---|
| 2005 | ②17.9 | ①28.1 | 11.0 | ③13.0 | 10.1 | 5.6 |
| 06 | ②14.6 | ①29.1 | 10.5 | 12.9 | ③13.0 | 5.4 |
| 07 | ②16.5 | ①30.2 | 11.4 | 11.3 | ③11.8 | 5.5 |
| 08 | ②14.4 | ①25.9 | 11.6 | 12.3 | ③14.3 | 6.6 |
| 09 | ②16.6 | ①25.8 | 12.1 | ③13.2 | 12.5 | 4.5 |
| 10 | ②14.7 | ①25.2 | 10.4 | ③12.8 | 11.4 | 8.9 |
| 11 | ②16.6 | ①28.5 | 8.2 | 12.2 | ③12.4 | 6.1 |
| 12 | ①19.2 | ②17.9 | ③14.8 | 14.7 | 8.8 | 7.1 |
| 13 | ①22.6 | ②18.8 | ③18.3 | 10.9 | 10.3 | 8.0 |
| 14 | ①17.2 | 14.1 | ②16.4 | ③15.9 | 11.9 | 10.0 |
| 15 | ②17.0 | ③15.9 | ①18.0 | 14.3 | 12.0 | 8.9 |
| 16 | ①18.7 | ②16.5 | ③15.3 | 14.4 | 11.9 | 8.3 |
| 17 | ②15.5 | ①21.5 | ③14.4 | 13.7 | 11.6 | 8.7 |
| 18 | ②16.2 | ①20.1 | ③14.8 | 12.1 | 12.1 | 10.2 |
| 19 | ①19.8 | ②17.7 | ③16.1 | 13.0 | 10.7 | 8.3 |
| 20 | ①20.5 | ②18.1 | ③14.7 | 11.4 | 10.2 | 9.8 |
| 21 | ①19.1 | ②18.2 | ③16.2 | 10.9 | 10.5 | 9.1 |

（注）1　「時間や気持ちにゆとりが欲しかった」「年齢や性別に関係なく仕事がしたかった」「趣味や特技を生かしたかった」「適当な勤め先がなかった」「その他」は記載を省略した。
　　　2　①②③は回答割合の順位。

サンプルのなかには新型コロナウイルス感染症の流行前に勤務先から離職した人も一定数含まれる。コロナ禍の影響はまだ十分に反映されていない面があり、2022年度以降のデータを注視する必要がある。

次に開業の動機をみてみよう。表2－1には、開業者の最も重要な開業動機をまとめた。2021年度調査で19.1％と第1位の「自由に仕事がしたかった」は、2005年度から2011年度までは第2位で、2012年度に19.2％で第1位となった。その後一時順位を下げた時期もあるが、2019年度からは再び第1位となっている。

2021年度調査では18.2％で第2位の「仕事の経験・知識や資格を生かしたかった」は、2011年度までは毎回20％を超えて第1位であったが、2012年度には17.9%で第2位となっている。その後は2017年度と2018年度に再度20%を超えて第1位に返り咲いたが、2019年度以降は第2位が続いている。

2021年度調査で第3位の「収入を増やしたかった」は、2011年度までは第4位以下だったのが、2012年に14.8%で初めて第3位となった。その後は10%台半ばで推移している。

このように順位に多少の動きはあるものの、2005年度調査以降の回答の傾向に大きな変化があったとはいえない。開業の直接的なきっかけともいえる直前の勤務先からの離職理由と異なり、開業のもっと大きな目的ともいえる開業動機については、データをみる限り、経済ショックと開業動機の明確な関係性は観察できなかった。

### (3) 従業者数

開業から調査時点までの従業者数の変化と推移をみていく（図2－17)。棒グラフは開業時と調査時点の平均従業者数を示した。従業者には経営者本人が含まれており、従業員数に1人を加えた値となっている。折れ線グラフは、雇用の伸びの変化をよりはっきりと観察するため、経営者本人を除いた従業員数の伸び率を示した。

まず、開業時の平均従業者数をみると、長期的には緩やかに低下する傾向がうかがえる。また、2009年度（3.8人)、2011年度（3.9人)、2020年度（3.2人)、2021年度（3.2人）と、経済ショックが発生した後には、人数が少なくなっているようにもみえる。ただし、2017年度が3.1人と最も少ないなど、必ずしも景気動向との関係は明確ではない。調査時点の従業者数は、2020年度が3.9人、2021年度が4.2人と他の年度と比べて少ないものの、長期的に低下するトレンドがあることから、コロナ禍の影響かどうかは判然としない。

そこで、従業員数の伸び率をみてみると、2008年度には51.6%だったも

図2-17　開業時・調査時点の平均従業者数と従業員数伸び率

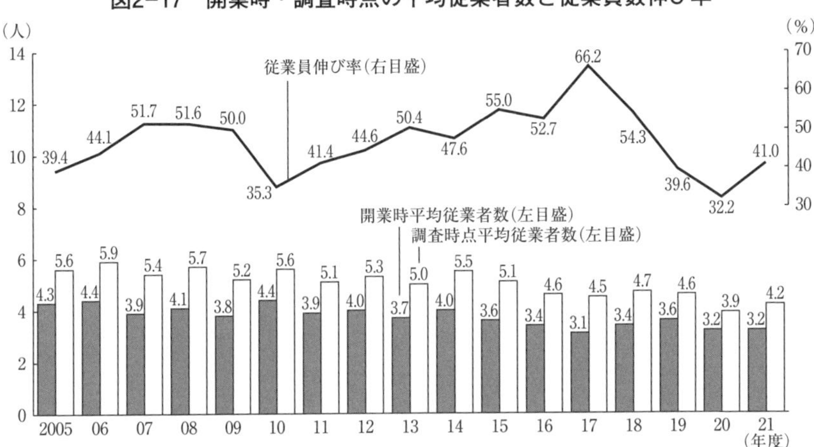


（注）1　従業者には開業者本人が含まれ、従業員数に1人を加えた値となっている。
　　　2　従業員伸び率は、開業者本人を除く。

のが、2009年度には50.0%とあまり水準は変わらなかったものの、2010年度には35.3%まで落ち込んでおり、リーマンショックの影響で伸びが大きく低下していることがうかがえる。その後は、2011年度が41.4%、2012年度が44.6%と比較的低い水準で推移しており、東日本大震災の影響があった可能性が観察できる。新型コロナウイルス感染症については、流行前の2019年度は39.6%だったものが、2020年度には32.2%と、これまでで最も低い値となっている。2021年度には41.0%とやや持ち直しているが、相対的に低水準であることには変わりはない。このデータからは、コロナ禍が雇用の伸びに与えた影響は、他の二つのショックと比べても非常に大きかったことがうかがえる。

### (4)　月商と売上状況

月商規模は、2005年度には「100万円未満」が28.5%、「100万～500万円未満」が47.2%で、これらを合わせた500万円未満の割合は75.7%であっ

**図2−18　調査時点の月商の推移**

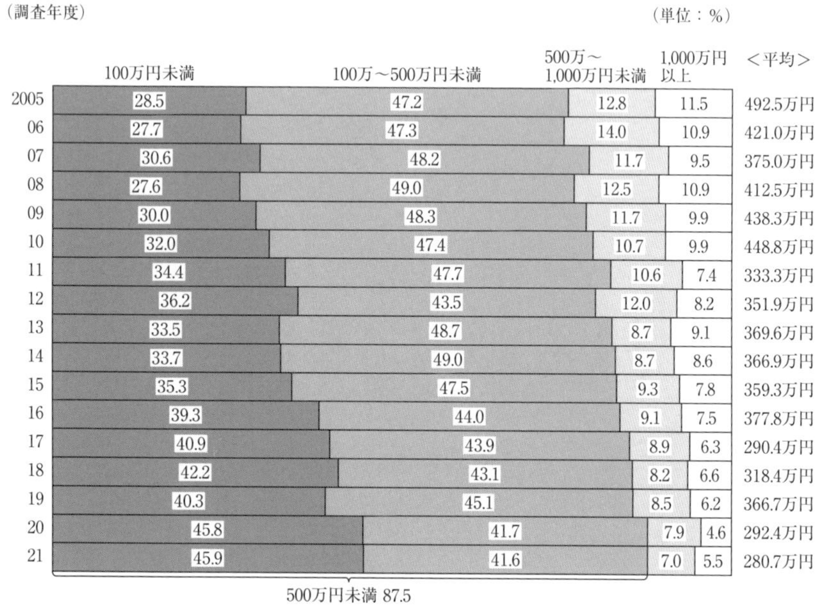

（調査年度）　（単位：％）

| | 100万円未満 | 100万〜500万円未満 | 500万〜1,000万円未満 | 1,000万円以上 | ＜平均＞ |
|---|---|---|---|---|---|
| 2005 | 28.5 | 47.2 | 12.8 | 11.5 | 492.5万円 |
| 06 | 27.7 | 47.3 | 14.0 | 10.9 | 421.0万円 |
| 07 | 30.6 | 48.2 | 11.7 | 9.5 | 375.0万円 |
| 08 | 27.6 | 49.0 | 12.5 | 10.9 | 412.5万円 |
| 09 | 30.0 | 48.3 | 11.7 | 9.9 | 438.3万円 |
| 10 | 32.0 | 47.4 | 10.7 | 9.9 | 448.8万円 |
| 11 | 34.4 | 47.7 | 10.6 | 7.4 | 333.3万円 |
| 12 | 36.2 | 43.5 | 12.0 | 8.2 | 351.9万円 |
| 13 | 33.5 | 48.7 | 8.7 | 9.1 | 369.6万円 |
| 14 | 33.7 | 49.0 | 8.7 | 8.6 | 366.9万円 |
| 15 | 35.3 | 47.5 | 9.3 | 7.8 | 359.3万円 |
| 16 | 39.3 | 44.0 | 9.1 | 7.5 | 377.8万円 |
| 17 | 40.9 | 43.9 | 8.9 | 6.3 | 290.4万円 |
| 18 | 42.2 | 43.1 | 8.2 | 6.6 | 318.4万円 |
| 19 | 40.3 | 45.1 | 8.5 | 6.2 | 366.7万円 |
| 20 | 45.8 | 41.7 | 7.9 | 4.6 | 292.4万円 |
| 21 | 45.9 | 41.6 | 7.0 | 5.5 | 280.7万円 |

500万円未満 87.5

た（図2－18）。これらの割合は長期的に上昇する傾向にあり、2021年度には「100万円未満」が45.9％、「100万〜500万円未満」が41.6％で、500万円未満が87.5％と9割近くに達している。月商の平均も2005年度には492.5万円だったのが2021年度には280.7万円まで少なくなった。

リーマンショックについては、2009年度、2010年度と「100万円未満」の割合が上昇する一方で、平均月商も高まっており、そのマイナスの影響は判然としない。東日本大震災後の2011年度と2012年度は、震災前と比べて「100万円未満」の割合が高まっている。リーマンショック後と異なり、月商の平均も2010年度の448.8万円が、2011年度には333.3万円と大きく低下している。低下率を計算すると25.7％であった。また、2020年度も、「100万円未満」の割合が45.8％と2019年度の40.3％から大きく上昇し、平均も292.4万円と2019年度の366.7万円から70万円以上少なくなってい

### 図2−19　予想月商達成率の推移

（調査年度）　　　　　　　　　　　　　　　　（単位：％）

| 調査年度 | 50％未満 | 50～75％未満 | 75～100％未満 | 100～125％未満 | 125％以上 | <予想月商達成割合> |
|---|---|---|---|---|---|---|
| 2005 | 8.9 | 26.1 | 27.7 | 21.3 | 16.0 | 37.3 |
| 06 | 9.0 | 27.4 | 25.9 | 21.0 | 16.6 | 37.6 |
| 07 | 8.2 | 26.7 | 25.5 | 21.0 | 18.5 | 39.5 |
| 08 | 8.1 | 25.3 | 26.1 | 22.2 | 18.3 | 40.5 |
| 09 | 9.7 | 26.3 | 25.6 | 21.4 | 17.0 | 38.4 |
| 10 | 10.1 | 27.9 | 29.1 | 19.4 | 13.4 | 32.9 |
| 11 | 8.0 | 17.8 | 21.5 | 24.5 | 28.2 | 52.7 |
| 12 | 10.4 | 18.5 | 20.4 | 24.9 | 25.7 | 50.7 |
| 13 | 10.3 | 21.0 | 20.2 | 23.8 | 24.6 | 48.4 |
| 14 | 9.1 | 19.0 | 18.6 | 26.2 | 27.1 | 53.3 |
| 15 | 11.5 | 19.2 | 19.8 | 23.6 | 25.9 | 49.5 |
| 16 | 11.6 | 20.4 | 20.7 | 23.4 | 23.9 | 47.3 |
| 17 | 10.6 | 18.6 | 20.3 | 22.8 | 27.7 | 50.5 |
| 18 | 9.7 | 16.8 | 19.7 | 23.7 | 30.1 | 53.7 |
| 19 | 8.5 | 14.8 | 19.9 | 25.6 | 31.1 | 56.7 |
| 20 | 13.2 | 17.8 | 15.3 | 20.8 | 32.9 | 53.7 |
| 21 | 17.8 | 22.1 | 17.7 | 18.9 | 23.6 | 42.5 |

予想月商達成

（注）1　予想月商達成率＝（調査時点の月商÷開業前に予想していた月商）×100
　　　2　小数第2位を四捨五入しているため、「予想月商達成割合」とその構成項目を合計した値が一致しないことがある。

る。低下率は20.3％で、長期的な低下トレンドがあることを考慮しても、コロナ禍の影響が大きかったと考えてよいだろう。

次に、開業前に予想していた月商を調査時点でどの程度達成できたのかをみてみる。「100～125％未満」と「125％以上」を合わせた、予想月商を達成した企業の割合は、2005年度から2009年度にかけて40％前後で推移していたものが、2010年度にはリーマンショックの影響か32.9％に低下している（図2－19）。ただし、2011年度には52.7％に回復し、それ以降は50％前後と、東日本大震災の影響ははっきりとはみられない。予想月商達成割合は、2019年度に56.7％まで上昇したが、2020年度は53.7％に、2021年度はさらに42.5％まで低下しており、コロナ禍の影響が観察される。2020年

図2−20　売上状況の推移

（調査年度）　（単位：％）

| 調査年度 | 増加傾向 | 横ばい | 減少傾向 | <売上DI> |
|---|---|---|---|---|
| 2005 | 52.6 | 39.5 | 7.9 | 44.7 |
| 06 | 54.0 | 38.0 | 8.0 | 46.0 |
| 07 | 57.4 | 35.7 | 7.0 | 50.4 |
| 08 | 53.9 | 35.2 | 11.0 | 42.9 |
| 09 | 45.1 | 38.5 | 16.4 | 28.7 |
| 10 | 55.9 | 33.4 | 10.7 | 45.1 |
| 11 | 52.6 | 39.8 | 7.6 | 45.0 |
| 12 | 55.0 | 36.8 | 8.1 | 46.9 |
| 13 | 59.2 | 34.0 | 6.8 | 52.4 |
| 14 | 64.8 | 30.0 | 5.2 | 59.6 |
| 15 | 61.5 | 31.9 | 6.5 | 55.0 |
| 16 | 61.8 | 31.2 | 7.1 | 54.7 |
| 17 | 59.4 | 33.4 | 7.1 | 52.3 |
| 18 | 58.7 | 35.2 | 6.1 | 52.6 |
| 19 | 57.1 | 35.7 | 7.2 | 50.0 |
| 20 | 43.0 | 34.3 | 22.7 | 20.2 |
| 21 | 44.4 | 35.9 | 19.7 | 24.6 |

（注）売上DIは調査時点の売上状況が「増加傾向」と回答した企業割合から「減少傾向」と回答した企業割合を差し引いた値。

度のほとんどの回答企業にとっては、コロナ禍は開業前には予期してなかった出来事だったはずであるが、月商の達成に関しては健闘したといえる。一方で、2021年度の回答企業はコロナ禍をある程度は計画に織り込んで開業したと推測されるものの、長引く厳しい環境により、予想以上に苦戦したのだろうと考えられる。なお、達成率が「50％未満」と極めて厳しい状況にあると考えられる企業の割合が、従来は10％前後だったものが、2020年度には13.2％、2021年度には17.8％と、これまでにない高い割合となっていることも、コロナ禍の影響の大きさを物語っている。

続いて図2−20には、売上状況の推移を示した。調査時点で売上高が「増加傾向」の割合は、2005年度から2008年度までは50％台だったが、2009年度には45.1％まで落ち込んだ。「増加傾向」から「減少傾向」の割合を引いた売上DIも28.7と、2008年度の42.9から大幅に悪化しており、リーマン

**図2-21　採算状況の推移**

（調査年度）　　　　（単位：％）

| 調査年度 | 黒字基調 | 赤字基調 | ＜採算DI＞ |
|---|---|---|---|
| 2005 | 59.9 | 40.1 | 19.8 |
| 06 | 59.8 | 40.2 | 19.6 |
| 07 | 59.5 | 40.5 | 19.0 |
| 08 | 66.9 | 33.1 | 33.8 |
| 09 | 56.1 | 43.9 | 12.1 |
| 10 | 60.0 | 40.0 | 20.0 |
| 11 | 68.0 | 32.0 | 35.9 |
| 12 | 64.4 | 35.6 | 28.9 |
| 13 | 65.6 | 34.4 | 31.2 |
| 14 | 64.9 | 35.1 | 29.9 |
| 15 | 64.7 | 35.3 | 29.5 |
| 16 | 64.5 | 35.5 | 29.0 |
| 17 | 61.8 | 38.2 | 23.6 |
| 18 | 61.3 | 38.7 | 22.5 |
| 19 | 63.5 | 36.5 | 27.0 |
| 20 | 59.8 | 40.2 | 19.5 |
| 21 | 58.2 | 41.8 | 16.3 |

（注）採算DIは調査時点の採算状況が「黒字基調」と回答した企業割合から「赤字基調」と回答した企業割合を差し引いた値。

ショックの影響がみてとれる。ただし、2010年度には「増加傾向」が55.9％、DIは45.1まで回復した。続く2011年度は「増加傾向」の割合は52.6％とやや低下したものの、DIは45.0とほぼ横ばいであり、東日本大震災の影響は限定的だったようだ。一方でコロナ禍のインパクトは大きい。「増加傾向」の割合は、2019年度の57.1％が2020年度は43.0％に、売上DIは2019年度の50.0が2020年度は20.2と、それぞれ大幅に低下している。低下の幅はリーマンショックに比べてはるかに大きい。2021年度も「増加傾向」が44.4％、DIが24.6と、これまでにない低水準が続いている。

### (5)　採算状況

最後に、採算状況についてみてみよう。調査時点で採算が「黒字基調」の割合は、2005年度から2007年度までは約60％の水準であった（図2－21）。

2008年度には66.9%に上昇したものが、リーマンショックの影響か、2009年度は56.1%と10ポイント以上低下している。「黒字基調」の割合から「赤字基調」の割合を差し引いた採算DIも、2008年度の33.8から2009年度には12.1へ大きく低下した。一方、2011年度は「黒字基調」が68.0%、採算DIが35.9と、2010年度より高い数値となっており、東日本大震災のマイナスの影響は観察できない。続いて最近の状況をみると、「黒字基調」の割合は、2019年度の63.5%が、2020年度には59.8%、2021年度には58.2%と低下している。採算DIも2019年度には27.0だったものが、2020年度には19.5、2021年度には16.3と下がった。ただ、それぞれの低下の幅はリーマンショックの際よりも小さく、水準も極端に低いとまではいえないだろう。また、前段の売り上げ関連の指標と比べると、ショックの影響は小さいといえそうだ。

こうしたデータからは、新型コロナウイルス感染症の流行によって、売り上げの確保が難しくなり、感染対策費用の負担も発生するなかで、従業員の雇用の伸びを抑制したり、その他の部分でもコストダウンを図ったりして、多くの新規開業企業が採算を維持するために努力していることがみてとれる。また、因果関係は明確ではないが、行政からの補助金が採算の下支えとなっているとも推測される。

## 5　おわりに

本章では、2021年度新規開業実態調査の結果から、新型コロナウイルス感染症が新規開業企業にさまざまな影響を与えていることを明らかにした。開業前から順を追っていくと、ビジネスをスタートする直前の職業からの離職については、約3割がコロナ禍の影響を受けている。また、約15%がコロナ禍が開業のきっかけになったと回答した。開業に当たっては、開業時期を変更したり、提供する商品・サービスを変えたりと、約4割が当初の計画から何らかの変更を行っている。

開業後には、約8割がコロナ禍のマイナスの影響を受けたと回答している。特に「飲食店・宿泊業」「運輸業」「卸売業」などで影響が大きい。具体的には、売り上げや利益が予定より減った、営業を自粛したなどと、さまざま影響がみられた。感染症対策のためのコストも負担になっている。

こうした状況を受けて、新規開業企業は資金関連、取引先関連、従業員関連の対策を実施している。SNS、ホームページ、会計ソフトの活用など、ITを積極的に取り入れているところも多い。インターネットバンキング、キャッシュレス会計、リモート会議など、感染リスク低減のため、人と人とがじかに接触する場面を減らす仕組みの導入も進んでいる。また、約半数の企業が、補助金、政府系金融機関や民間金融機関の実質無利子・無担保融資など、行政からの支援を受けている。

さらに、新規開業実態調査の長期時系列データで、リーマンショック、東日本大震災、コロナ禍の影響を比較したところ、開業後の従業者数の伸び、予想月商達成率50％未満の割合、売上状況といった指標で、コロナ禍のインパクトは東日本大震災を大きく上回るとともに、リーマンショックをも超えるものとなっている。予想月商を達成した企業の割合や採算状況についてはリーマンショックの方がやや影響が大きく出ているが、新型コロナウイルス感染症が新規開業企業に与えた影響は、かつてないものであったといえるだろう。

しかし、開業者はただ手をこまぬいているわけではない。コロナ禍に対してさまざまな対応を行っており、採算状況の水準がそれほど低くなっていないことからも、たくましくビジネスを続けていることがうかがえる。新型コロナウイルス感染症の流行するなかでも、新たな事業にチャレンジする人は少なくない。来る2022年度の調査でも、引き続きコロナ禍の下での新規開業企業の実態を明らかにしていきたい。

## 第3章

# コロナ禍における「新規開業追跡調査」結果の概要



日本政策金融公庫総合研究所
研究主幹　深沼　光
研究員　西山 聡志
客員研究員　山田 佳美

# 1　はじめに

## (1)　問題意識

第1章と第2章は、当研究所が1991年度から毎年実施してきた「新規開業実態調査」のデータをもとに分析を行った。続く本章では、「2020年度新規開業実態調査」（以下、2020年調査）と、同調査の回答企業に対して2021年7月に実施した「新型コロナウイルス感染症が新規開業企業に与えた影響に関する追跡調査」（以下、2021年調査）の二つの調査の個票データを組み合わせたパネルデータセット「新規開業追跡調査」（以下、本調査）をもとに、新規開業企業の状況がコロナ禍の影響でどのように変化したのかをさらに詳しく分析する。

## (2)　実施要領

2020年調査は、新型コロナウイルス感染症の第2波が拡大する2020年7月に行われた。調査対象は、日本政策金融公庫国民生活事業が2019年4月から同年9月にかけて融資した企業のうち、融資時点で開業後1年以内の企業（不動産賃貸業を除く）であった。また、回収数は1,597社で回収率は30.9%、調査時点の経営形態は、個人企業が60.5%、法人企業が39.5%であった。

2021年調査は、2020年調査のちょうど1年後、新型コロナウイルス感染症の第5波の拡大期に当たる2021年7月に、2020年調査の回答企業のうち1,290社に対して実施した。回収数は841社で回収率は65.2%、調査時点の経営形態は、個人企業が56.7%、法人企業が43.3%であった。

これら二つの調査の個票データを組み合わせた本調査のデータセットは、同一サンプルの2時点のパネルデータであり、別々のサンプルへのアンケートに比べると、企業の状況の変化をより正確に把握できる点が特徴で

**実施要領**

| | 新規開業追跡調査（本調査） | |
|---|---|---|
| | 2020年度新規開業実態調査（2020年調査） | 新型コロナウイルス感染症が新規開業企業に与えた影響に関する追跡調査(2021年調査) |
| 調査時点 | 2020年7月 | 2021年7月 |
| 調査対象 | 日本政策金融公庫国民生活事業が2019年4月から同年9月にかけて融資した企業のうち、融資時点で開業後1年以内の企業（開業前の企業を含む）5,176社（不動産賃貸業を除く） | 2020年度新規開業実態調査（2020年調査）の回答企業のうち1,290社 |
| 調査方法 | 調査票の送付・回収ともに郵送、アンケートは無記名 | |
| 回 収 数 | 1,597社（回収率30.9%） | 841社（回収率65.2%） |
| 経営形態（調査時点） | 個人企業60.5%　法人企業39.5% | 個人企業56.7%　法人企業43.3% |

**図3−1　開業からの経過月数（2021年7月調査時点）**

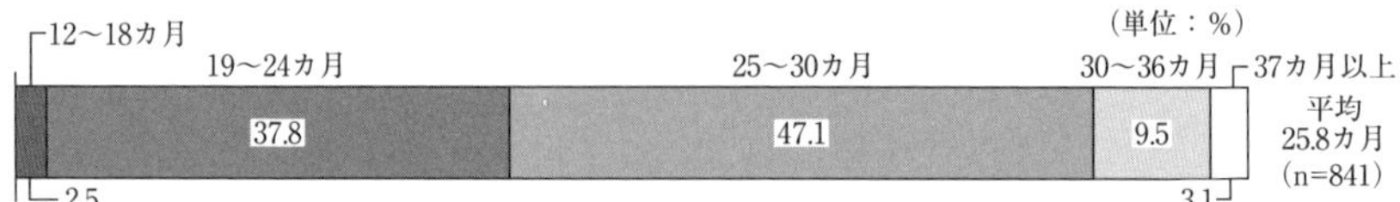


資料：日本政策金融公庫総合研究所「新型コロナウイルス感染症が新規開業企業に与えた影響に関する追跡調査」（以下、調査年の表記がないものは同調査）

（注）1　nは回答数（以下同じ）。
2　構成比は小数第2位を四捨五入して表記しているため、その合計が100%にならない場合がある（以下同じ）。
3　「2020年度新規開業実態調査」の既存発表物とは異なる（以下同じ）。

ある。そこで本章では、比較できるものに関してはできる限り二つのアンケートのデータを示すことにする[1]。

回答企業の開業からの経過月数は、2021年7月の2021年調査時点で平均25.8カ月となった（図3−1）。6カ月きざみの分布をみると、「25～30カ月」（47.1%）、「19～24カ月」（37.8%）の割合が高く、両者を合わせると

1　「2020年度新規開業実態調査」のデータについては、「新型コロナウイルス感染症が新規開業企業に与えた影響に関する追跡調査」に回答した企業（同じ内容の質問の比較の場合には、二つの調査ともに回答した企業）のみを集計している。そのため、これまで公表した「2020年度新規開業実態調査」の結果とは一致しない。

図3-2　開業と新型コロナウイルス感染症の国内新規感染者数の関係

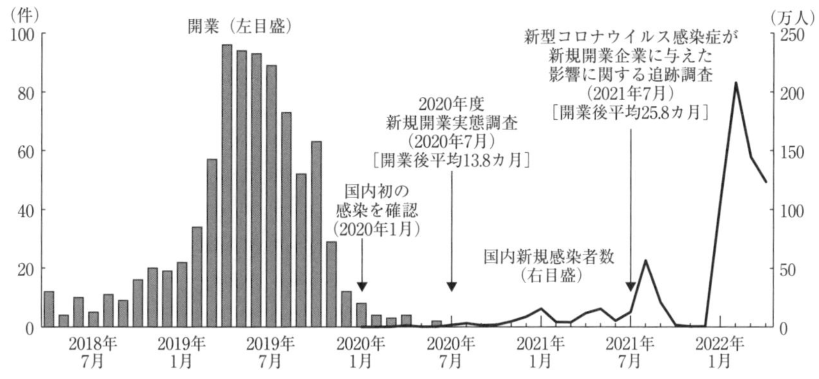


資料：新型コロナウイルス感染症の国内新規感染者数は、厚生労働省発表資料
（注）開業は月別件数（n=841）、国内新規感染者数は月別人数。

全体の8割を超える。これらの企業の開業時期は、2019年1月から12月に当たる。2020年1月から7月に開業した「12〜18カ月」は2.5%にとどまる。

図3－2は、回答企業の開業時期と新型コロナウイルス感染症の国内新規感染者数を示したものである。日本国内で初の感染者が確認されたのは2020年1月、政府からの緊急事態宣言が初めて出されたのが同年4月であることから、本調査の回答企業のほとんどが新型コロナウイルス感染症の流行を予期せずに開業していると考えてよい。

こうした回答企業の業種をみておくと、「サービス業」が27.2%と最も多く、続いて「医療・福祉」（18.9%）、「飲食店・宿泊業」（14.5%）、「小売業」（10.3%）、「建設業」（9.0%）などとなっている（表3－1）。

## 2　経営状況の推移

本節では、新型コロナウイルスの感染が拡大するなかでの回答企業の経営状況の推移を、いくつかの指標から確認する。その際、いわゆる平時の

表3−1　業　種（2021年時点）

（単位：％）

| 業　種 | 割　合 | n |
|---|---|---|
| 建設業 | 9.0 | 76 |
| 製造業 | 3.0 | 25 |
| 情報通信業 | 2.6 | 22 |
| 運輸業 | 2.3 | 19 |
| 卸売業 | 3.4 | 29 |
| 小売業 | 10.3 | 87 |
| 飲食店・宿泊業 | 14.5 | 122 |
| 医療・福祉 | 18.9 | 159 |
| 教育・学習支援業 | 3.1 | 26 |
| サービス業 | 27.2 | 229 |
| 不動産業 | 4.8 | 40 |
| その他 | 0.8 | 7 |

（注）1　不動産賃貸業は調査対象外であるため、「不動産業」および「その他」には含まれない（以下同じ）。
2　「持ち帰り・配達飲食サービス業」は小売業に追加（以下同じ）。

新規開業企業との違いをみるために、2016年に開業した企業を追跡した当研究所「新規開業パネル調査（第4コーホート）」（以下、パネル調査）のデータとも、できる限り比較して分析を進める[2]。

なお、パネル調査における開業からの平均経過月数は、第1回が5.9カ月（2016年末時点）、第2回が17.9カ月（2017年末時点）、第3回が29.9カ月（2018年末時点）と本調査とは異なるため、データは、2020年調査と2021年調査のそれぞれと同じ経過月数に相当するよう、再計算したものを提示す

2　パネル調査は、日本政策金融公庫国民生活事業の融資を受けて2016年に開業したと想定される企業1万122社に第1回調査を実施し、回答のあった企業のうち2016年に開業したことが確認された企業3,517社（不動産賃貸業を除く）を継続調査先としている。2016年以降、毎年12月末を調査時点とし、翌年2月に継続調査先にアンケートを行った。発送と回収は郵送で、2020年12月末時点まで5回のアンケートを実施している。本章で使用する第1回調査から第3回調査の回収数は、第1回調査（2016年末時点）が3,517社、第2回調査（2017年末時点）が2,104社、第3回調査（2018年末時点）が1,962社であった。なお、結果の概要は、井上（2022）を参照されたい。

る[3]。パネル調査の第1回から第2回にかけてと、第2回から第3回にかけての、各データの変化が、一定の速度で進むものと仮定したうえで、2020年調査の平均経過月数である13.8カ月時点と、2021年調査の平均経過月数である25.8カ月時点の値を算出した[4]。

## (1) 売り上げ

まず、売り上げに関する指標をみてみよう。2021年調査の月商(1カ月当たりの売上高)は、「100万円未満」の企業が43.3％、「100万円以上500万円未満」の企業が42.1％を占め、2020年調査のそれぞれ44.8％、42.7％と比べて割合はわずかながら低くなっているものの、回答企業の8割以上が月商500万円未満の比較的規模が小さい企業であることがわかる(図3－3)。一方で、「500万円以上1,000万円未満」は2020年調査の8.5％から2021年調査では8.7％へ、同じく「1,000万円以上」も4.1％から5.9％へ増え、平均月商は261.2万円から306.6万円へと増加している。パネル調査の平均月商は、2020年調査に相当する開業後13.8カ月時点が241.8万円、2021年調査に相当する開業後25.8カ月時点が280.9万円で、本調査の結果はパネル調

3　本調査とパネル調査の開業からの平均経過月数の関係は、以下のとおりである。

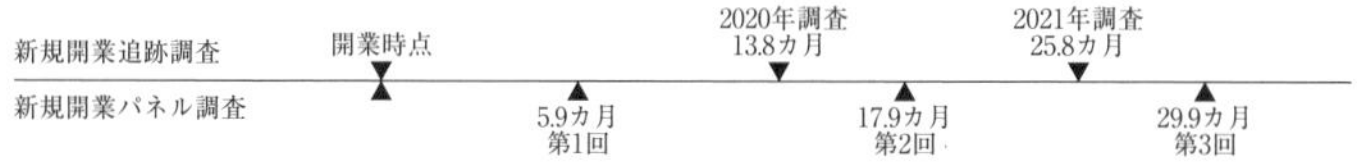

| | | | | | | | |
|---|---|---|---|---|---|---|---|
| 新規開業追跡調査 | 開業時点 | | 2020年調査 13.8カ月 | | 2021年調査 25.8カ月 | |
| 新規開業パネル調査 | | 5.9カ月 第1回 | | 17.9カ月 第2回 | | 29.9カ月 第3回 |

4　2020年調査相当、2021年調査相当の数値は以下の算式で求めた。

2020年調査相当データ
＝パネル調査第1回データ＋パネル調査第1回と第2回の差÷12カ月×2020年調査とパネル調査第1回の経過月数差
＝パネル調査第1回データ＋(パネル調査第2回データ－パネル調査第1回データ)÷12カ月×(13.8カ月－5.9カ月)

2021年調査相当データ
＝パネル調査第2回データ＋パネル調査第2回と第3回の差÷12カ月×2021年調査とパネル調査第2回の経過月数差
＝パネル調査第2回データ＋(パネル調査第3回データ－パネル調査第2回データ)÷12カ月×(25.8カ月－17.9カ月)

**図3−3　月　商**

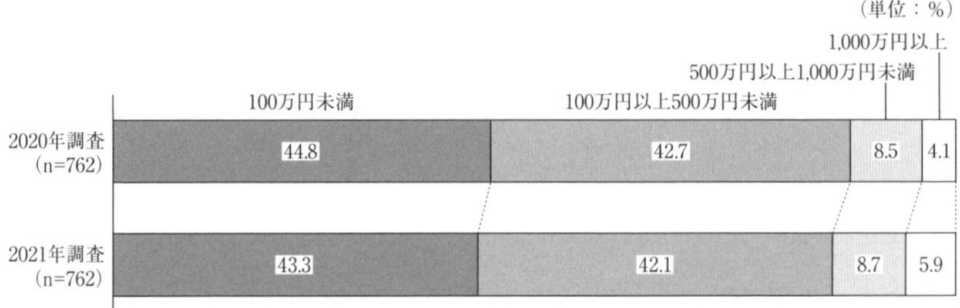


資料：2020年調査は、日本政策金融公庫総合研究所「2020年度新規開業実態調査」、2021年調査は、日本政策金融公庫総合研究所「新型コロナウイルス感染症が新規開業企業に与えた影響に関する追跡調査」（以下、断りのない限り同じ）
（注）2020年調査時点、2021年調査時点のすべてに回答した企業を集計（以下、2時点のデータを示す場合は、断りのない限り同じ）。

**図3−4　売上状況**

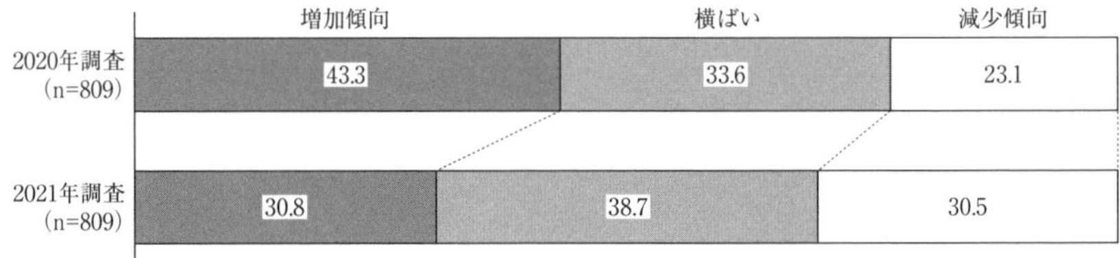


査をやや上回る結果となった[5]。

次に調査時点の売上状況をみると、「増加傾向」の割合は2020年調査で43.3%だったものが、2021年調査では30.8%に減少している（図3−4）[6]。「横ばい」はそれぞれ33.6%、38.7%、「減少傾向」は23.1%、30.5%となった。

続いて、達成された売り上げが、開業時に予想していたものと比べてど

---

5　パネル調査の平均月商は、2016年末が181.6万円、2017年末が273.0万円、2018年末が284.9万円であった。
6　売上状況はパネル調査では尋ねていない。

図3−5　予想月商達成率

（単位：%）

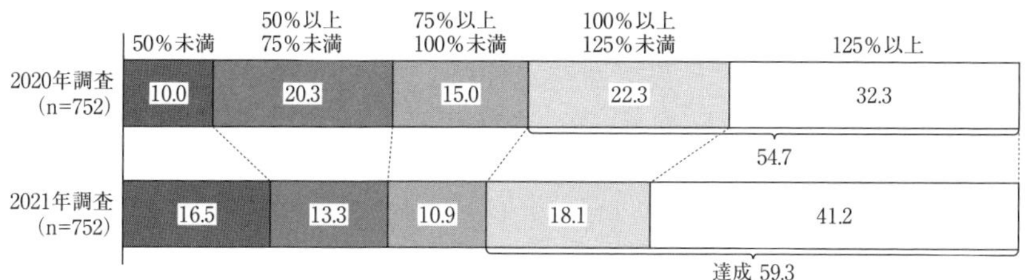


（注）2020年調査時点の予想月商を基準に、以下の式により算出した。
予想月商達成率（2020年調査）=月商（2020年調査）÷予想月商（2020年調査）×100
予想月商達成率（2021年調査）=月商（2021年調査）÷予想月商（2020年調査）×100

うだったのかみてみよう。ここでは予想月商達成率を、2020年調査で尋ねた、開業時に予想していた2020年調査時点での月商に対する、2020年調査と2021年調査の実際の月商の割合と定義した。計算結果をみると、2020年調査では予想月商達成率「125%以上」が32.3%、「100%以上125%未満」が22.3%で、二つを合わせた予想月商を達成した割合は、54.7%であった（図3−5）。これが2021年調査になると、「125%以上」が41.2%、「100%以上125%未満」が18.1%で、予想月商を達成した割合は59.3%に上昇している。ただ、「50%未満」の割合は、2020年調査の10.0%が、2021年調査では16.5%に高まっており、二極化の傾向がみられる。予想月商を達成した割合をパネル調査でみてみると、2020年調査相当が33.1%、2021年調査相当が46.1%となっており、本調査の方がむしろ高い数値となっている[7]。

### (2)　採算状況

調査時点の採算状況をみると、「黒字基調」の割合は、2020年調査が59.9%、2021年調査が60.9%と、ほぼ横ばいであった（図3−6）。パネル

7　パネル調査の予想月商達成企業の割合は、2016年末が17.4%、2017年末が41.3%、2018年末が48.6%であった。

図3−6　採算状況

（単位：%）

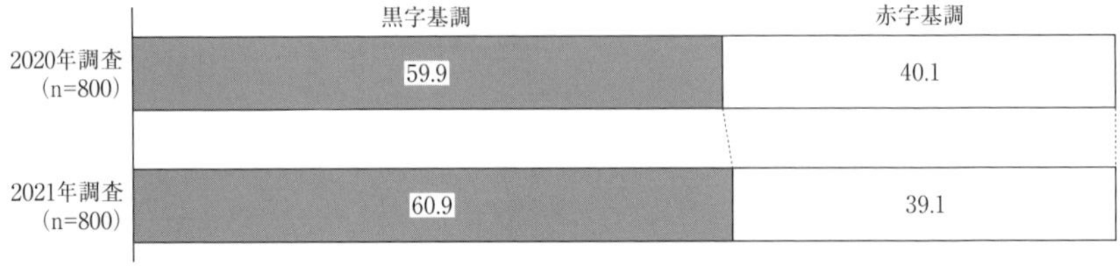

| | 黒字基調 | 赤字基調 |
|---|---|---|
| 2020年調査（n=800） | 59.9 | 40.1 |
| 2021年調査（n=800） | 60.9 | 39.1 |

調査の2020年調査と2021年調査に相当する時期の黒字基調割合はそれぞれ63.9%、73.5%となっており、いわゆる平時の新規開業企業と比べた場合に、本調査の回答企業は黒字基調への移行が遅れているといえるだろう[8]。

### (3)　従業者数

従業者数の推移をみてみると、経営者だけで稼働している「1人」の割合は、開業時の36.6%が、2020年調査には31.8%に減少した（図3−7）。ただ、2021年調査では32.3%と、ほぼ横ばいとなっている。続く「2人」は22.6%、21.1%、20.1%、「3人」は10.4%、11.7%、10.9%、「4人」は8.3%、7.0%、7.2%と推移した。

このように、2021年調査の時点でも4人以下が約7割と規模の小さい企業の占める割合は高いものの、従業者数は開業してから徐々に増加する傾向にある。従業者数「10人以上」の割合は、開業時が4.9%、2020年調査が8.9%、2021年調査が11.8%と高まっている。

従業者数の平均も、開業時の3.3人から、2020年調査では4.0人、2021年調査では4.6人と増加した。平均値の増加幅は、開業時から2020年調査が0.7人、2020年調査から2021年調査が0.6人であった。ここで、平時の状況

8　パネル調査の黒字基調の割合は、2016年末が50.9%、2017年末が70.7%、2018年末が75.0%であった。

図3-7　従業者数の推移

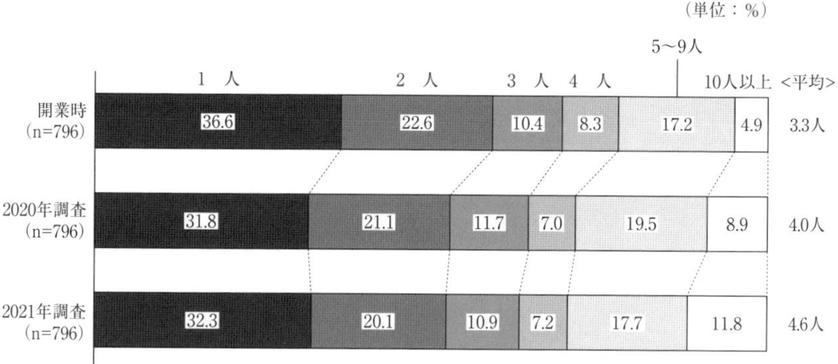


資料：開業時は、日本政策金融公庫総合研究所「2020年度新規開業実態調査」（以下、断りのない限り同じ）

（注）1　開業時、2020年調査時点、2021年調査時点のすべてに回答した企業を集計（以下、3時点のデータを示す場合は同じ）。

2　従業者は、「経営者本人（1人）」「家族従業員」「常勤役員」「正社員」「パートタイマー・アルバイト」「派遣社員・契約社員」の合計（以下同じ）。

を示すパネル調査の結果をみると、開業時の従業者数が3.0人、2020年調査に相当する開業後13.8カ月が3.9人、2021年調査に相当する開業後25.8カ月が4.4人となっており、水準では本調査と明確な違いはみられない[9]。ただ、増加幅は、開業から2020年調査相当が0.9人、2020年調査相当から2021年調査相当が0.5人となっており、本調査の開業から2020年調査の従業者数の伸びは、パネル調査と比べるとやや低いようである。

続いて、従業者数が増加した企業の割合をみると、開業時から2020年調査では30.7%、2020年調査から2021年調査では26.1%であった。パネル調査では、開業時から2020年調査相当が29.5%、2020年調査相当から2021年調査相当が30.1%で、2020年調査はパネル調査とほぼ同水準だが、2021年調査では割合がやや低くなっている[10]。

9　パネル調査の平均従業者数は、2016年末が3.5人、2017年末が4.1人、2018年末が4.5人であった。

10　パネル調査の従業者数の増加した企業の割合は、開業時から2016年末が24.1%、2016年末から2017年末が32.3%、2017年末から2018年末が28.9%であった。

図3−8　経営者が事業に従事している時間（1週間当たり）

（単位：％）

| | 35時間未満 | 35時間以上50時間未満 | 50時間以上 | ＜平均＞ |
|---|---|---|---|---|
| 2020年調査（n=809） | 18.5 | 29.9 | 51.5 | 48.5時間 |
| 2021年調査（n=809） | 19.5 | 33.1 | 47.3 | 46.6時間 |

### ⑷　経営者の働き方

ここで、経営者が事業に従事している時間を1週間当たりでみると、「35時間未満」が2020年調査の18.5％から2021年調査は19.5％へ、同じく「35時間以上50時間未満」が29.9％から33.1％へと増えたのに対し、「50時間以上」は51.5％から47.3％へ減っており、全体に少し短くなる傾向にある（図3−8）。平均従事時間は48.5時間から46.6時間へと、わずかながら減少した。パネル調査では、2020年調査相当が55.7時間、2021年調査相当が55.4時間となっており、本調査の方が平均従事時間は短い[11]。これは、コロナ禍の下での営業時間短縮や休業が影響しているのかもしれない。

## 3　業種別の予想月商達成企業割合

本節では、第2節でみた経営状況に関するデータのうち、予想月商を達成した企業の割合を業種別にみることで、新型コロナウイルス感染症の影響がどの業種で強く表れたのかを確認する。冒頭で述べたとおり、本調査の調査対象企業のほとんどは、新型コロナウイルスの国内初の感染者が確

11　パネル調査の1週間の平均従事時間は、2016年末が55.6時間、2017年末が55.7時間、2018年末が55.3時間であった。

認された2020年1月にはすでに開業していたことから、開業時に立てた月商予想額にコロナ禍の影響は反映されていないと考えられる。その予想額と実際の月商を比較することは、コロナ禍の影響をよりストレートにとらえることができると思われる。ただ、コロナ禍などのショックが発生していないいわゆる平時であっても業種によって開業後の業績の推移には違いがあることから、前節と同様に新規開業企業の経年変化を追ったパネル調査の業種別データと合わせて分析する。

前述のとおり、予想月商を達成した企業の割合は、2020年調査で54.7%、2021年調査で59.3%であった（前掲図3－5）。パネル調査では、2020年調査相当が33.1%、2021年調査相当が46.1%で、本調査の方が割合は高いため、これらのデータを直接比較しても水準の違いがわかりにくい。そこで、相対的にみてどの業種がパネル調査と比べて割合が高いのかをみるために、ここでは本調査とパネル調査の割合の差を指標として用いることにする。

### (1)　達成企業割合の高い業種

まず、本調査において予想月商を達成した企業の割合が相対的に高い業種をみてみよう。2020年調査では、情報通信業(70.0%)、建設業(69.6%)、サービス業（65.0%)、不動産業（63.9%)、医療・福祉（61.4%）の5業種が全体を上回った（表3－2)。2021年調査では、医療・福祉（77.9%)、建設業（72.5%)、サービス業（67.5%)、情報通信業（65.0%)、不動産業（58.3%）と、順位は異なるものの、5位までの業種に変化はない。

個別の業種をみてみると、2020年調査で1位、2021年調査で4位の情報通信業は、パネル調査との差もそれぞれ2位（36.8ポイント)、1位（21.7ポイント）と、パネル調査の結果を大きく上回った。パネル調査では達成企業の割合が全体と近似であることも考え併せると、在宅勤務やリモート会

### 表3-2　予想月商達成企業の割合（業種別）

（単位：%、ポイント）

| | 新規開業追跡調査 | | パネル調査との差 | | パネル調査 | | n |
|---|---|---|---|---|---|---|---|
| | 2020年調査 | 2021年調査 | 2020年調査 | 2021年調査 | 2020年調査相当 | 2021年調査相当 | |
| 建設業 | ② 69.6 | ② 72.5 | ④ 29.7 | ⑤ 16.6 | ③ 39.9 | ③ 55.9 | 69 |
| 製造業 | 47.6 | 57.1 | 4.8 | 7.1 | ① 42.8 | ④ 50.1 | 21 |
| 情報通信業 | ① 70.0 | ④ 65.0 | ② 36.8 | ① 21.7 | ⑥ 33.2 | 43.3 | 20 |
| 運輸業 | 26.3 | 31.6 | −11.8 | −2.9 | ④ 38.1 | 34.4 | 19 |
| 卸売業 | 30.8 | 42.3 | −1.2 | −16.9 | 31.9 | ① 59.2 | 26 |
| 小売業 | 50.0 | 52.6 | ⑤ 24.1 | ④ 17.6 | 25.9 | 35.0 | 78 |
| 飲食店・宿泊業 | 28.7 | 24.1 | 4.9 | −5.6 | 23.8 | 29.7 | 108 |
| 医療・福祉 | ⑤ 61.4 | ① 77.9 | 21.3 | ② 20.7 | ② 40.1 | ② 57.2 | 140 |
| 教育・学習支援業 | 31.8 | 54.5 | 5.8 | ⑦ 14.2 | 26.0 | 40.4 | 22 |
| サービス業 | ③ 65.0 | ③ 67.5 | ③ 30.3 | ③ 18.6 | ⑤ 34.8 | ⑤ 48.9 | 206 |
| 不動産業 | ④ 63.9 | 58.3 | ① 44.2 | ⑥ 14.8 | 19.7 | 43.5 | 36 |
| 全　体（再掲） | 54.7 | 59.3 | 21.5 | 13.2 | 33.1 | 46.1 | 752 |

（注）1　予想月商達成率が100%以上の企業の割合。予想月商の定義は図3－5に同じ。
2　パネル調査のデータの算出方法は、脚注4（p.73）参照。
3　全体を上回る業種に網掛けし、丸囲み数字で順位を示した（以下同じ）。
4　「その他」の業種はサンプルサイズが小さいため記載を省略。ただし「全体」は「その他」を含む（以下同じ）。
5　nは新規開業追跡調査の値。

議のシステムを導入する企業が増えたことなど、コロナ感染症対策の需要増で予想より売り上げが大きくなったのではないかと推測される。

2020年調査・2021年調査ともに2位の建設業は、パネル調査との差も、4位（29.7ポイント）、5位（16.6ポイント）であった。パネル調査でも3位であり、もともと達成企業割合が高い業種ではあるが、ほかの業種に比べて人と人との接触が少ないために、コロナ禍の影響をあまり受けなかったことが奏功したのかもしれない。

同じく両年ともに3位のサービス業は、パネル調査との差もそれぞれ30.3ポイント、18.6ポイントでともに3位だった。パネル調査でもそれぞれ5位で、全体を上回っている。理美容、クリーニングといった個人向けサービスの一部については、外出の自粛によって需要が減少した可能性はあるものの、建築設計、建物清掃など事業所向けサービスは堅調だったためと思われる。

2020年調査で4位の不動産業は、パネル調査を44.2ポイントも上回り、差は1位となっている。2021年調査では、順位は5位に下がり、水準も全体をやや下回っている。パネル調査との差は14.8ポイントで平均より少し高い。こうしたデータの動きの理由ははっきりせず、パネル調査の水準が業種別で最も低いことも影響していると思われるが、コロナ禍で飲食店関連の物件の動きは減ったものの、在宅勤務の場所を確保するための不動産取引などが一部では増えた影響なのかもしれない。

2020年調査で5位、2021年調査で1位の医療・福祉は、パネル調査でともに2位と、もともと達成企業割合が高い業種である。パネル調査との差は、2020年調査では21.3ポイントで全体とほぼ同じ水準、2021年調査では20.7ポイントで2位であった。この業種はコロナ禍の下でも需要自体が減少することは考えにくく、売り上げも順調な伸びをみせたものと推測される。

### (2)　達成企業割合の低い業種

続いて、2020年調査・2021年調査ともに全体を下回っている6位以下の業種をみてみよう。小売業は2020年調査が50.0％（6位）、2021年調査が52.6％（8位）であったが、パネル調査での達成企業割合が低いこともあって、パネル調査との差は24.1ポイント、17.6ポイントで全体を上回った。外出の自粛やインバウンドの減少などに大きな影響を受けたところも多いとは思われるが、必需品を扱う企業も多く、通信販売に力を入れたところもあったことが、コロナ禍の影響を緩和したものと考えられる。

2020年調査が47.6％で7位、2021年調査が57.1％で6位の製造業は、パネル調査では全体を上回る1位と4位であり、パネル調査との差はそれぞれ4.8ポイント、7.1ポイントと平均を下回った。コロナ禍で外食産業向けの食品など一部製品の需要が減少したことや、原材料や部品の国内外からの供給といったサプライチェーンに混乱が起きたことが、影響しているのではないだろうか。

2020年調査が31.8％で8位、2021年調査が54.5％で7位の教育・学習支援業は、パネル調査でも全体を下回っており、もともと達成企業割合が低い業種である。パネル調査との差をみると、2020年調査は5.8ポイントと平均を大きく下回っていたが、2021年調査は14.2ポイントと平均を上回った。2020年調査を実施した2020年7月時点では、コロナ禍による学習塾の休業や受講者の減少の影響が強く出ているようだが、リモート授業の導入、教室での感染症対策の強化などにより、1年後の2021年7月には、かなり回復していることがうかがえる。

2020年調査が30.8％、2021年調査が42.3％で、いずれも9位だった卸売業は、パネル調査との差がそれぞれ－1.2ポイント、－16.9ポイントと、パネル調査の水準を下回った。パネル調査では2020年調査相当は平均前後の値、2021年調査相当は1位で、本調査では特に2021年調査の落ち込みが大きいといえる。コロナ禍によって海外との物流が滞ったことや、取引先である飲食店・宿泊業などの不振が長期化していることが影響しているのだろう。

最後に、コロナウイルス感染症による影響が最も大きく出ているのが、飲食店・宿泊業、運輸業の二つである。飲食店・宿泊業は、2020年調査が28.7％、2021年調査が24.1％で、それぞれ11業種中10位、11位であった。運輸業は、2020年調査が26.3％（11位）、2021年調査が31.6％（10位）となっている。パネル調査との差は、飲食店・宿泊業がそれぞれ4.9ポイント、－5.6ポイント、運輸業がそれぞれ－11.8ポイント、－2.9ポイントと、これも低い水準である。これらの業種は、旅行や飲食に関する需要が大きく減少したこと、休業や営業時間の短縮を余儀なくされたことなどの要因によってなかなか売り上げを伸ばすことができなかったと推測される。運輸業のうち貨物運送については宅配サービスの増加などによってむしろ需要は増えた可能性があるが、全体としてみるとサンプルの過半を占める個人タクシーの不振がデータに表れたと考えられる[12]。

本調査の対象企業の大部分が新型コロナウイルスの感染拡大を予期せずに開業しているにもかかわらず、開業時に予想した月商を達成した企業の割合は、多くの業種でパネル調査を上回っている。

前節でみたとおり月商の水準自体がパネル調査をやや上回っていることなども考えると、全体としてみれば売り上げに対するコロナ禍の影響は意外に小さかったといえるかもしれない。しかし本節の業種別分析からは、影響の大きさは業種によってかなり違いがあり、目標達成企業が3割ほどにすぎない飲食店・宿泊業、運輸業など、深刻な影響が出た業種も少なくないことがわかった。

## 4　新型コロナウイルス感染症の影響

### (1)　マイナスの影響

本節では、新型コロナウイルス感染症による影響について直接的に尋ねた設問の回答結果をみていきたい。まずマイナスの影響を「受けた」と回答した企業の割合は、2020年調査（開業から2020年7月の調査時点まで）で77.7％、2021年調査(2020年8月から2021年7月の調査時点まで)で80.1％

12　運輸業の回答企業19社のうち、一般乗用旅客自動車運送業（タクシー）が13社（すべて個人タクシー）、貨物軽自動車運送業（軽貨物）が4件、一般貸切旅客自動車運送業（バス・ハイヤー）と一般貨物自動車運送業（トラック運送）がそれぞれ1社であった。

**図3−9　新型コロナウイルス感染症によるマイナスの影響**

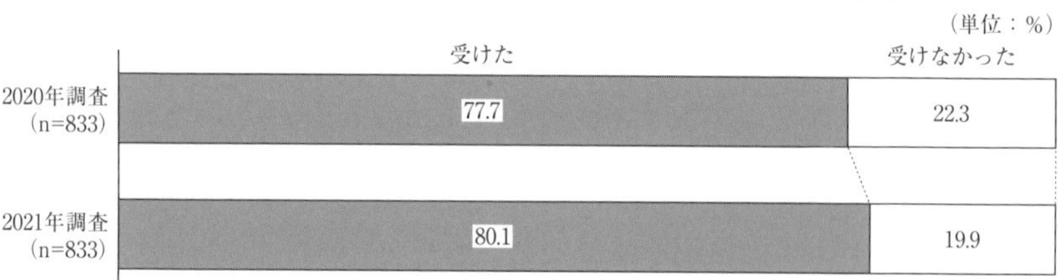


（注）1　2020年調査は開業から2020年7月の調査時点まで、2021年調査は2020年8月から2021年7月の調査時点までの影響。
　　　2　「受けた」は、新型コロナウイルス感染症の影響が「以前は大いにあったが、現在はない」「以前は少しあったが、現在はない」「現時点で大いにある」「現時点で少しある」の合計、「受けなかった」は、「現在まではないが、今後はありそう」「現在まではなく、今後もなさそう」の合計。

となっている（図3−9）。2時点とも影響を「受けた」企業も68.9％ある一方、2時点とも影響を「受けなかった」企業は11.2％にとどまっており、大半の新規開業企業が新型コロナウイルスの感染拡大によってマイナスの影響を受けていることがわかる。

業種別にみると、2020年調査では、運輸業（100.0％）、教育・学習支援業（96.2％）、飲食店・宿泊業（95.9％）、不動産業（80.0％）など、2021年調査では、製造業（96.0％）、飲食店・宿泊業（95.9％）、運輸業（89.5％）、教育・学習支援業（88.5％）などで影響を「受けた」割合が高くなった（表3−3）。なかでも、飲食店・宿泊業がともに90％台後半の高い数字になっているのが特徴的である。これらの業種については、前節でも述べたように、コロナ禍による旅行や飲食に対する需要の減少、休業や営業時間の短縮、サプライチェーンの毀損（きそん）などに加え、後述するように感染症対策も強く求められたことがその要因であると考えられる。

このほか、2020年調査では、情報通信業の59.1％を除くすべての業種で6割以上、2021年調査ではすべての業種で7割以上が、マイナスの影響を「受けた」と回答しており、コロナ禍の影響は幅広い業種に及んでいるといってよいだろう。

### 表3-3　新型コロナウイルス感染症によるマイナスの影響

（単位：%）

| | 2020年調査 | 2021年調査 | n |
|---|---|---|---|
| 建設業 | 65.8 | 72.6 | 73 |
| 製造業 | 76.0 | ① 96.0 | 25 |
| 情報通信業 | 59.1 | ⑤ 81.8 | 22 |
| 運輸業 | ① 100.0 | ③ 89.5 | 19 |
| 卸売業 | 62.1 | 79.3 | 29 |
| 小売業 | 73.3 | ⑥ 80.2 | 86 |
| 飲食店・宿泊業 | ③ 95.9 | ② 95.9 | 122 |
| 医療・福祉 | 72.8 | 73.4 | 158 |
| 教育・学習支援業 | ② 96.2 | ④ 88.5 | 26 |
| サービス業 | 76.1 | 76.5 | 226 |
| 不動産業 | ④ 80.0 | 72.5 | 40 |
| 全　体（再掲） | 77.7 | 80.1 | 833 |

（注）図3－9に同じ。

次に、マイナスの影響を「受けた」企業の具体的な影響の内容をみると、「売り上げが予定より減った」が2020年調査で83.5%、2021年調査で78.8%、「利益が予定より減った」がそれぞれ62.6%、58.9%、「営業を一部自粛した（時短営業を含む）」がそれぞれ38.4%、34.5%、などの順となっている（図3－10）。それに続く「感染防止対策のための経費がかさんだ」も、それぞれ27.8%、26.1%みられた。また、「国内の一般消費者の需要が減った」（それぞれ18.4%、17.3%）、「国内の取引先企業の需要が減った」（それぞれ16.4%、16.6%）と、需要の低迷を指摘する企業もあった。「休業した」との回答もそれぞれ18.3%、16.3%みられた。そのほかにも、コロナ禍によって、さまざまな影響が発生していることがわかる結果となっている。

続いて、新型コロナウイルス感染症の影響による売り上げの減少幅について推計した。2021年調査では新型コロナウイルス感染症の流行がなかっ

図3-10　新型コロナウイルス感染症の具体的な影響（複数回答）

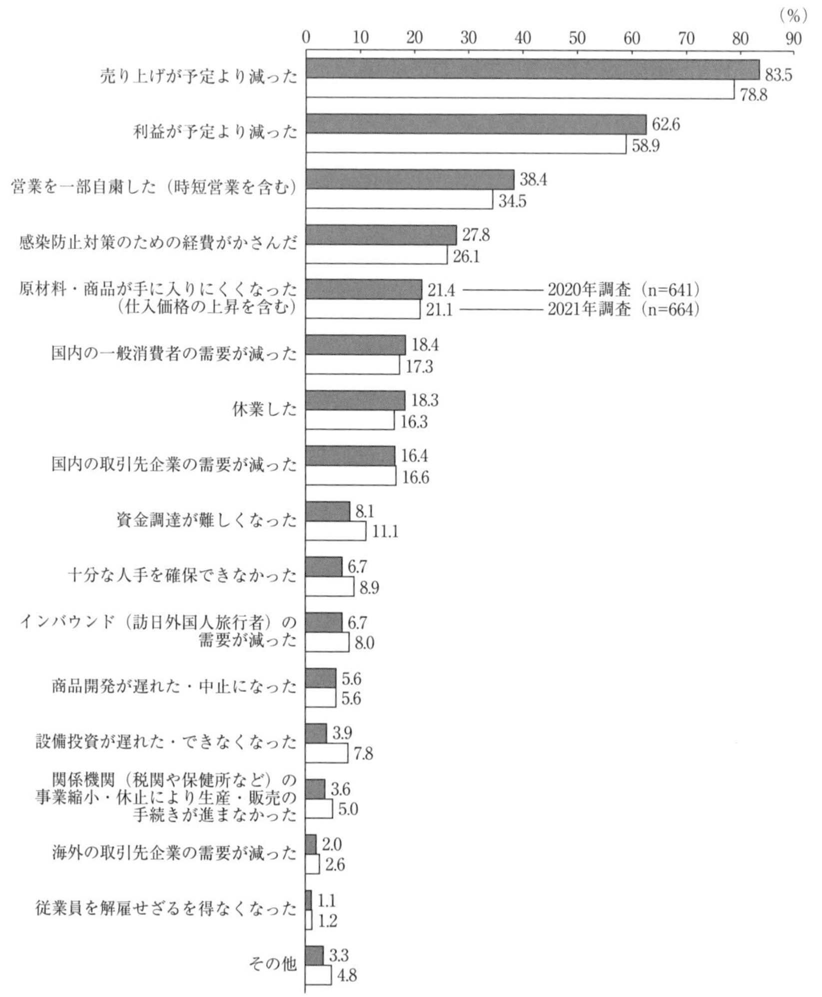


（注）1　図3－9（注）1に同じ。
2　新型コロナウイルス感染症の影響が、「以前は大いにあったが、現在はない」「以前は少しあったが、現在はない」「現時点で大いにある」「現時点で少しある」と回答した企業を集計。
3　2020年調査、2021年調査ともにある選択肢を表示。

たと仮定した場合に2021年調査時点で達成できたと考えられる月商を尋ねている。ここでは、その月商と実際の月商を比べた場合の減少割合を算出した。結果は図3－11のとおりである。

図3-11　新型コロナウイルス感染症の影響による売り上げ減少割合

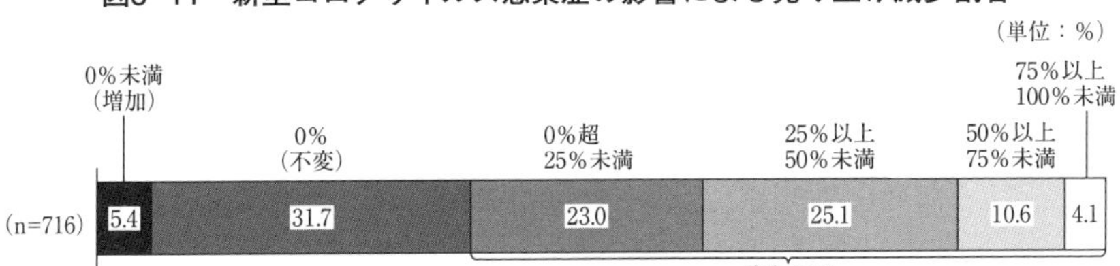


（注）2021年調査時点で新型コロナウイルス感染症の流行がなかったと仮定した場合に達成できたと考えられる月商からの、実際の月商の減少割合を、以下の式により算出した。
売り上げ減少割合＝（新型コロナウイルス感染症の流行がなかった場合の月商－実際の月商）÷新型コロナウイルス感染症の流行がなかった場合の月商×100

売り上げ減少割合は、「0％超25％未満」が23.0％、「25％以上50％未満」が25.1％、「50％以上75％未満」が10.6％、「75％以上100％未満」が4.1％で、これらを合わせた「減少」の割合は62.8％となった。売り上げが減少した企業の減少割合の平均は34.3％で、平均減少額は93.6万円であった[13]。このように、売り上げが大きく減少した企業がかなりあることが観察される。一方、「0％（不変）」、すなわち売り上げには影響がなかった企業が全体の31.7％、「0％未満（増加）」の企業が5.4％存在している。これら企業の、新型コロナウイルス感染症の流行がなかった場合と比較した月商の増加率は平均62.0％で、平均増加額は189.0万円であった。

次に、売り上げが「減少」した企業の割合を業種別にみると、飲食店・宿泊業（93.3％）、製造業（81.0％）、運輸業（77.8％）、卸売業（65.4％）などで高くなった（表3-4）。割合が最も低い医療・福祉でも48.8％で、幅広い業種で影響が出ていることがわかる。そのなかでも「50％以上減少」した企業の割合をみると、運輸業が55.6％と飛び抜けて高く、飲食店・宿泊業も36.5％と4割近くに達している。これに対し、医療・福祉（3.9％）、サービス業（6.2％）では比較的回答割合が低くなった。

13　減少額をレンジでみると、売り上げが減少した企業のうち「0万円超50万円未満」が全体の54.7％、「50万円以上100万円未満」が17.3％、「100万円以上」が28.0％であった。

**表3-4　新型コロナウイルス感染症の影響による売り上げの減少（業種別）**

（単位：％）

| | 減　少 | 50％以上減少 | n |
|---|---|---|---|
| 建設業 | 52.2 | 13.4 | 67 |
| 製造業 | ②　81.0 | 14.3 | 21 |
| 情報通信業 | 55.0 | ⑤　15.0 | 20 |
| 運輸業 | ③　77.8 | ①　55.6 | 18 |
| 卸売業 | ④　65.4 | ③　19.2 | 26 |
| 小売業 | 61.8 | 14.5 | 76 |
| 飲食店・宿泊業 | ①　93.3 | ②　36.5 | 104 |
| 医療・福祉 | 48.8 | 3.9 | 129 |
| 教育・学習支援業 | 54.5 | 13.6 | 22 |
| サービス業 | 59.8 | 6.2 | 194 |
| 不動産業 | 53.1 | ④　15.6 | 32 |
| 全　体（再掲） | 62.8 | 14.7 | 716 |

（注）図3－11に同じ。

一方、新型コロナウイルス感染症の影響によって売り上げが増加した企業の割合は、小売業（14.5％）、卸売業（7.7％）、サービス業（6.2％）などでほかの業種よりも高くなった。これは、感染症対策に関連する商品やサービスへの需要の高まりや、消費者の生活様式の変化などによって新たな需要が生まれたことなどが、背景にあると推測される。

### (2)　感染防止対策費

新型コロナウイルス感染症の流行に対して、企業はさまざまな対策を行う必要が出てきた。前述のとおり、新型コロナウイルス感染症の具体的な影響として、2020年調査では27.8％、2021年調査では26.1％の企業が「感染防止対策のための経費がかさんだ」と回答している（前掲図3－10）。それでは、どのくらいの費用がかかったのだろうか。

2021年調査では、設備・じゅう器・備品の購入費と1カ月当たりの消耗

**図3−12　新型コロナウイルス感染防止対策費**

（単位：％）

| | 0円 | 0万円超10万円未満 | 10万円以上50万円未満 | 50万円以上100万円未満 | 100万円以上 |
|---|---|---|---|---|---|
| (n=815) | 15.0 | 20.9 | 37.8 | 11.5 | 14.8 |

対策費あり 85.0

（注）設備・じゅう器・備品の購入費と、消耗品購入費16カ月分（緊急事態宣言が出された2020年4月から調査時点である2021年7月までを想定）の合計。

品購入費を尋ねている[14]。そこで、設備・じゅう器・備品の購入費に、政府による緊急事態宣言が初めて出された2020年4月から調査時点の2021年7月までの16カ月分の消耗品購入費を加えて、新型コロナウイルス感染防止対策費の合計を算出した。結果は図3−12のとおりである。

対策費の分布をみると、「0円」、すなわち対策費がかからなかった企業の割合は15.0％にとどまり、「0万円超10万円未満」が20.9％、「10万円以上50万円未満」が37.8％、「50万円以上100万円未満」が11.5％、「100万円以上」が14.8％で、これらを合わせた「対策費あり」とする企業の割合は85.0％となった[15]。2021年調査の回答企業の平均従業者数が4.6人、平均月商が306.6万円と規模が小さい企業が多いことを考えると、個々の企業の負担感はかなり大きかったのではと推測される。

業種別にみると、「対策費あり」と回答した企業の割合は、教育・学習支援業（100.0％）、飲食店・宿泊業（95.8％）、運輸業（94.7％）、医療・福祉（92.7％）で9割を超えている（表3−5）。比較的回答割合の低い卸売業（60.7％）、情報通信業（61.9％）でも6割を超えており、多くの業種で対策費が必要であったといえる。特に金額の大きい「100万円以上」につ

14　設備・じゅう器・備品の購入費は万円単位の総額を、消耗品購入費は千円単位の1カ月当たりの金額を尋ねた。
15　対策費が発生した企業の平均金額は82.1万円であった。

表3−5　新型コロナウイルス感染防止対策費（業種別）

（単位：%）

| | あ　り | 100万円以上 | n |
|---|---|---|---|
| 建設業 | 79.5 | 4.1 | 73 |
| 製造業 | 75.0 | 8.3 | 24 |
| 情報通信業 | 61.9 | 9.5 | 21 |
| 運輸業 | ③　94.7 | ④　15.8 | 19 |
| 卸売業 | 60.7 | 3.6 | 28 |
| 小売業 | 82.6 | 11.6 | 86 |
| 飲食店・宿泊業 | ②　95.8 | ③　15.8 | 120 |
| 医療・福祉 | ④　92.7 | ②　33.1 | 151 |
| 教育・学習支援業 | ①　100.0 | ①　36.0 | 25 |
| サービス業 | 82.5 | 7.6 | 223 |
| 不動産業 | 78.9 | 10.5 | 38 |
| 全　体（再掲） | 85.0 | 14.8 | 815 |

（注）図3−12に同じ。

いてみると、割合の高い業種の傾向は同じで、教育・学習支援業(36.0%)、医療・福祉(33.1%)、飲食店・宿泊業(15.8%)、個人タクシーを多く含む運輸業(15.8%)で全体を上回っている。これらは相対的に顧客との接触機会が多い業種であり、アクリルパーテーション、自動体温測定器、オンライン対応用の設備といった、設備・じゅう器・備品や、マスク、アルコール消毒液といった消耗品の必要性がより高いため、対策費も高額になったのだろう。

## 5　新型コロナウイルス感染症への対策

### (1)　対策の内容

新型コロナウイルス感染症の流行を受けて、各企業はさまざまな対策を行っている。新型コロナウイルス感染症の影響を受けて実施したことについてみてみると、まず、「金融機関から新たに借入を行った」(29.2%)、

**図3-13　新型コロナウイルス感染症の影響を受けて実施したこと（複数回答）**

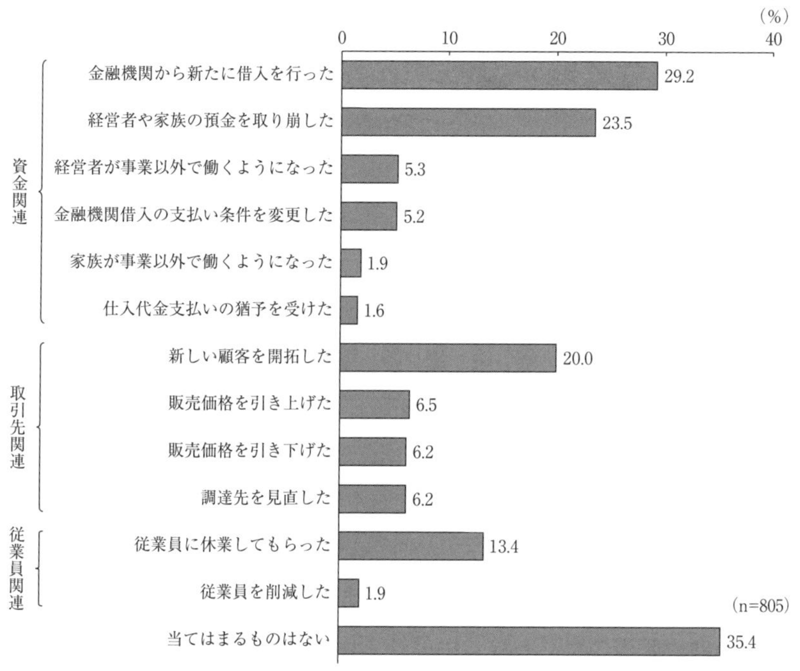


「経営者や家族の預金を取り崩した」（23.5%）といった資金関連の対策が挙げられる（図3－13）。このほか資金関連対策としては、「経営者が事業以外で働くようになった」（5.3%）、「金融機関借入の支払い条件を変更した」（5.2%）などの回答もあった。

取引先関連の対策としては、「新しい顧客を開拓した」が20.0%で最も高い回答割合となった。このほか「販売価格を引き上げた」（6.5%）、「販売価格を引き下げた」（6.2%）といった価格設定の変更もあるが、それほど高い割合ではない。

従業員関連の対策としては、「従業員に休業してもらった」との回答が13.4%みられた。ただ、「従業員を削減した」は1.9%とごくわずかにとどまった。もともと従業員が少なかったり経営者のみで稼働していたりする企業が多いとはいえ、新規開業企業が従業員の雇用維持に努めていることを示すものであろう。なお、「当てはまるものはない」と回答した企業は、全体の35.4%であった[16]。

図3－13で示した選択肢以外に、新しいデジタル技術も、新型コロナウイルス感染症への対策に一役買っている可能性がある。そこでITの活用状況をみてみると、2021年調査では、「会計処理ソフトの導入」（55.9%）、「ホームページの活用」（55.4%）、「SNSの活用」（53.7%）で5割を超えており、開業時のそれぞれ51.2%、49.0%、46.5%と比べても割合を高めている（図3－14）[17]。「インターネットバンキング」も41.8%から47.9%へ、「キャッシュレス会計」も33.8%から45.2%へと割合を高めており、ITを活用している企業は少なくないといえるだろう。また、それらに続く「リモート会議」（開業時が10.1%、2021年調査が35.9%）、「インターネット上での営業・販売」（それぞれ16.6%、26.9%）、「在宅勤務（テレワーク）」（それぞれ10.6%、26.7%）が大きく伸びていることには、新型コロナウイルス感染症の流行が大いに影響していると推測される。

### (2) 商品・サービスの変化

コロナ禍の影響を受けたことによる、開業後の商品・サービスの変化をみてみる。2021年調査では、開業してから調査時点までの間の、新たな商品・サービスの有無と、提供方法を変更した商品・サービスの有無について尋ねた[18]。結果は次のとおりである。まず、新たな商品・サービスが

16　この質問には「その他」の選択肢がないため、選択肢にない対策を実施している企業も、「当てはまるものはない」に含まれている可能性がある。
17　開業時のデータは、「新型コロナウイルス感染症が新規開業企業に与えた影響に関する追跡調査」による。
18　設問では、新たな商品・サービスは「異なる業種への多角化、これまで扱ってこなかった商品・サービスの提供など」、提供方法を変更した商品・サービスは「テイクアウト、インターネット販売、訪問サービスの導入など、商品・サービス自体には変化がないもの」と記載している。なお、2020年調査では、この設問は尋ねていない。

図3-14　ITの活用状況（複数回答）

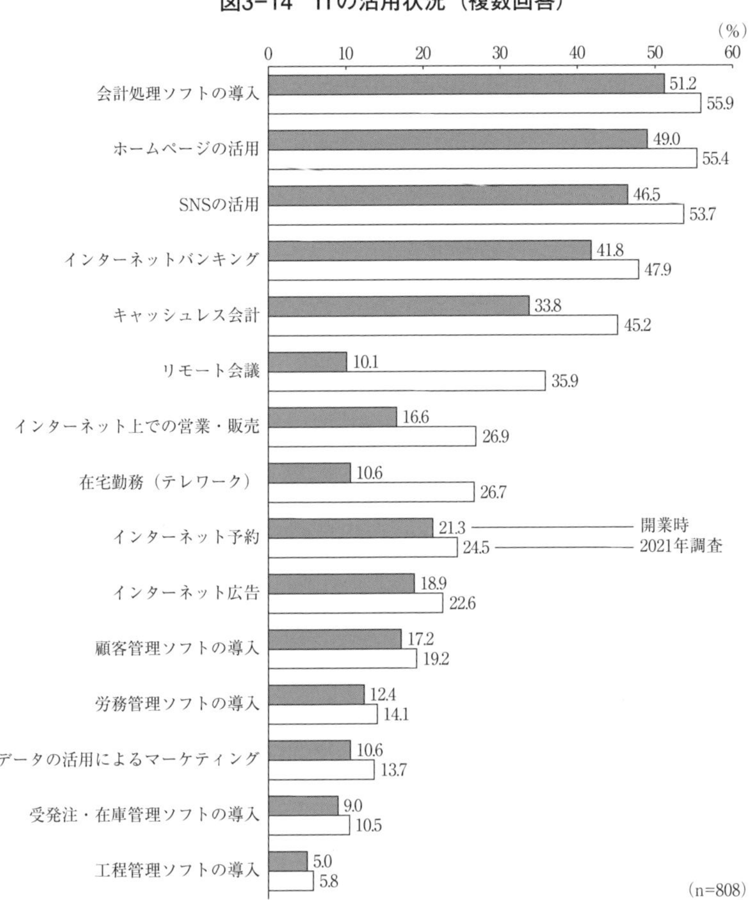


資料：日本政策金融公庫総合研究所「新型コロナウイルス感染症が新規開業企業に与えた影響に関する追跡調査」（2時点とも）
（注）2時点とも回答した企業の割合を示した。

「ある」と回答した企業は13.9%、提供方法を変更した商品・サービスが「ある」と回答した企業は10.8%、二つのいずれかまたは両方が「ある」と回答した企業は19.5%であった（図3－15）。

業種別の「ある」と回答した企業の割合は、飲食店・宿泊業で、「新たな商品・サービス」が29.4%、「提供方法を変更した商品・サービス」

図3−15　商品・サービスの変化

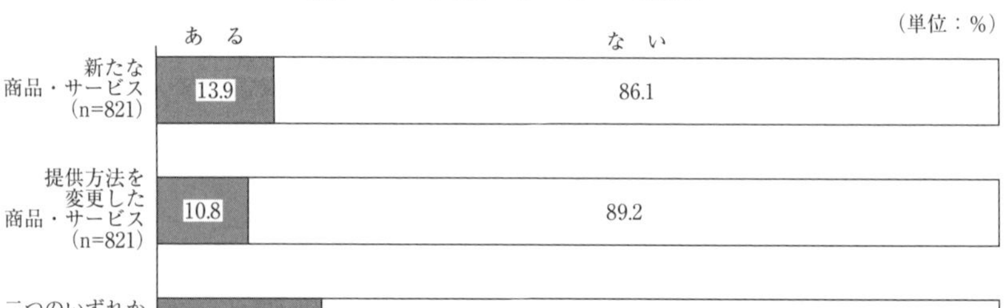


（注）1　新型コロナウイルス感染症の流行を受けて、開業から2021年7月の2021年調査時点までに実施したもの。
　　　2　「新たな商品・サービス」「提供方法を変更した商品・サービス」のいずれかまたは両方がある場合を「二つのいずれかまたは両方」とした。

が31.1%、「二つのいずれかまたは両方」が47.1%で、各項目ともに最も高くなった（表3−6)。教育・学習支援業（それぞれ28.0%、24.0%、32.0%)、小売業（それぞれ21.2%、14.1%、25.9%）がそれに続く。飲食店・宿泊業は、後述の宅配やテイクアウト、教育・学習支援業はリモート授業、小売業は通信販売の導入などを行ったところが多いと推測される。

ここで、売上状況別に二つのいずれかまたは両方が「ある」と回答した企業の割合をみてみると、2020年調査では、売上状況が「増加傾向」の場合に18.0%、「減少傾向」の場合に22.7%、2021年調査では、それぞれ16.9%、24.8%となった[19]。また、採算状況別にみると、2020年調査では「黒字基調」で16.6%、「赤字基調」で24.6%、2021年調査では、それぞれ16.3%、25.3%となった。商品・サービスの変更の実施時期を尋ねていないため、因果関係は必ずしも明確ではないものの、経営状況の厳しい企業の方が新たな商品・サービスを導入したり、商品・

19　このほか、「不変」の場合の割合は、2020年調査が19.6%、2021年調査が17.7%であった。

表3-6　商品・サービスの変化（業種別）

（単位：％）

| | 新たな商品・サービス | 提供方法を変更した商品・サービス | 二つのいずれかまたは両方 | n |
|---|---|---|---|---|
| 建設業 | 5.4 | 4.1 | 6.8 | 74 |
| 製造業 | 12.5 | 8.3 | ④ 20.8 | 24 |
| 情報通信業 | 9.1 | 0.0 | 9.1 | 22 |
| 運輸業 | 0.0 | 0.0 | 0.0 | 18 |
| 卸売業 | 10.3 | ④ 13.8 | ⑤ 20.7 | 29 |
| 小売業 | ③ 21.2 | ③ 14.1 | ③ 25.9 | 85 |
| 飲食店・宿泊業 | ① 29.4 | ① 31.1 | ① 47.1 | 119 |
| 医療・福祉 | 7.1 | 5.2 | 10.3 | 155 |
| 教育・学習支援業 | ② 28.0 | ② 24.0 | ② 32.0 | 25 |
| サービス業 | 12.5 | 6.3 | 15.2 | 224 |
| 不動産業 | 7.7 | 7.7 | 15.4 | 39 |
| 全　体（再掲） | 13.9 | 10.8 | 19.5 | 821 |

（注）1　それぞれ「ある」と回答した企業の割合。
　　　2　図3－15に同じ。

サービスの提供方法を変更したりしている傾向にあることがわかる。ただし、経営状況に対するはっきりとした改善効果はみられなかったようだ[20]。

次に、こうした新しい取り組みが、売上額に占める割合をみると、全体では、「新たな商品・サービス」で22.7％、「提供方法を変更した商品・サービス」で19.8％、「二つのいずれかまたは両方」で25.0％であった（表3－7）。

業種別では、「新たな商品・サービス」では不動産業（36.7％）が、「提

20　2020年調査で売上状況が「減少傾向」であった企業のうち2021年調査でも「減少傾向」である割合は、二つのいずれかまたは両方が「ある」場合に65.9％と、「ない」場合の62.1％を上回っている。2020年調査で「採算状況」が「赤字基調」であった企業のうち2021年調査でも「赤字基調」となった割合も、二つのいずれかまたは両方が「ある」場合に74.0％と、やはり「ない」場合の65.3％を上回った。

**表3-7　変化した商品・サービスの売り上げに対する割合（業種別）**

（単位：%）

| | 新たな商品・サービス | 提供方法を変更した商品・サービス | 二つのいずれかまたは両方 |
|---|---|---|---|
| 建設業 | ⑤　25.0 | 13.3 | ⑤　28.0 |
| 製造業 | ④　30.0 | ①　60.0 | ①　42.0 |
| 情報通信業 | 10.0 | － | 10.0 |
| 運輸業 | － | － | － |
| 卸売業 | ③　33.3 | ③　26.3 | ②　34.2 |
| 小売業 | ②　34.9 | ⑤　24.0 | ③　33.5 |
| 飲食店・宿泊業 | 16.9 | 13.2 | 18.2 |
| 医療・福祉 | 9.8 | ②　28.4 | 20.9 |
| 教育・学習支援業 | ⑦　22.9 | 16.7 | 22.5 |
| サービス業 | ⑥　24.3 | ④　24.4 | ④　29.1 |
| 不動産業 | ①　36.7 | 16.7 | ⑥　26.7 |
| 全　体（再掲） | 22.7 | 19.8 | 25.0 |

（注）1　実施した企業の平均値。－は実施企業がない項目。
　　　2　nの記載は省略した。

供方法を変更した商品・サービス」「二つのいずれかまたは両方」では製造業（それぞれ60.0%、42.0%）が最も高い割合となっている。一方、実施割合が高かった飲食店・宿泊業では、それぞれ16.9%、13.2%、18.2%と、売り上げに対する割合は、相対的に低いようだ。

なお、新型コロナウイルス感染症の影響を受けたことによって商品・サービスを変化させた割合が、ほかの業種と比べて最も高かった飲食店・宿泊業に絞って、宅配とテイクアウトの実施状況をみてみよう。開業時に実施していた割合は、宅配が4.3%、テイクアウトが35.0%だった。これが、2021年調査ではそれぞれ22.2%、67.5%と、大幅に伸びていることがわかる（図3－16）[21]。

21　ここでは実施率を示しているため、開業後の変化を示した表3－6の数値と直接比較することはできない。

図3-16　宅配とテイクアウトの実施状況（飲食店・宿泊業）

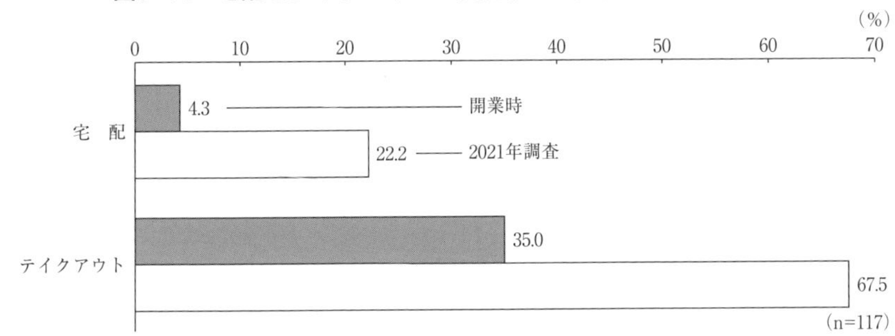


資料：図3－14に同じ
（注）両方の質問に2時点とも回答した企業の割合を示した。

## (3)　行政からの支援

新型コロナウイルス感染症の流行による影響を受けた中小企業に対し、政府や地方自治体はさまざまな支援を行っている。新規開業企業はどのような支援を受けているのだろうか。最も回答割合が高かったのは、「持続化給付金」の56.0%であった（図3－17）[22]。そのほか、「家賃支援給付金」（25.9%）、「休業・営業自粛に対する補助金」（13.3%）など、さまざまな補助金が支給され、72.7%が「いずれかの補助金」を受けている。「政府系金融機関による実質無利子・無担保融資」（22.3%）、「民間金融機関による実質無利子・無担保融資」（13.3%）といった融資も行われており、30.0%が「いずれかの融資」を受けた。全体の78.6%が行政から「いずれかの支援」を受けており、「支援は受けていない」は21.4%にとどまる。

業種別にみると、「いずれかの補助金」を受けた割合は、飲食店・宿泊業（98.3%）、運輸業（94.7%）、製造業（80.0%）、教育・学習支援業

22　持続化給付金とは、新型コロナウイルスの感染拡大により、営業自粛等の影響を受けた事業者に対する、事業全般に広く使える給付金のこと。申請期間は2020年5月1日から2021年2月15日までで、フリーランスを含む個人事業者では100万円を上限に、資本金10億円以上の企業を除く中小法人等では200万円を上限に給付された。

図3-17　行政からの支援の内容（複数回答）

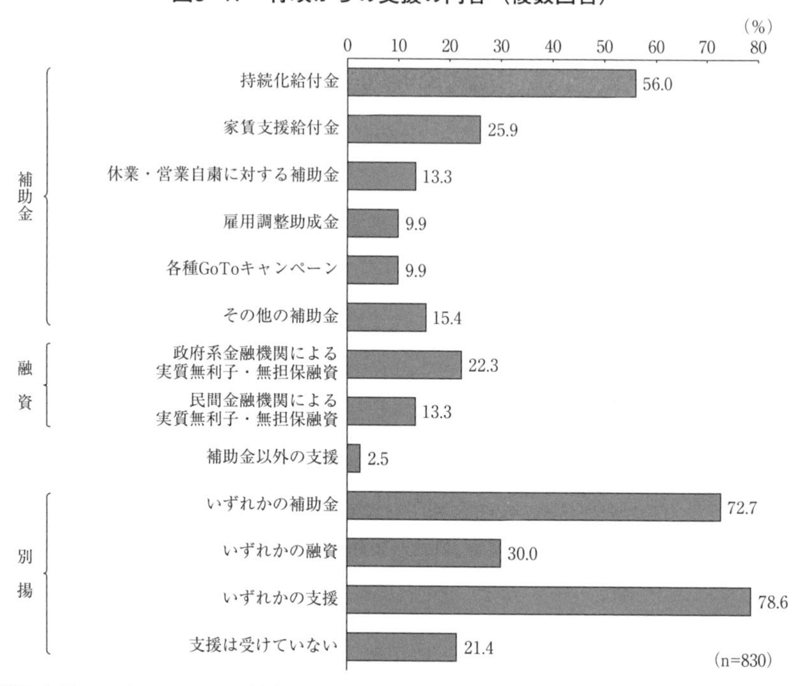


（注）各種GoToキャンペーンは補助金に含めた。

（80.0%）などの順となった（表3-8）。回答割合の低い情報通信業（54.5%）、小売業（59.8%）でも過半数が補助金を受けている。「いずれかの融資」を受けた割合は、不動産業（50.0%）、卸売業（48.3%）、飲食店・宿泊業（43.0%）、運輸業（36.8%）などとなった。「いずれかの支援」を受けた割合は、飲食店・宿泊業（98.3%）、運輸業（94.7%）、製造業（84.0%）、卸売業（82.8%）などの順で、最も低い情報通信業でも63.6%と6割を超えている。逆に「支援は受けていない」割合は、情報通信業が36.4%、サービス業が30.8%、小売業が29.9%などとなっている。

ここで、企業業績と公的支援の関係をみてみよう。まず、「いずれかの支援」を受けた割合を売上状況別にみると、2020年調査では「増加傾向」

表3-8　行政からの支援の有無（業種別）

（単位：%）

| | いずれかの補助金 | いずれかの融資 | いずれかの支援 | 支援は受けていない | n |
|---|---|---|---|---|---|
| 建設業 | ⑤ 76.0 | ⑦ 30.7 | 77.3 | ④ 22.7 | 75 |
| 製造業 | ③ 80.0 | ⑤ 36.0 | ③ 84.0 | 16.0 | 25 |
| 情報通信業 | 54.5 | 22.7 | 63.6 | ① 36.4 | 22 |
| 運輸業 | ② 94.7 | ④ 36.8 | ② 94.7 | 5.3 | 19 |
| 卸売業 | 69.0 | ② 48.3 | ④ 82.8 | 17.2 | 29 |
| 小売業 | 59.8 | 25.3 | 70.1 | ③ 29.9 | 87 |
| 飲食店・宿泊業 | ① 98.3 | ③ 43.0 | ① 98.3 | 1.7 | 121 |
| 医療・福祉 | 68.6 | 21.6 | 78.4 | ⑤ 21.6 | 153 |
| 教育・学習支援業 | ③ 80.0 | ⑤ 36.0 | ⑥ 80.0 | 20.0 | 25 |
| サービス業 | 63.4 | 22.9 | 69.2 | ② 30.8 | 227 |
| 不動産業 | ⑥ 75.0 | ① 50.0 | ⑤ 82.5 | 17.5 | 40 |
| 全　体（再掲） | 72.7 | 30.0 | 78.6 | 21.4 | 830 |

の場合に72.5%、「不変」の場合に76.5%、「減少傾向」の場合に93.5%、2021年調査では、それぞれ73.0%、76.6%、87.2%となっており、売り上げが減少している企業ほど、支援を受けた割合が高い。採算状況別の支援を受けた割合をみても、2020年調査では「黒字基調」の企業で74.2%、「赤字基調」の企業で84.9%、2021年調査では、それぞれ75.5%、83.2%と、業績の良くない企業の方が、支援を受けた割合が高くなっている。

さらに、支援の効果をみてみよう。2020年調査で採算状況が「赤字基調」だった企業のうち、2021年調査で「黒字基調」になったのは、「いずれかの支援」を受けた企業で33.0%、受けなかった企業で27.1%であった[23]。このように、支援を受けた企業の方が採算状況が良くなる傾向が強いことがわかる。

23　2021年調査でも引き続き「赤字基調」であった割合は、「いずれかの支援」を受けた企業で67.0%、受けなかった企業で72.9%であった。

アンケートでは、行政から受けた支援をすべて合わせて経営を安定させる効果があったかどうかという質問も行ったが、「大いに効果があった」が23.4%、「必要なだけの効果はあった」が35.7%と約6割の企業が十分な効果を認めている。「効果はあったが十分とはいえない」(34.4%)という評価もあるものの、「ほとんど効果はなかった」は6.4%にとどまっており、新型コロナウイルス感染症の流行の下で実施された新規開業企業に対する一連の公的支援は、一定の効果があったとみることができるだろう。

## 6　満足度と将来への展望

### (1)　満足度

ここまでみてきたように、コロナ禍のなか、新規開業企業は通常の時期とは異なる、さまざまなストレスにさらされている。では、経営者の満足度はどうなっているのだろうか。

まず、収入に関する満足度をみると、2021年調査では「かなり満足」が4.1%、「やや満足」が17.9%で、それらを合わせた「満足」の割合は22.1%となった(図3−18)。一方、「かなり不満」(26.3%)と「やや不満」(27.9%)を合わせた「不満」は54.2%で、全体として収入の満足度は高くない。2020年調査では「満足」が27.2%、「不満」が48.7%で、満足度の水準は1年間で低下している。ただし、いわゆる平時の新規開業企業を追跡調査した前述のパネル調査での「満足」の割合(2020年調査相当で24.0%、2021年調査相当で24.5%)と比べて大きく劣っているわけではない[24]。

仕事のやりがいに関する満足度については、2020年調査では「満足」が80.9%、「不満」が5.7%と、かなり高い水準であった(図3−19)。2021年

---

24　パネル調査では、収入に対して「満足」の割合は、2016年末で25.1%、2017年末で23.5%、2018年末で25.1%であった。

図3-18　満足度（収入）

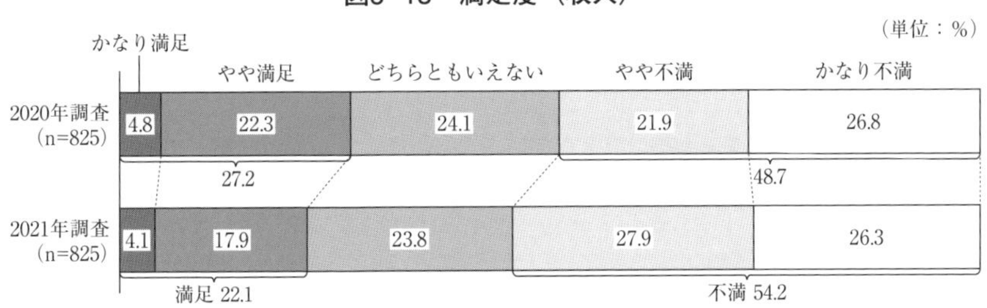


図3-19　満足度（仕事のやりがい）

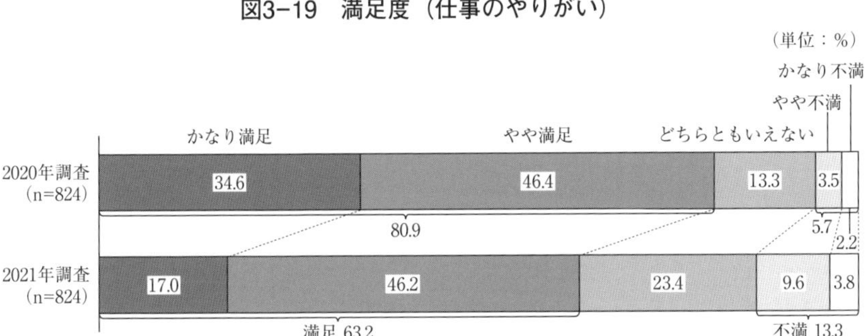


調査では、「満足」が63.2％へと低下する一方、「不満」が13.3％へと少し上昇しているものの、全体として仕事のやりがいに対する満足度は高いといえよう。ただし、パネル調査での「満足」の割合は2020年調査相当で82.2％、2021年調査相当で78.7％であり、割合が低下する傾向には変わりはないもの、本調査の2021年調査の水準は、パネル調査と比べて低くなっている[25]。

続いて、ワークライフバランスに関する満足度をみると、「満足」とする割合は、2020年調査の48.3％から2021年調査の35.2％へと低下している（図3-20）。一方、「不満」の割合は22.5％から29.9％に上昇し、「満足」

25　パネル調査では、仕事のやりがいに対して「満足」の割合は、2016年末で87.3％、2017年末で79.6％、2018年末で78.3％であった。

図3−20　満足度（ワークライフバランス）

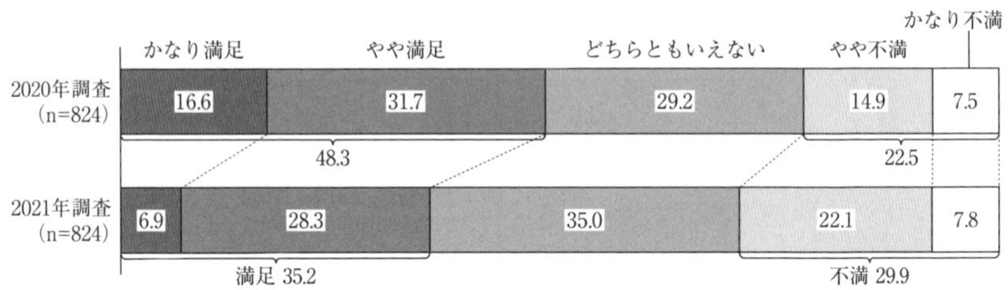


の35.2%に近づいている。パネル調査の2020年調査相当の数値では41.4%で本調査の方が高い。2021年調査相当では38.5%と、本調査の方がやや低いものの、大きな違いではなさそうだ[26]。

最後に、開業に対する総合的な満足度をみると、2021年調査では「かなり満足」が23.4%、「やや満足」が40.6%で、それらを合わせた「満足」の割合は63.9%となった（図3−21）。「かなり不満」（3.8%）と「やや不満」（9.4%）を合わせた「不満」は13.2%にとどまった。2020年調査では「満足」が73.6%、「不満」が10.8%であったことと比べると、水準はやや低下している。パネル調査では、2020年調査相当では71.4%と本調査の方が高い[27]。2021年調査相当では69.4%で本調査の方が低い数値となっているが、その差はそれほど大きいものではない。不満を感じている人も少ないことから、総合的な満足度は、全体としてみればまずまずのレベルといってよいだろう。

このように、本調査における新規開業企業の満足度は2020年調査ではパネル調査に遜色ない数値となった。2021年調査では、水準は全体に低下し、

26　パネル調査では、ワークライフバランスに対して「満足」の割合は、2016年末で49.2%、2017年末で37.3%、2018年末で39.1%であった。
27　パネル調査では、開業に対する総合的な満足度が「満足」の割合は、2016年末で74.1%、2017年末で69.9%、2018年末で69.2%であった。

図3-21　開業に対する総合的な満足度

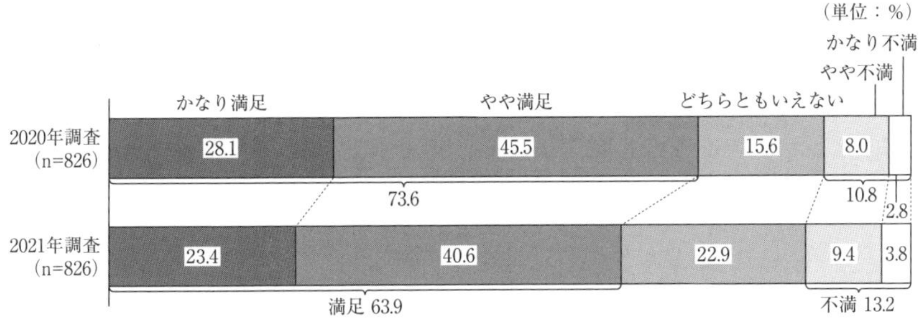


パネル調査との差は拡大する傾向がみられるものの、新型コロナウイルス感染症の流行するなかでも、通常の時期と比べて満足度が極端に低いとはいえないようだ。

## (2)　将来への展望

新型コロナウイルス感染症の流行が続くなかで、新規企業の将来展望はどうなっているのだろうか。

まず、将来の生活に対する不安についてみると、2021年調査では、「大きな不安を感じている」の14.7％と「不安を感じている」の41.4％を合わせた「不安」が56.1％で、「ほとんど不安を感じていない」の5.7％と「あまり不安を感じていない」の11.8％を合わせた「不安ではない」の17.5％を大きく上回っている（図3－22）[28]。2020年調査では、「不安」が51.4％、「不安ではない」が21.6％であり、新型コロナウイルス感染症の流行が長く続くなかで、将来への不安が高まっている傾向にあることがわかる。

次に、将来の売上高についての考えをみると、2020年調査では89.7％、2021年調査では87.6％が、「拡大したい」と回答している（図3－23）。水

28　将来の不安はパネル調査では尋ねていない。

図3−22　将来への不安

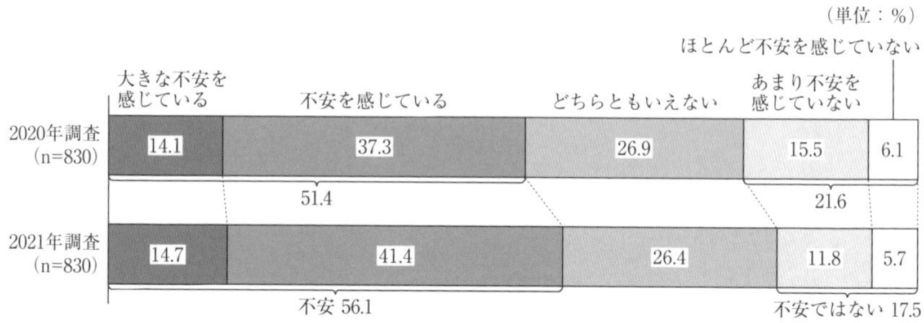

準は2.1ポイントとわずかながら低下しているが、パネル調査でも今後の事業規模を拡大したいとする割合は同時期に1.9ポイント下がっている[29]。新規開業企業の成長意欲が、新型コロナウイルス感染症の流行の影響を受けて低下したということはなさそうだ。

## 7　まとめ

本章では、当研究所が2020年7月に行った「2020年度新規開業実態調査」と、同調査の回答企業に対して1年後の2021年7月に実施した「新型コロナウイルス感染症が新規開業企業に与えた影響に関する追跡調査」の個票データを組み合わせて作成したパネルデータセット「新規開業追跡調査」を用いて、新型コロナウイルス感染症の流行を予期せずに開業した企業が、どのような経営状況に置かれたのか分析を試みた。

その結果、売上状況や予想月商達成率は、いわゆる平時である2016年に

29　パネル調査では売上高ではなく事業規模を尋ねているため、「拡大したい」とする回答割合が低くなる傾向にあり、数値の水準を図3−23と直接比較することはできない。パネル調査で、今後の事業規模について「拡大したい」と回答した割合は、2016年末が65.3%、2017年末が64.0%、2018年末が61.8%で、2020年調査相当が64.5%、2021年調査相当が62.6%となっている。

図3-23　将来の売上高

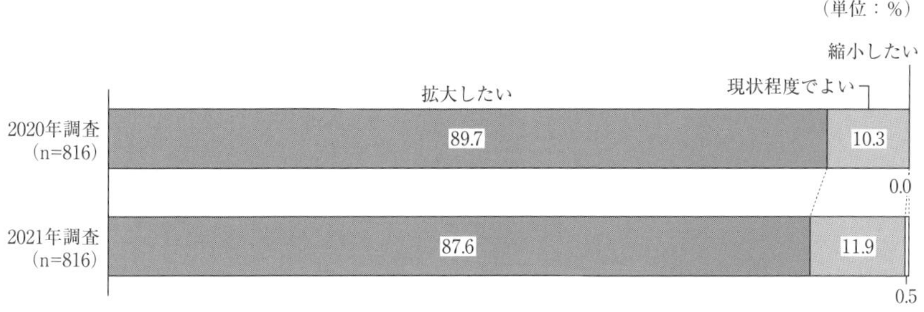


開業した企業を調査対象とした「新規開業パネル調査」と比べて遜色ないものの、採算状況は相対的に良くなく、従業者数の伸びも一部で低くなる傾向にあることがわかった。また、2回の調査ともに、新型コロナウイルス感染症のマイナスの影響がある企業が約8割あること、売り上げや利益が予定より減ったり、営業を一部自粛したり、感染防止対策のための経費がかさんだりといった、さまざまな影響があることも明らかになった。こうした影響は、飲食店・宿泊業、運輸業、教育・学習支援業など、一部の業種で特に強く出ている。

一方、こうした状況を乗り切るために、資金関連、取引先関連、従業員関連のさまざまな対策を実施しており、ITの活用も進んでいる。新たな商品・サービスを導入したり、商品・サービスの提供方法を変更したりといった工夫をする企業もみられた。また、8割近くが政府や地方自治体からの支援を受けていることも明らかになった。

こうした一連の取り組みの効果もあってか、経営者の満足度は新規開業パネル調査と比べて極端に低いとはいえず、将来への成長意欲にもそれほど違いはみられない。新型コロナウイルス感染症の流行がいつまで続くかは、予断を許さない状況にあるものの、開業直後に発生した大きな苦境を乗り切った新規開業企業が、今後順調に成長していくことに期待したい。

## <参考文献>

井上考二（2022）「2016年に開業した企業の5年間の動向―「新規開業パネル調査（第4コーホート）」結果から―」日本政策金融公庫総合研究所『日本政策金融公庫論集』第54号、pp. 1－25

# 第4章

# 「2021年度起業と起業意識に関する調査」結果の概要

日本政策金融公庫総合研究所

研究員　西山 聡志

## 1　はじめに

本章で紹介する「起業と起業意識に関する調査」（以下、本調査という）は、日本政策金融公庫総合研究所で2013年度から行っているインターネットアンケート[1]である。第1章で示したように、「新規開業実態調査」は調査対象が開業前後に日本政策金融公庫国民生活事業から融資を受けた起業家に限られる。本調査には、この新規開業実態調査では十分に把握できない起業の全体像をより広範に分析するというねらいがある。さらに、起業を妨げる要因や起業予備軍の実態をとらえるため、起業していない人も調査対象に加えた。

詳細は後述するが、本調査の事前調査のサンプルのうちA群は、性別、年齢層（18～69歳の10歳きざみ）、居住地域（47都道府県）の3点が実際の人口構成比に合致するように抽出している。そのため、起業家や事業経営に関心をもっている層が、わが国の人口に対してどれほどを占めているのか、各層の性別や年齢等の分布状況をより実態に近いかたちで把握できる。

さらに詳細調査は、A群および事業を経営している人をより多く含んだB群の事前調査回答者のなかから、後述の4カテゴリーがそれぞれ一定数確保できるよう抽出した調査対象に対して実施した。なお、本章で紹介する詳細調査のデータは、男女別・年齢層別にみたA群内のカテゴリーの分布状況に従ってウエイトづけをして集計した。

2013年度に本調査を開始してから2018年度までは、三つの調査対象に分けていた。自ら事業を開業して経営している「起業家[2]」、事業経営者では

1　インターネット調査会社から登録モニターに電子メールで依頼し、ウェブサイト上の調査画面に回答者自身が回答を入力するもの。
2　各調査時点で開業から5年未満の人に限る。

ないが起業に関心がある「起業関心層[3]」、事業を経営しておらず起業にも関心がない「起業無関心層」の三つである。2019年度からは、起業家のグループを、事業に従事する時間に応じて「起業家」と「パートタイム起業家」に分割し、4カテゴリーで調査をしている。

一口に起業家といっても、必ずしもフルタイムで事業に携わっている人ばかりではない。例えば、勤務や家事の合間の時間を活用するために事業をスタートする人や、趣味や特技を生かしたいと起業に踏み出す人もいる。事業の規模の拡大を目的にした起業だけでなく、自身のライフスタイルに合った小さなビジネスを行うなどの多層的な実態がそこにはあり、ひとくくりに起業家とすると特徴をとらえきれない。そのため、従来の起業家を、事業に充てる時間が1週間当たり35時間以上の「起業家」と、35時間未満の「パートタイム起業家」に分けたのである[4]。

なお、2021年度の本調査においては、新型コロナウイルス感染症の影響を分析するために、それに関連した設問を設けている。

## 2　調査の枠組み

### (1)　サンプルの抽出方法

本節では、2021年11月に実施した2021年度本調査の枠組みを整理する。アンケートはインターネットによるもので、まず詳細調査の対象に該当するかどうかを判断するための事前調査をA群とB群のサンプルに対して実施した。A群（2万4,928人）は、性別、年齢層（10歳きざみ）、居住する地域(47都道府県)を、日本の18～69歳の人口構成に合わせたサンプルで、

---

3　2015年度本調査までは「起業予備軍」と称していた。ただし、抽出基準は同じである。
4　35時間という基準は、総務省「労働力調査」が週35時間未満を短時間勤務と規定している点に倣った。

**「2021年度起業と起業意識に関する調査」の実施要領**

調査時点：2021年11月
調査対象：全国の18歳から69歳までの人
調査方法：・インターネットによるアンケート（事前調査と詳細調査の2段階）
　　　　　・インターネット調査会社から登録モニターに電子メールで回答を依頼し、ウェブサイト上の調査画面に回答者自身が回答を入力
回 収 数：①事前調査　6万1,899人（A群2万4,928人、B群3万6,971人）
　　　　　②詳細調査　　2,460人

「起業家」「パートタイム起業家」「起業関心層」「起業無関心層」それぞれの全人口に占める割合を確認するためのものである。ただ、それだけでは起業家やパートタイム起業家から十分な回答が得られない可能性があるため、インターネット調査会社に登録している職業が、会社員(経営者)、会社員(役員)、自営業(SOHOを含む)、自由業などのモニターを、B群（3万6,971人)として追加した。A群とB群の合計は、6万1,899人である。

詳細調査は、「起業家」「パートタイム起業家」「起業関心層」「起業無関心層」それぞれの実態をより詳しく知るために、事前調査で抽出した4カテゴリーの回答者のうち、合計2,460人に対して行った。

## (2)　調査対象の分布

表4－1は事前調査から詳細調査までの調査対象の選別方法と、事前調査A群における各層の構成比を示したものである。2017年から2021年の間に自らがビジネスを始め、調査時点で事業を継続している人のうち、事業に充てる時間が週35時間以上の起業家は全体の0.9%、35時間未満のパートタイム起業家は4.5%を占めている。前回の2020年度調査ではそれぞれ0.7%、3.9%であり、割合はやや高まった[5]。調査時点では事業を行っていな

5　2020年度調査は、2021年1月に実施している。

## 表4−1　調査対象の選別方法と各層の分布

<table>
<tr><td colspan="9"></td><td>回収数（件）</td><td>構成比（%）</td><td colspan="2">＜詳細調査の対象＞</td></tr>
<tr><td rowspan="11">全国の18歳から69歳までの人</td><td rowspan="11">現在の職業</td><td rowspan="4">事業経営者</td><td rowspan="4">自分が起業した事業か</td><td rowspan="3">自分が起業した事業である</td><td rowspan="3">起業年</td><td rowspan="2">2017〜2021年</td><td rowspan="2">事業に充てる時間</td><td>35時間以上/週</td><td>162</td><td>0.6</td><td>起業家</td><td></td></tr>
<tr><td>35時間未満/週</td><td>139</td><td>0.6</td><td>パートタイム起業家</td><td></td></tr>
<tr><td colspan="3">2016年以前</td><td>901</td><td>3.6</td><td>調査対象外</td><td></td></tr>
<tr><td colspan="5">自分が起業した事業ではない</td><td>526</td><td>2.1</td><td>調査対象外</td><td></td></tr>
<tr><td rowspan="7">それ以外</td><td rowspan="7">勤務収入以外の収入の有無（注2）</td><td rowspan="3">あり<br>＝<br>事業経営者</td><td rowspan="3">起業年</td><td rowspan="2">2017〜2021年</td><td rowspan="2">事業に充てる時間</td><td>35時間以上/週</td><td>50</td><td>0.2</td><td>起業家</td><td rowspan="2">意識せざる起業家</td></tr>
<tr><td>35時間未満/週</td><td>985</td><td>4.0</td><td>パートタイム起業家</td></tr>
<tr><td colspan="3">2016年以前</td><td>740</td><td>3.0</td><td>調査対象外</td><td></td></tr>
<tr><td rowspan="4">なし</td><td rowspan="4">起業への関心の有無</td><td colspan="3">起業に関心あり</td><td>3,716</td><td>14.9</td><td>起業関心層</td><td></td></tr>
<tr><td colspan="3">以前も今も起業に関心なし</td><td>14,332</td><td>57.5</td><td>起業無関心層</td><td></td></tr>
<tr><td colspan="3">以前は起業に関心があった（新型コロナウイルス感染症の事業者への影響をみて関心がなくなった）</td><td>847</td><td>3.4</td><td>調査対象外</td><td></td></tr>
<tr><td colspan="3">以前は起業に関心があった</td><td>2,530</td><td>10.1</td><td>調査対象外</td><td></td></tr>
<tr><td colspan="9">合　計</td><td>24,928</td><td>100.0</td><td colspan="2"></td></tr>
</table>

### ＜類型別の構成比＞

| | 回収数（件） | 構成比（%） | 構成比（%） |
|---|---|---|---|
| 起業家 | 212 | 0.9 | 1.1 |
| パートタイム起業家 | 1,124 | 4.5 | 5.8 |
| 起業関心層 | 3,716 | 14.9 | 19.2 |
| 起業無関心層 | 14,332 | 57.5 | 73.9 |
| その他（調査対象外） | 5,544 | 22.2 | |
| 合　計 | 24,928 | 100.0 | 100.0 |

資料：日本政策金融公庫総合研究所「2021年度起業と起業意識に関する調査」（以下同じ）

（注）1　事前調査（A群）の結果。

2　「勤務収入以外の収入がある」とは、過去1年間に年間20万円以上の収入（年金や仕送りからの収入、不動産賃貸による収入、太陽光発電による収入、金融や不動産などの投資収入、自身が使用していた既製品の販売による収入は除く）があり、今後も継続してその収入を得ていく場合のことをいう。

3　以下では「勤務収入以外の収入がある」と回答した人を「事業経営者」として、「勤務収入以外の収入」は「事業収入」として集計する。

4　構成比は小数第2位を四捨五入して表記しているため、その合計が100%にならない場合がある（以下同じ）。

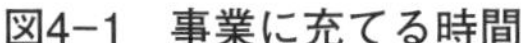
**図4−1　事業に充てる時間**

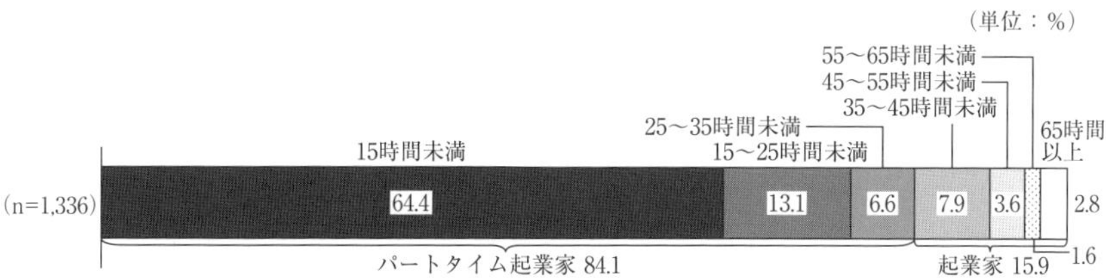


（注）1　nは回答数（以下同じ）。
2　事前調査（A群）の結果。
3　1週間当たりの事業に充てる時間を尋ねたものである。

いが起業に関心がある起業関心層は14.9%、事業を経営しておらず、かつ以前も今も起業に関心がない起業無関心層は57.5%であった。2020年度は、起業関心層が16.3%、起業無関心層が55.8%であり、起業に対して関心をもつ層の割合がやや減り、無関心である層の割合がやや高まる結果となった。

起業家とパートタイム起業家を合わせた起業している人について、1週間当たりの事業に充てる時間の分布をみてみると、35時間以上の起業家の割合は15.9%となった（図4−1）。一方、35時間未満のパートタイム起業家の割合は84.1%と、起業家に比べてかなり高い。なかでも、1週間当たりの事業に充てる時間が「15時間未満」との回答が64.4%を占めている。これは1日に2時間程度ということであり、起業している人のなかには、いわゆる隙間時間で事業を行っている人がかなりいることがわかる。

なお、ここで、実際には事業を行っている起業家とパートタイム起業家のうち、現在の職業を「事業経営者」と回答しなかった人を「意識せざる起業家」と定義した[6]。パートタイム起業家のうち意識せざる起業家に該当する人は87.6%に達しており、自らを事業経営者だと思っていない傾向が強い。

6　意識せざる起業家については、2019年度の本調査を紹介した、日本政策金融公庫編（2020）、2020年度の本調査を紹介した、日本政策金融公庫編（2021）で詳しく分析している。

一方、起業家で意識せざる起業家に該当する人は23.6％にとどまる。起業家とパートタイム起業家を合わせた集団のうちでは、意識せざる起業家は77.5％である。このような意識せざる起業家の存在は、日本の起業の全体像を知るうえで決して無視できるものではないが、第1章で紹介した新規開業実態調査など従来の調査では、あまり捕捉されてこなかった。こうした人たちを調査対象に含んでいることは、本調査の大きな特徴の一つである。

## 3　カテゴリー別の属性

本節では、2021年度本調査の詳細調査[7]の結果に基づき、起業家、パートタイム起業家、起業関心層、起業無関心層の属性に関するデータを比較することで、それぞれの実態を明らかにする。

各カテゴリーの年齢(起業家とパートタイム起業家は起業時の年齢)の分布をみると、起業家では「40歳代」が29.4％と最も高い割合となっており、「29歳以下」が21.8％でそれに続く(図4－2)。一方、パートタイム起業家は「29歳以下」が39.3％と最も多く、「30歳代」も21.5％と、起業家に比べて全体的に年齢が低い。起業関心層は「29歳以下」(25.4％)、「30歳代」(25.6％)、「40歳代」(25.8％)がほぼ同じ割合となった。起業無関心層は「60歳代」が23.0％となるなど、4カテゴリーのなかで最も年齢層が高くなっている。

性別についてみてみると、男性の割合は、起業家で73.6％、パートタイム起業家で59.4％、起業関心層で59.3％、起業無関心層では42.1％となった。第1章でみた新規開業実態調査でも男性が79.3％を占め、日本の起業

7　詳細調査における起業家、パートタイム起業家、起業関心層、起業無関心層の性別・年齢別構成比は、実際の人口構成を反映している事前調査（A群）と比べて偏りが生じている。そこで、詳細調査の集計に当たっては、事前調査（A群）の性別・年齢別構成比に近似させるために、ウエイト値を設定した。以下では、ウエイト値による重みづけを行った集計を示している。ただし、n値（回答数）は参考として原数値を示した。

図4−2　年　齢

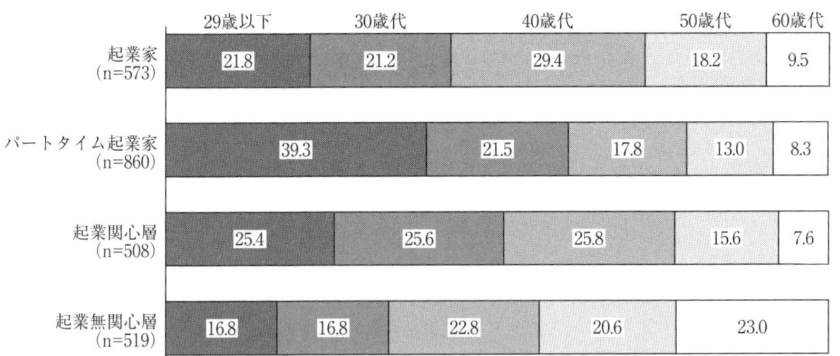


（注）1　詳細調査の結果（以下同じ）。
2　起業家、パートタイム起業家は起業時の年齢である。

図4−3　世帯収入の額

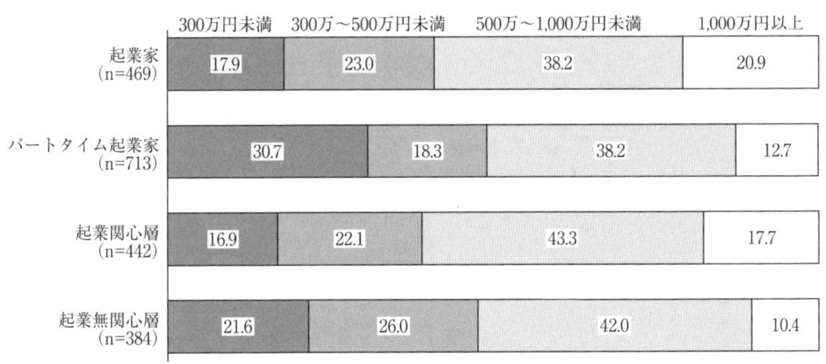


（注）「わからない」「答えたくない」と回答した人を除いて集計した。

が男性中心であることはこれまでも指摘されているが、起業関心層でも男性が6割を占めていることから、男性起業家が中心のトレンドはしばらく続く可能性があるだろう。

世帯年収は、どのカテゴリーも「500万～1,000万円未満」の割合が4割前後と最も高い割合である（図4－3）。「1,000万円以上」の割合は、起業家が20.9％で4カテゴリーのなかで最も高く、起業無関心層が10.4％で最も

図4−4　世帯収入の種類（複数回答）

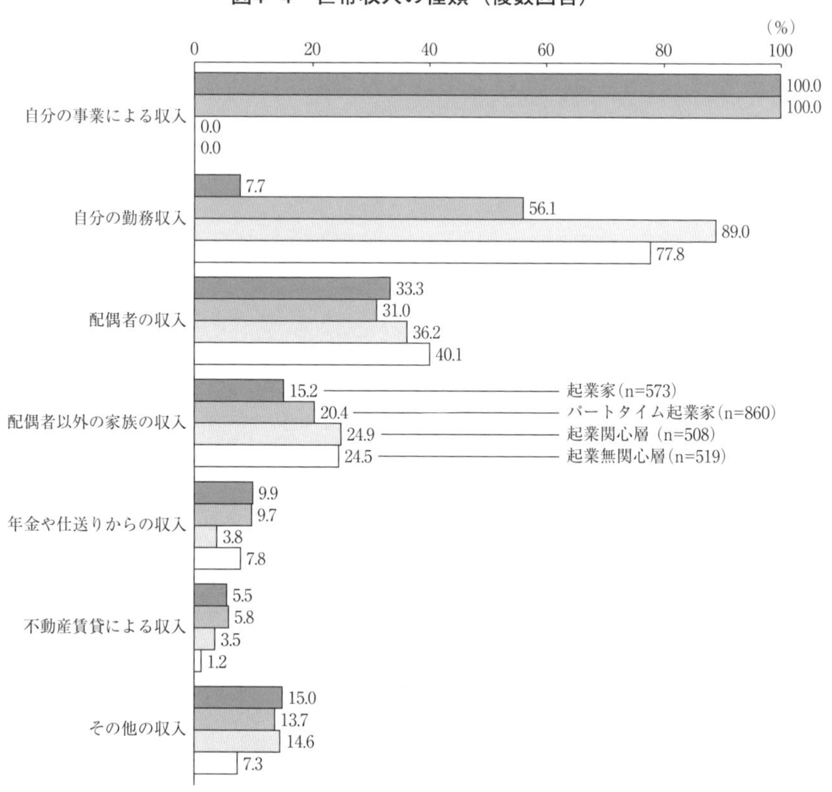


（注）1　「その他の収入」には、「太陽光発電による収入」「金融や不動産などの投資収入」「勤務収入や事業収入以外の年間20万円未満の収入」が含まれる。
2　分類上、「自分の事業による収入」は起業家およびパートタイム起業家では100%、起業関心層および起業無関心層では0%となる。

低くなった。また、パートタイム起業家で「300万円未満」が30.7%となっているのが目立つ。これには年齢が低いことも影響しているのかもしれない。

世帯収入の種類（複数回答）をみると、「自分の事業による収入」がある人の割合はカテゴリーの定義上、起業家とパートタイム起業家では100.0%、起業関心層と起業無関心層では0.0%となる（図4−4）。「自分の勤務収入」は起業関心層で89.0%の回答があったが、パートタイム起業家でも56.1%と半数を超えており、起業家も7.7%が回答した。「配偶者の収

図4−5　調査時点の職業（複数回答）

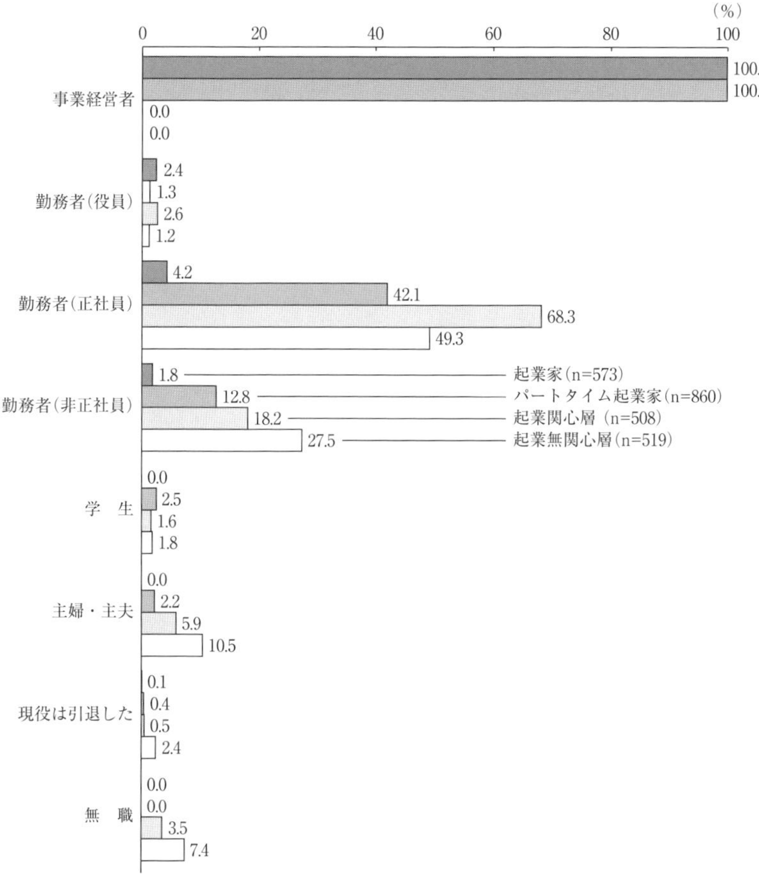

（%）

| | 起業家（n=573） | パートタイム起業家（n=860） | 起業関心層（n=508） | 起業無関心層（n=519） |
|---|---|---|---|---|
| 事業経営者 | 100.0 | 100.0 | 0.0 | 0.0 |
| 勤務者（役員） | 2.4 | 1.3 | 2.6 | 1.2 |
| 勤務者（正社員） | 4.2 | 42.1 | 68.3 | 49.3 |
| 勤務者（非正社員） | 1.8 | 12.8 | 18.2 | 27.5 |
| 学　生 | 0.0 | 2.5 | 1.6 | 1.8 |
| 主婦・主夫 | 0.0 | 2.2 | 5.9 | 10.5 |
| 現役は引退した | 0.1 | 0.4 | 0.5 | 2.4 |
| 無　職 | 0.0 | 0.0 | 3.5 | 7.4 |

（注）分類上、「事業経営者」の割合は、起業家およびパートタイム起業家では100%、起業関心層および起業無関心層では0%となり、「無職」の割合は起業家およびパートタイム起業家では0%となる。

入」は、起業無関心層で40.1%と最も高く、起業関心層（36.2%）、起業家（33.3%）、パートタイム起業家（31.0%）と続く。

図4−5に複数回答で調査時点の職業を示した[8]。「勤務者（正社員）」と

8 「事業経営者」はカテゴリーの定義により、起業家とパートタイム起業家では100.0%、起業関心層と起業無関心層では0.0%であった。

**図4-6　勤務者（役員、正社員、非正社員）としての1週間当たりの就業時間**

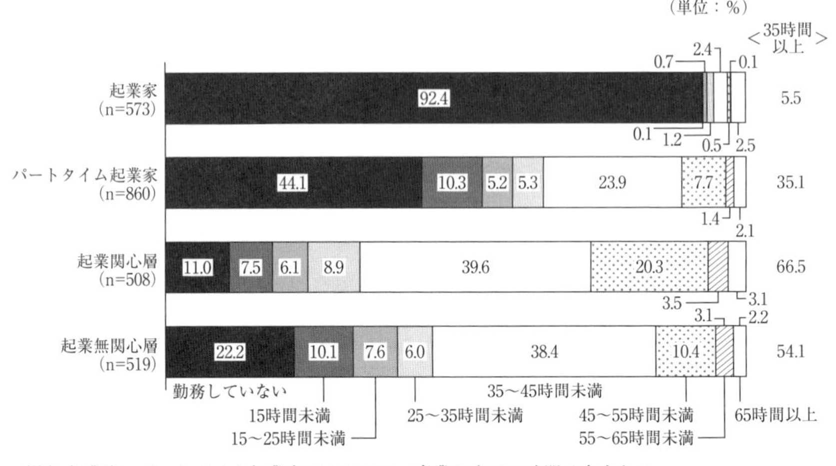


（注）起業家、パートタイム起業家については、事業に充てる時間は含まない。

回答した割合は、起業関心層で68.3%、起業無関心層で49.3%と相対的に高いものの、起業家でも4.2%、パートタイム起業家で42.1%の回答があった。「勤務者（非正社員）」は、起業無関心層で27.5%、起業関心層で18.2%、パートタイム起業家で12.8%、起業家で1.8%であった。

勤務者（役員、正社員、非正社員）として1週間当たり「35時間以上」就業している人の割合は、起業関心層が66.5%で最も高く、起業無関心層が54.1%と続く（図4－6）。パートタイム起業家は35.1%、起業家は5.5%であった。

起業家では、「勤務していない」との回答割合は92.4%と高いものの、一部ではあるが、勤務者として長時間働いている人がいる。パートタイム起業家では「勤務していない」が44.1%となっており、就労時間から推測すると、事業を行いながら補助的にほかで勤務している人や、逆に本業が勤務者で副業的に事業を行っている人が多数存在していることがわかる。

なお、主たる家計維持者で「ある」割合は、起業家が76.7%、パートタイム起業家が61.7%、起業関心層が67.1%、起業無関心層が50.4%である。

図4−7　仕事をするうえで最も重視すること

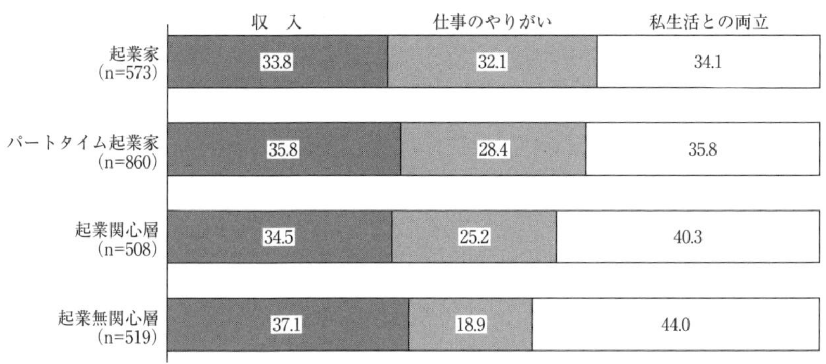


育児に「携わっている」人は、起業家が25.9%、パートタイム起業家が27.2%、起業関心層が25.8%、起業無関心層が16.8%となった。介護に「携わっている」割合は、起業家が6.0%、パートタイム起業家が10.9%、起業関心層が8.6%、起業無関心層が2.8%である。パートタイム起業家は、4カテゴリーのなかでは介護や育児に携わっている人がやや多いようだ。

図4−7には、「収入」「仕事のやりがい」「私生活との両立」の三つのうち、仕事をするうえで最も重視することを示した。起業家では「私生活との両立」が34.1%で最も高い割合で、パートタイム起業家では「収入」と「私生活との両立」が同率で35.8%となった。起業関心層と起業無関心層では「私生活との両立」を挙げる人が多く、それぞれ40.3%、44.0%となった。「仕事のやりがい」に注目すると、起業家やパートタイム起業家の方が、起業関心層や起業無関心層に比べ相対的に回答割合が高くなっている。

これらの結果を踏まえ、起業家、パートタイム起業家、起業関心層、起業無関心層の特徴を整理すると、以下のようになる。

起業家は、男性の割合が高く40歳代が中心である。勤務しながら事業を行っている人は少なく、世帯の収入は事業収入を主にしている。主たる家計の維持者である割合や、仕事のやりがいを重視している割合がほかのカテゴリーと比べると高い傾向にある。

パートタイム起業家は、若年層の割合が高く、起業家に比べて女性の割合が高い。就労時間からみると、事業を行いながら補助的にほかで勤務している人や、逆に本業が勤務者で副業的に事業を行っている人が多いと推測できる。また、育児や介護に携わっている人がほかのカテゴリーと比較すると高い割合となっているのも特徴である。

起業関心層は、男性が中心で大半が正社員として働いている。就業時間をみるとフルタイムで勤務している人が多い。主たる家計の維持者の割合は起業家に次いで高く、勤務収入で家計を支えていることがわかる。

起業無関心層は、女性の方が多く、高齢層の割合が高い。非正社員である割合や配偶者の収入がある割合がほかのカテゴリーより高く、主たる家計維持者である人は少ない。仕事をするうえでは私生活との両立に重きを置く人が多い一方で、仕事のやりがいを重視する人は少ないようだ。

## 4　起業家の実態

本節からは、起業家とパートタイム起業家に焦点を当て、実際に起業している人の実態を分析していく。業種や従業者数などといった事業の属性にかかわる内容、起業動機や事業の進め方にかかわる特徴などを紹介するほか、2020年1月から続くコロナ禍が与えた影響についても触れていく。

なお、第1章で紹介した「新規開業実態調査」は日本政策金融公庫国民生活事業から開業の前後で借入をしている新規開業企業を対象としている。一方で本調査では起業家の80.0%、パートタイム起業家の89.0%が起業時に借入を行っていないことから、調査結果に差が出てくる可能性があることに留意が必要である。

表4-2　業種構成

（単位：%）

| | 起業家（n=573） | パートタイム起業家（n=860） |
|---|---|---|
| 建設業 | 8.4 | 8.9 |
| 製造業 | 5.0 | 4.7 |
| 情報通信業 | ③ 12.4 | ④ 10.7 |
| 運輸業 | 4.5 | 4.5 |
| 卸売業 | 3.0 | 3.1 |
| 小売業 | ④ 12.3 | ③ 11.5 |
| 飲食店・宿泊業 | 2.5 | 2.0 |
| 医療・福祉 | ⑤ 9.1 | 7.1 |
| 教育・学習支援業 | 3.6 | ⑤ 9.2 |
| 個人向けサービス業 | ① 16.4 | ① 18.7 |
| 事業所向けサービス業 | ② 16.1 | ② 11.5 |
| 不動産業、物品賃貸業 | 3.1 | 4.3 |
| その他 | 3.6 | 3.7 |
| 合　計 | 100.0 | 100.0 |

（注）1　事業の内容に最も近いと思う業種を尋ねたものである。
2　起業家、パートタイム起業家に尋ねたもの（以下、図4-17まで同じ）。
3　複数の事業を経営している場合は、最も売上高が大きいものについて尋ねた（以下同じ）。
4　「持ち帰り・配達飲食サービス業」は「小売業」に含む。
5　丸囲みの数字は上位5項目の順位。

### (1)　事業の概要

事業の業種をみると、「個人向けサービス業」が起業家で16.4%、パートタイム起業家で18.7%と、ともに最も高い割合を占め、「事業所向けサービス業」が、それぞれ16.1%、11.5%でそれに続く（表4-2）。3番目は、起業家では「情報通信業」（12.4%）、パートタイム起業家では「小売業」（11.5%）、4番目は、それぞれ「小売業」（12.3%）、「情報通信業」（10.7%）となっている。

組織形態は、起業家では「個人企業」が71.1%、「法人企業」が28.9%、パートタイム起業家では、それぞれ93.4%、6.6%となった。

調査時点の従業者数をみると、起業家、パートタイム起業家ともに「1人（本人のみ）」と回答した割合が最も高く、それぞれ63.6%、77.5%となっ

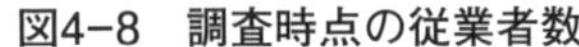
図4−8　調査時点の従業者数

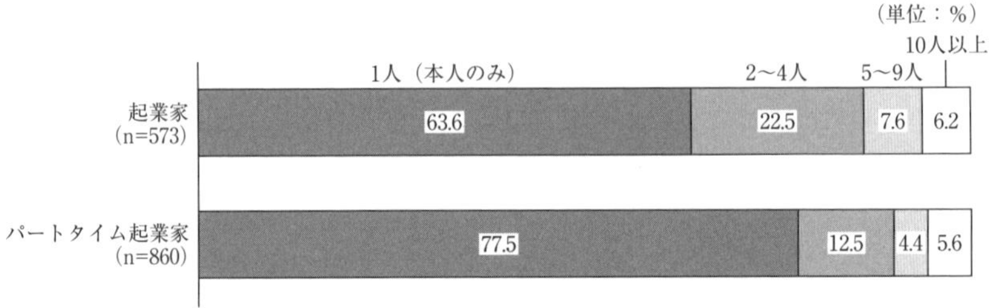


（注）従業者数には経営者本人を含む（以下同じ）。

図4−9　仕事の場所と通勤時間

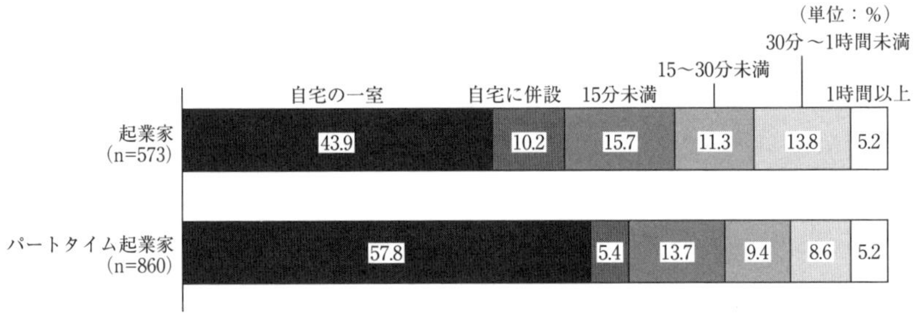


た（図4−8）。従業者数の観点からするといずれも小さな企業が多いが、起業家に比べてパートタイム起業家はより規模が小さい。ただ、事業に充てる時間が短いパートタイム起業家でも、2割以上が従業員を雇っているということもわかった。

仕事をする場所を尋ねると、起業家では「自宅の一室」が43.9%、「自宅に併設」が10.2%となった（図4−9）。パートタイム起業家ではそれぞれ57.8%、5.4%となり、起業家、パートタイム起業家ともに自宅の敷地内で仕事をしているケースが多いようだ。

主な販売先・顧客については、起業家は「事業所」（50.2%）と「一般消費者」（49.8%）が拮抗しているが、パートタイム起業家では「一般消費者」が59.1%と「事業所」の40.9%を上回っている。

図4−10　起業動機（三つまでの複数回答）

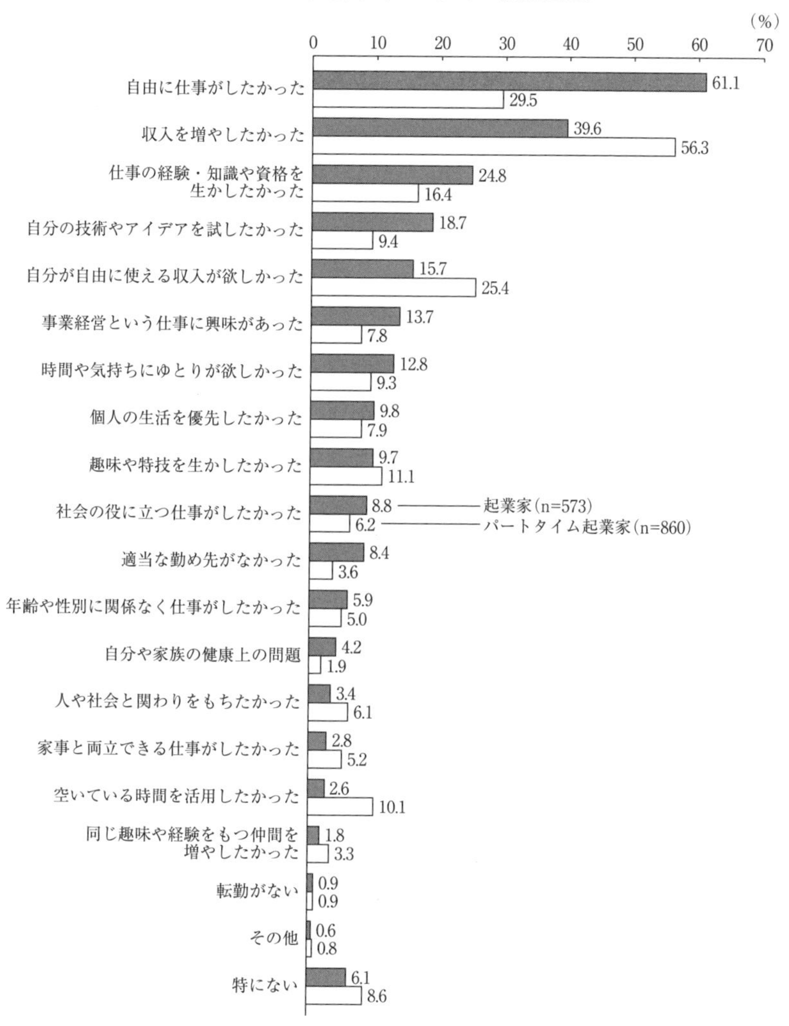


### (2)　起業動機

起業動機（三つまでの複数回答）は、起業家は「自由に仕事がしたかった」が61.1％と最も割合が高く、「収入を増やしたかった」が39.6％で、それに続く（図4−10）。パートタイム起業家をみると、「収入を増やしたかった」が56.3%、「自由に仕事がしたかった」が29.5%と、逆の順番となっている。

そのほかの選択肢では、「仕事の経験・知識や資格を生かしたかった」（起業家24.8%、パートタイム起業家16.4%）、「自分の技術やアイデアを試したかった」（同18.7%、9.4%）は、起業家の回答割合が高かった。事業経営に自らのバックグラウンドを活用しようとする人が多いようだ。これに対し、パートタイム起業家の方が高い割合となったのは「自分が自由に使える収入が欲しかった」（同15.7%、25.4%）、「空いている時間を活用したかった」（同2.6%、10.1%）などで、収入源を増やそうと事業を始めている様子がうかがえる。このように、ビジネスを始める動機には、起業家とパートタイム起業家で違いがあるようだ。

それでは実際に起業してみた結果はどうだったのだろうか。事業を始めてよかったこと（複数回答）を尋ねてみると、最も高い割合だったのは起業家とパートタイム起業家ともに「自由に仕事ができた」で、それぞれ57.9%、34.4%が回答した（図4－11）。起業家では「仕事の経験・知識や資格を生かせた」（37.2%）、「事業経営を経験できた」（34.9%）が、パートタイム起業家では「収入が予想どおり増えた」（28.6%）、「自分が自由に使える収入を得られた」（27.5%）が続いている。起業家で多かった「自由に仕事がしたかった」や、パートタイム起業家で多かった「収入を増やしたかった」といった起業動機については、ある程度は応えられているといえそうだ。

### (3) 起業時の勤務状況

開業時の勤務状況を尋ねると、起業家で最も高い回答割合となったのは「勤務を辞めてから事業を始めた」の65.0%で、「勤務しながら事業を始めたが、現在は勤務を辞め、事業だけを行っている」が18.6%で続いている（図4－12）。ここまでみてきた事業を専業としている起業家が多いとい

図4−11　事業を始めてよかったこと（複数回答）

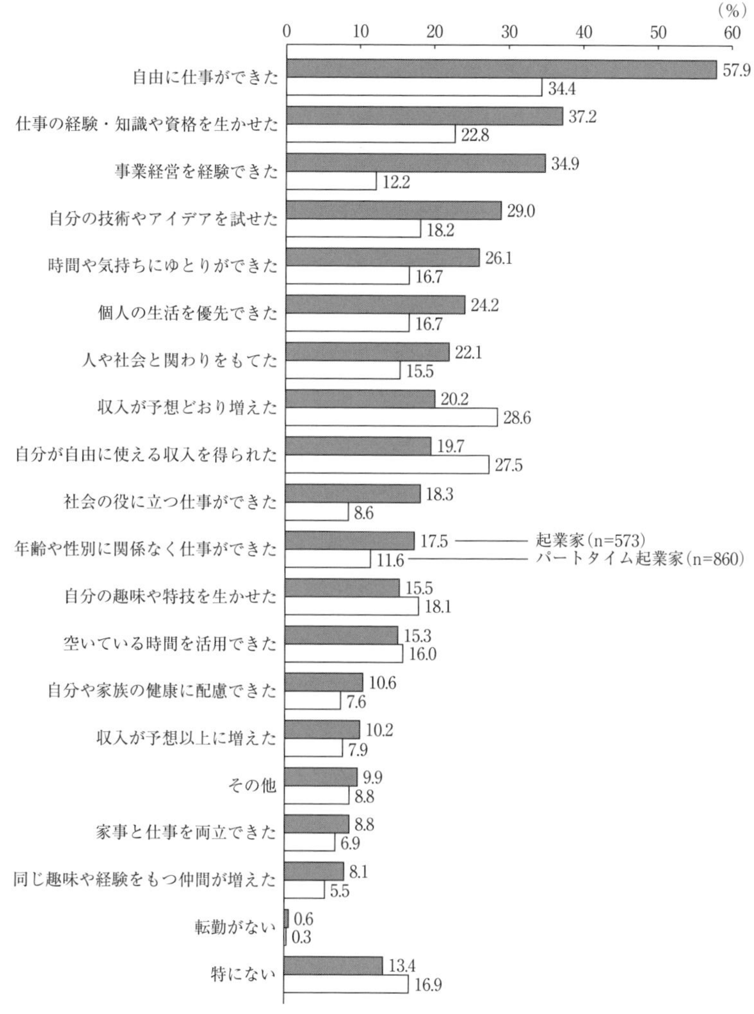


う結果と整合である。パートタイム起業家は、「現在も勤務しながら事業を行っている」が40.4%で、「勤務しながら事業を始めたが、現在は勤務を辞め、事業だけを行っている」の8.7%と合わせた「勤務しながら起業した」人は49.1%と、起業家の24.4%を大きく上回っている。「勤務を辞

図4−12　開業時の勤務状況

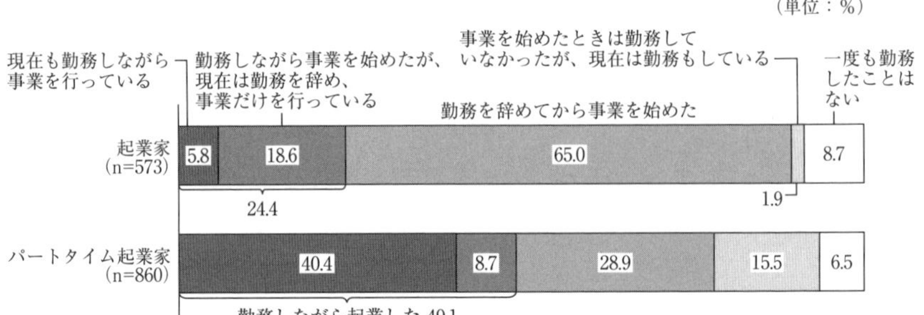


めてから事業を始めた」は約3割にとどまった。

勤務先からの離職理由を「勤務先を辞めてから事業を始めた」人に尋ねると、「自らの意思による退職」が起業家で82.5%、パートタイム起業家で77.6%と、ともに回答割合が最も高い。「事業部門の縮小・撤退に伴う離職」はそれぞれ4.3%、3.6%、「勤務先の廃業による離職」はそれぞれ3.3%、1.3%、「勤務先の倒産による離職」はそれぞれ0.2%、1.1%、「解雇」はそれぞれ4.4%、3.2%で、これら四つを合わせた「勤務先都合による退職」の割合は、起業家が12.2%、パートタイム起業家が9.2%となっている[9]。

### (4)　起業費用

起業のためにかかった費用は、起業家では「費用はかからなかった」が20.6%、「費用がかかった」が79.4%であった（図4－13）。かかった費用の額は、「50万円未満」が26.8%、「50万～100万円未満」が11.1%、「100万～500万円未満」が21.7%などとなっている。パートタイム起業家では「費用はかからなかった」が45.6%、「費用がかかった」が54.4%で、半数近くが費用をかけずに開業している。金額も、「50万円未満」が36.3%、「50万～

9　ほかの選択肢は「定年退職」（起業家4.9%、パートタイム起業家11.5%）、「その他」（同0.4%、1.7%）である。

図4−13 起業費用

（単位：％）

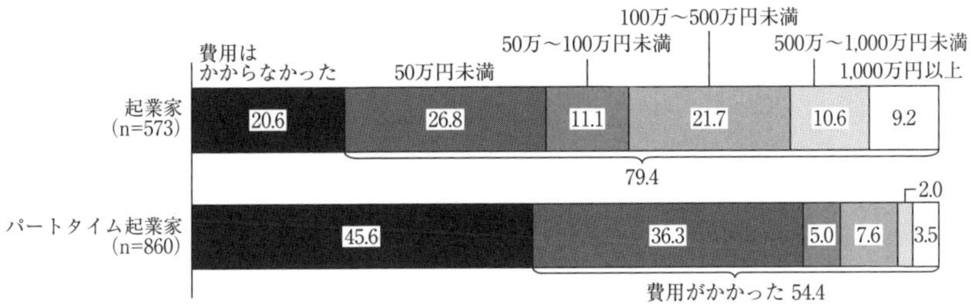


100万円未満」が5.0％、「100万～500万円未満」が7.6％と、起業家より少ない。パートタイム起業家は起業家に比べて従業者が少なく、自宅でビジネスを行うケースも多いことが、その要因になっていると考えられる。

ここで「費用がかかった」と回答した人に、起業費用に占める自己資金の割合を尋ねたところ、「100％（自己資金だけで起業）」は起業家で63.5％、パートタイム起業家で75.3％であった。そのほか、「50～100％」がそれぞれ12.6％、3.2％、「0％超50％未満」がそれぞれ15.6％、6.2％、「0％」がそれぞれ8.3％、15.2％となっている。開業資金の調達に関しては、「希望どおり調達できた」が起業家で80.1％、パートタイム起業家で68.7％と、大半が満足いく結果となっているようだ。

### (5) 事業の進め方

受注経路を複数回答で尋ねると、起業家では「取引先の紹介」が39.8％と最も割合が高く、「友人・知人の紹介」が33.5％、「前職の知り合いの紹介」が30.9％と続いており、紹介のウエイトが高い。一方、パートタイム起業家では、「友人・知人の紹介」の23.6％に続き、「自身のSNSやブログを通じて」（20.9％）、「ホームページの作成やチラシ等の配布などの、宣伝広告活動」（20.6％）と、対外的な情報発信で受注につなげる傾向が強い。

固定客が顧客に占める割合は、「ほとんどである」が起業家では47.2%と約半数で、パートタイム起業家の38.9%を上回る。「ほとんどない」は起業家の23.4%に対し、パートタイム起業家は32.2%と少し高い[10]。起業家は紹介による受注が多く、取引先との関係も強くなることが、固定客につながっていると推測できる。これに対しパートタイム起業家は対外発信による受注が多い傾向にあるため、固定客割合が低いのではないだろうか。

事業を始めてよかったこととしては、「自由に仕事ができた」を挙げる人が、起業家でもパートタイム起業家でも最も多い（前掲図4－11）。そこで、仕事や作業を行う場所、時間帯、報酬に関する自身の裁量と、仕事を断れるかという観点で取引関係の自由度をみていこう。

まず、仕事や作業を行う場所については、「通常は自分の意向で決められる」が、起業家で77.0%、パートタイム起業家で64.1%、「発注者や仕事の内容によって異なる」がそれぞれ13.9%、19.3%、「通常は発注者の意向に従う」がそれぞれ9.0%、16.6%であった。仕事や作業を行う時間帯については、「通常は自分の意向で決められる」が、起業家で73.1%、パートタイム起業家で64.2%、「発注者や仕事の内容によって異なる」がそれぞれ18.2%、18.4%、「通常は発注者の意向に従う」がそれぞれ8.7%、17.4%となった。場所や時間帯については起業家の自由度は高く、パートタイム起業家も水準はやや低いもののある程度は自由に仕事ができていると考えてよいだろう。

他方、仕事や作業を行う報酬を決めるうえでの裁量については、「主に自分が決定する」が、起業家では32.6%、パートタイム起業家では26.3%、「発注者と自分が相談しながら決定する」がそれぞれ42.8%、39.2%、「主に発注者が決定する」がそれぞれ24.6%、34.5%となった。起業家の方が、やや報酬決定権をもつ割合が高いようだ。

---

10　そのほか、「半分くらいである」との回答が、起業家では29.4%、パートタイム起業家では28.8%あった。

図4−14　調査時点の月商

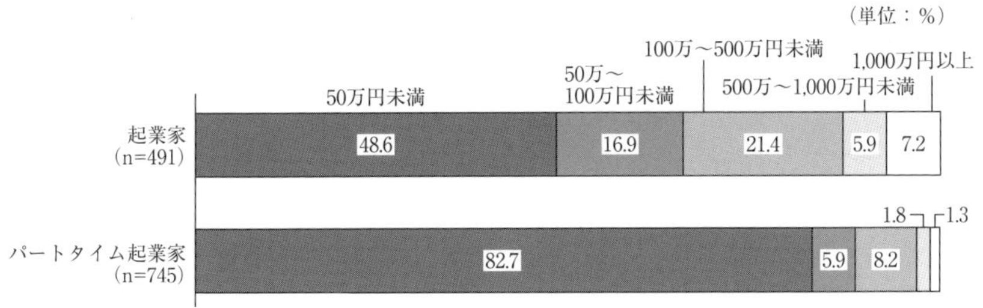


（注）図4−3に同じ。

図4−15　売上状況

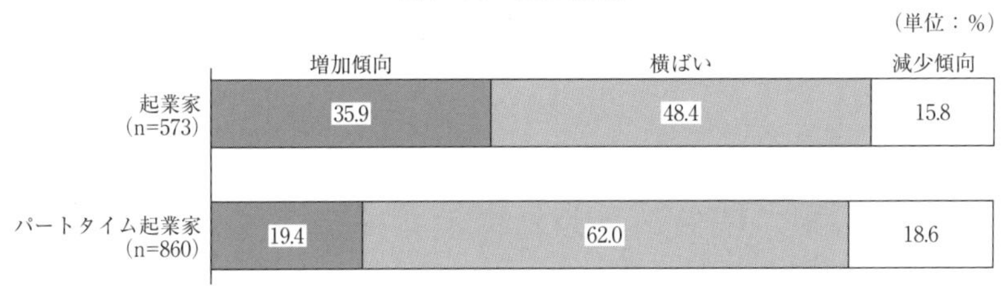


また、仕事や作業を「断れる」とする割合は、起業家が49.0%、パートタイム起業家が48.7%、「発注者や受注条件によって断れる」がそれぞれ45.6%、42.2%であった。「断れない」は、それぞれ5.3%、9.2%で、仕事を選ぶ自由度は起業家、パートタイム起業家ともにかなり高いといえる。

## (6)　業績と事業収入

調査時点の月商をみると、「50万円未満」の割合は起業家で48.6%、パートタイム起業家で82.7%となっている（図4−14）。一方「1,000万円以上」はそれぞれ7.2%、1.3%であった。起業家に比べ従業者が少なく、事業に従事している時間も短いパートタイム起業家は、売上規模も相対的に小さいことがわかる。売上状況は、「増加傾向」との回答が起業家で35.9%、パートタイム起業家で19.4%と、起業家の方が高い割合となった（図4−15）。

図4-16　事業からの収入が経営者本人の定期的な収入に占める割合

（単位：%）

| | 5%未満 | 5～25%未満 | 25～50%未満 | 50～75%未満 | 75～100%未満 | 100%（ほかの収入はない） |
|---|---|---|---|---|---|---|
| 起業家（n=573） | 7.4 | 8.2 | 11.0 | 12.3 | 20.6 | 40.5 |
| パートタイム起業家（n=860） | 30.1 | 26.4 | 10.0 | 7.2 | 11.7 | 14.6 |

「横ばい」はそれぞれ48.4%、62.0%、「減少傾向」はそれぞれ15.8%、18.6%であった。採算状況が「黒字基調」である割合は起業家が71.8%、パートタイム起業家が73.2%と、いずれも7割以上がコロナ禍の下でも採算を維持している。

事業からの収入が経営者本人の定期的な収入に占める割合をみると、起業家は、「100%（ほかの収入はない）」が40.5%、「75～100%未満」が20.6%、「50～75%未満」が12.3%で、これらを合わせた73.5%が事業からの収入が定期的な収入の半分以上を占めている（図4－16）。一方、パートタイム起業家は、それぞれ14.6%、11.7%、7.2%で、合わせると33.5%である。パートタイム起業家では、「5%未満」が30.1%、「5～25%」が26.4%と、副業として補完的に事業を行っている人も多いようだ。

## ⑺　今後の方針

売上高、従業員数、事業を専業にするかどうかの点について、今後の方針を尋ねたところ、まず売上高は、起業家の74.4%、パートタイム起業家の48.2%が「増やす」と回答した（図4－17①）。起業家の方が拡大意欲は強いようだ。従業員数は、「増やす」とした割合が起業家で31.8%、パートタイム起業家で17.3%、「どちらでも構わない」がそれぞれ63.6%、74.5%だった（同②）。これも起業家の方が拡大意欲は強いが、両者とも

**図4-17　今後の方針**

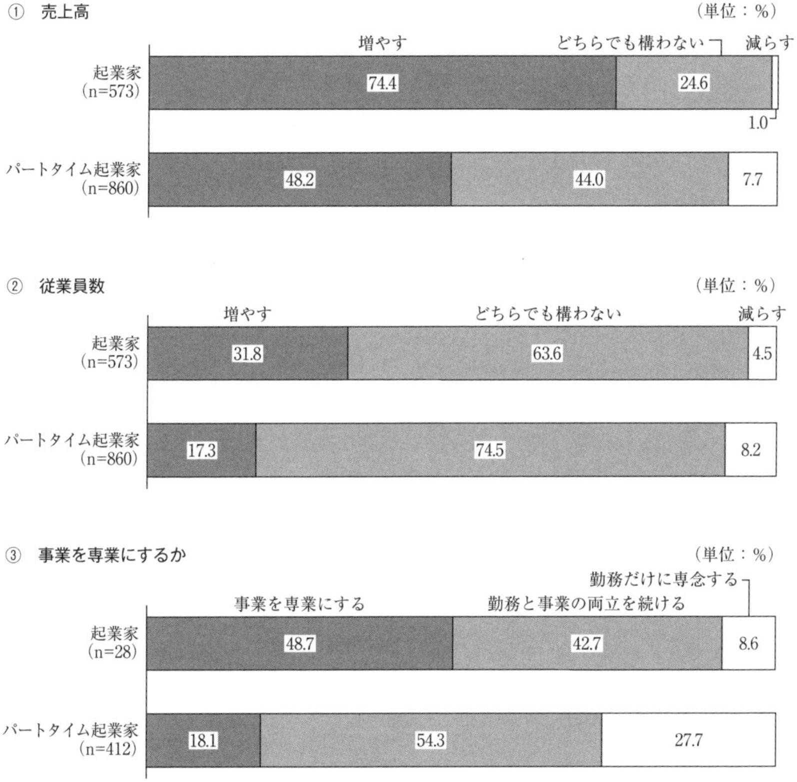

① 売上高

（単位：%）

| | 増やす | どちらでも構わない | 減らす |
|---|---|---|---|
| 起業家（n=573） | 74.4 | 24.6 | 1.0 |
| パートタイム起業家（n=860） | 48.2 | 44.0 | 7.7 |

② 従業員数

（単位：%）

| | 増やす | どちらでも構わない | 減らす |
|---|---|---|---|
| 起業家（n=573） | 31.8 | 63.6 | 4.5 |
| パートタイム起業家（n=860） | 17.3 | 74.5 | 8.2 |

③ 事業を専業にするか

（単位：%）

| | 事業を専業にする | 勤務と事業の両立を続ける | 勤務だけに専念する |
|---|---|---|---|
| 起業家（n=28） | 48.7 | 42.7 | 8.6 |
| パートタイム起業家（n=412） | 18.1 | 54.3 | 27.7 |

（注）③は、調査時点の職業を「勤務者」（役員、正社員、パート・アルバイトなどの非正社員のいずれか）と回答した人に尋ねたものである。

売上高に比べると回答の水準は低い。人数は増やさずに売上高を増やしたいと考える傾向にあるようだ。調査時点の職業を「勤務者」（役員、正社員、パート・アルバイトなどの非正社員のいずれか）と回答した人に、今後、事業を専業とするつもりか尋ねたところ、「事業を専業にする」は起業家で48.7%、パートタイム起業家で18.1%、「勤務と事業の両立を続ける」はそれぞれ42.7%、54.3%となった（同③）。パートタイム起業家の方が、勤務との両立志向が強く出ている。

図4−18　起業予定の有無

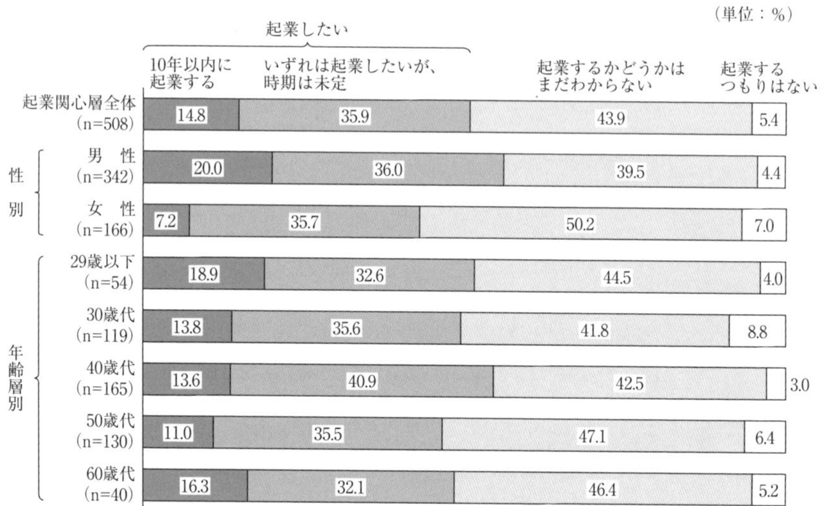


（注）起業関心層に尋ねたものである（以下、図4－20まで同じ）。

## 5　起業関心層の実態

ここまでは、実際に事業を行っている、起業家とパートタイム起業家についてみてきた。本節では、まだ事業は行っていない起業関心層を分析することで、起業に対するハードルや起業を促すための施策を考えていく。

### (1)　起業の予定

一口に起業関心層といっても、具体的に起業準備をしている人、機会があれば挑戦したいと考えている人など、関心の強さには差があるだろう。そこで、起業の予定を尋ねたところ、「10年以内に起業する」が14.8%、「いずれは起業したいが、時期は未定」が35.9%で、二つを合わせた「起業したい」が50.7%となった（図4－18）。そのほか、「起業するかどうかはまだわからない」が43.9%、「起業するつもりはない」が5.4%となっている。

男女別にみると、「10年以内に起業する」が男性で20.0%、女性で7.2%、「いずれは起業したいが、時期は未定」がそれぞれ36.0%、35.7%と、相対的に男性の方が起業志向は強い。年齢層別では、「10年以内に起業する」と回答した割合は29歳以下で18.9%と最も高くなった。他方、「いずれは起業したいが、時期は未定」を含めた「起業したい」とする割合は、40歳代（54.5%）で最も高くなっている。

### (2)　起業に踏み切れない理由と支援策

起業に関心をもちながらも、まだ起業していない理由を尋ねると、「自己資金が不足している」が48.6%と最も高い割合となった（図4－19）。続いて回答割合が高かったのは、「失敗したときのリスクが大きい」の31.5%であった。これらの回答者に感じているリスクの内容を尋ねたところ、「事業に投下した資金を失うこと」が83.5%、「安定した収入を失うこと」が67.6%、「借金や個人保証を抱えること」が56.7%と続く。やはり資金に関する不安を挙げる回答が多い[11]。このほか、まだ起業していない理由としては、「ビジネスのアイデアが思いつかない」（27.8%）、「財務・政務・法務など事業の運営に関する知識・ノウハウが不足している」（22.1%）、「十分な収入が得られそうにない」（19.3%）などさまざまな項目が挙げられている。

続いて、起業する際にあったらよいと思う支援策を尋ねると、「税務・

11　そのほかの回答は、「家族に迷惑をかけること」（51.6%）、「再就職が困難であること」（32.9%）、「関係者（従業員や取引先など）に迷惑をかけること」（27.7%）、「事業がうまくいかずやめたくなった場合でも、なかなかやめられないこと」（24.4%）、「信用を失うこと」（22.9%）、「地位や肩書きを失うこと」（16.3%）、「再起業が困難であること」（15.8%）、「その他」（0.0%）であった。

**図4－19　まだ起業していない理由（複数回答）**

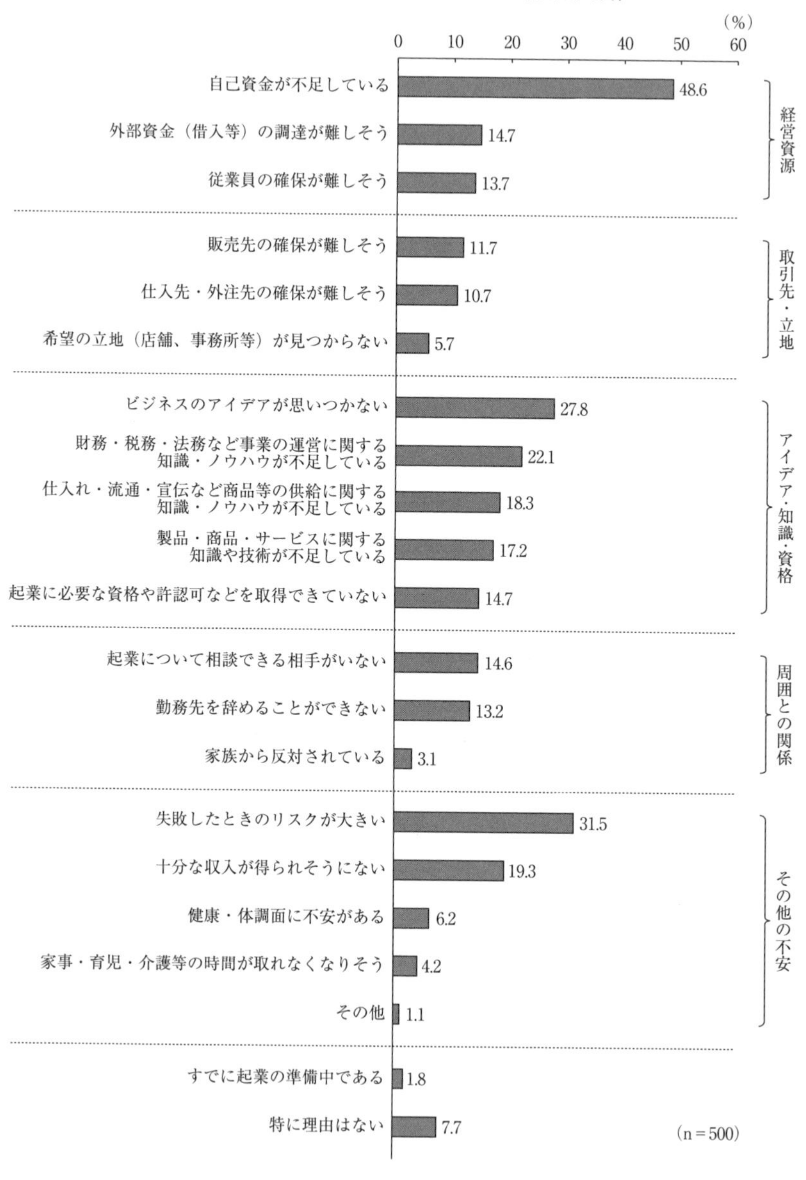


法律関連の相談制度の充実」が62.5％と最も高い割合となっており、「技術やスキルなどを向上させる機会の充実」（36.3％）、「同業者と交流でき

図4−20　起業する際にあったらよいと思う支援策（複数回答）

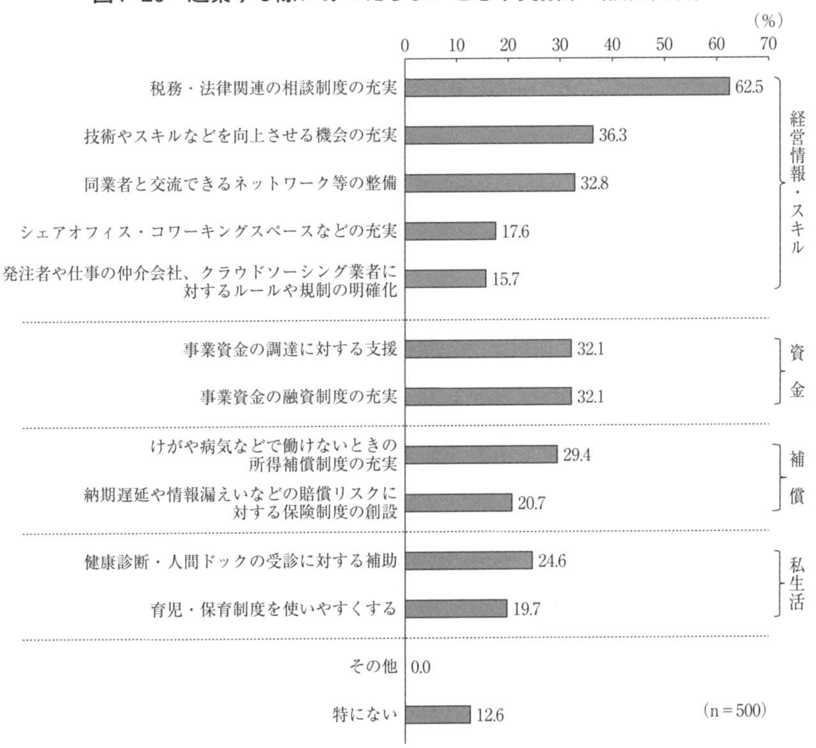


るネットワーク等の整備」（32.8％）がそれに続く（図4−20）。経営情報やスキルに関する支援を求める人が多いようだ。また、「事業資金の調達に対する支援」「事業資金の融資制度の充実」にもそれぞれ32.1％の回答が集まっており、資金面に対するサポートへのニーズも高い。

## 6　カテゴリーごとの満足度

ここで起業家、パートタイム起業家、起業関心層、起業無関心層の4カテゴリーごとに満足度をみていく。まず、収入に「満足」している割合は、起業家が32.7％と最も高く、パートタイム起業家が31.8％、起業関心層が

## 図4−21 満足度

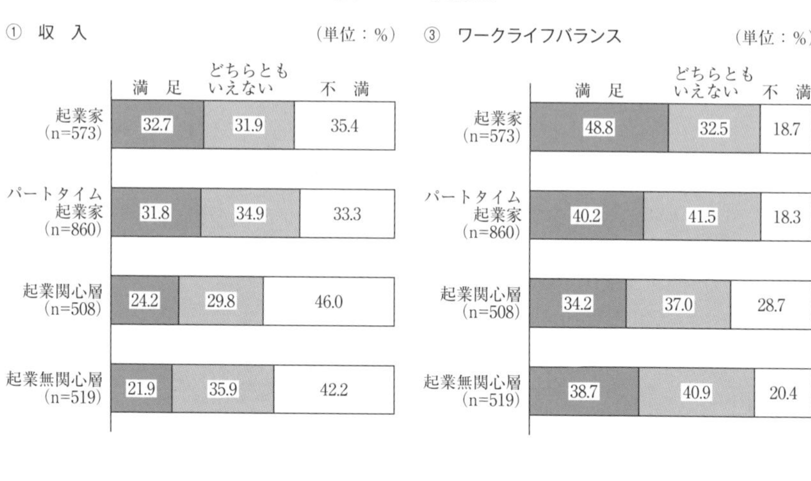


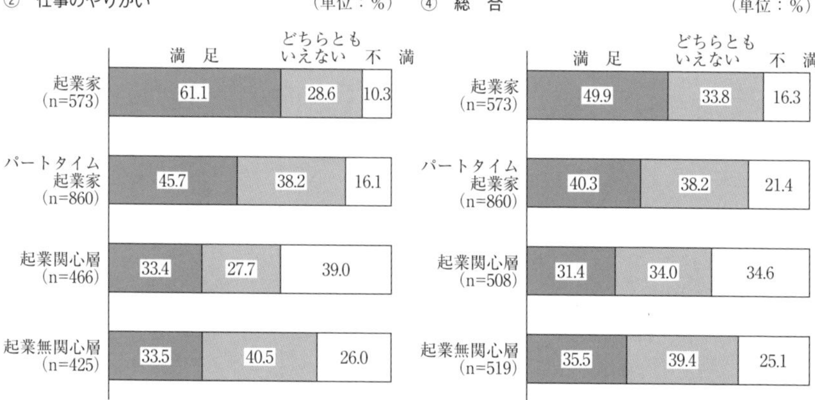


(注) 1 選択肢の「かなり満足」「やや満足」を合わせて「満足」、「かなり不満」「やや不満」を合わせて「不満」とした。
2 ②の起業関心層と起業無関心層については、現在の職業が勤務者である人を集計した。

24.2%、起業無関心層が21.9%と続く(図4−21①)[12]。一方、起業関心層、起業無関心層では、4割を超える人が「不満」と回答している。

仕事のやりがいは、起業家の61.1%が「満足」としており、パートタイ

12 選択肢の「かなり満足」「やや満足」を合わせて「満足」、「かなり不満」「やや不満」を合わせて「不満」とした。

ム起業家の45.7%、起業関心層の33.4%、起業無関心層の33.5%を大きく上回っている（同②）。一方で「不満」の割合が、起業関心層で39.0%とほかより高いのが目立つ。ワークライフバランスに「満足」している割合は、起業家が48.8%、パートタイム起業家が40.2%、起業関心層が34.2%、起業無関心層が38.7%となった（同③）。最後に、総合的な満足度は、「満足」の割合が起業家で49.9%と最も高く、そのほかパートタイム起業家で40.3%、起業関心層で31.4%、起業無関心層で35.5%となった（同④）。一方、「不満」は起業関心層（34.6%）と最も高くなっている。

全体としてみると、満足度は起業家で最も高く、パートタイム起業家がそれに続く傾向にある。前掲図4－10、11でみたように、ビジネスを始める前に抱いていた思いが事業を通じて実現できたことがその要因とも考えられる。他方、起業関心層や起業無関心層は相対的に満足度が低い。特に起業関心層で「不満」の割合が高い傾向がみられた。この何らかの「不満」が、起業への関心につながっているのかもしれない。

## 7　新型コロナウイルス感染症の影響

2020年1月に、国内で初めて新型コロナウイルス感染症の患者が確認された。その後、流行が長引くなかで、国内外の需要減少や営業自粛などの影響により、事業経営は相当なダメージを受けている。本節では、コロナ禍が起業家やパートタイム起業家の事業に与えた影響を分析するとともに、起業関心層の起業への考え方に対する影響にも触れる。

### (1)　コロナ禍が及ぼした影響と内容

新型コロナウイルス感染症が事業に与えたマイナスの影響の有無を尋ねたところ、「現時点で大いにある」が起業家で19.8%、パートタイム起

**図4−22　新型コロナウイルス感染症のマイナスの影響の有無**

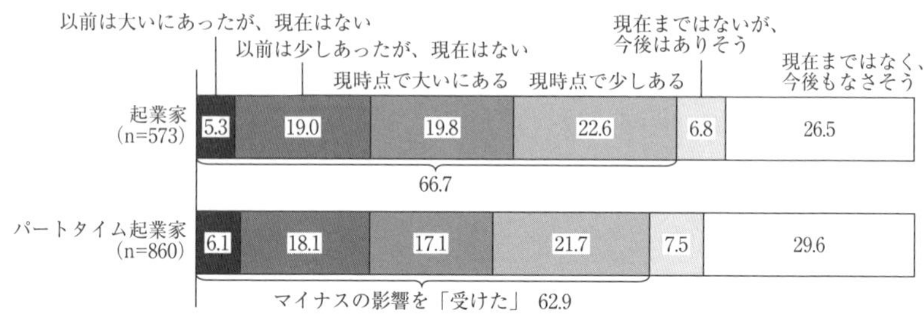


（注）調査時点（2021年11月）の影響である（図4－23も同じ）。

業家で17.1%、「現時点で少しある」がそれぞれ22.6%、21.7%となった（図4－22）。これに「以前は大いにあったが、現在はない」（同5.3%、6.1%）「以前は少しあったが、現在はない」（同19.0%、18.1%）を加えた、マイナスの影響を「受けた」割合はそれぞれ66.7%、62.9%で、多くの起業家、パートタイム起業家が影響を受けたことがわかる。ただ、この割合は、第2章でみた新規開業企業（76.9%）と比べると低い。

マイナスの影響の具体的な内容をみると、「売り上げが予定より減った」（起業家60.0%、パートタイム起業家40.6%）、「利益が予定より減った」（同45.6%、26.1%）、「営業を一部自粛した」（同27.3%、21.2%）、「休業した」（同21.1%、19.4%）などさまざまである（図4－23）。それぞれの選択肢の回答割合は、起業家の方がパートタイム起業家より高くなる傾向にある。またここでも、いずれの回答割合も第2章でみた新規開業企業と比べると低くなっている。

### ⑵　コロナ禍での取り組み

新型コロナウイルス感染症の影響を受け、具体的にはどのような対策に取り組んだのだろうか。資金関連の対策としては、「経営者や家族の預金

**図4－23　マイナスの影響の内容（複数回答）**

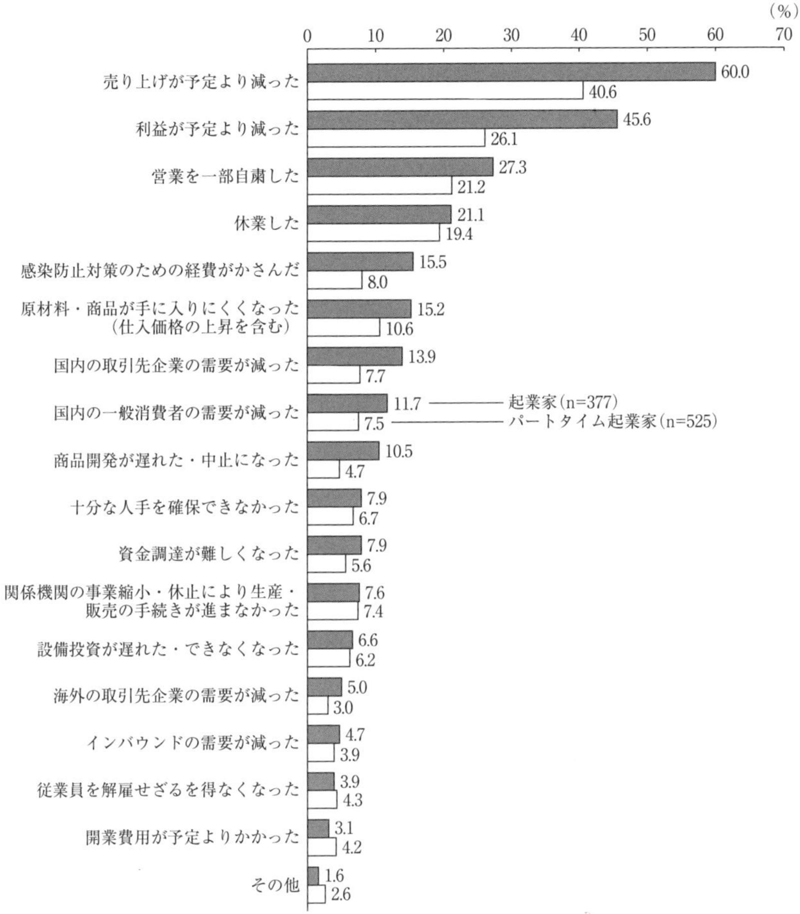

（%）

| | 起業家（n=377） | パートタイム起業家（n=525） |
|---|---|---|
| 売り上げが予定より減った | 60.0 | 40.6 |
| 利益が予定より減った | 45.6 | 26.1 |
| 営業を一部自粛した | 27.3 | 21.2 |
| 休業した | 21.1 | 19.4 |
| 感染防止対策のための経費がかさんだ | 15.5 | 8.0 |
| 原材料・商品が手に入りにくくなった（仕入価格の上昇を含む） | 15.2 | 10.6 |
| 国内の取引先企業の需要が減った | 13.9 | 7.7 |
| 国内の一般消費者の需要が減った | 11.7 | 7.5 |
| 商品開発が遅れた・中止になった | 10.5 | 4.7 |
| 十分な人手を確保できなかった | 7.9 | 6.7 |
| 資金調達が難しくなった | 7.9 | 5.6 |
| 関係機関の事業縮小・休止により生産・販売の手続きが進まなかった | 7.6 | 7.4 |
| 設備投資が遅れた・できなくなった | 6.6 | 6.2 |
| 海外の取引先企業の需要が減った | 5.0 | 3.0 |
| インバウンドの需要が減った | 4.7 | 3.9 |
| 従業員を解雇せざるを得なくなった | 3.9 | 4.3 |
| 開業費用が予定よりかかった | 3.1 | 4.2 |
| その他 | 1.6 | 2.6 |

（注）図4－22でマイナスの影響が「以前は大いにあったが、現在はない」「以前は少しあったが、現在はない」「現時点で大いにある」「現時点で少しある」のいずれかを選択した起業家、パートタイム起業家に尋ねたものである。

を取り崩した」を起業家が10.3%、パートタイム起業家が4.5%、「金融機関から新たに借入を行った」をそれぞれ9.4%、2.4%が回答した（図4－24）。取引先関連の対策は、「新しい顧客を開拓した」がそれぞれ15.2%、8.2%、「調達先を見直した」がそれぞれ8.1%、6.4%などとなった。他方、「従業員

図4-24　新型コロナウイルス感染症の影響を受けて実施したこと（複数回答）

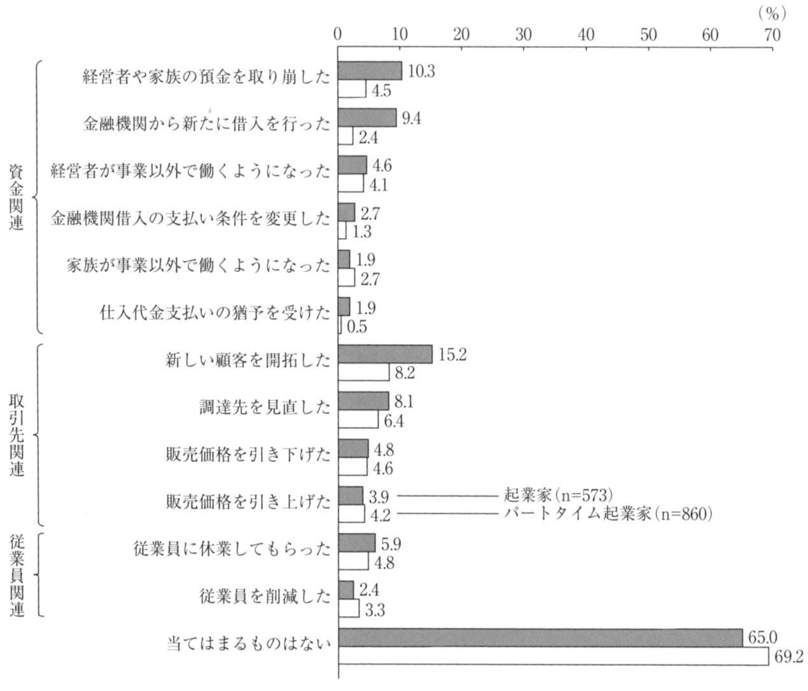


に休業してもらった」はそれぞれ5.9%、4.8%、「従業員を削減した」は2.4%、3.3%で、従業員関連の対策を実施した割合は低い。従業員がおらず本人のみで稼働している割合が起業家で6割、パートタイム起業家で7割を超えていることがその要因であろう。なお、それぞれの対策を実施した割合は、起業家の方がパートタイム起業家より高いが、それでも第2章の新規開業企業と比べるとかなり低い。「当てはまるものはない」は、起業家で65.0%、パートタイム起業家で69.2%と、新規開業企業より高くなっている。

次に、感染症対策にかかった費用をみてみよう。まず、設備・じゅう器・備品については、「対策費あり」が、起業家で50.3%、パートタイム起業家で39.2%となっている（図4-25）。「10万円以上」かかったケースも、

図4－25　新型コロナウイルス感染症対策費

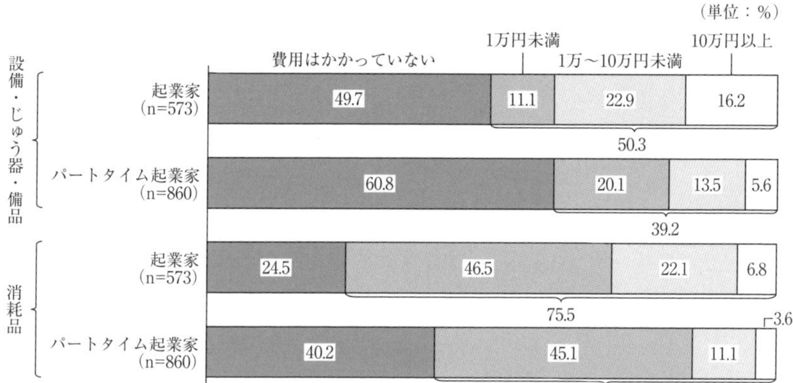


（注）設備、じゅう器・備品の購入は、調査時点までにかかった費用の合計を、消耗品の購入は、1カ月当たりの費用を尋ねたものである。

起業家で16.2％、パートタイム起業家で5.6％みられた。消耗品については、起業家の75.5％、パートタイム起業家の59.8％が「対策費あり」と回答している。1カ月当たり「10万円以上」は、起業家で6.8％、パートタイム起業家で3.6％と、一部には毎月多額のコストを支払っているところもあることがわかる。感染症対策費は、起業家の方がパートタイム起業家よりも多く支出する傾向にある。またここでも、対策費を要した割合や、かかった金額の水準は、第2章でみた新規開業企業よりも低くなっている。

コロナ禍で経営環境が厳しさを増すなか、行政からはさまざまな支援が提供されている。具体的に受けた支援としては、「持続化給付金」が起業家で36.9％、パートタイム起業家で17.4％と最も割合が高く、そのほか「家賃支援給付金」がそれぞれ16.3％、6.7％、「各種GoToキャンペーン」がそれぞれ13.1％、10.8％などとなった（図4－26）[13]。

13　持続化給付金とは、新型コロナウイルスの感染拡大により、営業自粛等の影響を受けた事業者に対する、事業全般に広く使える給付金のこと。申請期間は2020年5月1日から2021年2月15日までで、フリーランスを含む個人事業者では100万円を上限に、資本金10億円以上の企業を除く中小法人等では200万円を上限に給付された。

図4-26　新型コロナウイルス感染症によって行政から受けた支援（複数回答）

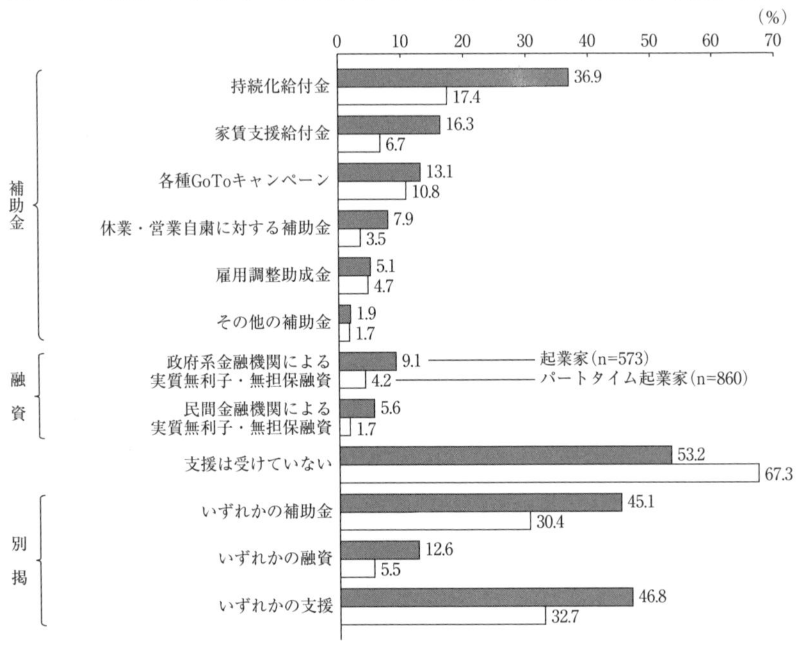


（注）1　各種GoToキャンペーンは補助金に含めた。
　　　2「補助金以外の支援」は回答がなかったため記載を省略した。

起業家の46.8%、パートタイム起業家の32.7%が「いずれかの支援」を活用している一方で、「支援は受けていない」とする割合も、それぞれ53.2%、67.3%と半数を超えている。起業家については、新規開業企業の水準とあまり変わらないが、パートタイム起業家は支援を受けていないケースが多い[14]。これは、もともとコロナ禍の影響が少ないこと、事業規模が小さいこと、ほかの仕事からの収入があることなどから、支援が不要な場合も多いためと考えられる。ただ、自宅で稼働しているために支援情報を得にくいなど、必要な支援を受けられなかったほかの理由が

14　第2章の新規開業企業で「支援を受けていない」割合は49.8%であった。

**図4−27 新型コロナウイルス感染症の起業への関心に対する影響**

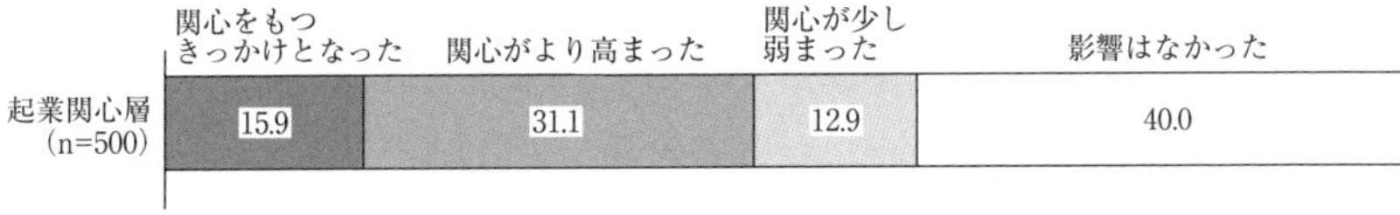

あるとすれば、それらは支援体制を構築するうえでの課題であるともいえそうだ。

### (3) 起業行動への影響

ここで、事業を行っていない起業関心層に新型コロナウイルス感染症の起業への関心に対する影響を尋ねたところ、「関心をもつきっかけとなった」が15.9%、「関心がより高まった」が31.1%と、半数近くがポジティブな影響があったと回答した（図4−27）。コロナ禍の下で、勤務先の先行きへの不安が高まったり、新たなビジネスが生まれるのをみたりしたことが、こうした結果を生んでいると推測される。一方、「関心が少し弱まった」との回答も12.9%あった。既存のビジネスが苦境に立たされるのをみて事業のリスクを改めて認識したことで、起業意欲が弱くなったのだろう。

なお、新型コロナウイルス感染症の流行で、起業への関心がなくなった人は、起業関心層ではなくなるためこれらの数字には含まれない。そこで今回のアンケートでは、事前調査で「新型コロナウイルス感染症の事業者への影響をみて関心がなくなった」とする人の割合を確認した。該当したのは事前調査A群の3.4%で、起業関心層（14.9%）の22.8%に当たる。起業関心層のうちコロナ禍が起業に「関心をもつきっかけとなった」との回答は15.9%であったから、このデータでみる限り新型コロナウイルス感染症の流行は起業関心層を少し減らしたことになる。ただ、起業関心層の割合はコロナ禍前の2019年度には14.8％と今回とほぼ同水準で、2020年度には16.3％と上昇していることから、正確な起業行動への影響は、もう少し長期のデータを確認する必要がありそうだ。

## 8　まとめ

本章で紹介した「2021年度起業と起業意識に関する調査」は、2020年度に引き続き、新型コロナウイルス感染症が流行するなかで行われた。厳しい経営環境下で事業を営んでいる起業家やパートタイム起業家は、コロナ禍の大きな影響を受けているものと予想された。実際、6割以上の起業家とパートタイム起業家がコロナ禍のマイナスの影響を受けていることがわかった。しかし、採算状況を尋ねると、7割以上が黒字基調と回答している。これは、資金関連や取引先関連などさまざまな対策を行い、事業を何とか継続しようと取り組んだ結果なのだろうと思われる。

また、今後の起業を担っていくと思われる起業関心層に目を向けると、コロナ禍が起業に関心をもつきっかけとなったり、起業への関心が高まったりした人が半数近くも観察されており、コロナ禍が起業に対してプラスの方向に働いた側面が少なからずあることもわかった。

今後さらに起業を促していくためには平時だけでなく、コロナ禍のような有事の際に安心して事業を継続できるような支援が不可欠だ。そのためには、起業したいという意欲を高めるだけではなく、起業のリスクに対する不安を解消するような支援のあり方が求められる。

＜参考文献＞

日本政策金融公庫総合研究所編（2020）『2020年版新規開業白書』佐伯印刷
――――（2021）『2021年版新規開業白書』佐伯印刷

# 第5章

# コロナ禍の下での自営業層の階層移動

東京大学社会科学研究所

教授　三輪　哲

第5章

本章は日本政策金融公庫総合研究所『日本政策金融公庫論集』第54号（2022年2月）「コロナ禍の下での自営業層の階層移動」の一部に手を加えて再掲したものである。

# 1　はじめに

## (1)　コロナ禍の時代

2020年以降、いわゆるコロナ禍の影響は無視し得ないものとなっている。それは、日常生活はもちろんのこと、経済活動にも及んでいる。緊急事態宣言の発出に伴う行動制限は、人々の消費行動を大きく制約し、ひいてはそれは物やサービスを提供する側にもダメージをもたらす。そして、経営者や自営業主は、廃業、休業、あるいは事業の縮小などの対応を免れなくなることもあり得る。さらには、解雇や離職などによって、労働者のキャリアへと影響することも生じ得る。

実際、コロナ禍が労働市場に影響を与えたとする報告は数多い。例えば、雇用において若年層、非正規雇用層、飲食店や宿泊業、そして女性へと不利が集中したことが繰り返し報告された（江夏ほか、2020；山本・石井・樋口、2021；川田、2021；周、2021）。そしてそれは、もちろん日本だけでなく、世界的にみられる現象であるとされる（Kartseva and Kuzunetsova, 2020；Collins, *et al*., 2020；Kristal and Yaish, 2020；Forsythe, *et al*., 2020）。

これら諸研究の多くは雇用労働者に注目しており、自営業層に着目する研究は少ない。自営業層においては、事業の不振が自身の生活やキャリアに直結することは想像に難くない。コロナ禍の下でどのような人が自営業から離れたのか、あるいは自営業へ入ることを妨げられたのか、これらの諸点は考究すべき余地を残しているといえる。

## (2)　階層移動における自営業層

コロナ禍の状況ではなく、いわば「平時」に関しては自営業の移動は、社会階層研究においてしばしば扱われるトピックであり続けた。キャリアを通した階層移動のことを世代内移動と呼ぶが、それは、しばしば本人の初職時での階層的地位から現時点での階層的地位への移動のことを指す。世代内移動研究のなかでの自営業層の位置づけであるが、キャリアを通して途中から自営業になる者が多いことや（鄭、2002）、いったん自営業層に入るとそこから抜けにくい「到達階層」であることなどが論じられてきた（原・盛山、1999）。

自営業への移動を促す要因は、個人レベルの要因では、性別（男性はより自営業になりやすい）、職種（熟練ブルーカラー）、親が自営業主であることなどが、従業先レベルの要因では企業規模(中小企業)、産業(建設業、卸売・小売業、飲食店）などが、それぞれ正の効果があると指摘されてきた（鄭、2002; Ishida, 2004; 竹ノ下、2011; 仲、2018)。また、自営業からの退出を促す要因としては、性別(男性はより自営業から抜けやすい)、年代(高齢層)、などがあるとされる(Ishida, 2004; 平尾、2018; 仲、2018)。

これらの知見により明らかとなった自営業への参入や自営業からの退出の要因は、コロナ禍の状況下でも同じように寄与しているのか。あるいは、どのように変わるのか。規定構造へのコロナ禍による短期的な影響も注目すべき研究課題となり得る。

### (3) 新規開業・事業承継・廃業

自営業への参入といっても、その内実は二つに大別される。新規開業すなわち新たに事業を立ち上げるケースと、既存の事業を承継するケースである。後者は特に、家族や親族から受け継ぐことが多い。

日本の新規開業の研究は、日本政策金融公庫総合研究所がリードしてきた（日本政策金融公庫総合研究所・深沼・藤田、2018など)。ただし新規開業者を対象とした調査を主とするため、開業に踏み出すか踏み出さないかを判別する検討や、事業承継との比較などはいきおい難しくなる。そこを補完した研究では、新規開業は親が自営業主であるかどうかには規定されないこと、年代では壮年期に起きやすいこと、仕事関係のネットワークの正の効果が顕著であること、を見いだした（三輪、2010）。

廃業の要因分析は、日本政策金融公庫総合研究所・深沼・藤田（2018）が詳細な知見を提供する。それによると、採算や開業費用、断業年数が当然ながら廃業へ影響するほか、性別（女性の方が廃業しやすい）、学歴（大学・大学院卒の方が廃業しにくい）、産業（飲食店・宿泊業、情報通信業、教育・学習支援業では廃業しやすい）の効果を検出した。なお、回顧データを用いた平尾（2018）は、廃業に絞った自営業退出の分析により、卸売業や小売業が廃業しやすいとしている[1]。

単に自営業の移動をとらえるのみならず、そのメカニズムまで考慮できるならば、一層リアリティーのある実証研究の可能性が拡がるといえよう。

### (4) 本稿の目的と構成

以上の研究蓄積を踏まえて、本稿では、コロナ禍の下で自営業層がいかなる階層移動をしたのか、中長期的視座と短期的視座を併用しつつ、実証的にとらえることを目的とする。とりわけ、新規開業、家業の承継、廃業といった自営業の階層移動と関わる理由を考慮に入れた検証をすることで、移動の意味内容を詳（つまび）らかにすることを試みる。

ここでいう中長期的視座とは、一つには調査対象者個人のキャリア全体を扱うことを指し、もう一つには2015年から2020年までの5年間の趨勢（すうせい）比較をすることを指す。キャリア全体をみるために、初職から現職への階層的地位の変化の情報を活かして、世代内移動の分析を試みる。また、5年間の趨勢をみるのは、コロナ禍の一時的なショックとは異なる大きなトレン

1　ただし日本政策金融公庫総合研究所・深沼・藤田（2018）の分析では、卸売業、小売業の廃業リスクは飲食店・宿泊業ほどは高くなかった。

ドをつかむのがねらいである。

短期的視座の方も二つの意味を併せ持っており、一つには直近の階層的地位からの移動という1年間に起きた事象を扱うことで、もう一つは2020年の階層移動をその直前の2019年と比較することを指す。こちらは、まさにコロナ禍がもたらした影響をとらえることがねらいである[2]。

以下では、第2節で研究方法を述べた後に、第3節ではコロナ禍による影響の主観的回答を概観する。第4節では中長期的視座から世代内移動の趨勢分析を行い、第5節で短期的視座から自営業からの退出を、続く第6節では自営業への参入の分析を行う。そして第7節において、副業や将来の転職などに関わる意向を扱い、それらがコロナ禍の下でどのように変わったのかを明らかにする。このように、複眼的な視角から、自営業にとっての「2020年」へとアプローチし、コロナ禍の下での自営業層における階層移動の様相の解明へと挑みたい。

## 2 方　法

### (1) データ

分析では、リクルートワークス研究所により実施された「全国就業実態パネル調査」によって得られた個票データセットを使用する[3]。同調査は、2016年から毎年実施されてきているパネル調査であり、利用可能な最新のものは2021年1月に行われた調査のデータとなる。各回において、調査直前の12月時点での就労状態を詳しく尋ねている。そのため、これらを用い

---

2　もっとも、純粋にコロナ禍の因果効果を同定することは不可能であろうが、それでも一時的に趨勢がどうシフトしたかを検証することは重要と考える。

3　全国就業実態パネル調査（寄託者：リクルートワークス研究所）の個票データは、東京大学社会科学研究所附属社会調査・データアーカイブ研究センターSSJデータアーカイブより提供を受けた。なお、実際に用いたのは同調査の2016年、2019年、2020年、2021年および2020年、2021年の特別調査のデータである。

ることで、2015年12月から2020年12月までの労働市場の有り様をとらえることが可能となる。

全国就業実態パネル調査は、日本全国の就業実態の解明を目的に、割付法に基づき層別の回収計画がたてられ、インターネット調査により各回で概ね5万ケース程度の回収票を得る社会調査である[4]。この調査の強みは、第1に、その規模の大きさである。民間研究機関が単独で行う調査としては異例なほどの規模といえ、「独立して開業した自営業者」や「倒産して廃業した自営業者」といった相対的にレアな層の実態把握にも対応可能なデータというわけである。

第2には、カバレッジの広さである。自営業以外にも、被雇用労働者や無業者、学生をも対象としている。しかも、対象とする年齢も、15歳以上で上限は設けていないため、非常に幅広い。よって、さまざまな比較をすることができる。

第3に、調査設計が確かであることである。インターネット調査ではあるが、理論上の母集団との整合性を重視した設計となっており、調査時点での割付の条件が細部にわたるようになっている。そのうえ、調査時点でのクロスセクションウエイトやパネル脱落を補正するウエイトなども周到に準備されている[5]。

そして第4に、縦断的な解析に適していることである。全国就業実態パネル調査はその名のとおりパネル調査であるゆえ、同一個体を追跡調査している。そのため、変化の軌跡の記述や、観察されない異質性を統制した分析も容易に適用できる。また、毎年継続されていることから、反復調査としての性質も持ち合わせており、時代間の趨勢を検証するのにも役立てられる。

---

4　各回の調査概要や回収票数などの詳細は、SSJデータアーカイブ（https://csrda.iss.u-tokyo.ac.jp）のメタデータを参照されたい。
5　本稿でも、各回におけるクロスセクションウエイトを掛けたうえで、集計・分析を行っている。

### ⑵ 社会階層の概念と測定

本稿において最重要な変数は、社会階層である。社会階層とは、「全体社会において社会的資源ならびにその獲得機会が、人々の間に不平等に分配されている社会構造状態」（富永、1979; p. 3）を意味する概念である。構造そのものではなく、分配状態により区切られた一つ一つの「層」を指す場合もある。社会階層という概念によって、格差や不平等を理論的かつ体系的に扱うことができるようになる。

社会階層をとらえるにしても、幾多の論者により異なる階層分類枠組みが提唱されている。主なものに、安田と原による総合階層分類(安田・原、1982)、Wrightの階級分類（Wright, 1996)、Goldthorpe分類（Erikson and Goldthorpe, 1992）などがある。これらは、背景にある理論的含意や強調する次元を異にしているが、そのなかで、本稿で用いるのは総合階層分類の枠組みである。これは、職業のもつ仕事内容をベースに、就労地位（自営業か否か)、企業規模（勤め先が大企業か否か）を考慮し、それらの組み合わせにより分類を構成する。実証研究でしばしば使われるのは、①専門（専門的職業)、②大企業ホワイトカラー、③小企業ホワイトカラー、④自営業ホワイトカラー、⑤大企業ブルーカラー、⑥小企業ブルーカラー、⑦自営業ブルーカラー、⑧農業を区別する8分類のバージョンである。

今回は、研究目的に則って、いくらか総合階層分類のカテゴリーの再検討を行った。一つには、自営業層の見直しがある。まず、専門のなかを、被雇用と自営業とで分けることにした。これは、現代日本において「自営業専門職が組織から独立して働くことを可能にする一つの選択肢になり得る」（仲、2018; p. 176）という、社会階層論的な自営業研究の知見に基づくものである。そしてもう一つは、非正規労働者を独立したカテゴリーとして扱うことである。橋本（2020）は、専門職と管理職以外の非正規雇用

図5-1　総合階層分類の階層分布

（単位：％）

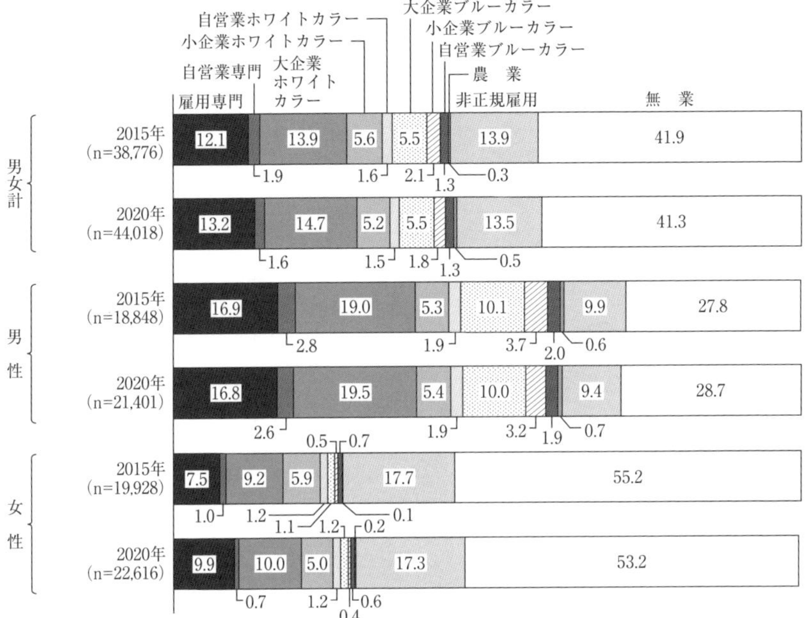


資料：リクルートワークス研究所「全国就業実態パネル調査」（以下同じ）
（注）nはクロスセクションウエイトを掛けた有効ケース数を示す（以下同じ）。

層の拡大と社会経済的地位について論じている。2010年代で、非正規雇用層の存在は無視できるものではないので、本稿でも、それをほかとは区別した分類枠組みを使用する。

その結果、2020年末の時点において、日本の階層構造を男女計、そして男女別に描くと図5-1のようになる。

## (3)　分析方法

この後の実証分析で用いる方法は、移動表によるものである。移動表とは、前時点での地位と後時点での地位を同時に集計したクロス集計表のこ

**表5−1　世代内移動表の例（2020年、男性）**

（単位：人）

| | | 2020年時点現在の階層的地位 | | | | | | | | | |
|---|---|---|---|---|---|---|---|---|---|---|---|
| | | 雇用専門 | 自営業専門 | 大企業ホワイトカラー | 小企業ホワイトカラー | 自営業ホワイトカラー | 大企業ブルーカラー | 小企業ブルーカラー | 自営業ブルーカラー | 農　業 | 非正規雇用 |
| 初職時の階層的地位 | 雇用専門 | 2682 | 210 | 490 | 187 | 48 | 246 | 87 | 50 | 26 | 282 |
| | 自営業専門 | 22 | 127 | 5 | 0 | 14 | 2 | 4 | 18 | 5 | 3 |
| | 大企業ホワイトカラー | 376 | 89 | 3019 | 370 | 113 | 277 | 70 | 52 | 31 | 590 |
| | 小企業ホワイトカラー | 57 | 22 | 136 | 359 | 36 | 49 | 49 | 13 | 7 | 86 |
| | 自営業ホワイトカラー | 5 | 22 | 7 | 13 | 102 | 1 | 2 | 11 | 1 | 12 |
| | 大企業ブルーカラー | 253 | 40 | 276 | 90 | 28 | 1270 | 157 | 54 | 22 | 316 |
| | 小企業ブルーカラー | 65 | 8 | 59 | 49 | 17 | 137 | 229 | 51 | 8 | 72 |
| | 自営業ブルーカラー | 7 | 15 | 3 | 7 | 18 | 3 | 9 | 126 | 3 | 14 |
| | 農　業 | 5 | 0 | 5 | 4 | 3 | 10 | 4 | 2 | 36 | 11 |
| | 非正規雇用 | 118 | 18 | 180 | 76 | 18 | 149 | 69 | 36 | 12 | 620 |

とである。表側にも表頭にも同じカテゴリーが並ぶため、対角セルは、同じ地位を継続したこと、すなわち非移動であることになる。そのほかの非対角のセルには、どこから、どこへと移動した人がいかほどいるかを表す。これを基に、世代内移動の構造の解析や、その趨勢の検証が可能となる。世代内の移動の分析に当たっては、移動表を用いて検討することが基本である（Hout, 1983）。本稿では、男女別に2015年と2020年の世代内移動表を作成する。例として、表5−1で、ウエイト付きで集計した2020年の男性の世代内移動表を示そう。

さらに移動表のデータに基づき、対数線形モデルによって解析を行う。移動表から求められる移動率は、周辺分布によって影響を大きく受けることが知られている。すなわち、構造的な変動によって生じる移動を含んでしまうため、純粋な移動のみの情報を扱うことができないのだ。それを解決するために、採用されるべき分析方法が対数線形モデルである。この方法は、各セルの期待度数の対数をとったものを、さまざまな効果の線形結合で説明するものである。これにより、周辺分布の影響を除いて、純粋に変数間の連関だけを取り出すことが可能となる。

特に時代間比較のために有用なモデルとして、一様相違モデル（uniform difference model）がある。これはXie（1992）により開発された、複数のクロス表間で連関の強さを比較するための対数線形モデルの拡張である。例として、初職（$E$と表記）と現職（$C$）との連関の調査年（$Y$）間での違いを分析するためのモデルを式で表すと、次のとおりになる。

$$\log_e F_{ijk} = \lambda + \lambda_i^E + \lambda_j^C + \lambda_k^Y + \lambda_{ik}^{EY} + \lambda_{jk}^{CY} + \lambda_{ij}^{EC} \times \varphi_k^Y$$

初職の地位と現職の地位の連関を表す$\lambda^{EC}$に対して一様相違パラメータ$\varphi^Y$を掛けている。$\varphi^Y$の値は、各調査年における連関の強さを比較するために用いられる。つまり一様相違モデルの場合、「初職と現職との連関に関する相対的パターンはどの年でも同じだが、連関の強さは調査年の間で違いがある」というように仮定して、実質的解釈を導くのである。$\varphi^Y$の値が大きいほど、初職と現職との地位の連関がより強い、すなわち世代内移動が起きにくく閉鎖性が強いということを意味する。

そのほかに、本稿では自営業からの退出や、自営業への参入を分析するために、ロジスティック回帰分析を使用する。説明変数が$K$個含まれているロジスティック回帰分析のモデルを式で表すと、次のようになる。なお、ここで$X$は説明変数、$\beta$はロジスティック回帰係数、$Y$はイベントの生起（起きる場合に1、起きない場合に0）である。

$$\log_e\left[\frac{P(Y=1)}{1-P(Y=1)}\right] = \beta_0 + \beta_1 X_1 + \quad \cdots \quad + \beta_K X_K$$

各説明変数の効果をみるためには、各々に掛かる係数をみればよい。それらは説明変数が1単位分だけ増加したときのロジットの増加量である。実質的な意味を考えるうえでは、係数βよりも、それを指数変換した数値exp（β）の方が有用である。これは、他の変数の影響を調整したオッズ比に相当する。

### (4) その他の変数

被説明変数は、自営業から退出したことを表す二値型変数を用意した。離職理由の質問において「会社の倒産・事業所閉鎖」の選択肢があるので、それを選びかつ自営業から離職したことを表す、倒産による自営業からの退出ダミー変数を作成した。それから、自営業へと参入したことを表す二値型変数も用意した。そのうえで、同様に離職理由のうち「独立のため」との回答を組み合わせて、独立による自営業への参入ダミー変数を作成した。これは、新規開業に近い意味となるようにする意図がある。さらに離職理由の「家業を継ぐため、家族の仕事を手伝うため」という回答を利用して、家業承継による自営業への参入ダミー変数を作成した。これらはすべて、後の5節と6節で、被説明変数として使用される。

さらに、説明変数として、居住地域（三大都市圏居住ダミー変数)、年代（34歳以下ダミー変数、50歳以上64歳以下ダミー変数、65歳以上ダミー変数)、学歴（四年制大学以上ダミー変数)、前年あるいは前職の産業（運輸業・情報通信業ダミー変数、飲食店、宿泊業・卸売・小売業ダミー変数、その他サービス業ダミー変数、農業・分類不能ダミー変数)、職業(専門ダミー変数、ホワイトカラーダミー変数、無業ダミー変数）も用いる。

## 3 就業に対するコロナ禍の影響と社会階層

本節では、コロナ禍の影響がどこにどのように顕現したのか、回答者の主観的回答の分布により検討する。

図5−2　コロナ禍による就業への影響（複数回答）

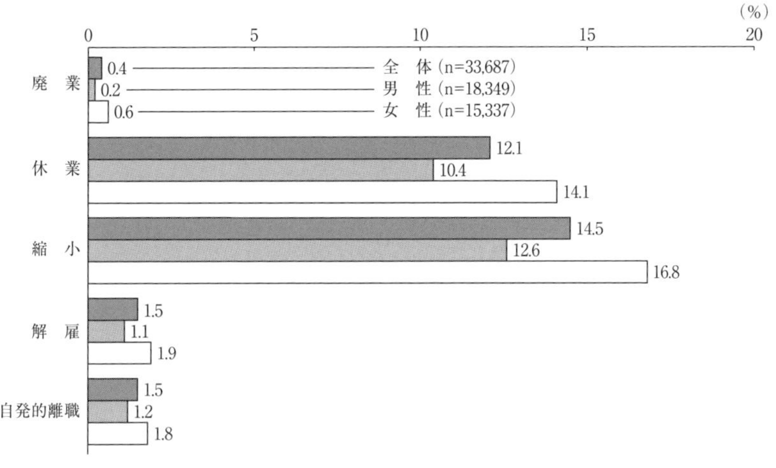


（注）ほかの選択肢は「仕事に就いた」「テレワークをした」「時差出勤をした」「あてはまるものはない」「答えたくない」である。

## (1)　コロナ禍の就業への影響

図5－2は、男女別に、コロナ禍の就業に対する影響について、それぞれの正応答割合を示したものである。ここでは、自営業にとって深刻な廃業、休業、そして事業の縮小のほか、個人として解雇されたり、自発的離職をしたりといった経験を尋ねている。いずれも、「コロナ禍の影響で…」と明示している形で質問しているので、単なる離職は含まれない。

最も経験率が高いのは「縮小」、それに次ぐのは「休業」である。これらは1割を超えている。他のものは、経験率が2%未満にとどまる。特に「廃業」は、わずかに0.3%程度しか経験していない。

図を一目みて気づくのは、男女差が明瞭に表れていることだ。どれについてもおしなべて、女性の方がより経験率が高い。コロナ禍の悪影響は女性において顕著であるとしばしば指摘されるが、この分析結果からも裏づけられるといえそうである。

### (2) 就業への影響にみられる階層差

次に、階層ごとに、就業に対する悪影響の相対的な起こりやすさが異なるのかを検討しよう。図5－3がその結果である。この図では、全体平均割合よりも当該階層において正応答割合が何倍に相当するかを視覚化した。値が1なら全体平均と同等、2なら割合が2倍であることを示す。

図5－3①から、男性のコロナ禍の影響をみてみよう。廃業はやはり自営業に多く、「自営業ホワイトカラー」は1.8倍、「自営業専門」は1.6倍ほど、全体平均よりも経験率が高い。休業は「自営業ブルーカラー」に多くみられる。縮小は、「非正規雇用」「大企業ブルーカラー」「自営業ブルーカラー」といった層において起きている。なお、「非正規雇用」は、解雇や自発的離職など、すべてにおいて悪影響を受けがちである。

続いて図5－3②より、女性の結果も確認しよう。なお女性では、自営業が少なめであるため、極端な結果が出やすくなっていることには注意を要する[6]。廃業は、自営業のブルーカラーとホワイトカラーで特に典型的にみられるようである。休業については、「自営業専門」において、他よりも多く経験している。「非正規雇用」があらゆる面において悪影響の経験率が高いことは、男性の結果と同様である。

結果を要約すると、次のようになる。就業に関しては、縮小、休業の経験者が多くみられた。階層間で比較すると、自営業はどちらかといえば廃業や休業がより起きやすかった。どの階層においても、男性よりも女性の方が、これらの悪影響を受ける蓋然性が高かった。こうしたコロナ禍のインパクトも含め、2020年の自営業層に何が起きていたのかを、次節以降でさらに詳しくみていきたい。

---

6　この理由で、後の節の分析の一部は男性のみに限定している。

## 図5-3　コロナ禍による就業への影響の階層差（全体平均に対する比）

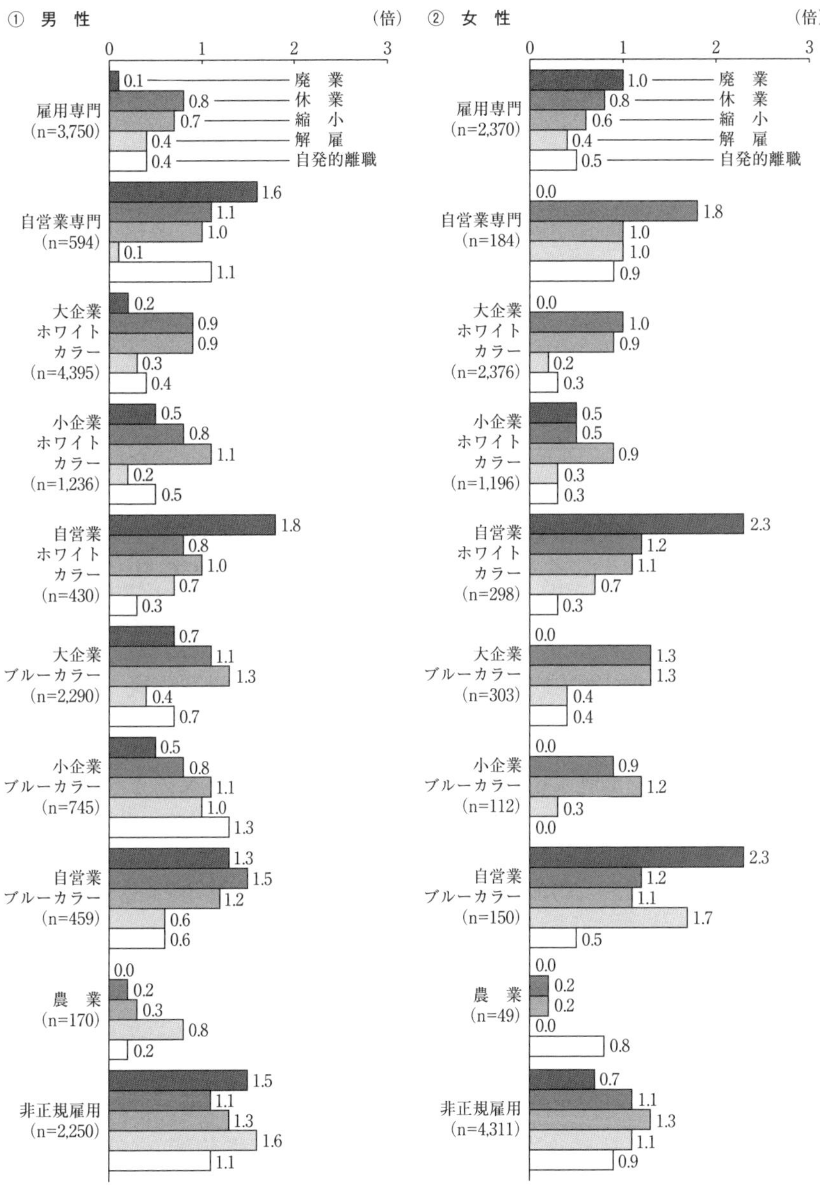

表5−2　対数線形モデルの適合度

| | 自由度 | 男　性（n=28, 897） | | | | 女　性（n=19, 531） | | | |
|---|---|---|---|---|---|---|---|---|---|
| | | $G^2$ | *p* 値 | BIC | I.D. | $G^2$ | *p* 値 | BIC | I.D. |
| モデル1　条件付独立 | 162 | 29, 799. 1 | . 000 | 28, 135. 1 | . 416 | 13, 036. 9 | . 000 | 11, 436. 3 | . 299 |
| モデル2　構造不変 | 81 | 297. 2 | . 000 | −534. 8 | . 039 | 140. 2 | . 000 | −660. 1 | . 023 |
| モデル3　一様相違 | 80 | 78. 2 | . 536 | −743. 5 | . 012 | 86. 4 | . 293 | −704. 0 | . 015 |

| | 2015年 | 2020年 |
|---|---|---|
| *phi*（φ） | 1 | 0. 83 |

| | 2015年 | 2020年 |
|---|---|---|
| *phi*（φ） | 1 | 0. 87 |

## 4　世代内移動の時点間比較

本節では、世代内移動の視点からみたときに、2020年がどのように位置づけられるかを俯瞰的に検討する。前時点での地位からどれほど移動しやすいかをとらえ、移動がしにくいことを社会が閉鎖的であることを意味するとして解釈する。2020年は、言うまでもなく、コロナ禍の影響で社会に混乱がみられた時期に当たる。そのなかで、階層間の移動機会には何か変化がみられたのだろうか。

### (1)　対数線形モデルの適合度

男女それぞれの世代内移動表に基づき、対数線形モデルによる分析を行った。適合度をモデル間比較して、良好なモデルを探索したい。

表5−2には、複数のモデルの適合度が示されている。$G^2$は尤度比カイ2乗統計量で、この値が統計的有意にならないときに、当てはまりが許容し得るとみることができる。BICはベイジアン情報量基準で、値が小さいほど相対的に適合度が良いことを表す。I.D.（Index of Dissimilarity）は非類似度指数であり、モデルから求められる期待度数と観測度数とのずれを意味する。値の小さい方が当てはまりが良いことになる。

男女のいずれも、当てはまりが良いのは、モデル3であった。これは、

**表5-3　男性の世代内移動の構造**

| | | 2015年時点現在の階層的地位 | | | | | | | | | |
|---|---|---|---|---|---|---|---|---|---|---|---|
| | | 雇用専門 | 自営業専門 | 大企業ホワイトカラー | 小企業ホワイトカラー | 自営業ホワイトカラー | 大企業ブルーカラー | 小企業ブルーカラー | 自営業ブルーカラー | 農　業 | 非正規雇用 |
| 初職時の階層的地位 | 雇用専門 | 1.51 | 0.06 | −0.63 | −0.38 | −1.74 | −0.98 | −1.35 | −1.71 | −1.57 | −0.17 |
| | 自営業専門 | −2.26 | 1.67 | −4.39 | −4.46 | −0.95 | −3.86 | −3.54 | −1.22 | −1.44 | −2.73 |
| | 大企業ホワイトカラー | −0.96 | −1.11 | 1.50 | 0.30 | −0.82 | −0.78 | −1.57 | −1.74 | −1.51 | 0.55 |
| | 小企業ホワイトカラー | −1.63 | −1.35 | −0.73 | 1.70 | −0.73 | −1.46 | −0.72 | −2.07 | −2.08 | −0.31 |
| | 自営業ホワイトカラー | −3.51 | −0.39 | −2.80 | −1.48 | 1.60 | −3.88 | −3.13 | −1.21 | −1.60 | −1.65 |
| | 大企業ブルーカラー | −0.90 | −1.46 | −0.71 | −0.63 | −1.75 | 1.65 | −0.08 | −1.10 | −1.31 | 0.42 |
| | 小企業ブルーカラー | −1.24 | −2.38 | −1.44 | −0.56 | −1.43 | −0.03 | 1.41 | −0.42 | −1.37 | −0.11 |
| | 自営業ブルーカラー | −3.44 | −0.97 | −4.69 | −2.42 | −0.57 | −3.37 | −1.91 | 1.62 | −1.67 | −1.76 |
| | 農　業 | −2.75 | −4.38 | −2.60 | −1.90 | −2.26 | −1.67 | −1.62 | −2.66 | 1.92 | −1.18 |
| | 非正規雇用 | −1.20 | −1.62 | −0.93 | −0.61 | −1.85 | −0.59 | −0.75 | −1.22 | −1.19 | 1.60 |

（注）1　パラメータ推定値は、初職から調査時点現職へと階層的地位の移動の起きやすさを示している。数値が大きいほど当該セルが起きやすい。
2　網掛けはパラメータ推定値が■0.50以上、▨−0.50以上0.50未満、□−1.50以上−0.50未満、□−1.50未満。

世代内移動の構造が時点間で等しいが、ただし移動の起きやすさには変化がみられることを含意するモデルである。結果をみると、一様相違パラメータ$\varphi$は2015年を1とすると2020年では男性で0.83、女性で0.87になる。すなわち、この5年間の間に、世代内移動の構造は弛緩し、移動は起きやすくなったと解釈される。

## (2)　世代内移動の構造

男性の最適モデルであったモデル3における、世代内移動の構造を表すパラメータ推定値を表5－3に整理した。これをみると、初職から調査時点の現職へと階層的地位の移動がどこで起きやすかったのか、またどこでは起きにくかったのか、把握できる。各セルの網掛けは、色が濃いほど当該

### 表5−4　女性の世代内移動の構造

| | | 2015年時点現在の階層的地位 | | | | | | | | | |
|---|---|---|---|---|---|---|---|---|---|---|---|
| | | 雇用専門 | 自営業専門 | 大企業ホワイトカラー | 小企業ホワイトカラー | 自営業ホワイトカラー | 大企業ブルーカラー | 小企業ブルーカラー | 自営業ブルーカラー | 農　業 | 非正規雇用 |
| 初職時の階層的地位 | 雇用専門 | 1.54 | −0.77 | −0.88 | −0.57 | −1.51 | −2.03 | −1.88 | −2.20 | −1.65 | −0.18 |
| | 自営業専門 | −2.19 | 1.58 | −4.20 | −2.88 | −0.87 | −3.71 | −4.91 | −2.11 | −0.92 | −2.85 |
| | 大企業ホワイトカラー | −0.67 | −1.67 | 1.26 | 0.49 | −0.68 | −1.32 | −1.61 | −1.59 | −1.05 | 0.83 |
| | 小企業ホワイトカラー | −0.85 | −2.60 | −0.13 | 1.60 | −0.70 | −1.62 | −1.39 | −1.41 | −0.84 | 0.38 |
| | 自営業ホワイトカラー | −2.86 | −0.61 | −2.72 | −2.12 | 1.57 | −3.94 | −2.70 | −0.15 | −1.92 | −1.33 |
| | 大企業ブルーカラー | −0.90 | −2.96 | −0.73 | −0.42 | −1.70 | 1.47 | −1.04 | −0.91 | −0.94 | 0.45 |
| | 小企業ブルーカラー | −1.53 | −2.97 | −1.26 | −0.56 | −2.24 | −0.55 | 1.45 | −0.27 | −3.77 | −0.23 |
| | 自営業ブルーカラー | −4.03 | −1.89 | −4.06 | −2.85 | −2.03 | −5.49 | −3.03 | 1.45 | −3.61 | −2.87 |
| | 農　業 | −2.52 | −3.82 | −2.60 | −4.54 | −1.77 | −4.03 | −3.35 | −2.06 | 2.51 | −1.52 |
| | 非正規雇用 | −0.84 | −1.89 | −0.40 | −0.42 | −1.25 | −1.37 | −1.25 | −1.75 | −1.66 | 1.22 |

（注）表5−3に同じ。

セルが起きやすかったことを意味する。

移動表で典型的なことだが、対角セルはおしなべて数値が高い。これは、初職と現職とで同一の地位にあることが多いことを示す。要するに、非移動が最も起きやすい。逆に、起きにくいのは、異なる職種、異なる就労地位への移動である。

自営業の階層移動の特徴は非対称性である。初職で自営業になると、そこから雇用の階層へと移動することはまれで、他方、雇用の階層から自営業へと移動することはよくある。原・盛山（1999）が指摘するように、自営業は到達階層の性質をもつことが今なお裏づけられる。

女性についての移動のパラメータ推定値は、表5−4に示した。概ね、男性のパターンと類似している。ただし、自営業専門への移動が男性に比べ起きにくいことや、農業の非移動の効果が強めであることなど、部分的な違いはみられる。

なお、これらの表には2015年時の世代内移動に関する分析結果のみを提示した。2020年のそれは、各セルのパラメータ推定値に $\varphi$ パラメータの値を掛けたものとなるので、表示を割愛した。

### (3) 小　括

個人のキャリアを通した階層移動を、世代内移動表の解析により検討してきた。その結果、世代内移動の構造は男女間で類似しており、2015年と2020年の2時点間でもほぼ同等であった。起きやすいのは同じ地位を継続する非移動で、職種や就労地位を超える移動は起きにくい。だが、その移動パターンは、2020年になるとやや緩まった。階層間の移動障壁は、中長期的にみれば、やや弱まったと解釈できる。

## 5　自営業からの退出の規定要因

それでは、短期的にみた場合には、移動の起きやすさや、その規定構造には変化はみられるのだろうか。まずは自営業から外へと出ていく「退出」について検討しよう。

### (1) 自営業からの退出

表5－5は、分析対象を男性に絞ったときの、自営業からの退出に関わる規定要因を検討したロジスティック回帰分析の推計結果である。自営業から退出しやすい属性としては、ホワイトカラーが挙げられる。自営業のホワイトカラーが退出しやすい傾向は、仲（2018）においても同様の知見が得られている。年代に関しては、若年層が最も退出しやすい。相対的には第3次産業の方が、また企業規模が小さい方が、退出しにくいようだ。

表5−5　男性における自営業からの退出の予測（ロジスティック回帰分析）

| | | 2019年 | | | 2020年 | | |
|---|---|---|---|---|---|---|---|
| | | 係　数（β） | 95%信頼区間 | | 係　数（β） | 95%信頼区間 | |
| | | | 下　限 | 上　限 | | 下　限 | 上　限 |
| 居住地域 | 基準：三大都市圏以外の地域 | | | | | | |
| | 三大都市圏 | 0.098 | −0.165 | 0.361 | 0.102 | −0.165 | 0.368 |
| 年　代 | 基準：35〜49歳 | | | | | | |
| | 34歳以下 | 1.524 ** | 1.003 | 2.046 | 1.263 ** | 0.678 | 1.849 |
| | 50〜64歳 | −0.025 | −0.434 | 0.383 | −0.199 | −0.586 | 0.188 |
| | 65歳以上 | 0.726 ** | 0.365 | 1.088 | 0.288 | −0.061 | 0.637 |
| 学　歴 | 基準：短大・高専以下 | | | | | | |
| | 四年制大学以上 | −0.084 | −0.386 | 0.217 | 0.191 | −0.095 | 0.477 |
| 産　業 | 基準：製造業・建設業・鉱業 | | | | | | |
| | 運輸業・情報通信業 | −0.994 ** | −1.560 | −0.428 | −0.438 | −0.942 | 0.066 |
| | 飲食店、宿泊業・卸売・小売業 | −0.825 ** | −1.282 | −0.368 | −0.939 ** | −1.423 | −0.456 |
| | その他サービス業 | −0.532 ** | −0.892 | −0.171 | −0.707 ** | −1.082 | −0.332 |
| | 農業・分類不能 | 0.441 | −0.018 | 0.900 | −0.095 | −0.603 | 0.412 |
| 企業規模 | 基準：30〜299人 | | | | | | |
| | 300人以上・公務 | 1.426 ** | 0.659 | 2.193 | 0.361 | −0.385 | 1.106 |
| | 30人未満 | −1.369 ** | −1.956 | −0.782 | −1.849 ** | −2.422 | −1.277 |
| 職　業 | 基準：ブルーカラー | | | | | | |
| | 専　門 | 0.217 | −0.127 | 0.560 | 0.168 | −0.173 | 0.509 |
| | ホワイトカラー | 0.792 ** | 0.426 | 1.158 | 0.433 * | 0.049 | 0.817 |
| 定数項 | | −0.355 | −1.060 | 0.351 | 0.566 | −0.128 | 1.260 |
| 疑似決定係数 | | 0.154 | | | 0.125 | | |
| モデルカイ2乗値 | | 258.0 ** | | | 196.5 ** | | |
| 自由度 | | 13 | | | 13 | | |
| n | | 1,698 | | | 1,579 | | |

（注）*$p<.05$、**$p<.01$（両側検定）（以下同じ）。

2020年になって、それ以前と規定要因が変わったのかどうかに注目すると、概ね類似しているといえる。細かい差異はあれども、全体的なパターンはそれほど変わっていない。

次に表5−6より、女性の推計結果を確認しよう。若年層が自営業から退出しやすいこと、企業規模が小さいほど退出しにくいことなど、男性の推計結果と似ているところが多い。ただし、50〜64歳で退出しにくい傾向が顕著にみられたり、産業の係数のパターンが一貫しなかったりと、細かくみると違いもある。

表5−6　女性における自営業からの退出の予測（ロジスティック回帰分析）

| | | 2019年 | | | 2020年 | | |
|---|---|---|---|---|---|---|---|
| | | 係　数（β） | 95%信頼区間 | | 係　数（β） | 95%信頼区間 | |
| | | | 下　限 | 上　限 | | 下　限 | 上　限 |
| 居住地域 | 基準：三大都市圏以外の地域 | | | | | | |
| | 三大都市圏 | 0.146 | −0.189 | 0.480 | −0.117 | −0.497 | 0.263 |
| 年　代 | 基準：35〜49歳 | | | | | | |
| | 34歳以下 | 0.824 * | 0.159 | 1.488 | 1.276 ** | 0.402 | 2.149 |
| | 50〜64歳 | −0.637 ** | −1.090 | −0.184 | −1.060 ** | −1.567 | −0.554 |
| | 65歳以上 | 0.307 | −0.137 | 0.750 | −0.101 | −0.584 | 0.382 |
| 学　歴 | 基準：短大・高専以下 | | | | | | |
| | 四年制大学以上 | −0.550 * | −1.045 | −0.055 | −0.048 | −0.548 | 0.452 |
| 産　業 | 基準：製造業・建設業・鉱業 | | | | | | |
| | 運輸業・情報通信業 | −0.431 | −1.424 | 0.562 | −0.352 | −1.427 | 0.723 |
| | 飲食店、宿泊業・卸売・小売業 | −0.357 | −0.967 | 0.253 | −0.792 * | −1.472 | −0.113 |
| | その他サービス業 | −0.737 * | −1.328 | −0.147 | −0.600 | −1.258 | 0.057 |
| | 農業・分類不能 | 0.207 | −0.479 | 0.893 | 0.938 * | 0.143 | 1.733 |
| 企業規模 | 基準：30〜299人 | | | | | | |
| | 300人以上・公務 | −0.001 | −1.053 | 1.051 | −0.022 | −1.570 | 1.526 |
| | 30人未満 | −2.359 ** | −3.170 | −1.547 | −2.928 ** | −4.307 | −1.549 |
| 職　業 | 基準：ブルーカラー | | | | | | |
| | 専　門 | −0.104 | −0.580 | 0.373 | −0.121 | −0.707 | 0.464 |
| | ホワイトカラー | −0.022 | −0.452 | 0.408 | 0.814 ** | 0.280 | 1.348 |
| 定数項 | | 2.595 ** | 1.537 | 3.653 | 2.904 ** | 1.321 | 4.486 |
| 疑似決定係数 | | 0.150 | | | 0.202 | | |
| モデルカイ2乗値 | | 146.1 ** | | | 176.4 ** | | |
| 自由度 | | 13 | | | 13 | | |
| n | | 677 | | | 623 | | |

ホワイトカラーが自営業から退出しやすい傾向は、男性では2019年、2020年に共通にみられたが、女性においては2020年のみでみられる。ただし女性はそもそも自営業割合が小さく、推計結果がやや不安定であることは否めず、これを2020年に起きた構造的変化とみるのは早計であろう。

## (2)　倒産による自営業からの退出

自営業からの退出といっても、そこには、より良い仕事への転職もあるし、別の事業を立ち上げることなども含まれる。そのため、退出は多義的

表5−7 男性における倒産による自営業からの退出の予測（ロジスティック回帰分析）

| | | 2019年 | | | 2020年 | | |
|---|---|---|---|---|---|---|---|
| | | 係 数（β） | 95%信頼区間 | | 係 数（β） | 95%信頼区間 | |
| | | | 下 限 | 上 限 | | 下 限 | 上 限 |
| 居住地域 | 基準：三大都市圏以外の地域 | | | | | | |
| | 三大都市圏 | 0.458 | −0.287 | 1.203 | 1.008 * | 0.144 | 1.872 |
| 年 代 | 基準：35〜49歳 | | | | | | |
| | 34歳以下 | 1.120 | −0.839 | 3.078 | ----[a) ] | | |
| | 50〜64歳 | 0.562 | −1.095 | 2.219 | −0.117 | −1.067 | 0.832 |
| | 65歳以上 | 1.609 * | 0.193 | 3.024 | −1.195 * | −2.279 | −0.111 |
| 学 歴 | 基準：短大・高専以下 | | | | | | |
| | 四年制大学以上 | −0.758 | −1.779 | 0.264 | −0.385 | −1.348 | 0.579 |
| 産 業 | 基準：製造業・建設業・鉱業 | | | | | | |
| | 運輸業・情報通信業 | −2.414 | −5.283 | 0.456 | −1.402 | −3.164 | 0.361 |
| | 飲食店、宿泊業・卸売・小売業 | −1.238 * | −2.430 | −0.046 | −0.658 | −2.138 | 0.822 |
| | その他サービス業 | −1.092 * | −2.070 | −0.113 | −0.393 | −1.438 | 0.652 |
| | 農業・分類不能 | −0.003 | −1.041 | 1.035 | −0.269 | −1.871 | 1.333 |
| 企業規模 | 基準：30〜299人 | | | | | | |
| | 300人以上・公務 | 0.114 | −1.952 | 2.179 | −1.696 | −4.252 | 0.861 |
| | 30人未満 | −0.200 | −1.763 | 1.364 | −1.359 | −2.738 | 0.019 |
| 職 業 | 基準：ブルーカラー | | | | | | |
| | 専 門 | −0.394 | −1.380 | 0.592 | −0.557 | −1.515 | 0.402 |
| | ホワイトカラー | 0.768 | −0.197 | 1.733 | −0.799 | −2.040 | 0.441 |
| 定数項 | | −3.933 ** | −6.052 | −1.814 | −1.565 | −3.239 | 0.109 |
| 疑似決定係数 | | 0.135 | | | 0.087 | | |
| モデルカイ2乗値 | | 41.7 ** | | | 20.1 | | |
| 自由度 | | 13 | | | 12 | | |
| n | | 1,312 | | | 1,135 | | |

（注）a）は該当ケースがなく推定されなかった。

であって、その意味を解釈することは意外と難しい。そこで、全国就業実態パネル調査に含まれる、離職理由の質問をここで援用して、自営業から退出するのと同時に、離職した理由として「倒産」を挙げたケースだけに限定し、男性におけるその規定要因を分析することにした（表5−7）。

2019年も2020年も、モデルの当てはまりは良くない。2019年には、第3次産業では倒産による退出が相対的に起きにくいようであるが、2020年になると産業間の退出率の差は縮小し、それほど目立たなくなっている。年代についても、2019年だと65歳以上で倒産による退出が多い一方で、2020年ではむしろ少ないようにみえる。このように、分析結果は安定せず、はっきりした傾向は見いだし難い。

ただ一点、注目に値するのは、地域差である。2020年になって、三大都市圏はそれ以外の地域よりも倒産による自営業からの退出が多くなったのである。緊急事態宣言の発出された期間などが、この結果と関係しているかもしれない。他のデータの分析結果からは、2020年に深刻だったのが都市部の自営業者であったことが明らかにされており（三輪、2022)、そうした知見と整合的であるといえる。

## 6　自営業への参入の規定要因

続けて、誰が自営業になりやすいのか、自営業への参入の規定要因を検討したい。

### (1)　自営業への参入

表5－8は、男性における自営業への参入の分析結果である。年代に関しては、概ね50歳代をピークとした逆Ｕ字型の関係にある。言い換えれば、若年層と高齢層においては自営業になりにくいことを示唆する。産業については、運輸業・情報通信業や飲食店、宿泊業・卸売・小売業を含むサービス業は全体的に自営業に参入しやすいようである。職業では専門職が、そして企業規模は小さい方が、より自営業へと参入しやすい。

これらの結果は、2019年と2020年でほぼ同様であるし、1950年代から2010年代半ばまでの長期をカバーした仲（2018）の分析結果とも整合的である。つまり、コロナ禍の影響による短期的なインパクトもみられないが、長期的にも不変であるとみることができる。

今回の分析では、Ishida（2004）や仲（2018）など従来の研究とは、実

表5−8　男性における自営業への参入の予測（ロジスティック回帰分析）

| | | 2019年 | | | 2020年 | | |
|---|---|---|---|---|---|---|---|
| | | 係　数（β） | 95%信頼区間 | | 係　数（β） | 95%信頼区間 | |
| | | | 下　限 | 上　限 | | 下　限 | 上　限 |
| 居住地域 | 基準：三大都市圏以外の地域 | | | | | | |
| | 三大都市圏 | −0.079 | −0.266 | 0.109 | −0.127 | −0.321 | 0.067 |
| 年　代 | 基準：35〜49歳 | | | | | | |
| | 34歳以下 | −0.531 ** | −0.918 | −0.145 | −0.403 | −0.847 | 0.040 |
| | 50〜64歳 | 0.249 * | 0.002 | 0.496 | 0.409 ** | 0.148 | 0.669 |
| | 65歳以上 | 0.078 | −0.170 | 0.326 | 0.288 * | 0.031 | 0.544 |
| 学　歴 | 基準：短大・高専以下 | | | | | | |
| | 四年制大学以上 | 0.158 | −0.049 | 0.366 | 0.064 | −0.144 | 0.272 |
| 産　業 | 基準：製造業・建設業・鉱業 | | | | | | |
| | 運輸業・情報通信業 | 0.604 ** | 0.258 | 0.950 | 0.633 ** | 0.274 | 0.993 |
| | 飲食店、宿泊業・卸売・小売業 | 0.561 ** | 0.233 | 0.889 | 0.410 * | 0.059 | 0.760 |
| | その他サービス業 | 0.231 | −0.038 | 0.500 | 0.358 * | 0.073 | 0.643 |
| | 農業・分類不能 | 0.325 | −0.052 | 0.701 | 0.149 | −0.253 | 0.550 |
| 企業規模 | 基準：30〜299人 | | | | | | |
| | 300人以上・公務 | −0.643 ** | −1.110 | −0.176 | −0.382 | −0.884 | 0.121 |
| | 30人未満 | 0.824 ** | 0.425 | 1.222 | 0.941 ** | 0.507 | 1.375 |
| 職　業 | 基準：ブルーカラー | | | | | | |
| | 専　門 | 0.225 | −0.012 | 0.462 | 0.354 ** | 0.104 | 0.605 |
| | ホワイトカラー | −0.275 * | −0.533 | −0.017 | 0.177 | −0.094 | 0.447 |
| | 無　業 | 1.040 ** | 0.526 | 1.555 | 1.571 ** | 1.059 | 2.083 |
| 就労地位 | 基準：自営業以外 | | | | | | |
| | 自営業 | 3.873 ** | 3.614 | 4.131 | 3.972 ** | 3.693 | 4.251 |
| 定数項 | | −5.122 ** | −5.586 | −4.659 | −5.685 ** | −6.203 | −5.167 |
| 疑似決定係数 | | 0.480 | | | 0.484 | | |
| モデルカイ2乗値 | | 2,916.4 ** | | | 2,739.0 ** | | |
| 自由度 | | 15 | | | 15 | | |
| n | | 20,477 | | | 18,716 | | |

は設定が異なる。従来の研究が、非自営業の階層にあった者に限って自営業に移りやすさをとらえていたのに対し、本稿では自営業層が別の自営業へと移ることも、無業から自営業となることも対象としている。それでもなお先行研究の知見が再現されたことで、自営業への参入の規定構造が安定的であることが確証された。

さて、表5−9は女性に関しての推計結果である。統計的有意な係数には若干の違いはあるけれども、変数間関連のパターンは、男性の場合のそれ

**表5-9　女性における自営業への参入の予測（ロジスティック回帰分析）**

| | | 2019年 | | | 2020年 | | |
|---|---|---|---|---|---|---|---|
| | | 係　数（β） | 95%信頼区間 | | 係　数（β） | 95%信頼区間 | |
| | | | 下　限 | 上　限 | | 下　限 | 上　限 |
| 居住地域 | 基準：三大都市圏以外の地域 | | | | | | |
| | 三大都市圏 | −0.122 | −0.376 | 0.132 | 0.083 | −0.202 | 0.369 |
| 年　代 | 基準：35～49歳 | | | | | | |
| | 34歳以下 | −0.644 ** | −1.122 | −0.166 | −0.909 ** | −1.527 | −0.292 |
| | 50～64歳 | 0.205 | −0.106 | 0.516 | 0.264 | −0.090 | 0.618 |
| | 65歳以上 | −0.477 * | −0.843 | −0.112 | −0.187 | −0.580 | 0.205 |
| 学　歴 | 基準：短大・高専以下 | | | | | | |
| | 四年制大学以上 | 0.084 | −0.262 | 0.431 | 0.017 | −0.356 | 0.391 |
| 産　業 | 基準：製造業・建設業・鉱業 | | | | | | |
| | 運輸業・情報通信業 | 0.597 | −0.094 | 1.288 | 0.975 ** | 0.261 | 1.689 |
| | 飲食店、宿泊業・卸売・小売業 | 0.548 * | 0.066 | 1.030 | 0.651 * | 0.110 | 1.192 |
| | その他サービス業 | 0.437 | −0.030 | 0.903 | 0.305 | −0.225 | 0.835 |
| | 農業・分類不能 | 0.431 | −0.112 | 0.973 | −0.439 | −1.116 | 0.239 |
| 企業規模 | 基準：30～299人 | | | | | | |
| | 300人以上・公務 | −0.404 | −0.945 | 0.138 | −0.241 | −0.960 | 0.479 |
| | 30人未満 | 0.999 ** | 0.547 | 1.450 | 1.415 ** | 0.792 | 2.038 |
| 職　業 | 基準：ブルーカラー | | | | | | |
| | 専　門 | −0.127 | −0.492 | 0.238 | 0.162 | −0.264 | 0.588 |
| | ホワイトカラー | −0.312 | −0.637 | 0.013 | −0.412 * | −0.802 | −0.022 |
| | 無　業 | 0.149 | −0.312 | 0.610 | 0.753 ** | 0.272 | 1.233 |
| 就労地位 | 基準：自営業以外 | | | | | | |
| | 自営業 | 3.366 ** | 3.063 | 3.669 | 3.735 ** | 3.376 | 4.094 |
| 定数項 | | −5.100 ** | −5.730 | −4.470 | −5.934 ** | −6.740 | −5.128 |
| 疑似決定係数 | | 0.310 | | | 0.366 | | |
| モデルカイ2乗値 | | 900.8 ** | | | 926.0 ** | | |
| 自由度 | | 15 | | | 15 | | |
| n | | 13,148 | | | 12,812 | | |

と大きくは変わらない。年代の逆U字型パターンや、規模の小ささの効果、産業の効果などは、概ね男女間で類似している。

異質なのは、職業の効果である。男性とは違い、女性では専門職であっても自営業へと参入しやすくなってはいないようだ。これは、専門職のいわば中身の違いにより説明がつく。女性がつきがちな専門職は、看護師や保育士などが典型的であるように、男性のそれとは職種が異なる（池田・三輪、2021）。それらは、開業したり事業承継したりするような自営業専門につながりやすいものが少ないと思われる。

そして女性に関しても、2019年と2020年を比べて、特に顕著な規定構造の変化はみられない。自営業への参入については、コロナ禍によって大きな変動がもたらされたとは考えられない。

### (2) 独立や家業承継による自営業への参入

それでは、自営業への参入から、独立によるものと、家業承継によるものを抜き出してみると、規定要因にどのような違いがみられるだろうか。まず表5－10から、男性における独立による自営業への参入の要因を精査する。先にみた参入の分析結果と同様に、前職も自営業であること、企業規模が30人未満と小さいこと、専門職であったことは、独立による自営業参入を促進する要因である。しかし、年代や産業に関しては、特に効果が観察されなかった。

表5－11には、男性における家業承継による自営業への参入に関する分析結果を示している。産業と職業において、独立による参入の分析結果との違いが出ている。とりわけ、職業については重要で、前職が専門職であるとむしろ家業承継による自営業参入はしにくいようだ。この点は、独立の場合とは真逆である。自営業への参入も、理由次第では規定メカニズムが大きく変わることを意味するといえる。ここからわかるのは、現代では、新規開業をもたらすのは、主に専門職であるということだ。専門職拡大の新潮流として、自営業専門職に注目することを提唱した仲（2018）の指摘が正鵠（せいこく）を射ていたということでもある。

それから、地域の効果について付言しておきたい。家業承継による自営業参入に関して、2020年になって、三大都市圏でマイナスの効果が表れたことである。すなわち、最近になって、他の条件が等しければ、都市部に居住している者の方が家業承継しにくくなったということになる。出力は

表5−10　男性における独立による自営業への参入の予測（ロジスティック回帰分析）

| | | 2019年 | | | 2020年 | | |
|---|---|---|---|---|---|---|---|
| | | 係　数（β） | 95%信頼区間 | | 係　数（β） | 95%信頼区間 | |
| | | | 下　限 | 上　限 | | 下　限 | 上　限 |
| 居住地域 | 基準：三大都市圏以外の地域 | | | | | | |
| | 三大都市圏 | −0.111 | −0.419 | 0.197 | 0.219 | −0.100 | 0.537 |
| 年　代 | 基準：35〜49歳 | | | | | | |
| | 34歳以下 | −0.354 | −1.132 | 0.424 | 0.257 | −0.535 | 1.049 |
| | 50〜64歳 | 0.051 | −0.364 | 0.466 | 0.211 | −0.212 | 0.633 |
| | 65歳以上 | 0.006 | −0.400 | 0.411 | −0.284 | −0.714 | 0.146 |
| 学　歴 | 基準：短大・高専以下 | | | | | | |
| | 四年制大学以上 | 0.163 | −0.171 | 0.496 | −0.245 | −0.587 | 0.098 |
| 産　業 | 基準：製造業・建設業・鉱業 | | | | | | |
| | 運輸業・情報通信業 | −0.215 | −0.848 | 0.417 | −0.370 | −0.984 | 0.244 |
| | 飲食店、宿泊業・卸売・小売業 | 0.392 | −0.178 | 0.962 | 0.119 | −0.493 | 0.732 |
| | その他サービス業 | 0.281 | −0.164 | 0.726 | 0.047 | −0.411 | 0.505 |
| | 農業・分類不能 | 0.041 | −0.585 | 0.666 | −0.334 | −1.015 | 0.347 |
| 企業規模 | 基準：30〜299人 | | | | | | |
| | 300人以上・公務 | −0.369 | −1.766 | 1.028 | −0.034 | −1.568 | 1.500 |
| | 30人未満 | 1.512 ** | 0.385 | 2.639 | 2.012 ** | 0.742 | 3.283 |
| 職　業 | 基準：ブルーカラー | | | | | | |
| | 専　門 | 0.503 * | 0.106 | 0.900 | 0.877 ** | 0.460 | 1.295 |
| | ホワイトカラー | −0.300 | −0.768 | 0.168 | −0.112 | −0.622 | 0.399 |
| | 無　業 | 0.943 | −0.571 | 2.458 | 1.810 ** | 0.589 | 3.031 |
| 就労地位 | 基準：自営業以外 | | | | | | |
| | 自営業 | 4.096 ** | 3.449 | 4.743 | 3.951 ** | 3.328 | 4.573 |
| 定数項 | | −7.382 ** | −8.630 | −6.134 | −7.779 ** | −9.179 | −6.378 |
| 疑似決定係数 | | 0.420 | | | 0.418 | | |
| モデルカイ2乗値 | | 843.2 ** | | | 791.2 ** | | |
| 自由度 | | 15 | | | 15 | | |
| n | | 12,451 | | | 11,514 | | |

割愛するが、全国就業実態パネル調査データの過去のものでは決してみられなかった傾向であり、注目に値する。

## 7　コロナ禍の下での自営業者の就業意識

コロナ禍による就業への悪影響がみられるなか、自営業者たちはこれからいかなる就業選択をしようとしているのだろうか。自営業において不利

### 表5-11　男性における事業承継による自営業への参入の予測（ロジスティック回帰分析）

| | | 2019年 | | | 2020年 | | |
|---|---|---|---|---|---|---|---|
| | | 係　数（β） | 95%信頼区間 | | 係　数（β） | 95%信頼区間 | |
| | | | 下　限 | 上　限 | | 下　限 | 上　限 |
| 居住地域 | 基準：三大都市圏以外の地域 | | | | | | |
| | 三大都市圏 | －0.402 | －0.914 | 0.110 | －1.141 ** | －1.888 | －0.393 |
| 年　代 | 基準：35～49歳 | | | | | | |
| | 34歳以下 | －0.118 | －1.126 | 0.889 | －0.696 | －3.185 | 1.793 |
| | 50～64歳 | －0.081 | －0.696 | 0.534 | 0.757 | －0.047 | 1.562 |
| | 65歳以上 | －0.589 | －1.246 | 0.067 | －0.377 | －1.288 | 0.535 |
| 学　歴 | 基準：短大・高専以下 | | | | | | |
| | 四年制大学以上 | 0.203 | －0.343 | 0.750 | 0.265 | －0.378 | 0.909 |
| 産　業 | 基準：製造業・建設業・鉱業 | | | | | | |
| | 運輸業・情報通信業 | －0.933 | －2.030 | 0.164 | －1.346 | －2.789 | 0.096 |
| | 飲食店、宿泊業・卸売・小売業 | －0.156 | －0.862 | 0.550 | －0.421 | －1.304 | 0.462 |
| | その他サービス業 | －0.675 * | －1.337 | －0.014 | －0.934 * | －1.777 | －0.091 |
| | 農業・分類不能 | －1.493 * | －2.896 | －0.089 | －2.065 | －4.233 | 0.103 |
| 企業規模 | 基準：30～299人 | | | | | | |
| | 300人以上・公務 | －0.236 | －2.344 | 1.873 | －1.738 | －6.031 | 2.555 |
| | 30人未満 | 1.695 | －0.066 | 3.456 | 1.890 | －0.432 | 4.213 |
| 職　業 | 基準：ブルーカラー | | | | | | |
| | 専　門 | －1.328 ** | －2.061 | －0.595 | －1.118 * | －2.100 | －0.136 |
| | ホワイトカラー | －0.295 | －0.899 | 0.310 | 0.483 | －0.264 | 1.230 |
| | 無　業 | 1.115 | －0.562 | 2.792 | 1.081 | －1.237 | 3.399 |
| 就労地位 | 基準：自営業以外 | | | | | | |
| | 自営業 | 3.403 ** | 2.635 | 4.171 | 3.265 ** | 2.323 | 4.206 |
| 定数項 | | －6.565 ** | －8.357 | －4.772 | －7.382 ** | －9.752 | －5.012 |
| 疑似決定係数 | | 0.309 | | | 0.355 | | |
| モデルカイ2乗値 | | 257.5 ** | | | 203.9 ** | | |
| 自由度 | | 15 | | | 15 | | |
| n | | 12,451 | | | 11,514 | | |

な条件があるのであれば、それらへと対処することが必要となるのは自明であろう。個人のライフコースとして就業選択をとらえるのであれば、対処としては、メインの事業のほかに副業をすることで生計を補うことや、異なる事業や職種へと転職することがあり得る。そこで、本節では、副業に関する意向、転職に関する意向について取り上げ、コロナ禍により自営業者の就業意識に変化がみられたのかを検討する。

### ⑴　副業の実態と意向

図5－4①は、男性における副業の有無、そして副業をしていない場合には副業をする意向の有無を尋ねた結果である。自営業や農業は、比較的副業をしていることがうかがえる。副業をあまりしない階層では、その代わりに「副業の意向有り」の割合が高く、結果的には「副業有り」の割合と「副業の意向有り」の割合を合計すると、どの階層でも4割程度となるのは興味深い傾向である。

2019年と2020年の回答を比較してみよう。いずれにおいても、大きく変わっているところはない。最も変化が大きいのは自営業ホワイトカラーだが、それでも副業ありの割合の減少は5ポイント弱にすぎないくらいである。

女性の副業の状況も、男性のそれとあまり変わらない（図5－4②）。こちらでも、自営業は副業をしている割合が相対的に高い。自営業ホワイトカラーでは、2020年になって、「副業あり」の割合が低下している。また、自営業ブルーカラーでも同様に、副業率の若干の低下がみられる。

さらに男性についてのみ、副業をしている理由、副業をする意向があればその理由を分析の俎上（そじょう）に載せた。ここでは、さまざまな選択肢のなかで、「生計を維持するため」を選んだ割合に絞って図示した（図5－5）。同じ職種のなかでは、自営業は生計維持を理由とする傾向が高い。それは、現在副業をしている理由の回答でも、これから副業をしたい理由の回答でも、いずれにおいてもみられる。

2019年から2020年にかけての変化は、やはりそれほど大きくはない。ただしここでは、「自営業ホワイトカラー」に関して、生計維持を理由に副業をする割合が約6ポイント上昇、生計維持のため副業をしたいとする割合については約11ポイントもの上昇がみられる。これまでにみた結果を総合すると、自営業ホワイトカラーは副業をしなくなるのと同時に生計維持

## 図5−4　副業の有無と副業意向

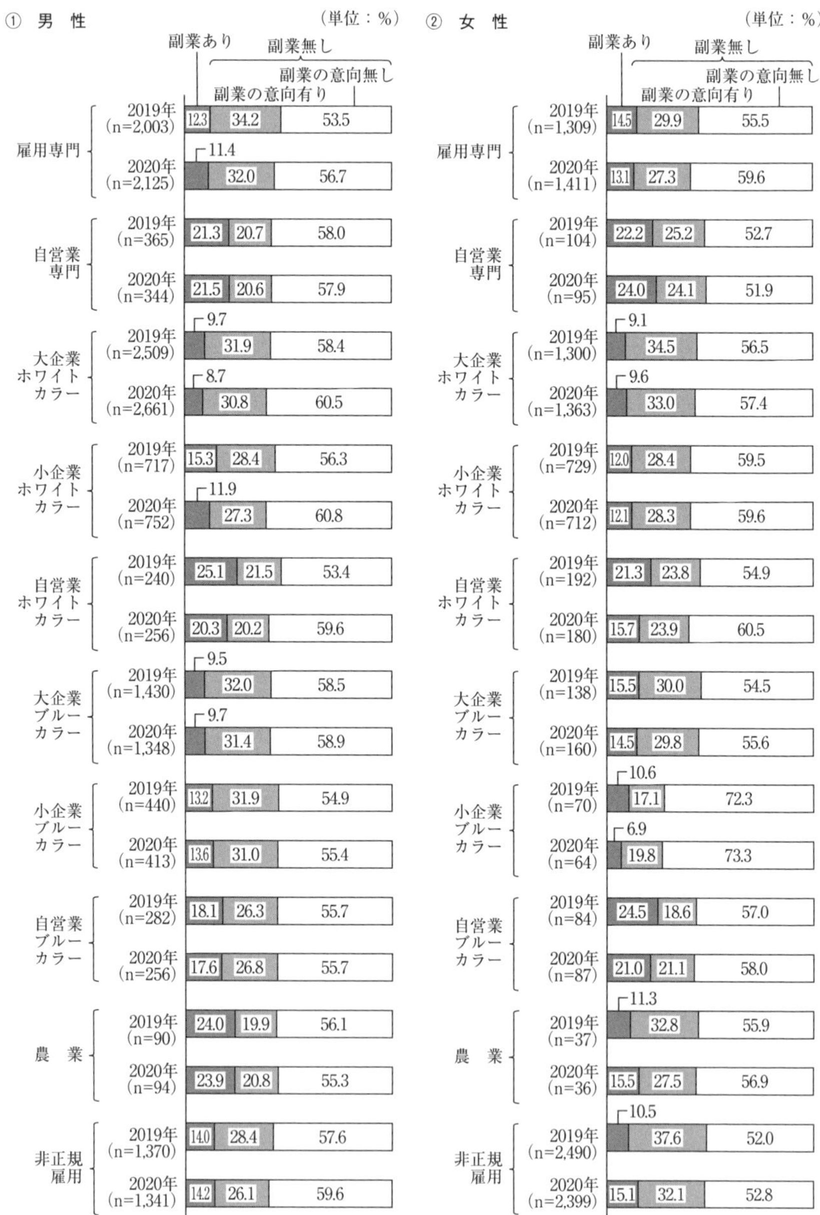

図5-5　男性の副業をする理由あるいは副業意向の理由として「生計維持」を挙げた割合

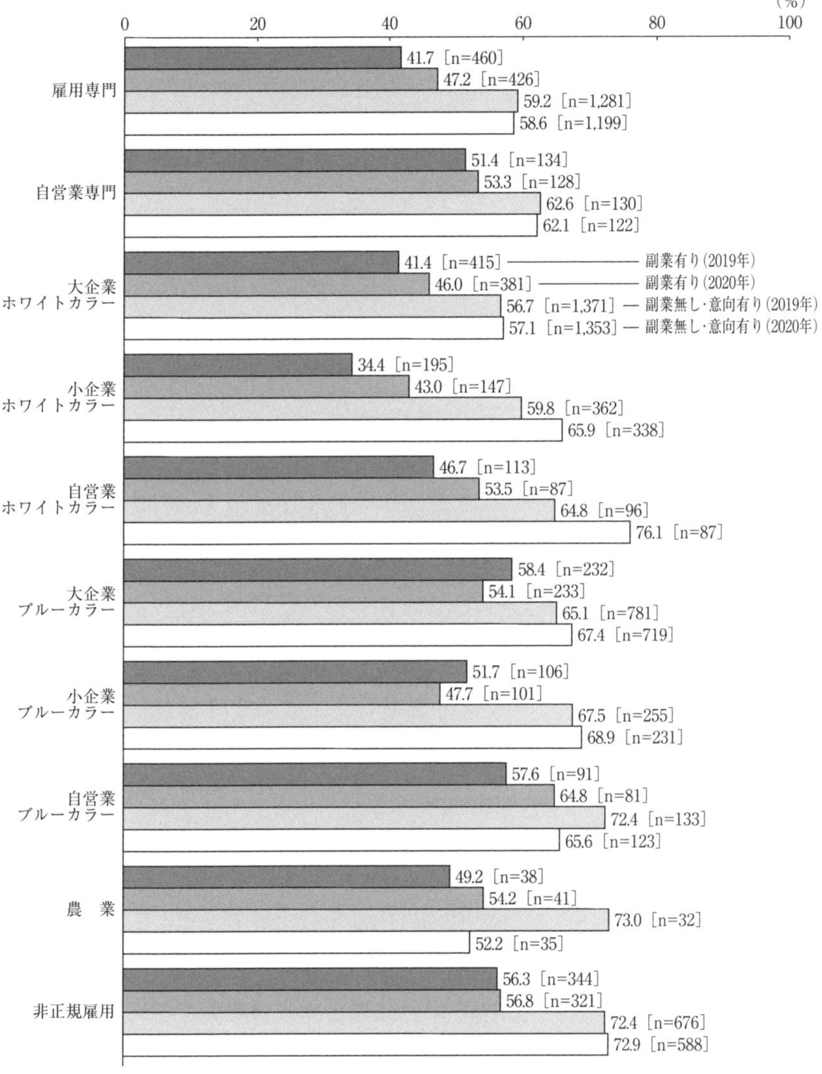


を副業に求める傾向が強まっているわけであるので、コロナ禍の下で苦しい立場に置かれた人たちが多いのかもしれない。

図5−6　転職意向の階層差

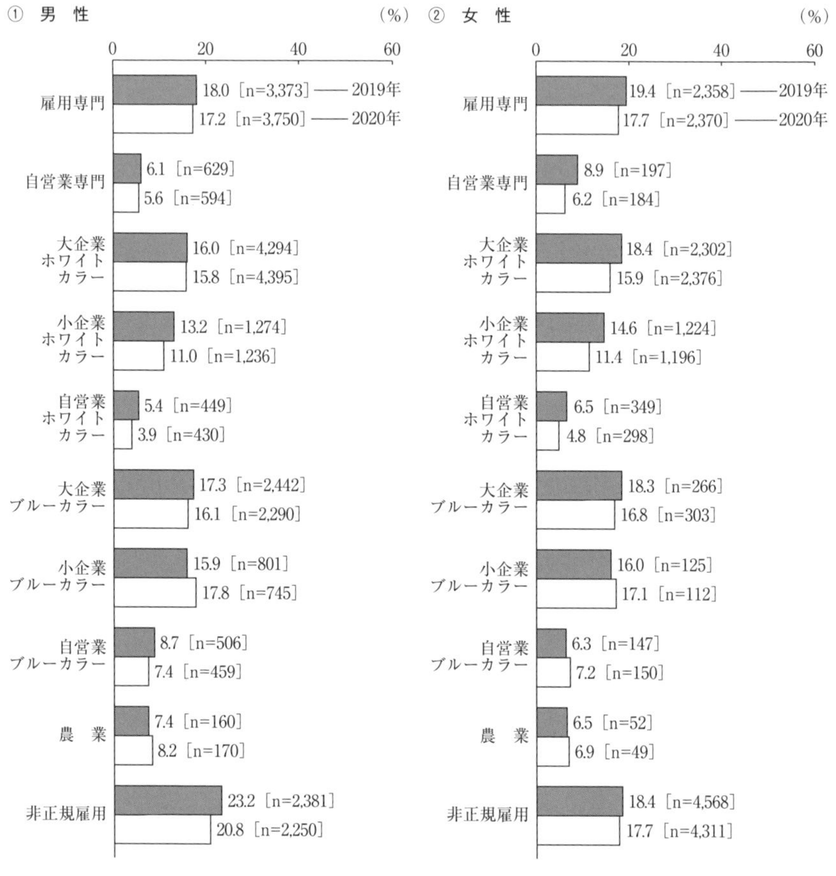


## (2)　今後の転職意向

図5−6①によると、男性に関して、転職意向には明瞭な階層差がみられる。非正規雇用層が最も転職意向が高く、2割を超える水準にある。逆に自営業層や農業層は転職意向が相対的に低い傾向がみられ、概ね4%から8%となっている。被雇用の諸階層は、それらの中間に位置することがうかがえる。

その一方で、時点間での違いはほとんどみられない。どの階層も、2019年と2020年とで、転職意向がある者の割合は変わらないとみてよい。自営業に着目すると、やはり大きくは変わらないのだが、どちらかといえばわずかに低下しているようである。

続いて図5−6②で女性の分析結果をみてみよう。こちらにおいても、男性のそれと同様に、転職意向の階層差がみられる。すなわち、自営業層と農業層の転職意向が最も低い水準にある。ただし若干異なるのは、非正規雇用層の位置である。男性の場合と違い、転職意向割合は2割を切っており、他の被雇用層と変わらない程度にとどまる。主婦のパートなど、労働時間を抑えた働き方を望んでいる者が相当数いることを反映した結果といえよう。

女性においても、時点間での転職意向の差異はそれほど大きくはない。自営業では、「自営業専門」と「自営業ホワイトカラー」の両階層で転職意向の微減がみられる。ただし、他の階層でも似たような結果はみられるので、必ずしも自営業だけが特殊というわけではない。

男女ともに、自営業層は、比較的転職意向が低めであることがわかった。そしてまた、転職意向は、コロナ禍の影響を免れ得ない2020年においても、それまでと大きくは変わらないことも明らかとなった。自営業に関しては、ほんのわずかではあるものの、転職意向がさらに弱まった可能性もある。コロナ禍により、転職意向の変動はもたらされていないようである。

## 8　おわりに

本稿は、コロナ禍の下で自営業層がいかなる階層移動をしたのかを実証的にとらえることを目的としたものであった。信頼できる大規模調査データの実証分析より得られた知見を、以下のように要約する。

第1に、コロナ禍の影響は、事業縮小や休業としてよく表れていた。自営業は、どちらかといえば廃業や休業がより起きやすかった。そして、明らかに男性よりも女性の方が、悪影響を報告する割合が高かった。

第2に、世代内移動の分析から、長期的視座でみたキャリアを通した階層移動の構造は安定的だが、近年になってその構造はやや緩まった。階層間の障壁が低くなり、移動が多くなったと理解できる。

第3に、自営業からの退出も、自営業への参入も、規定構造に関しては短期的にみる限り、大きな変化はなかった。つまりこの点においては、コロナ禍の影響が甚大であるようなことは考えられない。

第4に、家業承継による自営業参入、廃業に近いものとして倒産による自営業からの退出に絞って検討すると、2020年になって、都市部居住者に不利が生じたことがうかがえた。すなわち、コロナ禍の下で、都市部の自営業層はより廃業しやすく、かつ承継しにくくなったと考えられる。

第5に、2019年から2020年にかけて、副業や転職の意向は、全体としてはあまり変化がなかったが、自営業の一部には微細な変化がみられた。その変化は、副業をしている割合の低下、転職意向の弱まり、として顕現していた。

これらを総合すると、自営業の階層移動は予期せぬ打撃を受けつつも踏みとどまっている状態だと結論づけることができる。中長期的に眺めれば、移動の構造はやや弛緩し、階層間の移動はしやすくなってきたはずである。そんななか、新型コロナウイルスの感染拡大が起きたのだが、2020年になっても、やはり自営業への移動および自営業からの移動の規定構造はさほど変化していないのである。さりとて、悪影響がみられないわけではない。2020年の1年間で、廃業や休業は自営業層に集中的に起きた。また、家業承継が難しくなったり、廃業で自営業から去る者がとりわけ都市部の自営業層においてみられたりしたことの傍証は得られたのである。つまるところ、コロナ禍の下で、自営業層は決して無傷なわけはなく、明に暗にダメージを受けているのは間違いない。副業をしなくなったり、転職意向が低下したりする背景には、本業だけはどうにか維持しようとして奮闘している全国の自営業層の姿があるのではなかろうか。いまだ出口のみえぬコロナ禍のなか、踏みとどまって事業を継続しているというのが、自営業層の大勢なのだと思われる。

もちろん、事業の継続や拡大には、十分な資金が必要なことは言うまでもない。政府や金融機関の支援は、これから特に重要となるだろう。自営業層へと参入して、自らスモールビジネスを展開することに、大いに夢をもてる時代がくることを願ってやまない。

＜参考文献＞

池田岳大・三輪哲（2021）「「全国就業実態パネル調査」を用いた専門職内のジェンダー格差の分析」東京大学社会科学研究所『Research Paper Series』No. 78

江夏幾多郎・神吉直人・高尾義明・服部泰宏・麓仁美・矢寺顕行（2020）「新型コロナウイルス流行下で就労者や企業が経験する変化―デモグラフィック要因の影響―」神戸大学経済経営研究所『RIEB Discussion Paper Series』No. 2020－J08

川田恵介（2021）「新型コロナ・ウイルスが雇用に与える影響」労働政策研究・研修機構『日本労働研究雑誌』No. 729、pp. 2－7

周燕飛（2021）「コロナショックと女性の雇用危機」労働政策研究・研修機構『ディスカッションペーパー』No. 21－09

竹ノ下弘久（2011）「労働市場の構造と自営業への移動に関する国際比較」石田浩・近藤博之・中尾啓子編『現代の階層社会2階層と移動の構造』東京大学出版会、pp. 37－51

鄭賢淑（2002）『日本の自営業層―階層的独自性の形成と変容―』東京大学出版会

富永健一（1979）『日本の階層構造』東京大学出版会

仲修平（2018）『岐路に立つ自営業―専門職の拡大と行方―』勁草書房

日本政策金融公庫総合研究所編集・深沼光・藤田一郎著（2018）『躍動する新規開業企業―パネルデータでみる時系列変化―』勁草書房

橋本健二（2020）『〈格差〉と〈階級〉の戦後史』河出書房新社

原純輔・盛山和夫（1999）『社会階層―豊かさの中の不平等―』東京大学出版会

平尾一朗（2018）「自営業からの退出についての考察―ジェンダー、家族構造、労働市場の観点から―」吉田崇編『2015年 SSM 調査報告書3社会移動・健康』pp. 209－226

三輪哲（2010)「新規開業における世代間再生産と社会的ネットワークの影響」日本政策金融公庫総合研究所『日本政策金融公庫論集』第6号、pp. 79－100

――――（2022)「キャリアを通した階層移動の機会」玄田有史・萩原牧子編著『仕事から見た「2020年」』慶應義塾大学出版会、pp. 99－114 近刊

安田三郎・原純輔（1982)『社会調査ハンドブック第3版』有斐閣

山本勲・石井加代子・樋口美雄（2021)「新型コロナウイルス感染症流行初期の雇用者の就業・生活・ウェルビーイング―パンデミック前後のリアルタイムパネルデータを用いた検証―」慶應大学パネルデータ設計・解析センター『PDRCディスカッションペーパー』DP2020－006

Collins, Caitlyn, Liana Christin Landivar, Leah Ruppanner, and William J. Scarborough (2020) "COVID-19 and the gender gap in work hours." *Gender, Work & Organization*, Vol. 28 (S1), pp. 101－112.

Erikson, Robert and John H. Goldthorpe (1992) *The Constant Flux: A Study of Class Mobility in Industrial Societies*, Oxford University Press.

Forsythe, Eliza, Lisa B. Kahn, Fabian Lange, and David Wiczer (2020) "Labor demand in the time of COVID-19 : Evidence from vacancy postings and UI claims." *Journal of Public Economics*, Vol. 189.

Hout, Michael (1983) Mobility Tables, Sage.

Ishida, Hiroshi (2004) "Entry into and Exit from Self-Employment in Japan." in Arum, Richard and Walter Müeller (Eds.), *The Reemergence of Self-Employment: A Comparative Study of Self-Employment Dynamics and Social Inequality*, Princeton University Press, pp. 348－387.

Kartseva, Marina A. and Polina O. Kuznetsova (2020) "The economic consequences of the coronavirus pandemic: which groups will suffer more in terms of loss of employment and income?" *Population and Economics*, 4(2), pp. 26－33.

Kristal, Tali and Meir Yaish (2020) "Does the coronavirus pandemic level the gender inequality curve? (It doesn't)" *Research in Social Stratification and Mobility*, Vol. 68.

Wright, Erik Olin (1996) Class Counts, Cambridge University Press.

Xie, Yu (1992) "The Log-Multiplicative Layer Effect Model for Comparing Mobility Tables." *American Sociological Review*, Vol. 57(3), pp. 380－395.

# 第6章

# コロナ禍のなかでのトランスナショナル創業
# —欧州の事例を中心に—

ブレーメン大学経営・経済学部
中小企業経営・アントレプレナーシップ研究科
研究員・専任講師　播磨 亜希



本章は日本政策金融公庫総合研究所『日本政策金融公庫論集』第55号（2022年5月）「コロナ禍のなかでのトランスナショナル創業—欧州の事例を中心に—」を再掲したものである。

## 1　はじめに

2020年に初めてその存在を確認された新型コロナウイルスは、急速に世界中に広がり、現在も世界を混乱に陥れている。新型コロナウイルスに対するワクチンが開発され、各国の政府はウイルスの抑え込みに尽力したが、複数の変異株誕生による新たな蔓延からいまだに世界的な感染者の数は減少する兆しがみえない。コロナ禍は、グローバル社会・経済・環境に多大な影響を及ぼし、近代における人類にとっての最大の危機となっており、さまざまな種類のビジネスにも多大な影響を及ぼしている。コロナ禍発生直後から、多くの研究者が迅速に調査を開始し、パンデミックが中小企業や起業家に与える影響は明らかにされつつあるが、本研究では、起業家のなかでも特殊なタイプである「トランスナショナル起業家」に焦点を当てる。

トランスナショナル起業家とは、出身国の外（居住国）でビジネスを行いながら、同時に2カ国以上の社会構造に組み込まれている起業家である。その二重性が利用可能にする複数の国々の資源・市場・制度を組み合わせることにより、特有の起業価値を生み出すことが特徴だ。

トランスナショナル起業家はコロナ禍による影響を特に受けやすいと考えられる理由が主に三つある。第1に、近年の輸送・コミュニケーション分野における技術の革新的な進歩は、トランスナショナル創業を可能にし、近年促進させた重要な要因の一つであるからだ（Tung, 2008）。低コストで長距離を移動できるようになったことで、出身国と居住国の間を頻繁に往来できるようになり、そのことが多様なトランスナショナル創業の形態と価値創造を可能にしたのである。また、オンラインでのコミュニケーションは、起業家が長期間母国から離れたところに居住していても、出身国の人脈を保つことを可能にした。しかし、コロナ禍の世界的拡大により、国境を越えた物流や移動が制限されたことで、移民起業家がもつ二重性の基礎的な条件が脅かされている。第2に、トランスナショナル起業家は、出身国と居住国、時として第三国の制度・社会システムに、同時に組み込まれているためである（Kloosterman, van der Leun, and Rath, 1999; Harima, *et al*., 2021）。この多面性は、起業家にさまざまな資源や人脈の利用を可能にし、物事を二つ以上の文化的観点から考察できる認知力の柔軟性などを形成する。それらは結果的にトランスナショナル起業家に競争優位性をもたらす。同時に、複数の社会・経済的コンテクストに組み込まれながら事業を行うためには、起業家が複数の制度や市場への依存度をバランスよく調節することが求められる。コロナ禍は、世界的な危機であるが、その影響は地域や国によって大きく異なるため、トランスナショナル起業家は、複数の国に起こる環境変化を随時把握し、各国の資源への依存度のバランスを随時修正する必要がある。第3に、トランスナショナル起業家は、その二重性を生かすビジネスモデルを選ぶ傾向から、観光業や貿易業など特定のセクターでビジネスを行う場合が多いことである。これらの産業は、国境間の物流や人の往来の制限により影響を受けやすく、特にパンデミック時の被害に脆弱（ぜいじゃく）である。

以上の議論を背景として、本稿の目的は次の3点にまとめられる。第1にコロナ禍がトランスナショナル創業に与える影響の考察、第2にトランスナショナル起業家のコロナ禍による環境変化への対応可能性の検討、第3に今後の研究課題の提示と研究結果を基にしたコロナ禍の下のトランスナショナル起業家と日本の中小企業・起業家への提言である。

本稿の構成は以下のとおりである。次の第2節では、先行研究を基に、トランスナショナル創業の特徴をまとめる。第3節は、筆者がインタビューを行った23人のトランスナショナル起業家のなかから、九つの象徴的な事例を紹介する。第4節は、コロナ禍でトランスナショナル起業家が受けた影響を、筆者が収集した定性的インタビューを基に紹介する。第5節は事例研究を踏まえ、トランスナショナル起業家によるコロナ禍への対応可能性と、対応力に影響する要因を分析する。第6節では、コロナ禍から学ぶ将来展望として、本研究結果の学術的貢献と実務的意義を議論し、トランスナショナル起業家と日本の中小企業・起業家への提言を行う。

## 2　トランスナショナル創業とは

本節では、先行研究を基にトランスナショナル起業家の特徴を簡単にまとめる。人類の歴史において越境移動は頻繁かつ必然的に発生した事象であるが、近年においての国境間での移住とそれに伴う移民の生活はますますトランスナショナル化している。「トランスナショナル」という概念は、現代の移民がもつ居住国の文化を身につけつつ、母国の文化を保つという二重性を説明する。越境移動のトランスナショナル化は、交通やコミュニケーションの分野における革新的な技術の進歩に主に起因する。古典的文化変容論は、人の国際移住は母国から他国への一方向に生まれ、移民がもつ母国の価値観や文化は新移住地への融合において障害になり、そのため年月が経過するとともに徐々に消失する特性と唱えていた。しかしながら、現代の移民は母国に長期間居住していなくても、インターネットの普及による新しい形式の遠隔通信や、航空業界の発展による交通手段の多様化や安価化により、莫大な時間や費用を必要とせずに母国の文化や人々とのつながりを保つことが可能になった。つまり、現代の国際移民は居住国と母国の文化・規範に同時に根づいているのである。

ここで特筆すべき点は、トランスナショナルという概念は移民を受け入れる国において、居住国の環境を受け入れるだけの受動的な存在ではなく、居住国と母国の環境を融合することによって、唯一無二の文化・規範の組み合わせをつくり出す能動的な主体であるという見解に基づいているということだ。トランスナショナルという概念は、社会学・民俗学・移民学などの分野で誕生し発展したが、経営学の分野でも注目され、さまざまな関連概念が生み出されている。例えば、国際経営学の分野において、「トランスナショナル企業（Transnational Corporations）」は多国籍企業のなかでも運営拠点がさまざまな国に分散されており、各国の現地における意思決定力を高いレベルで維持する運営形態をとっている。トランスナショナル企業の歴史は古く、16世紀ごろには英国が設立した東インド会社などが初期の例として挙げられる。現代では、技術革新によるグローバル化やそれに伴う世界を舞台にした経歴・職歴の多様化により、開業当初から複数の国に経営拠点を分散するボーン・グローバル（Born global）など、トランスナショナルの運営形態をとる多国籍企業は劇的に増加した（Knight and Cavusgil, 2005）。

経営学の分野では、2010年代に国際経営学におけるトランスナショナル企業と社会学における移民起業という両概念を土台として、「トランスナショナル創業（Transnational Entrepreneurship）」という概念が生まれた（Drori, Honig, and Wright, 2009）。この概念は、移民がもつ居住国と母国の文化・規範の二重性を基軸としており、両国の経営資源を組み合わせる起業活動によって新しい価値を生み出す、国境を越える起業家の主体性に焦点を当てている。

トランスナショナル起業家のもつ強みを考えるうえで有益な概念としては、オランダの経済地理学者が提唱した「ミックス・エンベデッドネス（mixed embeddedness）」が存在する（Kloosterman, van der Leun, and Rath, 1999）。これは、移民起業家が居住国における移民社会と、居住国の社会の両制度にどのように組み込まれているかが、起業家が見いだす機会に影響するかを概念化したものである。

トランスナショナル創業という概念は、それまでに存在していた概念と類似する点もある一方で、既存の概念が明らかにしていなかった側面に焦点を当てている。例えば、複数の国に分散された多国籍企業の運営形態を主に研究するトランスナショナル企業に関する文献とは異なり、トランスナショナル創業に関する研究は起業家を分析単位とし、起業家自身の両国の社会との二重のつながりから生み出される資源を動員して価値創造する過程を重要視している。トランスナショナル創業研究において、トランスナショナルの概念は起業家個人の認識能力、社会資本が生み出される人脈、そしてビジネスの価値創造など、複数の分析レベルで重要な役割を果たす。

トランスナショナル企業のほかにも、トランスナショナル創業に関連する類似概念として、社会学・民俗学・移民学などの分野で研究が行われてきた「移民創業」がある。移民創業に関する研究は、起業家個人を分析単位とすることが主流であった。トランスナショナル創業研究と異なる点の一つは、移民が行う起業活動を居住国の観点から観察していることである。移民起業に関する研究は、特にチャイナタウンやインド人街などに代表される居住国にある特定の民族の居住地で行われる「民族起業（Ethnic Entrepreneurship）」に端を発していることも一因だと考えられる。民族起業では、起業家は文化的背景や文化をもつ人々のネットワークを動員し、居住国に存在しない母国の伝統や食生活を再現するためのビジネスを行うため、母国の文化に関する知識や規範、そして母国における社会資本などの出身国由来の資源は大切な役割を果たす。しかしながら、民族起業の研究は居住国の制度がつくり出す困難に重きを置いた「機会構造（Opportunity Structure）」の観点から移民のビジネスを考察し、出身国由来のリソースがビジネスに与える影響は二次的な要因として考えられてきた（Waldinger, Aldrich, and Ward, 1990）。トランスナショナル創業に関する研究では移民の二重性が根幹にあるため、出身国・居住国に関する要因は同等の重要度をもつという点で移民創業研究と異なる焦点をもつ。また、移民創業研究は社会学者・人類学者が中心になって行った一方で、トランスナショナル創業はアントレプレナーシップ研究の研究者が大きく貢献した。そのため、移民創業研究では機会構造の概念から起業家は自身が組み込まれている社会構造によって決定される機会を享受する受動態的な存在として扱われる傾向があったが、トランスナショナル創業研究では、起業家は自ら機会を生み出す主体的な役割を担うという考えが根幹にある。

トランスナショナル創業は、その根本的特徴のため、コロナ禍によって深刻な影響を受けると考えられる。もちろん、新型コロナウイルス感染症の世界的な大流行はあらゆる形態の起業に影響を及ぼした。自然災害や人災、紛争など、ほかの種類の危機とは異なり、コロナ禍はパンデミックであるため、世界中の交通・流通に甚大な危機をもたらし、非常に強い感染力と重篤な感染者の健康への影響のため、都市封鎖や日常生活のあらゆる側面における制限は消費者行動に大きな変化をもたらした。その結果、既存のビジネスモデルが機能不全になる一方、新たな消費者のニーズが生まれたため、起業家に多様なビジネス機会が生まれたのである。筆者は、コロナ禍がトランスナショナル起業家に与える影響が何にも増して甚大である理由は主に二つあると考える。

一つ目の理由は、前述のトランスナショナル創業が近年激増した背景であるコミュニケーション・交通分野における技術革新とそれに伴うグローバル化が、コロナ禍により脅かされているという点である。パンデミックは、国境の一時的な閉鎖と国際的な人の往来の深刻な制限をもたらした。国境間での移動制限は一時的(そしておそらく長期的)な脱グローバリゼーションとも呼べる現象を引き起こしているのだ (Sułkowski, 2020)。国と国とのつながりと、国際的な往来は、トランスナショナル創業を根本的に可能にする原動力である。国境の一時的な閉鎖などは、国際的な価値連鎖を崩壊させる危険があり、それは従来の国境間でのビジネスのあり方を脅かすものと考えられる。国際的な規模で事業を展開していた企業は、国境間の物流や人の流動性の必要性を見直す過程で、遠く離れた国ではなく、近隣国を戦略的拠点として選択するようになるかもしれないし、国際物流が不安定になれば自国や近隣国の資源を使うようになる可能性もある。また、デジタル化できるプロセスはデジタル化され、実際の物理的な国境間の流動性は減少すると予想される。これからの脱グローバリゼーション的な環境の変化は、トランスナショナル的二重性を用いた価値創造のあり方に大きく影響を与えると考えられる。事実、国境をまたいだ貿易や観光などのビジネスの国際化を基軸とする産業は、居住国で多くの移民が起業する分野であり、コロナ禍の世界経済への影響に関する先行研究はこれらの産業が最も甚大な被害を受けた事実を明らかにしている（Sigala, 2020）。

二つ目の理由は、コロナ禍によって国際的な物流や人の流動性が制限されることにより、移民自身や起業家がつくり出すトランスナショナルなビジネスモデルの居住国と出身国へのつながりに関するバランスが必然的に変化することである。ミックス・エンベデッドネスに関する文献が提言するように、同じように国境間を移動した移民でも、人によって居住国と出身国の社会構造への組み込まれ方は異なるものの、何かしらの形で移住国・出身国両国の制度に組み込まれている（Harima, *et al*., 2021）。コロナ禍は世界中の国々に甚大な被害をもたらしたが、どのように、またどの時期に影響をもたらしたのかは国によって異なる。その国の地理的な位置や特徴に加え、経済規模、人口密度、人口学的特徴、公的福祉制度、政治レベルでのコロナ対策戦略など、さまざまな要素が新型コロナウイルスによって引き起こされたパンデミックの各国の影響を決定する。居住国と出身国、時として第三国を含め、複数の国の市場でビジネスを運営するトランスナショナル起業家は、絶えず変化するコロナ禍によってもたされる規制や市場の変化にそれぞれの国で対応する必要があるため、一つの国・市場に焦点を置く起業家よりも迅速性かつ高い適応性が求められると考えられる。同時に、複数の国の経営資源にアクセスをもつトランスナショナル起業家は、より柔軟に危機に対応できる可能性もあるのである。

## 3 ケーススタディ

本節では、筆者が定性的インタビューを行った23人のトランスナショナル起業家のなかでも象徴的であったケースを紹介する。これらのケースは、類似性から三つのグループに分類した。

Ambrosini（2014）が指摘しているように、どういった状況でのビジネスをトランスナショナル創業と見なすかの判断は難しく、実際に先行研究ではトランスナショナル起業家を定義するに当たって意見が分かれている。初期の文献では、トランスナショナル起業家を年間の出身国と居住国の移動回数などに重きを置き、狭義にとらえる意見もあった一方で、最近の文献はデジタル化やそれに伴う国境間のつながりの形態に関する変化を考慮し、物理的な人の移動を重要視せず、居住国・出身国のそれぞれのリソースを組み合わせることによってトランスナショナルなコンテクストのなかで起業価値やビジネスモデルをつくり出す過程を重要視するべきと議論している（Harima and Baron, 2020）。本研究でサンプルを選ぶ指標として、筆者は後者の広義での「トランスナショナル起業家」の定義を選択した。コロナ禍初期の混乱や、オンラインのみでインタビュー可能なトランスナショナル起業家の特定と接触の困難さゆえ、短期間でより多くの起業家にアプローチするため、選択指標に関して産業や出身国・居住国の制限は設けなかった。筆者がドイツに居住するため、多くはドイツに居住する諸外国からの移民であるが、エストニア、ポーランド、カンボジア、ブラジル、米国などのドイツ以外の居住国に拠点を置く起業家もサンプルに含まれる。

データ収集期間は2020年5月から同年7月であり、コロナ禍初期のトランスナショナル起業家への影響と対応を明らかにすることを目的とした。合計23人への定性的インタビューが行われた。インタビューの長さは50分から90分で、平均すると66分であった。これらの定性的データから、インタビューが行われた言語（ドイツ語・英語・日本語）で文字起こしされた情報を基に、筆者が帰納的分析を行った。データ収集期間がコロナ禍初期のため、本研究はパンデミック発生時と超初期に起こった事象に分析の焦点を当てている。

### (1)　グループ1　―革新性の低いビジネスモデル―

一つ目のグループは、伝統的で、デジタルの要素が少ないビジネスモデルを基にしたトランスナショナル起業家のグループである。そのなかでも象徴的な3例を挙げる（表6－1）。このグループに属するトランスナショナル創業は、物理的な構成要素がビジネスモデルの重要な役割を担うため、国境間の物流や人の往来の制限に直接被害を受ける傾向が目立つ。

【事例1】

1人目はトルコ出身のドイツ在住の女性起業家で、ドイツに住むトルコ系移民の結婚式に使われる新婦用や招待客用のドレスのブティックを長年経営してきた。この起業家は60歳代で、トルコに居住していたときから30年以上数々のビジネスをつくり上げてきたシリアル起業家でもあり、トランスナショナル・ビジネスの経営のノウハウは豊富にもち合わせていた。しかしながら、コロナ禍によって引き起こされたこのビジネスへのダメージ

表6-1　グループ1の事例

| 番号 | 出身国 | 滞在国 | 事業内容 |
|---|---|---|---|
| 1 | トルコ | ドイツ | トルコ系移民用結婚式ドレスのブティック |
| 2 | ポーランド | ドイツ | ポーランド系住民向けスーパーマーケット |
| 3 | 日　本 | ドイツ | 日本企業向けのロケーションスカウトビジネス |

資料：筆者作成（以下同じ）

は非常に深刻であり、起業家はなすすべがないことを強調した。「私には今までの起業経験によって培った経験と知恵がある。複数の国々には広い人脈もある。ただ、このコロナ禍には結婚する人がいないから、客がいないからどうしようもない」と起業家は嘆いた。

トルコ系移民の結婚式の規模はドイツ人の結婚式の平均よりはるかに大きく、数百人の客を招くことが一般的であるため、コロナ禍初期の都市封鎖で、一度の会合に招待できる人数を数人と定めていたドイツではトルコ系移民の結婚式のキャンセルが相次いだ。この起業家のビジネスは結婚式に関する商品やサービスのみ取り扱っており、彼女のドイツとトルコにおける人脈と地元の評判が根幹になる資本であった。長年営業してきた経営手法を維持する一方で、ソーシャルメディアやオンラインでの販路拡大には精力的ではなかったことが、この起業家のコロナ禍によってもたらされた環境の激変への適応力を制限したと考えられる。

【事例2】

2人目はポーランド人向けの食品を専門的に販売するスーパーマーケットをドイツに数店舗をもつポーランド人男性起業家だ。ポーランドとドイツがEU領域内の陸続きに位置しており、国境間の物流の重要性の高さにより、都市封鎖や国境の一時的・部分的な閉鎖も両国間の物流へはほとんど影響が出なかったため、コロナ禍で大きな被害を受けることはなかった。

ただ、新型コロナウイルス感染症の流行によりオンラインで日用品や食品を購入する顧客が増えたことを受け、オンラインでの販売活路を見いだそうとしていた。このような、それまで店舗でのみ販売していたビジネスがオンラインショップなどを設けて、新たな販路を開拓することは、ほかの特定の民族のための食料品や日用品を扱う民族ビジネスでも観察された。

興味深いことに、このポーランド人起業家はコロナ禍によって予期せず新しい顧客を開拓することになった。それまではポーランド移民が顧客の大部分を占めていたが、コロナ禍超初期に大手のスーパーマーケットや小売店でトイレットペーパーなどの日用品が品薄になったため、それらを求めてドイツ人がポーランド人向けの店舗に訪れたからだ。また、ロックダウンでレストランなども封鎖され、家庭で料理することが増えたため、普段とは違うものを食べようという動機でポーランド人向けのスーパーマーケットに訪れる人々も現れた。そのため、起業家はポーランド料理を知らないドイツ人顧客にも商品を理解してもらうために、ポーランド語以外にもドイツ語で食品の説明を添えるようになり、ドイツ人顧客が欲しがる商品を仕入れ始めている。

【事例3】

3人目はドイツに拠点を置く、欧州で映像を撮影する日本企業向けのロケーションスカウトのビジネスを行う日本人男性起業家である。この起業家の場合、新型コロナウイルス感染症の大流行が起こる前は日本企業の社員、撮影スタッフ、役者やリポーターが実際に日本から欧州の撮影地に向かうことが主であったため、日本・欧州間の往来が困難になったことを受け、コロナ禍の最も初期から依頼の多くがキャンセルされたことが、経営に大打撃を与えた。「一番大きな問題は、日本から人が来られなくなって受注した仕事ができないことだ。コロナ禍前は月に10件あった仕事が、今は5件あるかないか」と語る。

特定の役者やリポーターが現地で必要ない場合は、オンラインコミュニケーションツールで顧客の要求を詳細に聞き出し、代わりの役者やスタッフを現地で調達したり、内容に修正を加えたりして、関係者が欧州を訪問せずとも顧客の希望にある程度沿った映像を作成することで、一部の顧客をつなぎ留めることができた。しかし、それは一時的な応急措置的対応であって、根本的にビジネスモデルを変える必要性があることを認識しているという。「私たちのこれまでの顧客は日本人が中心だった。しかし、過去には欧州の人からの依頼も受けたことがある。日本人の顧客で間に合っていたこともあり、今まではドイツ人顧客の開拓に力を入れたことはなかったが、今コロナ禍を機に時間もできて、根本的にビジネスのターゲット層を考え直す良い機会になっている」と振り返る。

### ⑵　グループ2　―デジタルと物理的構成要素からなる革新性が高いビジネスモデル―

二つ目のグループは、一つ目に比べビジネスモデルに革新的かつデジタルな要素が強いが、物理的構成要素も同様に重要な役割を担っている起業家である。そのなかでも象徴的な三つの例を挙げる(表6－2)。このグループは、国際物流や往来にも影響を受けたが、それ以外の被害も目立った。

【事例4】

1人目の起業家はベルリンに拠点を置き、母国にプログラマー育成のためのインキュベーターを設立した、アフガニスタン人男性起業家である。この起業家は独学でプログラミングのスキルを学び、これまでにモバイル

**表6-2　グループ2の事例**

| 番号 | 出身国 | 滞在国 | 事業内容 |
|---|---|---|---|
| 4 | アフガニスタン | ドイツ | アフガニスタンでのプログラマー育成インキュベーター |
| 5 | 韓　国 | ドイツ | アジア各国の料理レシピ提供・食品販売 |
| 6 | イタリア | ドイツ | イタリアのホテル価格の比較サイト運営 |

アプリなどを開発するスタートアップを複数起業した経験をもつ。ベルリンだけではなく、欧州・北米・アフリカなど世界中の起業エコシステムに広い人脈をもつ。プログラミングの能力、起業経験、広い人脈を生かし、母国の人材を育成するためにインキュベーターを設立した矢先にコロナ禍が発生した。ドイツ・アフガニスタン両国はコロナ禍で甚大な被害を異なるタイミングで受け、ビジネスには大きな遅延が発生した。

しかしながら、この起業家は困難な状況をさまざまな機会に変えることに成功している。例えば、アフガニスタンでは都市封鎖のためインキュベーター施設でサービスを提供できないうえに、インターネット回線の基盤が弱いためサービスをオンラインで提供することは難しかった。その逆境のなか、この起業家はパンデミックの下で急遽（きゅうきょ）開催することを決意したアフガニスタン初のオンラインでのハッカソン（Hackathon：技術者が集まって短期間でプログラム開発を行うイベント）を成功させた。

イベントについて、「アフガニスタンでは信頼できるインターネット環境がないため、オンラインのイベントを行うことは突拍子もないアイデアだった。私たちは現地の通信業者と提携し、500個のモバイルデータパッケージを購入して、それをまず人々に配布した。各国に人脈があるため、36カ国からメンターを集めて、400人の参加者がSlack（オンライン情報交換ツール）のグループをつくった。そのうち、12チームが実際にプロトタイプとデモをつくり、そのうちの6チームはイベントの後、ベルリンのバーチャル・インキュベーターのプログラムに参加することが決まった」と起業家は説明する。

この経験は、このビジネスの戦略的な拠点選択の意思決定にも影響を及ぼした。「当初、私たちは首都のカブールだけを戦略的に考えていたが、このハッカソンをきっかけに、よりデジタルな要素を増やしてアフガニスタン全土でビジネスを展開できるのではと考えるようになった。そういった意味では、コロナ禍は、このビジネスのスケーラビリティ（拡張性）の観点で良い方向性を示してくれた」と起業家は語る。

このケースに関して特筆すべき点として、起業家の潤沢な経営資本が挙げられる。母国の業務が行えなくなったことによる利益損失をドイツ側のビジネスで補うことができたのである。

【事例5】

2人目の起業家はベルリンの大学で修士課程を修了した後、アジア各国の料理のレシピとその材料になる食品が入ったフードボックスを販売するビジネスを立ち上げた韓国人男性起業家である。アジア料理を家庭で料理することに興味があるドイツ人顧客にとって、必要な材料を見つけることが困難で、また、アジア食品店で販売されている商品のパッケージが大きく使い切れないという問題を解決するため、一度の料理で使い切れる材料をレシピとともに販売するものである。

このビジネスは、コロナ禍当初のアジア食品に対する偏見からの風評被害や、国際物流の滞りによる問題に直面した。その一方で、都市封鎖により、自宅で料理や食事をする機会が激増し、レストランで目新しいほかの国の料理が食べられなくなったため代替物を探す顧客のニーズが増えたことがビジネスにとって追い風になった。

コロナ禍の影響について、「ロックダウンしてレストランも一時的な休業を余儀なくされていることは、私のビジネスにとって思わぬ機会を生み出した。人々は今までよりもずっと長い時間を家で過ごすことになり、以前よりも頻繁に家で料理をするようになった。そういったなか、同じ料理の繰り返しに飽きたのだろう。多くの人がフードボックスを注文してくれるようになったのだ。さらに、私たちが勢いに乗った理由は、海外旅行に行けない、外国の文化に触れられないという制限から生まれる人々の不満だ。家で料理するにしても、食べるものを通して海外に行った気分を味わおうという人が増えている。ピクニックの回数も増えたことも受け、4月にはピクニック用の日本料理が入った『春の花見ボックス』という商品も開発した」と説明する。

この起業家は、コロナ禍の制限の多い日常生活から生まれる新しいニーズに素早く対応することにより、新しいビジネスの機会を生み出した。ここで重要なことは、外国の文化をパンデミック下でも経験することを渇望するドイツ人顧客のために、アジアのさまざまな食にまつわる文化を再解釈し、異文化体験の要素を価値創造に組み込んだ能力である。

【事例6】

3人目はドイツに在住するイタリア人の男性起業家で、イタリアのホテルの価格を比較する人工知能を活用したオンラインプラットフォームを経営していた。このビジネスは、観光産業がコロナ禍によって最も大きな被害を受けた産業の一つであるうえに、特にコロナ禍発生直後に、イタリアで大流行した新型コロナウイルス感染症が多数の死者を出したことでイタリアへの旅行者が激減したことを受け、甚大な損害を経験した。「コロナ禍の影響は一時的なものでなく、ホテル産業が長期にわたって影響を受けることは明白だ。従って、我々の従来のビジネスモデルは通用しない」と、この起業家はビジネスが置かれる現状を分析した。

このビジネスの顧客はイタリアのホテルであり、コロナ禍発生直後から長期にわたって宿泊客が皆無に等しい状況に陥った。この起業家にとって一番頭を悩ませることは、飛行機で気軽にイタリアとドイツ間を往来できなくなったことである。「私のようにリモート・ワークスタイルを維持する者にとって、フィジカル(物理的)とデジタルのバランスのとれたコミュニケーションは、ビジネスの成功に欠かせないものだ。物理的にクライアントと対面で話すことが決定的な影響を及ぼすことが多々あるのだが、今はそれができない」と頭を抱えた。

オランダ・スウェーデン・ドイツに滞在した経験をもつため人脈は広く、イタリアだけでなくドイツや北欧、ハンガリーなど、欧州全体に顧客をもつこのイタリア人起業家は、コロナ禍を機にホテル業界でさまざまなプロセスのデジタル化が進み、それが新たなビジネス機会を生み出すことを願っていた。「ホテル業界全体でみると、まだまだデジタル化されていないところはたくさんある。多くのプロセスはデジタル化することが可能だが、それがなされていないのが現状だ。そのため、将来的にはホテル業界はもっとデジタル化されると考えている。こうした動きは、私たちのビジネスにとって有利になるかもしれない」と語る。

インタビューをした時点で、この起業家はドイツ政府からの中小企業向けの新型コロナウイルス感染症対策資金の援助を受けていた。「突然すべての契約がなくなってしまったから、ドイツ政府からの支援は事業継続のために必要不可欠なものだった」。このケースは、起業家がもつグローバルな人脈やリソースをもってしても、その産業全体がパンデミックで破壊的な影響を受けると、ビジネスモデルをある程度維持しつつ状況を好転させることは困難であることを示している。

### (3)　グループ3　―革新性の高いバーチャル・ビジネスモデル―

三つ目のグループはビジネスモデルの主要な構成要素がデジタル技術であり、物理的な構成要素は二次的である起業家のグループである(表6－3)。このグループはデータ・サンプルのなかで最も強いレジリエンス（外因的不確実性への対応力）と創造的な危機への対応をみせた。そのなかから、3人の起業家の象徴的事例を挙げる。

【事例7】

1人目の起業家はベルリンでスマートシティに関連するハードウエアデバイスを開発・販売するビジネスを立ち上げた中国人男性起業家である。共同経営者は北米と欧州出身で、このビジネスはドイツ・米国・中国から投資されている。コロナ禍前は世界中の地方自治体を顧客層としていた。しかし、コロナ禍により対面でクライアントに会う機会がなくなったことはこのビジネスに大きな損失をもたらした。「新型コロナウイルス感染症の大流行により、ドイツ、その他の欧州の国々、米国、オーストラリアで多くの売り上げを失った」と起業家は話す。

開拓中だった日本市場をコロナ禍の影響例として挙げた。「2020年2月に、東京のクライアントと交渉するために2度目の訪問をした。1度目の訪問の後、そのクライアントが我々とのプロジェクト契約書にサインしたいと言ったので、交渉をまとめるための訪問だった。その直後、新型コロナウイルス感染症のグローバル・アウトブレイクが起きてしまい、現在に至るまでそのクライアントからのフィードバックはない。それどころではないのだろう。多くのクライアントは、コロナ禍対策以外のすべてのプロセスの進行速度を落としてパンデミックの広がりの様子をみようとしている」と説明する。

表6-3　グループ3の事例

| 番号 | 出身国 | 滞在国 | 事業内容 |
|---|---|---|---|
| 7 | 中　国 | ドイツ | スマートシティ関連のハードウエアデバイスの開発・販売 |
| 8 | 日　本 | ドイツ | 東欧の技術系・ビジネス系人材を探す日本企業のためのオンラインサービス |
| 9 | 日　本 | エストニア | 仮想通貨のフィンテックスタートアップ |

既存市場でのビジネスへのダメージは、このビジネスの国際戦略を大きく変更させることになった。「今までの顧客を失ったことから、私たちは中国市場に焦点を合わせることにした。先月からすでに中国で我々の商品は販売され始めている。コロナ禍以前は米国やオーストラリア市場に重点を置いていた」という。この起業家が中国市場に注目したのには大きく分けて二つの理由がある。一つ目は、中国は新型コロナウイルスが初めて発見され、大流行した場所であったが、政府の正式発表によると新型コロナウイルスの感染者が激減し、感染状況が比較的落ち着いた状態が続いていたことである。そのため、コロナ禍対策に忙しく、ほかの都市開発プロジェクトを後回しにする傾向があったウイルス流行地の地方自治体と異なり、中国にはスマートシティ化に積極的に取り組もうとする地方自治体が多くあった。二つ目は、起業家自身の母国中国へのつながりである。「私はドイツと中国のどちらにも良いコネクションをもっている。経済やイノベーションを担当するベルリン政府の役人とも連絡をとっているし、ベルリンを訪問する中国政府の代表団とも面会している」と起業家は語る。自身の出身国が中国であり、中国政府とのつながりをもったことで、物理的に訪問せずとも中国の地方自治体から信頼を得てビジネスを始めることができたのである。

【事例8】

2人目は同じくベルリンに拠点を置く日本人男性起業家で、欧州、特に東欧の技術系・ビジネス系人材を探す日本企業のためのブロックチェーンを利用したオンラインプラットフォームを経営している。

驚いたことに、この起業家は、コロナ禍はむしろビジネスにとって追い風になったと話した。「パンデミックによって、保守的な日本社会がようやくオープンになりつつあるから、コロナ禍のビジネスへの影響はメリットしかない。突然、誰もが日本でテレワークを始めたわけだから。例えば、現在私は日本で投資家を探していて、ディールがクローズされようとしている。30社以上のベンチャーキャピタル企業と話したが、すべての交渉はリモートで行われた。すでに2社からポジティブな回答があった。ベンチャーキャピタル企業がバーチャルなコミュニケーションのみで意思決定ができるようになったことは、単純にすごいことだと思う」とのことである。

この起業家は、コロナ禍以前でもビジネス上のコミュニケーションをほぼすべてリモートで行っていたという。「アルメニア、ベラルーシ、ウクライナ、ロシアといった国々の企業と連絡を取り合う必要があるので、コミュニケーションはすべて遠隔で行われている。意思決定の9割以上は遠隔で行われていたといっても過言ではないと思う」。

元々の経営形態がバーチャル上のコミュニケーションを土台にしていたこのビジネスにとって、コロナ禍による物理的な物流や人の移動制限は問題にはならなかった。新型コロナウイルス感染症が世界的に大流行し始めた混乱で、パンデミック当初は一時的に売り上げが減少したが、それでも全体的にみてビジネスへの影響はポジティブだという。

特筆すべきは、この起業家の環境激変への対応能力の高さである。その環境対応力は、このビジネス以前にいくつも会社を起業した経験で培ったものであった。「私はこれまでの起業のなかで、顧客と直接話さず、自分が顧客にとって必要と考えたものを開発・販売することで事業の失敗を経験した。その経験を生かし、コロナ禍発生直後から、顧客のために、顧客の立場からパンデミック下で新たに生まれるニーズを理解しようと努力した。実際に顧客に直接コンタクトし、話を聞くことによって、新たなビジネスチャンスを見いだすことができた。新しいビジネスモデルは、以前のビジネスよりもはるかに効率的な収益率をもたらすものだ。そういった意味で、コロナ禍は私に非常に良い戦略的好機を与えてくれた」ということである。

【事例9】

3人目はエストニアで仮想通貨のフィンテックスタートアップを立ち上げた日本人男性起業家だ。この起業家はアジアの複数の国にほかのビジネスを展開しており、コロナ禍以前は「1年の5分の3は日本にはおらず、各国を飛び回っていた」と語った。

コロナ禍で、海外へ渡航することができなくなり、突然すべてのビジネス関連のコミュニケーションはオンラインで行われることになった。「日本だけでなくアジアのほかの国でも、保守的で伝統的な企業は、その場所まで移動して直接会う必要があった。そういった企業も、コロナ禍で都市間・国境間の物理的移動が不可能になった今、コミュニケーションを含めてあらゆるプロセスをデジタル化する必要に直面している。そういった意味では、コロナ禍は私のビジネスに好影響を与えたといえる。現地に行かなくてもデジタルでコンタクトできるようになったのだから」。

コロナ禍以前、1年の半分以上は海外出張に時間を費やしていたため、海外出張がなくなると自由に使える時間ができた。この起業家は、この時間をかつてつながりがあった世界各国の起業家とのオンライン上での交流に費やした。「ほぼ毎晩のように、オンラインでいろいろな起業家と話している。これらのオンラインミーティングでは、シリコンバレーにいたころに交流があった起業家との古い人脈をリフレッシュすることができた」。興味深いことに、このオンライン上での交流は、新しいビジネス機会を生み出した。「オンラインスポーツの分野でビジネスをしている旧友から、中南米市場向けに仮想通貨のソリューションを開発できないかと相談された。そのエクアドルの起業家とは新しいビジネスを立ち上げるための契約を結んでいる。このようなインターネット上での会話から、信じられないほど多くの新たなビジネスチャンスが生まれている」。

この起業家の仮想通貨ビジネスは、元々のビジネスモデルがほぼ完全にデジタルの構成要素から成り立っていたため、パンデミックによる国際的な物流や人の流動性の制限の影響はほとんど受けなかったという。このビジネスの場合、エストニアというビジネスが行われている国がもつ起業システムの特異性も重要な役割を担う。エストニアには「電子居住（e-Residency）」という世界で初めて導入された居住地に関係なく容易に外国人がビジネス活動するためのシステムがあり、このビジネスはそのシステムを利用して登録していたことによって、電子居住者としてエストニアに物理的に訪問せずともビジネスに関連するすべての手続きが可能であった。コロナ禍はマイナスの影響を与えなかったのみではなく、長期的にはプラスになると考える。「コロナ禍が長引けば、世界各国の経済が不安定になる。その結果、各国の通貨よりも仮想通貨の価値が上がると考えている」。

## 4　トランスナショナル起業家がコロナ禍で受けた影響

第4節では、第3節で紹介した欧州のトランスナショナル起業家の象徴的事例に、表6－4で示したそのほかの典型的な事例を加え、コロナ禍でトランスナショナル起業家が受けた影響を整理する。

表6-4　第4節で初めて紹介される事例

| 番号 | 出身国 | 滞在国 | 事業内容 |
|---|---|---|---|
| 10 | 日　本 | カンボジア | リゾートホテルと私立大学の経営 |
| 11 | スロバキア | ドイツ<br>ポーランド | アフリカ向け電子健康管理デバイスの開発 |
| 12 | スリランカ | ドイツ | スリランカのドライフルーツの輸入 |

### (1) 制限された国境間での移動

新型コロナウイルス感染症は2019年の終わりから2020年の初めにかけて、突如として急速に世界で流行した。近代ではみたことがない速度で世界に蔓延した新型ウイルスへの対策として、多くの国々は入国制限を導入したため、それ以前に当たり前のように存在したグローバル・モビリティは突如として部分的に機能しなくなった。

例えば、カンボジアでリゾートホテルと私立大学を経営する日本人起業家（事例10）は、日本人投資家との交渉のため帰国したが、カンボジアに戻るために搭乗予定だった飛行機が出発直前にキャンセルされ、その後数カ月東京でのホテル生活を余儀なくされた。その間、カンボジアでの業務は、現地スタッフとオンラインでコミュニケーションすることで行った。

ドイツとポーランドに拠点を置くスロバキア出身の起業家（事例11）はポータブルな電子健康管理デバイスをアフリカ市場向けに開発していたが、コロナ禍発生により予定していたケニア・ルワンダ・ガーナ訪問が叶わなくなり、商品の発売時期が1年以上遅延した。

同様に、前節で紹介したスマートシティをつくるためのサービスを提供する中国の起業家（事例7）は、アジアと欧州の頻繁かつ柔軟な往来が叶わなくなったことに困惑していた。「台湾にもシンガポールにも、私たちのビジネスにとって大切なパートナーがいる。コロナ禍のせいで現地に行けないため、オンラインで遠隔地からの業務になっているが、難しいことがとても多い。時には、遠隔操作で解決できない問題に直面することもあり、試行錯誤している」。アジアの文化では、信頼をビジネスの関係性のなかで特に重視するため、現地でビジネスパートナーに対面で会えないことは、既存のビジネスパートナーや顧客との関係を良好に保つことにも、新たな投資家や顧客を開拓するに当たっても、悪影響を及ぼした。

コロナ禍による国境間の移動制限は、起業家自身だけでなく顧客の移動も一時的に不可能にした。例えば、前述のカンボジアの日本人起業家（事例10）にとって、日本人はリゾートビジネスの主要な顧客層であったが、カンボジアに到着した外国人は長期間の検疫が必要になったため、短期間での海外渡航ができなくなってしまった。

ドイツで、欧州でのテレビ番組・映画・コマーシャルなどの撮影をする日本企業向けのロケーションスカウトビジネスをしている日本人起業家（事例3）も、クライアントが欧州に渡航できなくなってしまったため、多くの契約が延期かキャンセルになった。

グローバル・モビリティが大幅に制限されることは、トランスナショナル創業に限らず、あらゆる経済活動に大きな影響を与えるが、トランスナショナル創業はビジネスモデルと価値創造自体が複数の国のリソース・顧客・その他の要素の組み合わせから成り立っているため、その影響は各段に大きい。

### (2)　国際的な価値連鎖の崩壊

本研究で紹介する起業家の多くは、コロナ禍が引き起こしたグローバル・バリューチェーン（国際的な価値連鎖）や国際貿易の機能不全がビジネスにもたらした悪影響を指摘した。特にその影響は貿易セクターで顕著に観察された。ドイツでアジアの食品を扱う韓国人起業家（事例5）は「コロナ禍が世界的に始まった当初、特に2020年3月と4月は品不足であった。不足分を調達するために、あらゆる人脈を使い在庫がある供給者を探し、またベルリンにあるアジア食品スーパー複数に足を運ぶ必要があった」と話す。特に新型コロナウイルスが最初に確認された場所が中国であったこともあり、アジア関連の商品を扱う起業家は欧州で風評被害に悩まされることとなった。

スリランカ出身のドイツ在住の起業家（事例12）は、スリランカの農業をサポートするために出身国から天然の果実製品を直接ドイツへ輸入するビジネスを準備していたときに新型コロナウイルス感染症の世界流行が始まった。運よく、スリランカが都市封鎖する前に商品を一度輸入できたものの、「2～3カ月後にはスリランカから製品を輸入しなければならないが、次にいつ輸入できるのか見通しが立たない」と嘆いた。

パンデミック下で、大陸間の物流や人の流動性は大きく制限されることになった一方で、陸続きの近隣諸国とビジネスを行っていたトランスナショナル起業家にはそれほど深刻な影響は出ないケースもあった。「私たちの製品の99.9パーセントはポーランド産だ。これらの製品は、通常月に1度か2度、大型トラックでポーランドから輸送され、我々のスーパーマーケットの各店舗に配送される。4～5時間遅れてトラックが到着したことはあったかもしれないが、コロナ禍によってドイツとポーランドの国境の貨物輸送車の往来が制限されたことは一度もなかったことが、我々のビジネスにとっては幸運だった」。こう語るのは、象徴的事例でも紹介したドイツでポーランドから食品を輸入する小売業者（事例2）である。同様に、欧州内限定でビジネスをするトランスナショナル起業家からは大陸間をまたいで価値創造する起業家に比べて被害は深刻ではなかったという意見が多かった。

### (3) ミックス・エンベデッドネスへのダメージ

国際的な価値連鎖や物流の機能不全によって前述のような脱グローバリゼーションとも呼べる現象が起こった一方で、国境を越えて活動する起業家はコロナ禍の異なる影響を受けた複数の市場に対処する必要があるため、「多重」被害に直面していることが本研究では観察された。その一例として、ドイツ・ベルリンから母国のアフガニスタンでプログラマー育成施設を設立した起業家（事例4）は、「コロナ禍の影響に関していえば、アフガニスタンの状況はドイツから大体1カ月半ほど遅れているといえる。ドイツではコロナ第1波は1カ月半前だったが、今アフガニスタンでは第1波のピークを迎えている。残念ながら、現地スタッフのうち3人が新型コロナウイルスに感染してしまい、2カ月間すべての業務を停止せざるを得なかった。しかし、誰も使っていない施設の利用費はそれでも支払い続けなければいけない」と語る。

この起業家は現地スタッフを7人雇用していたが、コロナ禍により一時的な業務の規模縮小を余儀なくされた。「本当は、今は2人いれば業務は間に合うが、7人全員に給料を払い続けている。この非常事態に、パンデミックによって5人が職を失うのは避けたい。このビジネスは母国をサポートするために始めたものだから、できるだけアフガニスタンの従業員を支援したい」という。

この起業家は、2020年3月から5月にかけてドイツで都市封鎖を経験し、ドイツ側のビジネスに大きな制約を受けた。ドイツ市場が正常化に向けて動き始めると、今度はアフガニスタンがロックダウンされ、母国の業務に大きな影響が出た。この起業家のケースは、トランスナショナルというビジネスの性質が多重で、より長期にわたる弊害を引き起こす可能性を浮き彫りにしている。

## 5　トランスナショナル起業家によるコロナ禍への対応可能性

### (1)　危機への対応可能性の分析

以下では、コロナ禍によって引き起こされた環境の激変やビジネスへの被害へのトランスナショナル起業家特有の対応を、これまで紹介した事例と表6－5で示した事例により考察する。

まず彼らは、居住国と母国の両国の制度、市場、文化につながりがあることを利用して、両国の間でバランスをとる戦略をもっていることが観察された。この一例として、一時的に1カ国の市場が機能不全に陥った場合、もう片方、または別の国の市場に焦点を移すことでパンデミックのネガティブな影響を緩和するという戦略が挙げられる。新型コロナウイルス感染症は世界的に流行したが、パンデミックが各国に与える影響は、その国の地理的位置、医療制度、政治、経済の状況によって少なからず異なっていた。

本研究ではトランスナショナル起業家が、自身のビジネスが関わる国々の状況を随時見極め、特定の市場の強みで比較的コロナ禍の被害が大きい市場の弱みをカバーするように行動を起こしていることを観察した。象徴的事例で紹介したスマートシティに関するハードウエアを開発・販売するベルリン在住の中国人男性起業家（事例7）はその一例である。この起業家の場合、コロナ禍以前に国際戦略で焦点を置いていた欧米やオーストラリア市場の顧客を失ったため、その損失を補うため、自身の母国であり、政治・産業レベルで深いつながりがある中国市場を急遽開拓することにした。

同様に象徴的事例として紹介した、ベルリン在住のロケーションスカウトのビジネスを設立した日本人男性起業家（事例3）は、日本からクライアントが欧州に物理的に訪問できなくなったことを受け、欧州市場を開拓する考えを示した。コロナ禍は、起業家が過去数年間のビジネスを通

表6-5　第5節で初めて紹介される事例

| 番号 | 出身国 | 滞在国 | 事業内容 |
|---|---|---|---|
| 13 | シリア | ドイツ | シリア料理のケータリング |
| 14 | オランダ | ドイツ | フィンテックスタートアップ |
| 15 | 日　本 | ドイツ | 日本企業に現地スタートアップでのインターン体験を提供 |
| 16 | セルビア | ドイツ | 自己啓発セミナー事業 |
| 17 | イタリア | ドイツ | イタリア市場向け、製品試験のＥコマース事業 |

して培ったノウハウ、技術、人脈などのリソースが日本のクライアント以外にも通用することを気づかせるきっかけとなった。

そのほかにも、アフリカの市場向けにポータブルの健康チェックデジタルデバイスを開発し、2020年にアフリカに実際に滞在し生産準備を行う予定が頓挫した、ドイツとポーランドに拠点を置くスロバキア人男性起業家（事例11）は、生産準備を行う市場をアフリカから母国スロバキアに移した。コロナ禍以前は、この起業家のビジネスモデルにおいて、母国スロバキアは重点的な販売拠点どころか、販売対象の市場としても考慮に入れられていなかった。しかしながら、母国は手軽だという理由での、対象市場の変更であった。応急処置としての市場変更であったが、この起業家のコロナ禍における国際市場に関する意思決定は思わぬ収穫をもたらす。「アフリカ向けに開発した製品だったが、意外にスロバキアの顧客にも受けがよく、ニーズがあることがわかった。これをきっかけに、我々の製品がアフリカ市場だけではなく欧州市場にも通用しそうだと考えるようになり、欧州市場開拓も視野に入れ始めた」。

これらの事例は、非常時における、トランスナショナル起業家がもつ居住国と母国の文化・規範・制度などのつながりを基軸にする二重性の強みを示している。この移民の二重性は、起業家が居住国と母国の2カ国、もしくはそれ以上の国々の資源を組み合わせることによって特有の価値を創造することを可能にする。トランスナショナル創業・移民創業に関する先行文献では、その資源の組み合わせ方はさまざまで複数のレベルで起こり得るものとされている。より具体的には、トランスナショナルにビジネスを行う起業家は、個人の認知力レベル、つまり両国の規範や文化に関する知識や理解を意識的、または無意識に組み合わせることによって起業機会をつくり出す。例えば、ドイツに在住するシリア人起業家（事例13）が、シリア料理のケータリングサービスの会社を設立する際に、単に母国の伝統料理を提供するのではなく、ベジタリアンやヴィーガンが多いドイツ人のために、母国料理をベジタリアン・ヴィーガン用に適応して提供する戦略を採った場合、その起業家は母国の伝統料理に関する知識とスキルと居住国の顧客のニーズを組み合わせて価値創造していると考えられる（Harima and Freudenberg, 2020）。

そのほかにも、トランスナショナルな経営環境をもつ起業家は各国の人脈を組み合わせ、トランスナショナル社会資本を用いて新たな価値をつくり出す。例えば、前述のベルリン在住のロケーションスカウトを行う日本人男性起業家（事例3）や、同じくベルリンで日本企業向けに世界中の人材をプロジェクトに組み込むプラットフォームを開発している日本人男性起業家（事例8）もネットワークレベルでトランスナショナルな起業価値を生み出している例といえる。

複数の国の資源の組み合わせがいかなるレベルで起きようと、トランスナショナル起業家の多くはその国々の市場を何らかの形で組み合わせることになる。本研究では、従来の市場が機能しなくなった場合に、比較的簡単に母国、もしくは居住国の市場を起動させることにより、外因性の困難を中和する起業家の行動を観察した。興味深いことは、そうした一時的なターゲット市場の変化はトランスナショナル起業家に新たな戦略的方向性を見いださせたことである。

そのほかにも、本研究では、トランスナショナル起業家は自らが関わる複数の国の制度の強みと弱みを組み合わせることによって、相対的にコロナ禍からビジネスが受ける影響のバランスをとっていることを観察した。例えば、象徴的事例で紹介したベルリン在住で、母国でプログラマー育成のためのインキュベーターを設立していたアフガニスタンの起業家（事例4）は、ビジネス機会をつくり出すに当たって、当時のアフガニスタン政府へ父親を通してつながりがあったため、問題なくカブールで適切な施設を見つけることができ、適宜母国の政府からのサポートを受けていた。コロナ禍が始まってから、当時のアフガニスタン政府は財政難に陥った一方で、ドイツ政府は自国の強靭な経済力と、確立された医療制度を基に、コロナ禍が国家経済にもたらす影響を最小限にとどめるための政策を打ち出した。その政策の一つに、中小企業を営む経営者への一時給付金があり、特にベルリンはコロナ禍発生初期に申請から数日以内で交付されることで話題になった。このアフガニスタン人の起業家も、こういったドイツ政府からの救済措置の恩恵を受け、そこで得た一時金をアフガニスタン市場で出た損失にまわすことができた。

同様に、ドイツでフィンテックのスタートアップを経営するオランダ人男性起業家（事例14）は、ドイツ政府からの経営者向け一時金を受け取ったが、それ以上のドイツの制度的支援からの利益も得た。「私たちのビジネスにとって最も大きな問題だったのが、コロナ禍によって投資が受けられなくなったことだった。というのも、コロナ禍によって、将来どうなるかわからない不安から、ベンチャーキャピタル業界が凍結してしまったからだ。幸運なことに、ドイツ政府はすぐにベンチャーキャピタル業界が投資に躊躇していることに気づいて、ベンチャーキャピタル業界をサポートする特別なパッケージを出した。そのため、事態は好転し、投資家を見つけることができる兆しがみえている」。

これらのトランスナショナル起業家は、居住国の制度の強みを利用したが、今回の調査では、自国の制度の強みを利用した起業家もいた。これは、特に自国が安定した制度と強い経済力をもち、居住国が発展途上国である起業家に顕著であった。例えば、カンボジアでリゾートホテルと私立大学を営む日本人男性起業家（事例10）は、コロナ禍の発生で思いがけずカンボジアに戻れなくなり日本での滞在を余儀なくされたが、その状況は結果的にビジネスに好影響を与えたと振り返る。「カンボジアでは、コロナ禍において、政府からの財政的な支援などはまったく機会がない。この危機的な状況下で、やはり頼れるのは母国だ。私も日本の金融機関や投資家に頼ることができた」。

本研究は、トランスナショナル起業家が居住国と自国の強みを生かすことができる資源・市場・制度の組み合わせ方法を状況に応じて変化させることによって、危機下での戦略的オプションの多様性・重要性を生み出すことを明らかにした。このトランスナショナルな環境における資源の組み合わせ方は理論上は無限大に存在する。そのため、コロナ禍においての日々劇的に変化するダイナミックな環境に最適の戦略オプションを生み出すためには、状況に適しており、なおかつ起業家自身がアクセスできる資源を最大限に利用できる組み合わせ方を選ぶ必要がある。本研究では、事例からパンデミックのような危機下でトランスナショナル起業家が複数の国に存在する資源を効果的に組み合わせることを可能にした三つの成功要因を特定した。

まず第1の成功要因は、国境を越えた自国出身者、もしくは同じ文化的背景を共有する人々との連携である。このようなネットワークは、先行研究では「ディアスポラ・ネットワーク（またはトランスナショナル・ディアスポラ・ネットワーク）」と呼ばれる（Kotabe, *et al*., 2013）。ディアスポラ（diaspora）とは、移民またはその子孫で出身国との強いつながりを維持している人たちのことをいう。先に紹介したエストニアで仮想通貨関連のフィンテックスタートアップを営む日本人起業家（事例9）は、世界各国に居住する日本人を含めた世界中の起業家との情報交換をオンライン・コミュニケーションで行うことにより、コロナ禍によって生まれた新たなニーズをいち早く見いだすことができた。

そのほかにも、ドイツに居住しており、母国の農家をサポートするためにドライフルーツを輸入・販売するビジネスを行っていたスリランカ人男性起業家（事例12）は、危機に対応するためにディアスポラ・ネットワークを活用した一人である。コロナ禍以前は、スリランカのディアスポラ・ネットワークを頼りにしていなかったが、パンデミックを機に、祖国のつながりを軸とした一体感がコミュニティに生まれたと感じたため、自らもネットワークに参加するようになった。「私はスリランカ出身の友人たちに、コロナ禍で誰か困っている人がいたら力になれないだろうかと話したところ、ある友人を通じて、サウジアラビアを拠点に、ドイツにはちみつを輸出しようとしているタミル人がいることを知った。そこで、その起業家にコンタクトをとって、そのはちみつを私が経営しているオンラインプラットフォームで販売することを打診した」。

この発言にも表れているように、このスリランカ出身の起業家は困難な状況下にある母国や同郷の人々を支えたいという強い意志をもっている。このような意志は、「母国思考」と呼ばれる、自国以外のさまざまな国・地域に居住するディアスポラが母国へ貢献する動機になる。

特筆すべきは、この起業家のディアスポラ・ネットワークへの積極的な関与は、他のネットワークに属する起業家を助けるだけでなく、この起業家が他のディアスポラから支援を受けるきっかけをつくったことだ。「英国にはスリランカ人のコミュニティがあり、パンデミックが勃発してからそのコミュニティの人々と母国の危機に何かできないかと頻繁に連絡を取り合うようになった。そういった交流のなかで、コミュニティのなかで私のビジネス・アイデアを気に入ってくれた人たちがいて、英国で私の商品を販売する代理店を探してくれた。コロナ禍以前は、ドイツ市場で商品を販売することのみ考えていたが、確かに今の不安定な状況だと、欧州で複数の市場に進出したほうがリスクが分散できる」。

先行文献では、トランスナショナル起業家にとってのディアスポラ・ネットワークの重要性を強調している。コロナ禍の下におけるデジタル・グローバリゼーションは物理的な移動が減少した結果、移民の世界中に散らばるディアスポラとのネットワーキング行動を効率化したといえる。自国とだけではなく、国境を越えたネットワークで多様な人々と交流することで、コロナ禍のため絶え間なく変化する環境のなかで、いち早くビジネスチャンスを生み出すことができた。コロナ禍発生初期に関する文献でも、社会資本を動員し逆境を克服する起業家の行動が報告されている（Kuckertz, *et al*., 2020）。

第2の成功要因は、コロナ禍によって引き起こされた劇的な環境の変化によって生まれた新たなニーズをいち早く感知する能力である。その能力には、積極的に顧客が抱える新たな問題に関する情報を収集することと、獲得した情報を基に居住国・母国の資源を組み合わせて解決策をつくり出すという二つのプロセスが関連している。例えば、前述のドイツでブロックチェーンを利用したオンラインプラットフォームを経営している日本人起業家（事例8）は、コロナ禍発生直後から、積極的に顧客であった日本企業に直接コンタクトをとって、パンデミックによって生まれた業務上の新たな問題に関して調査を行った。その調査結果を基に、コロナ禍発生初期の段階から、根本的にビジネスモデルを改変することに取り組んでいた。これは、前者の「積極的に顧客が抱える新たな問題に関する情報を収集するプロセス」の一例だ。

後者の「獲得した情報を基に居住国・母国の資源を組み合わせて解決策をつくり出すプロセス」の一例としては、アジア料理のフードボックスをベルリンで販売するスタートアップを立ち上げた韓国人起業家（事例5）が挙げられる。ドイツでは2020年に何度も大規模な都市封鎖が行われ、特にレストランなどの外食産業が長期にわたって営業が禁止、もしくは持ち帰りメニューのみの販売が許可されていた。レストランに訪れる機会を失ったドイツ人の多くは、家庭で今までよりも頻繁に料理するようになり、多くの人が新しい料理に挑戦するようになった。また、海外渡航の制限から、海外旅行に行けなくなったことで異文化に触れる刺激を求める人も増加した。起業家はそうした顧客の状況変化にいち早く気づき、コロナ禍以前はアジア料理の本来の味を再現することに重点を置いていたが、海外の文化を食を通して体験できるという新たな価値提案を打ち出したのである。

最後に第3の成功要因は、ビジネスモデルを部分的にデジタル化することで、遠隔からの価値提案を可能にする起業家の能力である。彼らは、コロナ禍によって生まれた新たな機会を獲得するために、自社のサービスや製品の一部の構成要素を物理的なものからデジタル化した。

例えば、ベルリンで、日本企業に現地のスタートアップでのインターンシップ体験を提供していた日本人男性起業家（事例15）は、海外渡航の制限によって従業員をドイツに送れなくなった顧客のために、バーチャル・インターンシップを考案した。これは、従業員が実際にドイツに渡航せず日本に滞在しつつも、オンラインでインターンシップを体験するというものであった。「オンライン版は、日本企業にとってむしろ参加しやすいので、日本でこのサービスを広めるのは効果的な戦略だ」と、起業家は語った。

母国のIT産業の人材のためのインキュベーターを設立していたアフガニスタン人起業家（事例4）が、パンデミック初期に新型コロナウイルス感染症の大きな被害を受け、都市封鎖をしたことによって経済活動が一時的に麻痺（まひ）していたアフガニスタンの危機的状況を打破するために、オンライン・ハッカソンを開催したことも、ビジネスモデルのデジタル化によって新たなトランスナショナルな資源の組み合わせを可能にした一例だ。この起業家には、ドイツだけでなく、欧州各地、北米などの各国の起業エコシステムとの強いつながりがあったが、ハッカソンがすべてバーチャルの次元で行われたため、その人脈を効率的に母国のプログラマーとつなげることができたのだ。特筆すべきは、アフガニスタンには安定したインターネットを供給するインフラがなかったにもかかわらず、この起業家がビジネスモデルのデジタル化に成功したという点である。成功させるに当たって、母国の人脈を動員し、母国の通信会社からモバイルデータ通信用デバイスを手に入れ、配布することによって困難を乗り越えたのである。

### ⑵　対応力の決定要因

本研究では、23人の異なった国籍・居住国のトランスナショナル起業家を考察した。その際、多くの共通点がみつかったが、同様に居住国と自国の資源を組み合わせるトランスナショナル起業家のなかでも、コロナ禍によって引き起こされた危機的状況への対応力に大きな差がみられた。コロナ禍の下での起業家精神的対応力の差に関する決定要因を以下では考察する。筆者は三つの決定要因を特定した。

一つ目の決定要因は、起業家自身がどれだけデジタル技術を応用できるかである。実際に、何人かの起業家はコロナ禍以前から、従業員と日常的に遠隔コミュニケーションをとったり、起業価値を創造する重要な構成要素としてデジタル技術を利用したりしていた。そのため、元々デジタル技術を利用していた起業家にとって、遠隔地のクライアントやビジネスパートナーの物理的訪問が不可能になっても、そのコミュニケーション・チャネルをデジタル化することは容易であった。実際に多くの起業家は、国境を越えた人脈を維持するための効率的な代用策として、デジタル・コミュニケーション技術がコロナ禍によって広まったことを歓迎しているようであった。ドイツを拠点とするオランダのフィンテックスタートアップ起業家（事例14）は「オンラインでのビデオ会議は、私にとって物理的に会う会議とほぼ同じ効果があるが、コストははるかに低い」と言う。カンボジアでリゾートホテルと私立大学を営む日本人起業家（事例10）も、海外渡航制限のために日本のホテルで一時的に数カ月滞在しなければならなくなったことをポジティブにとらえていた。日本のホテルからカンボジアの業務をオンライン・コミュニケーションを通じて遠隔で行わなければならなかったが、その経験を通じて、業務にまつわるあらゆるプロセスがデジタル化でき、それが業務全体の効率化につながることに気づいたのである。

こうした、デジタル技術を活用して、逆境から新たなビジネス機会を生み出す起業家もいれば、デジタル技術を活用できず、逆境から抜け出せない起業家もいる。例えば、トルコ系移民向けのブライダルファッションをドイツに輸入しているトルコ人女性起業家（事例1）は、過去数十年にわたる豊富なトランスナショナル起業経験をもちながら、コロナ禍による危機対応に多大な困難を抱えていた。この60歳を超える起業家は、トルコ、イギリス、ドイツで繊維産業や貿易産業の分野で過去30年間にわたり数々のビジネスを立ち上げてきた。しかし、デジタル技術に関しての知識がなく、例えばブライダルファッションをオンラインで販売するなどの戦略変更を行うことができなかったのである。

二つ目の決定要因は、起業家がもつ人脈の特徴に関連する。トランスナショナル起業家は、居住国、母国、そして時として第三国の社会・経済構造につながりをもつ。先行研究は、その移民がもつ二重性、もしくは多重性のある社会的組み込みを「ミックス・エンベデッドネス」や「多重的エンベデッドネス」と概念化した（Kloosterman, 2010；Harima, *et al*., 2021）。本研究では、起業家が母国・居住国の二国間だけのつながりをもっているか、その二国間のつながりに限らず、あらゆる国々とのつながりを保つコスモポリタン的な人脈をもつかの違いが、コロナ禍における起業家の対応の違いに影響を及ぼすことを発見した。例えば、日本人起業家は自国市場に大きく依存する傾向を示しており、その主な理由は日本の強い経済力を利用できるためと考えられる。また、感情的なつながりで自国市場を重視する起業家もいた。前述のスリランカ人の起業家（事例12）は自身のビジネスの動機を「スリランカの人々を助けたい。それがビジネスを立ち上げた一番大きな理由だ」と話す。そのほかにも、セルビア出身でドイツで自己啓発セミナーを行っている女性起業家（事例16）は、「ビジネスパートナーは、個人的な関係よりも前に、まず国籍や民族的背景をみて選ぶ。そのほうが信頼できるパートナーを見つけることができるからだ」と話した。

一方で、ドイツに居住するスロバキア出身の起業家（事例11）は、ベルリン、アジア諸国、米国、ポーランド、ハンガリーで国際的な経験を積んでいた。同様に、ベルリンでアジア料理のフードボックスビジネスを設立した韓国人起業家（事例5）も、米国、ドバイ、ベトナムで長年就労した経験があった。こうした、複数の国での国際経験が豊富な起業家は、母国とのつながりをもちながら、世界中に幅広いネットワークをもち、そのコスモポリタン的人脈の特性を生かした。

オンライン・ハッカソンを開催したベルリンに居住するアフガニスタン人起業家（事例4）は、居住国・母国だけでなく、世界中の人脈を動員した。「日本、インド、インドネシア、トルコ、イタリア、米国、もちろんベルリンからもメンターを集めることができた。さらにエストニアの企業も、イベントのスポンサーになってくれた」と語る起業家は、今後の展望としてより多くのアフガニスタンのIT人材と起業家をベルリンやそのほかの世界中にある起業エコシステムにつなげる活動を行っていくという。手始めに、ハッカソンで好成績を残したチームをベルリンのオンライン・アクセラレーターのプログラムに参加させている。

これらの事例は、起業家がどのように異なるコンテクストに組み込まれているかにより、危機に対応するための資源活用が決定されることを示している。祖国とのつながりに強く依存している起業家は、パンデミック時に祖国のネットワークや国境を越えたディアスポラのネットワークを動員して、機会や解決策を探った。これに対して、コスモポリタンタイプの起業家は、自国市場を緊急の解決策として利用しながら、さまざまな場所で資源を動員する傾向がある。

三つ目の決定要因は産業レベルでのコロナ禍からの影響の違いである。先行研究で、コロナ禍によって受ける影響の大きさは産業により異なり、特定の産業が特に大きな被害を受けたことが明らかにされている（Nicola, *et al.*, 2020）。本研究の起業家にとってのパンデミックがビジネスにもたらした影響に関する認識は、事業を営む産業分野によって大きく分かれた。例えば、ドイツに居住するトルコ系移民向けのブライダルファッションの輸入販売を行っていた起業家（事例1）やイタリアのホテル業界向けのITサービスを提供していた起業家（事例6）は、コロナ禍によりビジネスに甚大な被害を受けたと報告した。また、自国の農家からドライフルーツをドイツへ直接輸入していたスリランカ人起業家（事例12）のような国際貿易に携わる企業は、グローバル・バリューチェーンがいつ、そしてどのように正常化されるのかがわからず、高い不確実性に直面した。そのほかにも、日本企業向けに欧州市場でロケーションスカウトをしていた起業家

（事例3）や、同じく日本企業向けにベルリンのスタートアップでインターンシップ体験を提供していた起業家（事例15）などは、自国の市場と居住国の市場をつなぐ仲介型ビジネスもコロナ禍により打撃を受けた典型的な例で、起業家や顧客の移動が制限されるために大きな困難に直面した。

一方でバーチャルの構成要素がビジネスモデルにおいて重要な役割を占める起業家は、パンデミックを課題ではなく、むしろ機会ととらえている傾向があった。エストニアで仮想通貨のビジネスを展開する日本人起業家（事例9）はコロナ禍による世界経済の低迷とデジタル化が仮想通貨業界への追い風になると語った。ポータブルの健康チェックデジタルデバイスを開発するスロバキア人起業家（事例11）は「コロナ禍により、感染を危惧して医者に行きたがらない人が増えた。これは、遠隔でもデジタルデバイスで健康診断を行えることを価値提案としている当社にとっては思いがけないチャンスだ」と語った。同様に、イタリア市場向けに、製品試験のEコマース事業を行っているイタリア人起業家（事例17）も、コロナ禍が追い風になったと語った。「コロナ禍により、テレワークする人が増えたり、外食する機会が激減したりしたことで、人々が家庭で過ごす時間が圧倒的に増えた。そのため、ネットでの検索量も飛躍的に増えた。毎年、クリスマスの時期には売り上げが激増するが、2020年上半期にそういった売り上げの増加を何度も経験している。クリスマスの時期に匹敵するような売り上げが、今月だけで3回もあった」。

## 6　コロナ禍から学ぶ将来展望

本節では、本研究の結果の学術貢献と実務的意義を議論する。まず、本研究は、コロナ禍のなかでの中小企業・起業家への影響に関する学術的議論とトランスナショナル創業に関する文献の蓄積に貢献する。

コロナ禍が世界経済や中小企業に与える影響に関しては、世界中の学者がいかに迅速に調査してきたかは注目に値するが、こうした文献の多くはマクロ的観点からの経済への影響を考察するものが多い。しかしながら、近年のアントレプレナーシップ・中小企業研究で、個人が組み込まれている社会環境を理解し、分析することの重要性は、多くの学者も認めるところである（Welter, Baker, and Wirsching, 2019）。特に、トランスナショナル創業はミックス・エンベデッドネスという概念にも表されているように、起業家が複数の異なる国の社会・経済環境を扱うという特殊な起業形態である。そのため、世界各国に多様な影響をもたらしたコロナ禍では、トランスナショナル起業家はその起業形態特有の機会や課題に直面する。本研究では国境を越えてビジネスを展開する移民起業家という特殊なタイプの起業家に焦点を当てることで、起業家が組み込まれている社会環境とコロナ禍の相互関係を考察した。トランスナショナル創業はグローバリゼーションを基軸として近年急速に発達したため、このタイプの創業を研究することでコロナ禍が脱グローバリズムを引き起こすメカニズムを明らかにし、脱グローバリゼーションがビジネスに与える影響と、その影響に対する起業家の対応可能性を検討することに役立つ。

さらに、先行研究はコロナ禍やパンデミックに限らず、地震・津波などの天災のような、予期せぬ危機により引き起こされる外因的環境の劇的な変化のなかでの起業活動や起業家精神の可能性を考察してきた。本研究は、アントレプレナーが、複数の国々の状況を迅速に判断し、各地に組み込まれている資源と制度上の強みを組み合わせることにより、危機を回避し、新たな価値創造をすることで危機を強みに転換することを実証した。この研究結果は、危機下での起業活動では、起業家が利用可能な資源や制度の多様性がより多くの戦略オプションを生み出し、逆境をはねのけて回復する力である「レジリエンス」を高めることを示している。

本研究は複数の学術的議論の発展に貢献する有意義な結果を示したが、重要な限界もある。そのうちの一つに、データを収集した期間が2020年の5月から7月という現在も継続するコロナ禍の初期段階であったことが挙げられる。コロナ禍はその後も長く続いており、さまざまな変異株が世界各地で誕生・蔓延したことによって、いまだに収束の兆しがみえない。そのため、本研究結果はコロナ禍によるトランスナショナル起業家への短期的影響と起業家の応急的対策に分析の焦点を当てており、長期的影響を考察するものではないことに注意する必要がある。また、コロナ禍の後にトランスナショナル創業の根幹にあるグローバル・バリューチェーン、国境間の物流、人の流動性へどのような変化があるのかという議論は時期尚早であるといえる。従って、本研究では、絶えず変化する環境と、起業家の間の長期的相互作用を精査することはできなかった。

そのほかの研究の限界としては、パンデミック下でのデータ収集方法に起因するものがある。コロナ禍による行動制限により、起業家の所在地を訪問したうえで対面式のインタビューをすることができなかったため、筆者はほぼすべてのインタビューをオンラインで行った。オンラインでのインタビューは、対面式のインタビューよりも技術上の問題が起きやすい。また、実際に訪問することで獲得できたであろう起業家の人柄やビジネスの非言語的印象は、定性的研究分析の質を高めるが、本研究ではインタビュー自体に焦点を当てざるを得なかった。また、コロナ禍初期は世界経済が混乱しており、そのため研究に参加できる起業家が少なかったことから、事例起業家の出身国・居住国に偏りが発生した。

以上の本研究の限界を踏まえ、筆者は以下の3点を将来の有意義な研究として提言する。まず第1に、長期的な定性的研究により、長引くコロナ禍が起業家に与える影響を継続的に観察することである。そのためには、少人数の起業家を選択し、一定期間ごとに（例えば数カ月に1度）起業家と複数回インタビューを行うなど、長期的にデータを収集することが必要である。

第2に、本研究ではトランスナショナル起業家という特別なタイプのアントレプレナーを研究対象としたが、産業あるいは、居住国・自国の制度や市場によってコロナ禍がビジネスにもたらす影響が大きく異なることを示した。今後の研究では、特定の産業（例えば観光、国際貿易、ブローカー・サービス）の起業家に焦点を当てることで、産業特有のコロナ禍の影響や起業家の対応をより具体的に考察することができるだろう。

第3に、特定の種類のトランスナショナル起業家を研究対象として選択することである。本研究では、データ収集の時間的制限から、居住国で移民コミュニティ向けの民族的な商品を扱うエスニック創業、自国・居住国間のブローカー的な要素が強いディアスポラ創業、トランスナショナルな仮想領域でビジネスを展開するトランスナショナル・スタートアップなどの異なる創業の種類を区別しなかったが、コロナ禍の影響はこれらの創業種類により大きく異なることがわかった。そのため、今後の研究では、特定の創業種類、例えば、エスニック創業だけに焦点を当てることも有意義であろう。

コロナ禍がトランスナショナル創業に与える影響と起業家の対応に関する本研究の結果は、トランスナショナル起業家とともに、日本の中小企業にも有益な情報を提供している。こうした研究結果を踏まえた筆者の提言は以下のとおりである。

まず、トランスナショナル起業家に対しては、コロナ禍に限らず、危機下では、事業を展開するすべての地域と市場の現状を迅速に把握し、各地の制度や資源基盤の長所と短所を評価することを筆者は提案する。トランスナショナル起業家の強みは、複数の国に基盤があり、その国々のリソース、人脈や市場を組み合わせることにより、唯一無二な起業価値を生み出すことである。本研究は、そのミックス・エンベデッドネスのために生まれる多様な資源の組み合わせが、危機を回避し、困難な状況を好転するための戦略オプションを生み出すことを発見した。複数の国々の資源の組み合わせ方は無限大にあり、環境が随時変わる危機下で、環境に適した意思決定を下すためには起業家の機敏性と環境の変化への敏感さが求められる。この研究では、居住国・自国の資源・市場の組み合わせはデジタルチャネルを通じて行うことも可能であり、コロナ禍のように国と国の間の物流や人の往来が大幅に制限されるような状況では、それが非常に効果的であることを明らかにした。

本研究は、トランスナショナルではない日本の中小企業にも有意義な実務的意義をもつ。特に海外に拠点をもつ中小企業は、トランスナショナル起業家と同様に、事業を展開する地域と市場の現状を把握し、各地の制度と資源基盤の強みと弱みを迅速に評価し行動に移すという機敏性が必要になる。表面的な応急処置や海外拠点の一時閉鎖など以外にも、根本的なビジネスモデルの革新を考える企業も多いであろう。ここでトランスナショナル起業家から学べることは、日本と海外拠点をもつ国の制度や市場の強み、支援基盤を柔軟かつクリエイティブに組み合わせる対応力である。

コロナ禍により海外市場進出・拡大を一時的に取りやめている中小企業にも役立つ発見があった。本研究では、起業家が海外の顧客や投資家とのコミュニケーションをオンラインで行うようになり、またコロナ禍による国際的な物流や人の往来の制限により、部分的に機能不全になったビジネスモデルを、デジタルの構成要素に置換することで、危機を回避することを明らかにした。また、こういった必要に迫られて行われたビジネスモデルの部分的デジタル化は、複数の国で同時にビジネスをする新たな戦略的方向性を示すこととなった。これらの結果は、コロナ禍の下でも、ビジネスモデルを部分的にデジタル化することが、日本の中小企業の海外市場への進出を可能にし、新たな国際的戦略の方向性をもたらす可能性があることを示唆している。

## ＜参考文献＞

Ambrosini, Maurizio (2014) "Migration and Transnational Commitment: Some Evidence from the Italian Case." Journal of Ethnic and Migration Studies, Vol.40 (4), pp.619－637.

Drori, Israel, Benson Honig, and Mike Wright (2009) "Transnational Entrepreneurship: An Emergent Field of Study." Entrepreneurship Theory and Practice, Vol.33 (5), pp.1001－1022.
https://doi.org/10.1111/etap.12026

Harima, Aki, Fabrice Periac, Tony Murphy, and Salomé Picard (2021) "Entrepreneurial Opportunities of Refugees in Germany, France, and Ireland: Multiple Embeddedness Framework." International Entrepreneurship and Management Journal, Vol.17 (2), pp.625－663.
https://doi.org/10.1007/s11365-020-00707-5

Harima, Aki and Julia Freudenberg (2020) "Co-Creation of Social Entrepreneurial Opportunities with Refugees." Journal of Social Entrepreneurship, Vol.11 (1), pp.40－64.
https://doi.org/10.1080/19420676.2018.1561498

Harima, Aki and Thomas Baron (2020) "Is this Transnational Entrepreneurship? Five Cases in Which It Is Hard to Say 'Yes' or 'No'." Journal of Entrepreneurship and Innovation in Emerging Economies, Vol.6 (1), pp.12－40.
https://doi.org/10.1177/2393957519887561

Kloosterman, Robert C.(2010) "Matching opportunities with resources: A framework for analysing (migrant) entrepreneurship from a mixed embeddedness perspective." Entrepreneurship & Regional Development, Vol.22 (1), pp.25－45.
https://doi.org/10.1080/08985620903220488

Kloosterman, Robert, Joanne P. van der Leun, and Jan Rath (1999) "Mixed Embeddedness: (In) formal Economic Activities and Immigrant Businesses in the Netherlands." International Journal of Urban and Regional Research, Vol.23 (2), pp. 252－266.
https://doi.org/10.1111/1468-2427.00194

Knight, Gary A. and S. Tamer Cavusgil (2005) "A taxonomy of born-global firms." Management International Review, Vol.45 (3), pp.15－35.

Kotabe, Masaaki, Liesl Riddle, Petra Sonderegger, and Florian A. Täube (2013) "Diaspora Investment and Entrepreneurship: The Role of People, Their Movements, and Capital in the International Economy." Journal of International Management, Vol. 19 (1), pp.3－5.
https://doi.org/10.1016/j.intman.2012.12.001

Kuckertz, Andreas, Leif Brändle, Anja Gaudig, Sebastian Hinderer, Carlos Arturo Morales Reyes, Alicia Prochotta, Kathrin M. Steinbrink, and Elisabeth S. C. Berger (2020) "Startups in times of crisis－A rapid response to the COVID-19 pandemic." Journal of Business Venturing Insights, Vol.13 (june).
https://doi.org/10.1016/j.jbvi.2020.e00169

Nicola, Maria, Zaid Alsafi, Catrin Sohrabi, Ahmed Kerwan, Ahmed Al-Jabir, Christos losifidis, Maliha Agha, and Riaz Agha (2020) "The socio-economic implications of the coronavirus pandemic (COVID-19): A review." International Journal of Surgery, Vol.78, pp.185－193.

Sigala, Marianna (2020) "Tourism and COVID-19: Impacts and implications for advancing and resetting industry and research." Journal of Business Research, Vol.117, pp. 312－321.

Sułkowski, Łukasz (2020) "Covid-19 Pandemic; Recession, Virtual Revolution Leading to De-globalization?" Journal of Intercultural Management, Vol.12 (1), pp.1－11.
https://doi.org/10.2478/joim-2020-0029

Tung, Rosalie L.(2008) "Brain circulation, diaspora, and international competitiveness." European Management Journal, Vol.26 (5), pp.298－304.
https://doi.org/10.1016/j.emj.2008.03.005

Waldinger, Roger, Howard Aldrich, and Robin Ward (1990) "Ethnic Entrepreneurs: Immigrant Business in Industrial Societies." SAGE Publications.

Welter, Friederike, Ted Baker, and Katharine Wirsching (2019) "Three waves and counting: the rising tide of contextualization in entrepreneurship research." Small Business Economics, Vol.52 (2), pp.319－330.
https://doi.org/10.1007/s11187-018-0094-5

# 事　例　編

『日本政策金融公庫調査月報』2021年6月号～2022年5月号に掲載した「未来を拓く起業家たち」を収録した。企業概要や事業内容は原則として掲載時のものである。

# 医療と介護の現場の声にこたえる

## ㈱ワノケア

<開業者プロフィール>
**永井 幸絵（ながい ゆきえ）**
　鹿児島県出身。祖母の入院をきっかけに新たな洗髪用具を着想。2018年に㈱ワノケアを設立。2年後に医療機器メーカーに勤務していた夫も入社し運営に携わっている。国際特許や意匠を世界80カ国で取得。

〈企業概要〉

| | |
|---|---|
| 創　　業 | 2018年 |
| 資 本 金 | 300万円 |
| 従業者数 | 2人 |
| 事業内容 | 医療・介護製品製造業 |
| 所 在 地 | 千葉県千葉市緑区土気町1691-35 |
| 電話番号 | 043(312)7033 |
| U R L | https://wano.care |

　ベッドに寝たままの状態で、患者に洗髪を施すことができる新しい使い捨ての洗髪用具「パパットケリー」を開発した㈱ワノケア。代表の永井幸絵さんが、祖母が息を引き取る前に入院していたときの出来事をきっかけに開発を決意したものだ。従来の洗髪用具の課題を克服したパパットケリーは、多くの病院や介護施設に広まりつつある。

## 祖母の入院時の出来事をヒントに

**——どのような製品を提供しているのですか。**

医療や介護の現場で使われるさまざまな用具を販売しています。薬機法上の医療器具には当たらない、医療・介護用の洗髪用具などの雑品と手術用手袋などの医療消耗品です。当社で企画、設計したものを外注により量産し、販売しています。

なかでも主力となるのが「パパットケリー」という使い捨ての洗髪用具です。病院や介護施設などには、体に傷があったり、足腰が不自由だったりといった理由で、入浴するのが難しい患者や入所者がいます。その場合、清潔さを保つために、ベッドに寝たままで体を拭いたり、洗髪をしたりする必要があります。

洗髪で使われるのが、U字型の大きな水枕のようなゴム製の洗髪用具です。底にもゴムが張ってあり、洗髪後の水を集めてベッドの横に置いたバケツにためるようになっています。ゴム製なので、洗って乾かせば再利用できますが、重くて扱いにくく、特有のにおいと感触を嫌がる人もいます。使用後の洗浄作業にも時間と手間がかかります。

これに対し、当社のパパットケリーは、ポリエチレン製で使い捨てです。頭を置く枕と、洗髪で出た水をためるための受水袋がコンパクトにパッケージされています。使うときには、枕の部分に付属のストローで空気を入れて膨らませます。バスタオルや防水シーツをベッドに敷いた上にパパットケリーを設置し、受水袋をベッドの脇から床に着くように垂らせば準備は完了です。

洗髪は、枕部分に頭を置いて行います。汚れた水は、受水袋に流し込みます。10リットルまでためられるので、しっかり洗ったり、すすいだりすることができます。

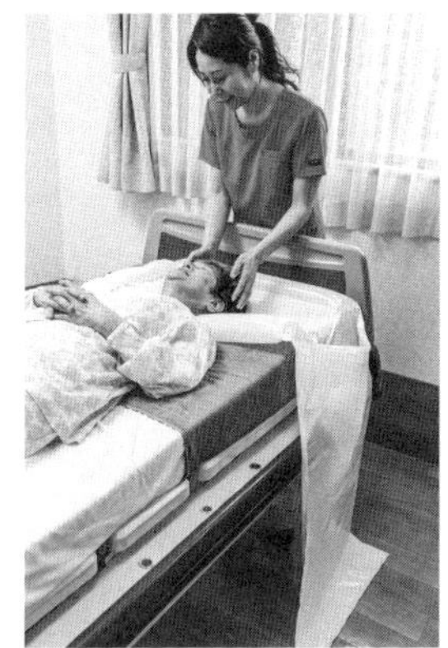

使い捨て洗髪用具「パパットケリー」

洗髪後は枕の空気を抜き、受水袋の口を結べば、すぐに髪を乾かす作業に入れます。はさみを使わず、指で枕部分を簡単に破ることができるので、慣れると準備から後片付けまで10分ほどですみます。

従来のゴム製の洗髪用具と構造や機能は似ていますが、はるかに扱いやすく、多くの病院や施設に受け入れてもらうことができました。患者や入所者にとっても、清潔さや爽快感を保つことができ、より良い環境を提供できていると思います。

**――洗髪以外の用途にも使われているのですね。**

当初想定していなかったのですが、パパットケリーは、ベッドをぬらさず、水を袋に集められるため、四肢の洗浄や手術部位を事前に洗うときなどに活用している病院があるようです。それを知ってからは、洗髪以外にも使用できることを説明書きに入れるようにしました。用途が広がったことは、売り上げの増加にも貢献しています。

パパットケリーは一般家庭でも気軽に使ってもらえるよう、大手ネットショッピングサイトで、1枚700円前後で販売しています。病院や介護施設で使っているのを見たり、知り合いから聞いたりした人から、自宅介護でパパットケリーを使いたいという問い合わせがあったことがきっかけです。

当社ホームページでは、看護や介護の経験がなくてもすぐに使えるように、製品の使い方を示した動画も公開中です。

**——何をきっかけに製品を思いついたのですか。**

骨粗しょう症を患った祖母が入院していたときの経験が、この製品を生み出したといえます。祖母は起きあがるのが難しく、自力で入浴することができませんでした。そのため、入浴の時間になると看護師が祖母を浴室まで移動させていました。体を動かすたびに、祖母は痛みを感じている様子で、とても辛そうにしていました。

一方、看護師の方を見ると、祖母をベッドから車椅子に乗せ、浴室まで行って入浴させる一連の作業は重労働です。何とかならないかとインターネットで調べると、ベッドの上でゴム製の洗髪用具を使う方法があると知りました。しかし、使い勝手が悪く、メンテナンスが必要なことから、導入されないケースがあるようでした。こうした経験から、患者が体を動かさずにすみ、看護師の負担を軽減する洗髪用具ができないかと考えるようになったのです。

## 医療・介護現場の声を反映

**——どのように設計したのですか。**

インターネットで見た既存のゴム製用具を参考に、夫と二人で一から試作しました。目標としたのは、ゴム製用具の欠点である準備やメンテナンス作業の負担軽減です。実現するためには、軽くて使い捨てにできる用具がベターだと考えました。高価にならないようにする必要もあります。そこで、ポリエチレンのような素材を使うことを考えました。ゴミ袋の素材として広く使われているため大量生産されていて安く手に入り、一定の強度もあるからです。

試作品は、まず、さまざまな種類のポリエチレン袋を用意して手づくりしました。一口にポリエチレン袋といっても、厚みや加工方法の違いによって種類はさまざまです。耐水性、通気性、廃棄のしやすさなどを考慮しながら、最適な素材を探っていきました。

形状も従来品をただ真似するのではなく、より使いやすいように、枕の高さや形、受水袋の大きさなどを検討していきました。

設計には、看護や介護の専門学校にも協力してもらいました。ねらいは、専門学校生が簡単に扱える製品にすることです。ベテランの看護師や介護士は一定の経験があり、多少扱いにくくてもスキルでカバーすることができますが、学生はそうではありません。経験に乏しい学生が簡単に使うことができれば、看護師や介護士の負担も減るはずだと思いました。学生の声を参考にできる限り単純な仕組みを目指しました。

わたしたち夫婦の間でも意見をぶつけ合い、製品をブラッシュアップしました。例えば、専務である夫は、工場が生産しやすいように製品全体のサイズを小さくしようと考えていました。これに対し、わたしは、誰にも合うように枕を長くし、受水袋も安定するように長くすると譲りませんでした。結果的に、枕も受水袋も長い現在の形状に落ち着きました。枕の高さは約10センチメートルで、枕部分は縦が約50センチメートル、横は約70センチメートルあり、ゆったりと洗髪ができます。受水袋も1メートル近くあり、ベッドの高さを選びません。生産ラインも重要ですが、洗髪される人や製品を使う人の負担をどうやったら減らせるかに重きを置いたのです。

ようやく製品の企画が固まり、ポリエチレン袋のメーカーに企画を持ち込みました。何社か回るなか、関西に製造してもらえる工場を見つけ、生産体制を整えました。

**――販路開拓はどうしましたか。**

最初は、介護事業所や医療品の大手販売代理店にアプローチしました。しかし、何の実績もない状況ではなかなか取り合ってもらえませんでした。

そこで夫の発案から、作戦を変更することにしました。

実は、わたしには医療や介護の事業についてのバックグラウンドはありません。結婚を機に千葉に転居する前まで、銀行や健康食品メーカーで勤務していました。他方、夫は医療機器メーカーで営業に携わっており販路開拓の経験は豊富でした。

夫の作戦は、大きな病院の看護部に直接アプローチするというものでした。大きな病院は、必要なものを医療品の販売代理店から購入します。そのため、創業当初は代理店にアプローチをしていたのですが、発想を変え、代理店の顧客である病院、さらに使い手である看護師が所属する看護部に営業するようにしたのです。看護師に製品を持っていき説明すると、洗髪作業が楽になると製品の良さを理解してもらえました。実際に利用する人の声を集めることで道が拓けたのです。病院への納入は医療品の販売代理店を通して行うのですが、病院側の指定で代理店から当社に発注が来るようになりました。その代理店が他の病院に紹介してくれるという好循環も生まれています。今では、海外含む30社近くの代理店と契約しています。

## コロナ禍とその後を見据えて

**――新型コロナウイルス感染症の影響はありますか。**

感染症拡大で、訪問による営業活動が難しくなりました。ただ、そのことが製品の開発のきっかけにもなっています。現在の主力製品の一つであるポリエチレン製の液体防護ガウンです。

液体防護ガウンは、医療現場で患者の血液、体液、排泄物などが直接触れることを防ぐために使われます。新型コロナウイルス感染症の拡大により、一時医療現場へのガウンの供給が滞っていました。国内で使われるガウンは、ほぼすべて海外の工場で生産されています。世界で同時に需要が大幅に増加したため、日本に製品が届かなくなったのです。平時であれば

液体防護ガウン

安価な海外生産のガウンですが、感染症拡大とともに価格も急上昇していきました。2020年の3月ころには、ガウンのストックが無くなった医療や介護の現場で、ポリエチレン製のゴミ袋をかぶって患者や入所者に対応しているという報道を目にするようになりました。

こうした状況をみて、わたしは何とかしなければいけないと思いました。同時に、何とかできるとも思いました。ポリエチレンでパパットケリーを製品化したノウハウを使えば、同じ素材のガウンをつくることは可能だと考えたのです。そこで、早速ポリエチレン袋を材料にして、試作品を完成させました。量産するためにパパットケリー製造の契約工場に話をしたところ、設備に空きはないとのことでした。ただ、経営者の知人が経営する同業者を紹介してもらうことができました。こうしてガウンを安定的にかつ大量に製造できるめどが立ったのです。急いで量産用の金型をつくり、6月には販売を開始しました。取引先の医療や介護の現場の方々には大変喜ばれました。

**――今後の展望を教えてください。**

2021年に入って、ポリエチレン製ガウンの海外からの供給はかなり改善しました。その結果、高騰していた価格が下がり、当社のガウンの売れ行きも低下してきました。しかし、ガウンのような重要な製品を生産し続けることは、大切なことではないかと思っています。

低価格での製品の供給が求められる以上、やはり海外での製造も考えなければなりません。そこで、現在、中国にある工場で製造するべく、調整を進めているところです。

また、製品のラインナップも増やしていきたいと思っています。手始めにポリエチレン製の手袋の製造に着手しました。これからは手術用ガウンなどの医療消耗品も取り扱いたいと考えています。

海外の医療現場に目を向けると、評価が高い製品でも日本に入ってきていないものが多くあります。良いものがあれば、国内で販売できないか検討していきます。今後も、医療や介護の現場に必要なものをタイムリーに供給し、使い手の人々が安心できる環境を整えていきたいです。

**聞き手から**

社名の由来をうかがうと、永井幸絵さんは人と人とのつながりを表す「輪」と循環を表す「環」だと教えてくれた。㈱ワノケアの製品で、看護師や介護士の作業が楽になることが、結果として患者や入所者のためになる。この好循環が、次の販売につながり、製品がさらに浸透していく。こうした「輪」と「環」を広げていきたいのだという。一方、夫の永井登さんは日本を表す「和」という思いを込めているそうだ。日本で生まれた優れた製品を、国内のみならず世界に発信していきたいと語る。

人口の高齢化が進むなかで、医療や介護にかかわる製品の重要度は高い。需要は日本だけではなく海外でも高まるだろう。こうした企業が事業を継続していくための支援のあり方を改めて考えさせられた。　（西山 聡志）

（日本政策金融公庫調査月報　2021年9月号掲載）

# 緑のある生活を演出する

## 倉敷グリーンファーム

<開業者プロフィール>

**中田 晶三（なかだ しょうぞう）**

岡山県出身。大学卒業後、東京の大手生花販売会社に入社。小売店やブライダル関係のフラワーアレンジメントなどさまざまな業務を担当。長年勤務した後、妻とともに、郷里の岡山県倉敷市にUターンし、2020年に開業。

〈企業概要〉

| | |
|---|---|
| 創　業 | 2020年 |
| 従業者数 | 2人 |
| 事業内容 | 苔玉の販売、苔玉づくり体験教室 |
| 所 在 地 | 岡山県倉敷市祐安1507−2 |
| 電話番号 | 086(442)8701 |
| U R L | https://kurashikigf.com |

　新型コロナウイルス感染症の拡大によって外出する機会が減少するなか、自宅にいる時間をいかに心地よいものにするかが注目されてきた。その一つの方法が部屋に緑を飾るというものだ。生花や観葉植物などを飾るのが一般的ではあるが、中田晶三さんが立ち上げた「倉敷グリーンファーム」は、苔玉という商品を通じて身近に緑を感じられる暮らしを提供してくれる。中田さんは、事業を始める前、東京の大手生花販売会社で執行役員を務めていたという。なぜ地元に戻り起業したのか。その思いをうかがった。

## 苔の魅力を伝える

**――どのような商品を販売しているのですか。**

苔玉という商品を取り扱っています。小さな樹木と苔を組み合わせた、手のひらに乗るくらいの盆栽のようなものです。インテリアとして取り入れる方が増えています。

苔玉をつくるときには、まず小さなクロマツ、イロハモミジ、テーブルヤシなどの植物の根を、養分を含んだ特別な土で包み込み、球状にしていきます。そして、その表面にシート状になったハイゴケをかぶせて、ひもで固定します。苔が丸くなった形から、苔玉と呼ばれるようになりました。

苔玉づくりでのひもは、普通、合成繊維の釣り糸などを用いますが、わたしは天然素材の木綿糸を使っています。糸はいずれ切れ、苔が自らの力で定着していきます。また、もし枯れて土に返すことになっても、天然素材であれば環境への負荷が少なくなるからです。

苔玉は、一般的な観葉植物のように大きなスペースを必要としません。さらに、盆栽を育てるように時間や手間がそれほどかかりません。世話をするのも簡単で、適度な水やりや風通しの良い場所に置くことなどに気をつければ、自宅にいながらでも、手軽に緑を感じることができるのです。

苔は島根県の専門の農家から仕入れを行い、わたしと妻の二人で苔玉に加工しています。加工してすぐ店に出すものもあれば、半年から1年ほど苔を定着させてから販売するものもあり、風合いの違いが楽しめるように工夫しています。苔玉単体のほか、地元の名産品である備前焼の器に苔玉をのせたり、倉敷の古民家の屋根瓦に苔玉を組み合わせたりといった提案も積極的にしています。1個2,000円から3,000円くらいの商品が中心となっています。

百貨店やショッピングモールの催事や地域のお祭りなどに出店するケー

さまざまな苔玉

スがほとんどですが、事前に連絡をもらえれば、苔玉を管理するビニールハウスに直接来ていただき、多数の商品のなかから希望のものを選ぶこともできます。足を運んでくれるのは、色や形にこだわる個人客が中心ですが、ホテルやレストランなどのインテリアに採用しようと考える企業の方たちも増えています。

**――苔を使った商品はほかにもあるようですね。**

当社オリジナルの「苔リウム」も人気です。苔リウムはガラスの器と苔を使った箱庭ですが、当社では地元の陶芸作家がつくったミニチュアや、ガラス・竹炭・瓦・軽石など地元産業の端材を用いて岡山ならではの商品に仕上げています。例えば、苔を草原に、青いガラスビーズを小川に見立て、陶器でできた小さな家を使って、草原の上に立つ一軒家を演出したりします。生きている植物を使うことによって、独特の癒しの空間が表現できます。

出来上がった商品を販売するだけでなく、お客さま自身が苔玉をつくる体験教室も開いています。まず、季節に合わせた樹木を十種類以上のなかから選びます。同じ植物でも枝ぶりは一つ一つ違うので、完成したらどんな姿になるか想像しながら選ぶこともお客さまの一つの楽しみになっています。作業は土をこねるところから始め、最後に苔をかぶせてひもで固定します。大変なようにみえますが、不安ならわたしや妻がその場で手ほどきしますから、経験がなくても1時間から1時間半ほどで、自分だけのオリジナルの苔玉が完成します。

体験教室では、お年寄りから子ども連れのファミリー層まで、幅広い年代の方に苔玉づくりを楽しんでもらっています。当社が主催するものだけでなく、学校の課外活動や趣味のサークルの場に呼んでもらう出張型の体験教室も行っています。余暇の楽しみとして苔玉づくりに参加する人が多いのですが、こうした体験をきっかけに自然のものと触れ合うことの面白さを知ってもらい、植物や環境に対して意識を高めてもらえればと考えています。

**——植物には昔から興味があったのですか。**

高校卒業まで住んでいた倉敷市の実家の周りには、森や田んぼが広がっており、植物はとても身近な存在でした。もっと植物のことを勉強しようと、高校を出て九州にある大学の園芸学部に入りました。そこでは、農業や造園について深く学びました。

大学を卒業した後は、東京都内にある大手の生花販売会社に入社しました。若い頃は生花の小売店業務やブライダル関係のフラワーアレンジメント業務などに携わっていました。小売店では店長も務めましたし、フラワーアレンジメントを勉強するために、フランスに滞在したこともあります。苔玉や苔リウムをどのように見せればお客さまをひきつけることができるのかを考えるときに、その頃の経験が役に立っています。管理職となって現場を離れてからは、法人事業部、Eコマース事業部、人事部などの責任者を務めました。退職する前には執行役員になっていました。このように企業経営の戦略に関するノウハウを学ぶことができたのも、振り返ってみると創業するためには良い経験でした。

## 定年を待たず東京からUターン

**――なぜ定年前に会社を辞めて起業したのですか。**

事業を一から始めて、その後も継続していくためには、60歳になるまでの少しでも体力があるうちにスタートした方がよいと考えたからです。生まれ育った倉敷市で、ビジネスを行いたいという思いは、ずいぶん前からもっていましたし、妻にもそのことは伝えていました。55歳になった頃から、具体的にどのようなことを行うのか、少しずつ検討していきました。

事業内容は、これまでの経験を生かして、何か植物に関係するものがよいと思いました、しかし、生花の販売は利益率が低く、一定の固定客がいないと軌道には乗りません。観葉植物のレンタルも競合が多く難しいと感じていました。何をメインの商品に据えるか検討するなかで、当時、岡山県には専門店がなかった苔玉に注目したのです。

**――創業するに当たってどのような準備をしたのですか。**

植物に対するバックグラウンドがあるといっても、実は勤務時代には苔玉を取り扱ったことはありませんでした。そこでまず、苔玉の制作体験イベントに参加したり、書籍やインターネットで調べたりして、必要な知識を学びました。

事業を通して社会貢献ができないかと、SDGs（持続可能な開発目標）をテーマとした大学の公開講座も受けに行きました。苔玉をつくる際に木綿糸を使っているのは、そのときの話を参考にしたものです。

事業の立ち上げに当たっては、妻にもいろいろな面で助けてもらいました。例えば、苔玉と地元の名産品を組み合わせるという発想は、地元出身ではない妻の観光客としての目線から生まれたものです。

さらには、事業を始めるうえで地元の自治体や団体などからサポートを受けられないか聞いてみようと、東京にあるふるさと回帰支援センターで開催された地方移住の相談会にも参加しました。そこに出ていた岡山県や倉敷市の相談ブースで、起業支援金などのさまざまな支援があることを教えてもらいました。こうしたサポートには、非常に助けられました。

倉敷市には、両親が亡くなり空き家となっていた実家がありました。兄が管理や手入れをしていたのですが、敷地は十分な広さがあります。自治体の起業支援金を活用して、そこに苔玉の制作や管理などをするための60平方メートルほどのビニールハウスを建てることにしました。土産物店や宿泊施設、地元のお祭りやイベントなど、卸や直売の販路を調べ、植物や苔の仕入先もめどが立ちました。

そして満を持して2019年に58歳で勤務先を早期退職し、倉敷で2020年1月に開業したのです。

## 困難のなかでも挑戦を続ける

**――新型コロナウイルス感染症の影響はありましたか。**

事業を立ち上げた時期と新型コロナウイルス感染症が広がり始めた時期がちょうど同じタイミングだったため、最初の半年は開店休業状態でした。百貨店やショッピングモールでは営業の自粛や時間短縮があり、催事のような人が集まるイベントは軒並み中止されていました。もちろんお祭りなども延期や中止が相次ぎ、出店先が見つからないという厳しい状況が長く続きました。

しかし、営業の自粛が解けたタイミングで何カ所か出店してみると、販売は好調で、かなり手応えがありました。売り場を見て子どもが「小さいお庭みたい」と喜んでくれたり、同じイベントに出店している方から「緑があると和みますね」と言ってもらえたりしました。外出する機会が少なくなるなか、自宅時間を豊かに過ごそうと、植物をインテリアに取り入れる需要が高まったからかもしれません。

購入や体験ができるハウス

**――どのように売り上げを確保していったのですか。**

催事やイベントなどの開催予定を根気強く調べ、出店をお願いして回りました。参加しているほかの店舗の人に、出店先を紹介してもらったこともありました。勤務時代の人脈や法人営業のスキルを生かして、倉敷市の美観地区にある土産物店やセレクトショップにも売り込み、販路を広げていきました。ただ、やはりイベントの回数はそれほど多くはなく、遠方からの観光客も減少したままです。

そこで、地元の一般のお客さまが訪ねて来やすいように、当初は保管のためだけに使っていたビニールハウスを販売や体験の拠点となるよう整備し、新しく看板を掲げました。仕事が終わった後でも参加できるよう17時以降の体験教室を新たに開いたり、時間のない人のために体験工程を少し短縮したコースを設けたりしました。

**――今後は事業をどのように進めていきますか。**

最大の目標は売り上げの安定化です。当社は今でもイベント出店がメインのため、売り上げが不安定になりがちです。そこで、市役所に相談し、2021年からは苔玉や体験教室のチケットをふるさと納税の返礼品に採用してもらいました。これをきっかけに、今まで当社を知らなかった人にも苔玉を体感してもらえればと思います。

最近では、苔玉づくりの体験教室を企業の福利厚生の一環で利用してもらうことが増えています。まとまった人数で受けてもらえるので、たいへん助かっています。

思わぬ出来事もありました。苔玉づくりを体験してくれた小学校の先生が、生徒にもやらせたいと学校に呼んでくれたのです。わたしは苔玉教室だけでなく、体育館に集まった100人以上の生徒の前で、緑の大切さとSDGsをテーマにした授業も行いました。このように、今後も事業を通じて、生まれ育った地元に恩返しししていきたいと思っています。

**聞き手から**

中田晶三さんは、東京から地元の岡山県倉敷市にＵターンして創業した。倉敷グリーンファームは、歴史が薫る街並みで有名な美観地区から車で10分ほど北上した山際にある。

単に小売店として営業するなら美観地区や駅前、バイパス沿いなどに出店するだろう。しかし、中田さんは苔玉を体感してもらうという視点を売りに据え、葉擦れの音と鳥のさえずりが聞こえる場所に拠点を置いた。新型コロナウイルス感染症の拡大でしばらく楽しむことが難しかった、いわゆるコト消費。その魅力を味わってもらおうと奮闘する中田さんに今後も目が離せない。

（西山 聡志）

（日本政策金融公庫調査月報　2022年3月号掲載）

# 翻訳技術でマンガを世界に届ける

## Mantra㈱

<開業者プロフィール>

**石渡 祥之佑（いしわたり しょうのすけ）**

2019年、東京大学情報理工学系研究科博士課程修了。自然言語処理、特に機械翻訳や辞書にない言葉の処理方法を研究。日本学術振興会特別研究員、東京大学生産技術研究所特任研究員等を経て、2020年にMantra㈱を設立。

〈企業概要〉

| | |
|---|---|
| 創　業 | 2020年 |
| 資本金 | 100万円 |
| 従業者数 | 6人 |
| 事業内容 | マンガに特化した翻訳技術の研究開発、自動翻訳サービス |
| 所在地 | 東京都港区南青山7-3-6 南青山HYビル7F 荒井倶楽部内 |
| URL | https://mantra.co.jp |

日本のマンガを楽しんでいる人は海外にも多い。Mantra㈱の石渡祥之佑さんは、海外にいるファンが日本のマンガを母国語で楽しめるようにするため、AIを使った翻訳技術の研究開発に取り組み、出版社やマンガのインターネット配信事業者向けに自動翻訳サービスを提供している。なぜマンガに注目したのか。そして事業化に当たってどのような問題に直面し、どう対処したのだろうか。

## マンガに特化した自動翻訳

**――事業内容を教えてください。**

マンガの翻訳に特化したAIを研究開発し、自動翻訳サービス「Mantra Engine」を提供しています。Mantra Engineは、マンガの画像データからセリフの入った吹き出しを検出し、文字を外国語に置き換えるクラウドサービスです。2022年1月現在は英語と中国語の繁体字、簡体字に対応しています。基本料金と翻訳量に応じた従量制を合わせた料金体系で、月当たり約20万～30万円で利用していただくことが多いです。

主な利用者は海外に販路を広げたい出版社やマンガのインターネット配信事業者です。高精度な翻訳だと評価してもらっており、最近は翻訳業者も利用し始めています。

**――マンガ以外の本や雑誌の自動翻訳とはどのような違いがありますか。**

マンガの自動翻訳には、一般的な書籍や雑誌などにはない難しさがあります。主な要因は二つです。

一つは、セリフに独特な言い回しが多いことです。キャラクターの個性を表すため「ござる」「にゃん」といった言葉が語尾についていることがありますよね。表現が砕けていて、主語が省略されていたり造語が使われていたりもします。外国語に変換するだけなら普及している電子辞書や翻訳エンジンでも可能ですが、それではニュアンスを正しく伝えられません。

例えば、突然現れたモンスターに驚く主人公の「なっ…！何いいっっ」というセリフを汎用の翻訳エンジンで英語に訳すと「Nah...! What's good」になります。「Nah」は英語になっておらず、「What's good」は「最近どう」といったあいさつを意味する言葉なので不適切です。「W...!WWWhattt」とした方が臨場感を伝えられます。たった一つのセリフを訳すにも、場面を考慮する必要があるのです。

Mantra Engineの翻訳画面

もう一つは、コマ割りと吹き出しというマンガならではの表現技法です。場面を理解するには、順番どおりにセリフを追う必要があります。ただ、コマ割りと吹き出しの形や大きさ、配置は作品によって異なります。単に右から左に、上から下に読み込めばよいわけではありません。わたしたちはマンガをすらすら読んでいますが、機械にとっては簡単ではないのです。

**——機械による翻訳の難しさに御社はどうやって対処したのですか。**

すでに人の手で翻訳されている作品をたくさん集めて、AIの機械学習を行いました。マンガに特化した学習により、汎用の翻訳エンジンとは一線を画す高精度な翻訳エンジンを開発したのです。精度もさることながら、スピードにもこだわりました。利用者からは、従来の人の手だけで行う場合に比べ、半分程度のコストと時間で翻訳できると聞いています。

## 起業を支えたつながり

**——起業を考えたのはいつですか。**

大学院の博士課程にいた頃です。AIを使った機械翻訳において、辞書に載っていないような新しい言葉を処理するにはどうすればよいかといったことを研究していました。将来は研究者かエンジニアになるのだろうと漠然と考えていたのですが、同じ学科の出身で会社を立ち上げた先輩から、技術者・研究者であっても起業を選択肢に入れておくとよいと聞き、起業に興味をもちました。

**――マンガの自動翻訳に注目したのはどうしてですか。**

理由は二つあります。一つはエンターテインメントコンテンツに恩返しをしたかったからです。小学生の頃、親の仕事の都合で中国に1年間住んでいました。全校生徒のうち日本人は自分だけでとても心細かったのですが、同級生が「日本人ならマンガやアニメのこと、わかるかな」とよく話しかけてきてくれました。マンガやアニメの話題をきっかけに友達をつくることができて、本当に救われました。

大学院時代に中国と米国に留学したときも、現地の人から日本のマンガやアニメが好きという話をたくさん聞き、日本のエンターテインメントコンテンツは偉大だなと改めて感じました。起業を意識し始めてから、こうした体験を思い出しました。マンガならではの表現を翻訳する技術はまだ確立していなかったので、ビジネスチャンスだと思いました。

もう一つの理由は、マンガ市場が健全に発展してほしいと思ったからです。海外の人と日本のマンガの話題で盛り上がれるのはうれしいし誇らしい一方で、モヤモヤした気持ちもありました。というのも、多くの人が海賊版を見ていると知ったからです。海外では公式版がない作品も読まれています。勝手に訳してインターネットにアップロードする人がいるのです。

マンガの場合、公式版の海外進出は日本で売れてからというのが従来の戦略でした。外国語で公式版をリリースするにはコストがかかるからです。翻訳もさることながら、飲酒や喫煙、あるいは戦闘のシーンなどを各国のルールに合わせて微修正することがよく発生します。新たに絵を描き起こすこともあります。翻訳者のほか作者やデザイナー、表現のチェック担当者などさまざまな人の手や時間が必要なのです。国内で大人気の作品

技術者が集まり研究開発

なら、海外進出のコストを回収する見込みが立ちやすいのでしょうが、こうした作品だけで海外のファンは納得しません。気になる作品を見つけても母国語で読めないとなれば、海賊版に手を出すしかないわけです。

世界中のファンに素早く公式版を届けられればどうでしょうか。海外のファンは喜ぶし、海賊版を利用する必要もなくなります。何より、作者は正当な利益を得ることができます。自動翻訳はこうした課題の解決にも役立つと考え、大学で画像処理を研究する友人を誘い、当社を設立しました。

**――起業に当たり苦労したことは何ですか。**

経営どころか社会人経験すらほとんどなかったので、わからないことだらけでした。大学や企業による支援にはとても助けられました。

まずは大学のスタートアップ支援プログラムです。大学のメンターとは企業活動上の利害関係がないため、気兼ねなく事業計画や資金調達の方法を相談できました。また、現在地に移転するまでは大学のスタートアップ支援施設に入居させてもらいました。まだ売り上げがなかったときに家賃の支払いを考えずに済んだのは良かったです。研究開発に集中できる環境が整っていました。

次に企業による支援です。特に有益だったのは、出版社が主催するアク

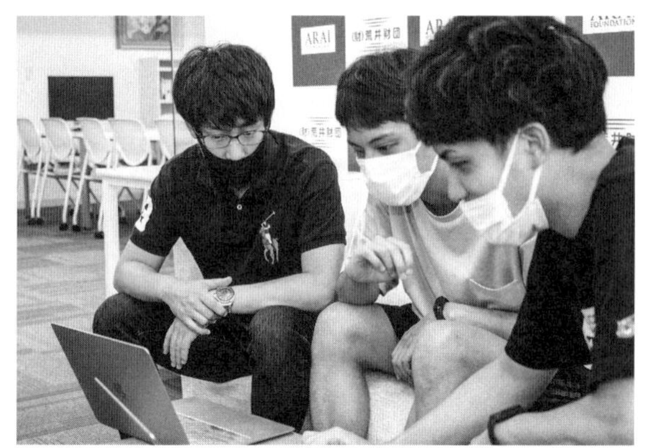

メンバーで議論

セラレータープログラムでした。主催する企業の社員と協力し、ビジネスモデルのブラッシュアップを図るものです。複数のプログラムに参加しましたが、いずれも約半年かけてじっくり行うもので、事業化を目指して本気で議論します。付き合いが深くなることで信頼関係が築けるため、後に業務提携というかたちで実を結ぶことにもなりました。

**――資金はどのように調達したのでしょうか。**

出資により調達しました。投資家とは、大学のスタートアップ支援プログラム、アクセラレータープログラム、ビジネスコンテストなどに参加するなかで出会いました。

当社の事業をプレゼンテーションするときは、技術の実現性や収益モデルだけでなく、マンガを世界に届けたいというビジョンや熱意を自分の言葉でしっかり伝えるようにしています。実はコロナ禍の影響で出資が見送りになったケースもありましたが、ありがたいことに、当社のビジョンに強く共感してくれる投資家が現れ、助けてくれました。

従業員も徐々に増えています。創業後に4人入社し、現在はわたしを含めて6人です。当社の情報はアクセラレーターやビジネスコンテストを通じてインターネットで紹介されており、多くの人の目に触れています。それを見て、当社のビジョンに共感した人や面白そうだと考える人から、仲間に入れてほしいと声をかけてもらえるようになりました。集まったメンバーにはAIの技術者だけでなく、マンガの編集者や会計の専門家もいます。技術者には大学の後輩もおり、研究室のつながりも生きています。

## マンガ市場の健全化に貢献

**――現在の成果を教えてください。**

今は1カ月当たり、単行本でいうと約100冊分の翻訳に当社のシステムが使われています。売り上げがゼロで研究開発費だけが出ていくという状況は脱しました。

うれしかったのは、海賊版の取り下げにつながるケースが出てきたことです。公式版をリリースする際には、海賊版のアップロード主に対して取り下げるよう注意するのですが、意外にも「公式版が読めるなら喜んで取り下げる」という反応がほとんどでした。さらに話を聞いてみると、作品を楽しみたい、ファンの期待に応えたいといった純粋な思いをもつ人ばかりでした。むしろ翻訳に協力したいと言ってくるほどです。

そこで当社は、海外にいる熱烈なファンが翻訳に取り組めるプラットフォームづくりに参画しています。「自分がいち推しする作品を多くの人に読んでほしい」「作者を応援したい」と考える人が翻訳者として登録し、許可された作品の翻訳をインターネット上でできるようにしています。運営するのはマンガやイラスト等のダウンロード販売会社で、当社は吹き出しの検出やテキストの認識、翻訳文の描画など翻訳者を支援する機能を提供しています。

**――今後の課題は何ですか。**

日本の書店やマンガ配信サイトに作品が出るのと同時に外国語で公式版をリリースできるようにしたいです。そして、日本の週刊誌の連載を海外にいる人たちもわくわくしながら待つ世界をつくりたいと考えています。実現するには翻訳の精度を向上させたり対応する言語を増やしたりと、やることはたくさんあります。

また、翻訳技術の開発以外にも力を注いでいることがあります。出版社と共同で進めている「Langaku」という英語学習サービスの開発です。現在は試作版のテストを実施中です。マンガのセリフの言語をパソコンやタブレットの画面上で切り替えられるようにしています。外国語を習得するには、多読が効果的だといわれていますが、続かないという人も多いでしょう。そこでマンガの力を借ります。マンガなら楽しみながら繰り返し読めると思います。

子どもの頃に自分が救われたように、マンガには大きな力があります。マンガの魅力を世界中に届けるため、今後もチャレンジしていきたいです。

### 聞き手から

AIは規則性のあるものから学習することが得意といわれる。規格が定まった工業製品の分野では、検品や設備の故障の予測などで活用が進んでいる。対してマンガは、AIによる学習や自動化が非常に難しい分野といえる。コマ割りや吹き出しの形に決まりはない。キャラクターの個性が詰まったセリフは独特で表現は砕けている。作中でしか使われないような造語や略語など辞書にはない言葉も頻繁に登場する。

難しさゆえに誰も手を出さなかったマンガの自動翻訳にチャレンジする原動力となったのは、石渡さんの熱意である。「大切なのは面白いか面白くないか」「自分の技術が役立って社会の課題を解決できたならこれほど熱いことはない」と語っていた。生活やお金のためだけではない、世界を変える可能性を秘めているということがビジネスの大きな魅力なのだと教えてくれた。

（山崎 敦史）

（日本政策金融公庫調査月報　2022年5月号掲載）

# 警備業を憧れの職業に

## SHOWYA㈱

<開業者プロフィール>
**梶屋 都（かじや みやこ）**
大学卒業後、造園会社に就職。造園現場での経験をもとに2019年に警備会社 SHOWYA㈱を起業。

**〈企業概要〉**

| | |
|---|---|
| 創　業 | 2019年 |
| 資 本 金 | 180万円 |
| 従業者数 | 31人 |
| 事業内容 | 警備業 |
| 所 在 地 | 兵庫県宝塚市山本丸橋1-5-3 |
| 電話番号 | 0797(52)7538 |
| U R L | https://www.showya.co.jp |

工事現場の交通整理やイベント会場での誘導、施設の安全管理といった警備業の仕事に、きつい、汚い、危険の3Kのイメージを抱く人は少なくない。就職希望者が少なく、人手不足に悩む事業者が多い。しかし、SHOWYA㈱では若い人たちが集まり、いきいきと働いている。どのような魅力があるのだろうか。

## 通行人を笑顔にする警備

**――一味違う警備会社を経営していると聞きました。**

兵庫県や京都府、大阪府を中心に、工事現場での交通誘導のほか、イベント会場でパフォーマンス付き警備をしています。パフォーマンスの内容は、安全に支障が出ない範囲で、誘導棒を華麗に回したり、立ち振る舞いにダンスのステップを入れたりするものです。従業員は30人いて、20～30歳代の若い人が多くを占め、女性も活躍しています。

**――パフォーマンス付き警備を始めようと思ったのはなぜですか。**

最初に警備業に関心をもったのは、勤務していた会社で造園工事の現場監督をしていたときです。依頼をした警備員に高齢で長い時間立っていることが難しい人や、決められた動きや誘導をしっかりできない人がいて、不安を感じることがありました。身だしなみへの配慮が十分でない人もいて気になっていました。

ただ、決められた数の警備員がそろわなければ、工事を始めることはできません。業界全体で警備員の人手が不足しているので、あまりぜいたくなことは言えないと諦めるのと同時に、警備の仕事が必要不可欠な職業であることを、改めて認識させられました。

パフォーマンス付き警備の可能性を感じたのは、それから数年後、娘を車で送迎していたときのことです。駅前で非常にきれの良い動きで交通誘導をしている男性がいました。男性の姿が面白く、わたしも娘もその道を通るのが楽しみになりました。聞くと、わかりやすさを追求した結果だと話してくれました。確かにドライバーの目に留まりやすく、発進と停止の合図もわかりやすかったのです。

そのとき、学生時代に訪れたニューヨークで見た光景を思い出しました。朝のラッシュアワーの時間帯に踊りながら交通誘導をする女性がいました。渋滞でいらいらしているドライバーたちがその姿を見て思わず笑顔になったのです。

こうした経験から、警備業への潜在的なニーズに気づくことができました。身だしなみを整え、あいさつや気配りなど礼儀を大切にする人や、体力のある人を警備員に求める依頼企業は少なくないはずです。警備の質を高めれば、依頼企業だけでなく通行人からも喜ばれます。正当な評価を得られるようになれば、きつい印象をもたれがちな警備業でも、人材が定着する好循環を生み出せると考えたのです。さらに、そこにパフォーマンスを加えれば、人々に楽しんでもらえて、かつ依頼した企業のイメージアップにも貢献できます。こうしてSHOWYA㈱を起業することにしました。

**――起業の準備はどのように進めたのでしょうか。**

警備の仕事に就いたことはなかったため、勤務時代の知り合いから警備会社の経営者を紹介してもらいました。その方は、パフォーマンス付きの警備は業界が明るくなる取り組みだと共感してくれ、起業準備の相談に乗ってくれるだけでなく、起業した後は従業員の育成にも協力してくれました。

警備業の許認可を取るためには、警備員指導教育責任者と呼ばれる国家資格をもつ人を選任しなくてはいけません。従業員が初めて現場に出る前や毎年受ける研修の指導者です。警察に勤める知人にお願いして、OBの方を紹介してもらいました。

ほかにも、警備員の登録や着用する制服の届け出が必要です。警備員として登録する際に必要な書類は、身分証明書や健康診断の結果など多岐にわたります。警察署に何度も通って教えてもらいました。

警備員が着る制服は、ボタンやワッペン、ファスナーの位置といった細かなところまでルールに沿ってデザインしなくてはいけません。当社では通常警備の青色の制服とパフォーマンス用の赤色の制服を用意していま

オーダーメードの制服

す。ルールを守りつつ、当社の警備を見た人たちに楽しんでもらえるような制服に仕上げるために、警察署の方と相談しながら進めていきました。

## 働きやすい職場をつくる

**――人材はどのように集めたのですか。**

まずはパフォーマンス付き警備の人材を集めました。近所付き合いのあった、劇団で座長を務める男性に協力してもらい、3人の劇団員を採用しました。劇団員にした理由は二つあります。一つは、人前に立つことに慣れていて、演技で培った表現力をパフォーマンスに生かしてもらえると考えたからです。

もう一つは、劇団の活動と警備業の働き方の相性が良いと思ったからです。舞台の本番が近づくと、劇団員は稽古のためにまとまった休みが必要になります。そのため正規の仕事に就くのは難しく、早朝や深夜のアルバイトをかけもちしている人が少なくありません。イベント会場でのパフォーマンス付き警備は、単発の勤務ですので、稽古日と調整しやすいです。1日の勤務時間は8時間など長いものが多いので、時給を高めにすれば、短い期間に集中して稼ぐことができます。複数のアルバイトをするよりも、仕事とプライベートにメリハリがついて、劇団の活動にも打ち込みやすくなるだろうと考えました。

パフォーマンス付き警備の需要はまだ少ないので、通常の警備を行う人材も募りました。時給をやや高めにしたり、当社のホームページやSNSに仕事やミーティングの様子を掲載して会社の雰囲気を発信したりしました。若い人が多く、和気あいあいとした雰囲気を魅力に感じて、当社で働きたいという人は徐々に増えていきました。ただ、警備の質を維持するために採用基準は厳しくしています。礼儀正しさやコミュニケーション能力、当社の社風になじむかなどを重視しています。採用の倍率は20倍ほどです。

採用後は、警備員指導教育責任者がマンツーマンで指導をします。また、当社の理念と行動指針である「商（しょう）は笑（しょう）なり、そして勝（しょう）なり」を記したクレドカードをつくりました。従業員が常にカードを携帯して仕事の前に読み、笑顔で礼儀正しい振る舞いを心がけることで、仕事ぶりが評価されて従業員の成長や新たな受注につながるという思いを込めています。

**――受注はどのようにして増やしていったのでしょうか。**

起業の準備でお世話になった警備会社様からの紹介や必死の営業で、仕事を確保していきました。コロナ禍の前はイルミネーション会場やマラソン大会といったイベントの警備をしていました。

営業では値引きを求められることが多々あります。人材の質を下げないためにも、当社は安さで勝負ができません。なかなか折り合いがつかず、3時間粘って受注を得たこともありました。それでも警備の内容よりも価格を重視される場合には、受注を諦めます。

もちろん、イベントの安全な実施のためには警備の質が重要であることに、理解を示してくれる企業もあります。一度仕事を受けると、歩行者や作業者への配慮や的確な誘導といった仕事ぶりが評価され、継続して依頼が入ることが多く、少しずつ固定客を増やしています。

起業から1年ほどでコロナ禍となり、ほとんどのイベントが中止や延期となりました。そこで、今は仕事のメインをイベント会場から工事現場へと移しています。営業先を近隣にある建設会社に広げて新規先の開拓を進めていきました。

**――イベント会場と工事現場の警備とでは仕事の環境に違いがありますか。**

はい。例えば、開催の日時が決まっているイベントの警備と違って、工事現場の警備は天気や計画の進捗などで予定が変わりやすいです。そのため前日にシフトが決まるという警備会社は少なくありません。

しかしそれでは、従業員がプライベートの時間を確保するのが難しくなってしまいます。当社では1カ月先までのシフトをつくり、依頼企業と従業員に送付しています。当社で計画をしっかり立てて人員を配置していることを顧客にアピールすることで、予定に変更が出そうな場合は早い段階で相談してもらえるようになりました。

1カ月先まで予定を組めるように営業するのは大変ですが、従業員はほかの予定との調整がしやすくなり、より多くの出勤日数を確保できるようになりました。

## 警備業のイメージを覆す

**――ほかに人材定着のために行っていることはありますか。**

月に1回、日曜日にミーティングを開催して従業員同士が顔を合わせる機会を設けています。

警備の仕事は現場への直行直帰がほとんどで、従業員が一日中、仲間と顔を合わせることなく仕事をすることは少なくありません。現場では、通行人から心ない言葉を浴びることもあります。仕事場であったつらいことを一人で抱え込まないように悩みを言い合える場をつくることは、警備の

明るく元気な警備が評判

仕事を続けてもらううえで大事なポイントです。

ミーティングでは事前課題として、人間学を学ぶ月刊誌を配布して、感想文を書いてきてもらいます。当日にそれを読み合うことで、互いの考え方の違いに気づき、理解するきっかけにしています。自分の生活や仕事に絡めて書く従業員も多く、悩みを打ち明け相談する場にもなります。バーベキューや忘年会といった従業員が打ち解けられるようなイベントも開催しています。

ミーティングを通じて仲間の顔が見え、話しやすい雰囲気ができたことで、業務連絡用のLINE グループでは、仕事での気づきや大変だったことを共有する従業員が増えてきました。コロナ禍となってからはミーティングの開催を控えていましたが、再開してほしいという声が上がり、今は感染対策をしながら実施しています。

**――今後の取り組みについて教えてください。**

警備の仕事のイメージを向上させて、人気の職業にしていきたいです。当社では働きやすさへの配慮や、従業員同士の交流促進による精神面でのサポートに取り組み、皆が誇りをもって働ける環境をつくってきました。

従業員の仕事ぶりを見た人が、当社の就職希望者となることや、仕事の依頼者となることもありました。やる気のある従業員を増やしていくことが警備の質の向上につながり、警備という職業や依頼企業に対する世間からの評価を上げているといえます。

コロナ禍で大幅に減少したイベントも少しずつ再開され始めています。今後はパフォーマンス付き警備の仕事を増やし、通行人の皆さまや依頼企業の方々に喜んでもらえるような、安全で楽しいひとときを提供していきます。

**聞き手から**

SHOWYA㈱のSHOWにはパフォーマンスの「ショー」と笑顔の「笑(しょう)」、YAには会社組織や家を指す「屋」を当てている。梶屋さんが、安心できる場所という思いを込めてつけた。

警備は車両の前に立ち誘導するなど危険を伴う仕事であり、多くの人と対面するなかで時にはトラブルに見舞われる。同社では、従業員間の良好な関係やワークライフバランスのとりやすい環境をつくり、スタッフが安心して仕事に打ち込めるようにした。従業員の高い満足度は、先輩が若手にレクチャーするといった意欲的な行動につながり、会社全体が進化し続ける循環が生まれている。梶屋さんは社名に込めた思いを実現させ、警備のイメージアップという目標に確実に近づいている。　（青木　遥）

（日本政策金融公庫調査月報　2022年2月号掲載）

# アプリで食卓に笑顔を

## ㈱Fam−Time

<開業者プロフィール>

**西村 威彦（にしむら たけひこ）**

神奈川県出身。早稲田大学大学院理工学部研究科を修了後、大手IT企業に入社。主に新規事業企画を担当し、IoTを用いた生産効率化支援などに従事。在職中に30を超える特許を取得。2018年に㈱Fam−Timeを設立、代表取締役に就任。

〈企業概要〉

| | |
|---|---|
| 創業 | 2018年 |
| 資本金 | 650万円 |
| 従業者数 | 2人 |
| 事業内容 | 料理アプリの開発・運営、食関連のデジタル化支援 |
| 所在地 | 神奈川県川崎市高津区末長3-2-7 |
| URL | https://fam-time.com |

新型コロナウイルスの感染拡大により、外食を減らしている家庭も多いだろう。家で料理する機会が増えたことで、関連する商品やサービスが注目されている。㈱Fam−Timeが提供する料理アプリの「FamCook」もその一つだ。音声認識などの機能を使って、まるで料理教室のようにレシピのレクチャーを受けることができる。調理だけではなく、献立の作成や買い物をサポートしてくれる点も人気だそうだ。類似するアプリが多いなか利用者数を伸ばすFamCookについて、同社代表取締役の西村威彦さんに話をうかがった。

## 家庭料理のスキルアップと役割分担を支援

**——料理に関するアプリを運営しているそうですね。**

家庭料理をサポートするアプリ「FamCook」を運営しています。アプリのメインとなる料理レシピは、料理教室で扱うような定番のものからオリジナルレシピまで約200種類を幅広く掲載しています。

毎日の献立を計画する機能や献立に必要な食材を一覧で示す買い物リスト機能もあります。献立と人数を選んで登録すると使用する食材がカテゴリーごとに買い物リストに登録されます。スーパーなどに行く際、リストを見ながら効率的に買い物ができ、買い忘れも防げます。

そのほかにも、調理に要した時間を確認できる機能や料理に関する豆知識を学べるクイズなど、家庭料理に関するコンテンツを楽しめます。ダウンロード数は現在、累計で約7,000と増加傾向です。20歳代から50歳代の利用者が多く、男性の割合が比較的高いのが、ほかのアプリと異なる点です。

**——なぜ男性の割合が高いのですか。**

その理由は、大きく分けて二つあります。一つは、料理初心者の男性の利用が多いからです。未経験でも無理なく調理できるように、手順ごとにポイントを確認できる機能を用意しています。例えば、レシピの途中に出てくる玉ねぎのみじん切りについて、「詳しく」というタブを選択すると、みじん切りの方法を図解付きで確認できます。同様に「ポイント」を選択すると、玉ねぎが目にしみないこつを学べます。

そのほか、レシピに必要な調理器具や調味料の紹介、食材選びの留意点といった初心者がつまずきやすいポイントに関するコンテンツをアプリ内に充実させています。特に、料理に苦手意識をもっていた男性からの支持につながっています。

もう一つの理由は、夫婦で利用する方が多いからです。FamCookは、

**アプリにはさまざまな料理が並ぶ**

Family Cookingの略で、家族で一緒に料理をできるようにと開発したアプリです。料理と聞くと調理することだけを思い浮かべがちですが、実際には献立を考えるところから始まり、必要な食材を買いそろえて、冷蔵庫に貯蔵し、下準備の後に調理を行い、最後には皿洗いなどの片付けが待っています。

FamCookでは、事前に設定した人と、お互いの献立や買い物リストを共有できます。例えば、献立は妻が考えて、食材は夫が買いに行き、調理は妻と夫で分担して行う場合、情報を共有しておけば無駄なく作業を進められます。家事を分担している夫婦に愛用いただくことが多く、その結果、料理関連のアプリのなかでは男性の利用率が高くなるのです。

**――詳細な解説を受けられる反面、画面を操作しながら調理するのは大変そうです。**

確かに調理中に汚れた手での画面操作は避けたいですよね。FamCookならハンズフリーで大丈夫です。

音声ナビをスタートすると、レシピの内容を読み上げてくれます。「次」と話しかけると先の手順に進み、「戻る」と言えば一つ前の手順に戻ります。手順を思い出せないときは「もう一度」、詳細に知りたいときは「詳しく」、調理のこつを知りたいときは「ポイント」と声をかければ、それぞれ操作できます。

また、音声入力モードで食材や料理名を伝えると、その食材を使ったレシピを自動で検索して表示します。単語ごとに認識できるので、例えば、「トマト、人参、スープ」と伝えると、食材からミネストローネのレシピを案内します。

声をかけない限りページは変わりませんし、声をかければ約1秒で反応するので、自分のペースで調理を進められます。直観的に操作できると利用者から好評です。

## 家庭料理を変える

**――音声認識機能は高度な技術が必要だと思いますが、創業まではどのような仕事をしていたのですか。**

大学院を修了した後、大手IT企業に就職して、主に新規ビジネス推進部門でIoTやAIを活用した新規サービスの企画を担当しました。仕事柄、新しいシステムの設計を伴うことが多く、在職中にIoTに関連する特許などを30件以上取得しました。

前職で印象に残っている仕事は、制御機器メーカーからの依頼で、工場のIoTデータを可視化するシステムを開発したことです。製造ラインのボトルネックを瞬時に発見できるこのシステムは、その後、商品化しました。ただ、商品化に要した時間は3年と、大企業でアイデアを事業化するには相当の労力と長い年月が必要なのだと実感しました。起業を意識したのは、このシステムをシリコンバレーに持ち込んだときのことです。アポイントを取らずに複数の企業に売り込むなか、あるベンチャー企業の社長がシステムを気に入り、すぐに共同で実証実験を行ってくれたのです。小さな組織ならではの意思決定のスピードに触れ、起業への思いが湧き上がりました。

**――家庭料理に関するサービスに着目したのはなぜですか。**

わたしが渡米したのは、米国や日本でキッチンのIoT化が広がった時期で、関連するベンチャー企業も数多く誕生していました。業界では、次々と先端技術が取り入れられていましたが、他方で効率化が進まず、むしろ属人化している分野があったのです。それが家庭料理でした。

料理は食材の購入から片付けまで複数の作業が必要ですが、わが家でも妻に負担が集中していました。料理が女性一人に属人化されていて、夫婦間で分担できていなかったのです。わたしが携わっていた製造業の現場のように作業を標準化し、効率よく分担して連携できる仕組みをつくれば、女性への負担が減り、ビジネスとしても成立すると思いました。

ただ、日本の男性は海外に比べて家事の参加率が低いそうです。男性が参加しなければ、そもそも家庭内の分担は進みません。そこで思いついたのが、今まで料理をしたことがない初心者でも簡単に調理できるレシピのガイドです。苦手意識を克服できるサービスがあれば、男性の参加率も高められると踏んだのです。

**――米国での経験や家庭での気づきからアイデアが生まれたのですね。その後、すぐに起業したのですか。**

起業する前に元勤務先の社内ベンチャー制度に応募しました。アイデアをもとに企画案を提出したのですが、結果は不採用でした。事業者向けのサービスを提供する企業でしたので、当時は新規事業とはいえ消費者向けの分野に進出するメリットは少ないと判断されたようです。この出来事をきっかけに、同僚だったエンジニアと共に当社を設立し、4カ月の開発期間を経て2018年7月にFamCookをリリースしました。

アイデアを具現化する手段としてアプリを選択しました。競合が多い市場なので差別化を図るためにレシピの案内の仕方には特にこだわりました。知りたい情報を過不足なく聞けて、なおかつスムーズにやり取りできる料理教室のようなアプリです。それを実現させるために音声ガイド、音声入力の機能を開発しました。

また、アプリのリリース後、兼ねてから親交のあったパパ料理研究家の滝村雅晴氏を取締役に迎えました。滝村氏は男性向けの料理教室を開催している方で、「フライパンでつくる肉じゃが」などの定番レシピを数多く提供してもらいました。また、料理教室の生徒にアプリを使ってもらい、改良を施しました。詳細機能や調味料の紹介などの機能は、このときの意見から追加したものです。

さらに、コンテンツのデータベース化を進めました。一つひとつの手順や食材を個別にデータベースに登録するものです。新たにレシピをつくる際、既存の手順を部品のように組み合わせて作成できるようになりました。例えば、玉ねぎのみじん切りなどのよく使う調理工程は、ほかのレシピにも応用しています。料理名や食材、調理器具などから登録されているコンテンツを検索できるようになり、検索効率も向上しました。

## アプリで得たノウハウを新たなビジネスに

**――リリース後の利用者の反応はどうでしたか。**

ハンズフリーで操作できる点が好評を得て、利用者は順調に増えました。ただし、FamCookは無料提供アプリのため、利用者増が収益に直結しません。主にFamCookのアプリ開発で培った技術を通じて、企業や大学などと連携することで収入を得ています。

その一つが、昭和女子大学現代ビジネス研究所の「食プロジェクト」への参画です。災害時の非常食レシピの立案や発信方法について、当社がアドバイスを行っています。FamCookにも「災害を生き抜く非常食レシピ」として献立をいくつか登録しています。

また、キッチン周りの商品を扱う企業とも連携しており、その企業の商

FamCookで料理する西村さん家族

品を使ったレシピをFamCookに掲載したり、ホームページへの掲載を手伝ったりしています。

**――なぜFamCookを有料にしなかったのですか。**

創業時は、初めだけ無料で提供し、利用者が増えたら有料化するつもりでした。しかし、経営理念である「充実した家族時間」を増やすためには、無料のまま多くの家庭で利用してもらう方が良いと考えました。

大学や企業からの収入が増えたことに加え、「食DX支援」という新事業を開始したことも後押ししました。FamCookで培ったノウハウを生かして、食品を扱う企業のデジタル化をサポートするものです。

一例が、有名店の料理を冷凍食品化して販売する企業の案件です。一流シェフのレシピは属人的なものが多く、同じ調理でも細かい工夫を加えて唯一無二の味に仕上げています。そうしたレシピをデジタルデータに加工する作業を担当しています。

デジタル化によって匠の味を再現するだけでなく、量産化に適した調理工程に分割したり、衛生管理の国際的な手法であるHACCP（ハサップ）を導入して安全性を高めたりと、商品開発の高度化に貢献しています。その際、食材ごとの特徴や前後の調理工程のつながりなどを考慮しなければ、最適な提案はできません。このあたりに、FamCookのレシピ作成などで培ったノウハウが生きてくるわけです。

**――FamCookで得た経験が次のビジネスにつながっていますね。**

アプリを運営していなければ、この事業を始めていなかったと思います。最近では、アプリを評価してくれる企業から連絡をいただくケースが多くなりました。現在、食DX支援を行っている企業は4社に上ります。アプリが広告塔の役割を担ってくれているのです。

もちろん、FamCookもさらに進化しています。2020年にFamCook-Questというゲーム形式で子どもに料理を教えるコンテンツを始めました。扱うレシピは包丁や火をいっさい使わず、5段階のレベルに合わせて料理を学べます。家にいることが多くなった子どもに料理を覚えさせたいとの声を受けて、開発しました。

コロナ禍で外食を控える人が増え、利用者は増加傾向です。今後も、FamCookと食DX支援の二本柱で、家庭料理をサポートしていきます。

**聞き手から**

西村さんは創業当初の計画を変更してアプリの無料提供を決めた。技術やノウハウが詰まったアプリを無料で公開するのはもったいない気もするが、「多くの食卓に笑顔を届けるというコンセプトを崩したくなかった」と西村さんは話してくれた。

ただしFamCookは、同社のビジネスの核となっている。理念や技術を示す広告塔、食に関する情報を広めたい企業や学校と家庭の食卓をつなぐプラットフォーム、食DX支援事業の足がかりなど、成長のきっかけをいくつも生み出した。企業として利益を追求しながらもFamCookの無料提供にこだわる。これからも全国の食卓に笑顔を届けていくだろう。

（長沼　大海）

（日本政策金融公庫調査月報　2021年10月号掲載）

# 日常会話から商品が生まれるベーカリー

## ヤマネベーカリー

<開業者プロフィール>

**山根 陽子（やまね ようこ）**

大阪府出身。趣味で始めたパンづくりが高じて創業を決意。大阪市のベーカリーで6年間修業した後、兵庫県丹波市に移住し、2019年4月に「ヤマネベーカリー」を開店。

**〈企業概要〉**

| | |
|---|---|
| 創　　業 | 2019年 |
| 従業者数 | 1人 |
| 事業内容 | ベーカリー |
| 所 在 地 | 兵庫県丹波市春日町柚津67-1 ロカッセタンバ内 |
| 電話番号 | 0795(81)4008 |
| U R L | https://yamanebakery.thebase.in |

自分でつくったパンを薦めて、お客さんの声を直接聞きたいという夢をかなえるため、山根陽子さんはヤマネベーカリーの開店を決意した。大阪市から兵庫県丹波市へ移住して創業した山根さんは、地元の人に支えてもらうことばかりだという。新型コロナウイルスの感染拡大の影響を受けながらも、ファンが少しずつ定着してきている。

## 町に一つのベーカリー

**――お店について教えてください。**

兵庫県丹波市春日町にあるロカッセタンバというコンテナハウスの一角にあるベーカリーです。営業時間は8時から17時までで、火曜日と水曜日が定休日です。毎日食べたくなる食パンやクリームパンといった定番商品や、地元で収穫した野菜や果物をふんだんに使ったキッシュやデニッシュなど15～20種類を店頭に並べています。価格は1個200円から400円です。

丹波市春日町にはベーカリーがなかったので、以前なら焼きたての食パン1本を買いに行くのに、車で20分はかかっていたのではないでしょうか。地元の方の食生活に少しは貢献できているかもしれません。

お店ではコーヒーやカフェオレも販売しており、天気の良い日はテラス席でコーヒーやカフェオレと焼きたてのパンを楽しんでもらえます。女性のお客さんが多いでしょうか。土日には神戸や大阪など遠方からもいらっしゃいます。

**――創業の経緯を教えてください。**

創業前は百貨店で靴の販売を担当していましたが、既製品を薦めることに違和感を覚えていました。当時趣味でパンづくりをしており、友人や家族の好みに合わせてつくっていました。おいしいねと喜んでくれる姿を目の当たりにするうちに、パンを極め、仕事にしたいと思うようになりました。そこで百貨店を退職し、大阪市のベーカリーで修業することにしたのです。

修業先のオーナーにはあらかじめ、将来は自分のお店をもちたいと伝えていました。人気店だったため教えてもらう時間がなかなかとれず、最初の1年間は生地に触ることができませんでした。具材の仕込みからのスタートでしたが、やがて硬い生地からやわらかい生地までさまざまな製法がわかるようになり、パン職人としての手応えを感じました。勤務6年目

コンテナハウスの一角にお店を構える

には店長を任せてもらい、20人ほどいたスタッフのシフトの調整や仕込み量、売り上げの管理など店舗全体の運営を経験できました。

**——どうして丹波市春日町で創業したのでしょうか。**

丹波市春日町にロカッセタンバというコンテナハウスがオープンするから、そこに出店してみないか、と知人が紹介してくれたからです。ロカッセタンバは最寄り駅であるJR福知山線の黒井駅から約6キロメートル離れたところにある複合施設で、ほかには飲食店や雑貨店などが入っています。

朝夕の山の霧や鳥のさえずりなど自然を間近に感じられる場所で、長く都会で暮らしていたわたしは一瞬で心を奪われてしまいました。製造から販売まですべて自分でやるというわたしの夢にも合致していると感じました。ここならマイペースで働けるような気がして、丹波へ移住することにしたのです。実は、食パンの形をしたヤマネベーカリーのロゴデザインは、目の前にある山をモチーフにしています。

**——この辺りはなじみのある場所ではなかったのですね。**

はい。大阪市から車で2時間ほどの場所ですから、移住するまでは土地勘はまったくありませんでした。

そのため創業準備では丹波市商工会の皆さんにお世話になりました。資金調達では、大阪市から移住するわたしはIターン創業に該当するため、兵庫県のふるさと起業・移住促進事業の補助金を活用できると教えてもらいました。開店準備で忙しいなか、補助金の申請書類の作成を手伝ってもらえてとても助かりました。オープンしてからも商工会の紹介でメディアが取材に来てくれることもあり、少しずつ知名度が上がりました。

もちろん大阪にはない難しさもあります。例えば食材の調達です。業者が頻繁に来てくれるわけではないので工夫が必要でした。材料を切らさないよう、日々の売れ行きをみてある程度まとめて仕入れるようになりました。

つくった商品が余ってしまうのも問題です。小さなお店なので毎日の売れ残りの量は少なくても、それが積み重なると経営には大きなダメージを与えます。仕入れと仕込みのバランスは今でも難しい問題ですが、季節や天候はもちろん、人の動きやイベント開催など地元の情報も意識して決めています。

## お客さんを飽きさせない

**——仕入れや仕込みを工夫しつつ、地元ならではの食材を使った商品にもチャレンジしているようですね。**

丹波には黒豆はもちろん、栗やブルーベリー、イチジクなどおいしい野菜や果物がたくさんあります。顔なじみになったお客さんから、これからの季節はこの野菜がおいしいよと教えてもらうことも多いです。調理のこつを教えてもらい、パンとの相性を追求して新作にチャレンジしています。

商品開発に当たっては、ほかの飲食店を食べ歩きして勉強することもあります。ベーカリーにとらわれずに洋食店や中華料理店などでいろいろなジャンルの料理を食べてアイデアをためています。

以前、韓国料理店で食べたヤンニョムチキンという甘辛い唐揚げがおいしかったので、サンドにしてみました。意外な相性の良さに感動し、さっ

地元の食材をふんだんに活用

そく店頭に並べてみました。お客さんからは、本当においしいのか半信半疑だったけれど、食べたらはまってしまったという感想をたくさんいただきました。

定番商品をそろえることはもちろんですが、たまにはほかのベーカリーにはない変わったメニューで、ちょっとした驚きを提供することも大切だと思っています。

**——総菜パンといえば、お客さんが楽しみにしているイベントがあると聞きました。**

月に1回開催している「おかずパンまつり」のことですね。この日はそのまま昼食にできる総菜パンだけを用意します。

おかずパンまつりは、パンの需要が落ちやすい夏場を乗り切るために考えたオリジナル企画です。味はもちろん、見た目も楽しんでもらいたいので、パンの形が崩れないように大きなタッパーを用意してくださいとお願いしています。この日は皆さんタッパー持参でお店に来てくれます。パンのお弁当といった非日常感が味わえるからでしょうか、なかには10個くらいまとめて買ってくれる方もいて、客単価は普段より高めになります。

「楽しかった」「またやってほしい」「次はこんなパンを食べたい」と好

評だったので、夏場だけでなく月1回の恒例イベントにしました。1日に焼けるパンの種類には限界があるため、普段はどうしても定番が中心になります。その代わり、おかずパンまつりの日はいつもの商品はお休みにして、パンまつり限定メニューに合わせた具材を準備します。仕込みに時間がかかるカレーパンやサンドは特に人気です。

**――お客さんからの反響がイベントの恒例化につながったのですね。**

ありがたいことに、皆さん正直な感想を寄せてくれます。スパイスを使わない方が子どもに食べさせやすい、前よりクリームが滑らかになったね、などさまざまです。直接やりとりできることがモチベーションになっています。お客さんの顔と好みが一致してくると、つくるときに相手の喜ぶ表情が浮かんできます。

規模の大きい店舗なら大量に商品をつくれますが、買いに来てくれる一人ひとりの感想を聞いてレシピに反映するのは難しくなります。実際、かつて勤めたお店にはたくさんの人が来てくれましたが、足早に商品を選んで帰ってしまう方がほとんどでした。

ヤマネベーカリーは、お客さんとの会話を大切にしています。おしゃべりを楽しみながら買い物をしてもらい、いただいた生の声を隠し味にしてパンをつくっています。この町のどういうところが気に入ったの、朝早くからがんばっているねと声をかけてもらうことも多く、自分のこともよく話します。地元の方との何気ないやりとりも経営の支えになっていると感じています。

## 地元になじむ

**――創業当初から売り上げは順調でしたか。**

2019年4月の創業当初は話題になり、多くの方が来てくれました。売り上げは順調でしたが、間もなく新型コロナウイルスの感染が拡大しまし

新作パンや日々の暮らしもSNSで発信

た。外出自粛で人出が少なくなり、お店に行きたいけど行けないという声もありました。そこで、来られないならこちらから行ってしまおうと思い、期間限定で配達サービスを開始しました。SNSで注文を聞き、焼きたてを届けたのです。

コロナ禍で売り上げが不安定な時期もありましたが、少しずつお客さんが定着していき、ありがたいことに創業時に立てた売り上げの目標は達成できています。

**――2021年4月に緊急事態宣言が出されたときは休業を経験されたと聞きました。**

地元の方を不安にさせないように、観光客が増えるゴールデンウィーク前後の営業を休んでいました。休業していたときに意識して取り組んだのはSNSによる情報発信です。オープン以来、新作の紹介などこまめに情報発信してきましたが、休業を経験して、お店に対する思いや、日常生活のなかで感じたことなども発信するようになりました。わたしの人柄を知ってもらう良い機会になったと思います。そろそろ会いに行くからねとSNS上で声をかけてもらうこともあり、お客さんがより身近な存在になりました。

最近はSNS経由でパンの予約が入ることもあります。情報発信を続けてきたことは、経営にも良い効果をもたらしていると感じています。

**――山根さんの人柄がお客さんの心をつかんでいるのですね。ファンの方も多そうです。**

そう言ってもらえるとうれしいです。親しみやすさがヤマネベーカリー最大の売りだと思っています。当店では「いらっしゃいませ」という言葉は使いません。「おはようございます」「こんにちは」とあいさつしています。お客さんと店員という関係を超えたお付き合いを目指していきたいからです。

都会から移住してくるとどうしてもよそ者と思われてしまいがちですが、春日町の方はわたしのことを受け入れてくれていると感じます。移住してから約3年が経ちますが、来てくださる皆さんが、地元に欠かせないお店だと思ってくれていたらうれしいです。

**聞き手から**

ヤマネベーカリーという店名は、山根さんが大阪市のベーカリーで修業を始める前から決めていたという。どこにでもありそうな名前だが、インターネットで検索すると奇跡的に同じ名前のお店はなかったそうだ。お客さんからは「ヤマネチャン」と呼ばれていますと笑顔で教えてくれた。

自分のために商品をつくってもらったと実感する機会はどのくらいあるのだろうか。山根さんは日常の会話から顧客のニーズをくみ取り、商品開発に役立てている。お客さんも、自分のためにつくってくれていることを実感できるから、何度も足を運びたくなる。おしゃべりをしながら買い物をするという何気ない日常のワンシーンだが、少しだけ足取りが軽くなりそうだ。彼女の人柄やお店に対する思いが、自然と周りを巻き込み、ファンをつくっている。

（秋山　文果）

（日本政策金融公庫調査月報　2022年4月号掲載）

# 挑戦の末にたどり着いた無人古着店

## ㈱dharman

＜開業者プロフィール＞
**平野 泰敬（ひらの やすのり）**
千葉県出身。人材派遣会社や出版社で営業担当として勤務した後、害虫駆除を行う事業を立ち上げるも休業。その後、2018年に㈱dharmanを設立。2020年から古着販売事業を始める。

**〈企業概要〉**

創　　業　2018年
資 本 金　300万円
従業者数　5人
事業内容　古着店、リラクゼーションサロンの運営
所 在 地　東京都中央区銀座1-22-11 2階
電話番号　03(6683)2690

企業を取り巻く環境は刻々と変化している。どれだけ綿密な事業計画を立てても、そのとおりに事業を運営できている経営者は少ないのではないだろうか。

一度事業を休業した経験をもつ平野泰敬さんは、「何度倒れても起き上がるだるまのように、失敗を恐れずチャレンジしていく」という思いを込めて株式会社dharman（ダルマン）を設立した。その後、今までにない古着店を開店し、創業当初、予想していなかったかたちで脚光を浴びている。

## 店員のいない古着店

**——変わった古着店を運営しているそうですね。**

東京都中野区で「ムジンノフクヤ」を経営しています。その名のとおり、店員が常駐していない24時間営業の古着店です。25平方メートルの店舗で、米国などから買い付けた古着を常時、600着ほど販売しています。パーカーやTシャツ、ジャケットなどのトップスを中心に取りそろえています。

1着1,480円から4,980円で販売しています。大きいサイズの古着を好む20歳代前後の女性の来店が多いです。1日の販売数は平均20着で、開店以来、黒字を継続しています。

支払い方法も変わっているかもしれません。当店では商品のかかったハンガーの色ごとに価格を設定しています。白は1,480円、グレーは1,980円といった具合いです。白のハンガーの服2着を購入する場合は、店内にある券売機で2,960円のボタンを押して、同額を投入してもらいます。これで支払い完了です。出てきた2,960円分の券がレシート代わりになります。

**——人気の理由は何なのでしょうか。**

接客がないことです。コロナ禍の影響で非接触のビジネスが注目されていますが、そもそも買い物の際に接客を望まない方も少なくありません。わたしも、じっくり商品を吟味したいのに、店員に声をかけられて購入を見送った経験があります。接客によるプレッシャーを感じずにゆっくり買い物できる点が好評です。ネットで購入する手段もありますが、古着の場合は1点物が多く、新品と違って洋服の状態に個体差があります。同じ古着でもダメージの大きい服や新品同様の服などさまざまなので、できれば実物に触れたいというニーズがあるわけです。

価格の面でも違いがあります。人件費が必要ないので、経費は家賃と電

**券売機と店内を示すモニター**

気代くらいです。コストが小さい分、良い商品を相場より安く提供できます。無人店舗で24時間営業という点も、売りになっています。広告は一切出していませんが、SNSやメディアを中心に話題が広がり、遠方から来店される方も多いですね。

**――デメリットはないのですか。**

顧客の反応が見えない点は、運営上のデメリットといえます。通常は接客を通じて情報収集し、新たな商品を提案したり、品ぞろえを変えたりできますが、無人の場合はそうはいきません。

そこで3日に1回は必ず店舗に行って、商品を入れ替えています。その際、どのような商品が売れているのかよく確認します。流行だけでなく、来店した顧客の好みに合うラインアップになるよう注意しています。

券売機の横に置いてある連絡帳から顧客の反応を知ることもあります。来店した感想などを書いてもらうノートなのですが、「メンズサイズの七分丈のTシャツが欲しい」といった要望を知るツールにもなっています。

もう一つのデメリットは、万引のリスクです。当店では、防犯カメラとモニターの設置という方法で対策しています。店内の4カ所に設置したカメラの映像をモニターに映して出しています。また、お店の入り口は全面ガラス張りなので、外からよく見えるように店内をレイアウトしています。

こうした対策で効果はあるのか疑問に思うかもしれませんが、これまで被害を受けた件数は2件だけです。いずれもカメラの映像から犯人を特定できました。見られている感覚が犯罪の抑制につながっているようです。

## 未経験の分野にチャレンジ

**——創業まではどのような仕事をしていたのですか。**

人材派遣会社や出版社で営業職を経験した後、個人事業主として害虫駆除の仕事をしていました。ただ、インターネットで手軽に駆除サービスの見積りができるようになり、内容以前に価格競争で負けてしまうことが多々ありました。結局、害虫駆除の仕事は負債がない段階で見切りをつけ、約2年で休業しました。事業を営む難しさを実感しましたが、他方で、別の事業でチャレンジしてみたいという気持ちが湧き上がりました。

やりたい事業について改めて考えたときに、自分の趣味を生かしたいと思いました。それが学生時代から大好きだった古着でした。古着店での勤務経験はありませんでしたが、相場感や流行のスタイルなどは理解していましたし、需要も十分にあると考えました。

**——複数の仕事を経験して古着店にたどり着いたのですね。サロンも経営しているとうかがいました。**

実は、古着店の開業を考えていた頃、セラピストの友人とともにリラクゼーションサロンを開業する話も進んでいました。古着と同じくらいマッサージも好きで、さまざまな店に通ったり、独学で施術を研究したりしていました。その経験を生かしたサロンを運営してみたかったのです。どうせならどちらも挑戦してみようと思い、2018年に法人を設立し、古着店に先立って「Salon de Asia」を開業しました。いずれ古着店も始めるつもりだったので、そのときに古物商の許可も取得しました。

サロンでは、タイ式、バリ式のマッサージをベースに、アロマオイルなどを活用した独自の施術を提供しています。施術料は1回1万円前後です。京成成田駅近くという土地柄、空港の利用者やパイロット、客室乗務員などの来店が多いです。顧客に合わせて落ち着いた雰囲気の店舗づくりを意識しています。前職で営業していた頃の経験則ですが、顧客はスタッフの接客態度や姿勢、所作をよく見ています。施術とは関係ないところでも気を抜かず、おもてなしを徹底するよう指導しました。

開店以降、多くの固定客を確保することができましたが、空港関係者が多いため、新型コロナウイルスの感染拡大の影響は大きかったです。これをきっかけに、ようやく新規事業として古着の販売に着手しました。

**――最初から無人店舗を計画していたのですか。**

いいえ、最初はフリーマーケットサイトを活用しました。初期費用はかかりませんし、登録すればすぐに始められるからです。国内の古着を扱う卸売業者から商品を仕入れ、2020年初めに開始しました。

始めてすぐにわかったことは、ネット販売の価格競争の激しさでした。簡単に類似品を検索できるので、商品自体で差別化しづらく、結果的に価格競争に陥ります。参入障壁が低い分、競合先もたくさんいます。商品のダメージの具合いやサイズなどを確認し、一つ一つ説明文に記載するのも相当な労力でした。加えてサイトの手数料や配送料を考えると、利益はほとんどありませんでした。しかも、無名の店が自社サイトで販売を始めても誰も見てくれません。価格競争を避けるためには、ネット販売以外の手段が必要だと感じました。それが、無人店舗でした。わたしが接客を苦手に思っていたことに加えて、コロナ禍で非接触のビジネスが注目されており、話題性もあると考えました。ただ、無人レジなどの高額な機器を導入することはできませんし、万引などのおそれもあります。リスクを承知で資金をかけず、試験的にチャレンジしてみようと思いました。

そこから物件探しを行い、西武新宿線沿いの野方に手ごろな物件を見つけました。古着の聖地といわれる下北沢や高円寺ではありませんが、人通りのある商店街の一角でした。内装には凝らず、外壁や看板の塗装もわたし一人で行いました。防犯対策のカメラなども安価なものでそろえ、総額費用は100万円以内に抑えられました。こうして、2020年8月にムジンノフクヤを開店しました。

## 話題性にあぐらをかかない

**――試験的な出店だったのですね。開店後の反響はいかがでしたか。**

SNSで呼びかけを行ったところ、「無人」というキーワードが受けて、1カ月目から300人以上の来店があり、黒字を達成できました。想像以上の反響で驚きましたが、しばらくすると問題点もみえてきました。

その一つが、商品構成と来店客のミスマッチです。開店当初は、幅広い世代が楽しめるように、男性サイズ、女性サイズの古着を同じ比率でそろえていました。しかし、実際に来店するのは10～30歳代の女性客が多く、売れる商品はメンズサイズのトップスが中心でした。そこで思い切って、2021年から仕入先と価格帯を変更しました。海外で買い付けしている卸売業者に仕入先を変え、トレーナーやパーカーなど男性物のトップスの比率を高めたのです。それに伴い、500円から5,000円だった価格帯を1,480円から4,980円に変更しました。単に値上げしたようにみえますが、売れ筋のトレーナーやパーカーの豊富な品ぞろえを考えると安い設定です。利益率もみるみる改善していきました。

**――開店後、黒字を維持できていたにもかかわらず、あえてラインアップを変更したのは、どうしてですか。**

当初の売り上げは話題性による部分が大きく、それだけでは続かないと考えたからです。無人であること以前に、古着店として魅力がなければ、

印象的な看板は平野さんの手づくり

いずれ顧客は離れてしまいます。

そのほかに、連絡帳に寄せられた要望を積極的に反映しています。例えば、「一人で試着室にいるときに、店に人が入ってくるとびっくりする」と書き込みがありました。確かに無人の店舗だと、試着の際に不安になるのは当たり前です。そこで、入店時に音が鳴るように入り口に鈴を設置しました。「試着室にフェイスカバーを置いてほしい」という女性ならではの要望もありました。男性のわたしでは気づけないことだったので、こちらもすぐに反映しました。

**――連絡帳のやり取りが貴重な情報源になっているのですね。**

もちろん応えられない要望もあります。キャッシュレス決済に対応してほしいという書き込みには、「ごめんなさい。すぐには対応できません」と返事しました。

書き込みを見ると、少しずつですが、リピーターが増えているようです。要望の反映や返事によって、直接会わなくてもコミュニケーションをとれていると感じています。来店される方々の協力のおかげで、店内もきれいに保てています。先日も連絡帳で「無人なのに店内が整頓されている」と褒められました。

さらに親しんでもらえる店になるよう、努力も続けています。その一つが、子ども服の無償提供サービスです。店内の一角にかごを設置して、不要になった子ども服を回収しています。回収した服はクリーニングしたうえで、自由に持ち帰れるように店内に並べています。子ども服の販売はしていませんが、リユース活動に取り組みながら、ラインアップを増やせればと考案しました。

もう一つが、リメイク古着の販売です。仕入れた服のなかには、ダメージが大きく、商品にならないものもあります。試しに、そうした服をリメイクして販売したところ、すぐに完売してしまいました。今では当店の看板商品になっています。

2021年8月には、新たに豊島区に1店舗、新宿区に1店舗を出店しました。現在は直営店のみですが、フランチャイズ展開も検討しています。全国にムジンノフクヤを広げるべく、当社はさらに挑戦を続けます。

**聞き手から**

起業する事業の勤務経験があると成功しやすいといわれる。身を置く業界特有の商慣習や取引関係などを踏まえて経営できるからだ。しかし、経験がないなかでアイデアや行動を先行させることもあってよい。知識がないからこそ柔軟な発想が生まれる。競合が少ない分野なら、先行利益を得ることもできるだろう。

平野さんは、事業の不調を経て、経験のない新しい分野に挑んだ。苦労することは多いが、一歩ずつ進んでいく感覚が楽しいそうだ。顧客からのアドバイスも真摯（しんし）に受け止めながら、経営にうまく生かしている。まずは一歩踏み出してみる。そして、経営環境や顧客のニーズに合わせて、絶えず軌道修正を続けていく。平野さんの挑戦の軌跡から、大切な二つのことを学んだ。

（長沼 大海）

（日本政策金融公庫調査月報　2022年1月号掲載）

# 撮りたい思いをつなぐ

## ㈱家撮り部

＜開業者プロフィール＞

**深山 泰志（ふかやま やすし）**

北海道出身。広告代理店に在職中に、施工写真が必要な工務店とカメラマンをつなぐマッチングサービスを構築。その事業を引き継ぎ、2017年に㈱家撮り部を設立する。

〈企業概要〉

| | |
|---|---|
| 創　業 | 2017年 |
| 資本金 | 100万円 |
| 従業者数 | 1人 |
| 事業内容 | 施工写真撮影のためのマッチングサービスの運営 |
| 所在地 | 東京都品川区大崎4丁目1-7 |
| 電話番号 | 03(6303)2403 |
| U R L | https://iedoribu.com |

工務店では顧客への説明や広告宣伝のために、施工の前や後に建築物の写真を撮ることが多い。しかし、自分で撮影するのはなかなか難しい。かといって、建築写真専門のプロカメラマンに依頼すると高くつく。深山泰志さんは広告代理店に勤めるなかで、工務店と、建築に興味があるアマチュアカメラマンをマッチングし、低コストで施工写真が撮れるサービスを考案した。勤務先の親会社の方針転換を機に独立し、現在もそのサービスを磨き続けている。

## 施工写真の課題を解消

**——ユニークな会社名ですが、どのような事業を行っているのですか。**

施工写真を撮りたい工務店とカメラマンをマッチングし、低価格で出張撮影を行うサービスを運営しています。家撮り部という社名は、住宅の建築後やリフォーム後の施工写真を撮影する部活動をイメージして名づけました。

施工写真は工事が完了したとき、建物が一番きれいな状態で撮影されます。チラシ、カタログ、ホームページなど媒体はさまざまですが、顧客への説明はもちろん、工務店の施工事例の紹介や不動産会社の広告宣伝など、重要な場面で使われるものです。

当社には、年間約300件の撮影依頼があります。撮影依頼者は住宅の建設やリフォームを行う、中小工務店が中心です。1回だけの利用で終わることは少なく、ほとんどの会社がリピーターになっています。

コースは三つあります。初めて利用する工務店向けの「撮ったまんまコース」は、その名のとおり出張撮影後の画像加工をせずに納品するシンプルなコースです。価格は1件1万円で申し込みができます。「撮って加工コース」ではさまざまな補正をします。日陰や全体の明暗のバランスを整える補正、カメラレンズの特性によって生じるゆがみの補正、建物本来の色味に近づけたり色彩を加えたりする色補正をします。価格は1万9,500円でスタンダードなコースです。「ビフォアーアフターコース」はリフォームやリノベーションの前後で2回の撮影と画像補正を行います。価格は3万5,000円で、工事の仕上がり具合が写真を見る人に伝わりやすく好評を得ています。

撮影の申し込みは、家撮り部のホームページにアクセスすることで、簡単に済ませることができます。まず、企業名、連絡先、物件の種類、撮影希望日などの情報を申し込みフォームに入力してもらいます。当社はその情報を基に、都合の合うカメラマンを探し、撮影日時を調整します。当日は3時間ほど撮影に立ち会ってもらいます。一つの物件につき、50カットほど撮影します。

撮影後は委託先のプロカメラマンが写真を確認します。コースにもよりますが、撮影して1週間から3週間ほどで写真データを納品します。

**――なぜ安くできるのですか。**

アマチュアのカメラマンに撮影の依頼をして、コストを抑えているからです。当社では、家撮り部にカメラマンとして登録することを入部と呼んでいます。学生や会社員などのアマチュアカメラマンを中心に全国に約200人の部員がいます。

学生カメラマン獲得のために、専門学校や大学と連携しゼミやサークルの場でワークショップを開催しています。業務委託している建築写真に精通したプロカメラマンを招き、実際の現場を模したモデルルームで開催します。三脚や広角レンズの使い方、リビングやバスルームなど部屋に応じた撮影方法、画像加工などを実践的に指導しています。このワークショップに参加してもらい、建築写真に興味がある学生に家撮り部の認知度を高めています。

プロカメラマンによる施工写真の撮影に特化したサービスは、競合他社にもあります。しかし、学生などのアマチュアカメラマンをマッチングし、低価格で出張撮影するサービスはほかにはないと思います。確かに、撮影技術はプロカメラマンほどではありませんが、工務店にとってはコストの削減につながります。実は、カメラマンにとっても魅力的な仕事です。

**――カメラマンにどのようなメリットがあるのですか。**

最も大きいのは、建築物の撮影機会が得られることです。部員には建築やデザインを学ぶ学生や建築物に興味がある人が大勢います。しかし、個人所有の建物のなかに入る機会はなかなかありません。家撮り部に参加すれば、外観だけでなく建物のなかで撮影することができます。現場では、図面を見て構図を確認しながら作業を進めるため、良い勉強にもなります。十分な機材をもっていなくても、一眼レフカメラや三脚など必要なものを安くレンタルしているため、本格的な撮影機材に触れることもできます。

もちろん、撮影技術がプロカメラマンに劣っているといっても、ある程度の水準を保つ必要があります。現場でのOJTは欠かせません。入部してしばらくの間は、先輩カメラマンについていき、撮影を見学したり、自分が撮影を担当するときに先輩カメラマンに帯同してもらったりします。撮影した写真はプロカメラマンがチェックし、問題点をフィードバックします。一定レベルの撮影技術や顧客応対などができるようになって、初めて独り立ちして本格的に撮影をしてもらうのです。

## 突然訪れた起業のきっかけ

**――この事業をなぜ始めようと思ったのですか。**

家撮り部は、わたしがハウスメーカーの傘下の広告代理店に勤務していたときに手がけた事業が母体となっています。2013年、そのハウスメーカーが住宅購入希望者と工務店や建築士をマッチングするウェブサービスを行う子会社を設立しました。わたしはその会社にアドバイスをするハウスメーカーグループの広告代理店のスタッフとして、マッチング件数や、工務店や建築士の登録を増やす仕事に携わっていました。

そのとき、マッチングで成約に至るケースをみてみると、そのサイトに施工事例を掲載している企業が多いことに気がつきました。さらに詳しく調べると、建築士にはデザインや写真に詳しい人が多く、サイト内に自ら手がけた物件のきれいな写真を掲載しているケースも少なくありませんでした。

施工写真の例

一方、工務店はというと、施工事例を写真で紹介しているところが建築士に比べ圧倒的に少なかったのです。直接理由を聞くと「サイトに載せられる良い写真がない」と言います。施工後の写真は、プロカメラマンに依頼して撮影するか、さもなければ工務店が自ら撮影するのが一般的です。カメラマンに依頼すると、費用が高くついてしまいます。かといって、自分たちで写真を撮るとクオリティーが低いものになってしまう。なかには「逆効果になるので施工事例は載せていない」と言う人さえいました。

こうした話を聞いたわたしは、施工写真を低価格で撮影するサービスに対して、工務店のニーズがあると感じました。そこで考えたのが、建築に興味がある学生を募集し、撮影スキルを教え、工務店とマッチングするという家撮り部のサービスです。当初、カメラマンは学生だけだったのですが、学生は卒業して就職すると、撮影依頼が受けられなくなります。ですから、安定したカメラマンの数や撮影スキルの観点から、アマチュアカメラマンも入部可能にしていきました。

**――なぜ起業することになったのですか。**

きっかけは、親会社の方針転換によって家撮り部を手がける子会社の売却が決まったことです。家撮り部の事業は規模も小さく、わたし一人で運営していたので、そのままサービスが終了するおそれがありました。

わたしは、自分が立ち上げて運営してきた事業を、何とか続けたいと思いました。当時は広告代理店のスタッフという立場でしたので、事業方針の決定には大きくかかわれなかったのですが、会社から独立すれば、さらに事業を拡大させることができます。サービスの内容も勤務先の方針に縛られず、気兼ねなく改善できる自由があるとも思いました。

そこで、2017年6月に法人を立ち上げ、正式に起業しました。販売先には家撮り部の名前が浸透していたため、そのまま社名として使うことにしました。

**――事業を引き継いで困ったことはありましたか。**

法人設立する前日まで会社員だったため、実際に創業するとなると事務的な手続きなど、何から手をつけてよいのかわかりませんでした。そこで、創業セミナーや東京都の創業支援センターを活用し起業にかかわる情報を一から集めました。

資金調達については、東京都のスタートアップ向けの融資制度や助成金があることを教えてもらいました。既に構築されたサービスだったため、ビジネスモデルや取引先などの事業基盤があり、こうした申請は比較的スムーズに進みました。調達した資金は事業の買い取りや経費に幅広く充てることができたので助かりました。また、事務所は創業支援センターが運営するコワーキングスペースを使い、コストを低く抑えました。

## サービスの拡充を目指す

**――運営するに当たって意識していることはありますか。**

サービスの付加価値を高めていくことを、常に心がけています。事業を引き継ぐ直前の2017年4月には、撮影用の家具レンタルサービスを始めました。建物の引き渡し前だと施工写真は殺風景になりがちです。家具があ

**スライドショー動画制作サービス**

ると部屋のコンセプトや生活するイメージが伝わりやすくなり、より写真映えします。家具はインテリアコーディネーターが厳選したもので、部屋のイメージに合わせてカジュアルなものからラグジュアリーなものまで取りそろえました。

また、勤務先でサービスを立ち上げた当初は、一定の品質と低い価格であることが何よりも喜ばれていました。しかし最近では、高単価な住宅や商業施設の撮影、パンフレット掲載用の高品質な施工写真の撮影、動画コンテンツなど、クオリティーの高さが求められる依頼が増えました。さらに、ホームページを見て一般の人から、マイホームの記念撮影の依頼が来るようにもなりました。

こうしたお客さまのニーズに対応するため、2019年2月に、プロカメラマンが撮影する「ふぉとり住(ず)む」のサービスを全国で展開し始めました。基本価格は4万5,000円からです。経験豊富なプロカメラマンによる施工写真の撮影のほか、オプションでフォトブックやスライドショー動画の制作を行います。また、従来の家撮り部のサービスではカメラマンの指名を受けていませんでしたが、ふぉとり住むであれば実績のあるプロカメラマンを指名できるようにしました。

**――新型コロナウイルスの感染拡大の影響はありますか。**

簡単な施工写真であれば自らが撮影できるようにと、工務店向けの建築写真講習会を実施してきたのですが、残念ながら開催を中止せざるを得ませんでした。

そこで、同じ内容のオンライン講習会を実施したのですが、遠方の人でも気楽に参加できるとあって好評でした。これも新しいサービスの芽になりそうです。

厳しい経営環境が続きますが、販売先の工務店やカメラマンの数、マッチング件数を急いで増やそうとは考えていません。一歩ずつ顧客と向き合いながら、サービスに磨きをかけていくつもりです。

**聞き手から**

勤務時代に立ち上げた家撮り部のサービスは、ある程度の品質での低価格を売りにしていた。しかし、深山泰志さんは当初のコンセプトにこだわらず、撮影用の家具レンタルサービス、プロカメラマンによる撮影サービス、写真講習会など顧客に提供できるサービスを広げていった。一時は勤務先の親会社の方針でなくなりそうだったサービスを、さまざまな工夫を凝らし、自らの力で軌道に乗せていった。

深山さんに自身の強みを尋ねると、コミュニケーション能力だと答えてくれた。人との対話のなかで、求めていることや困りごとにすぐに気がつくのだという。厳しい経営環境をものともせず、顧客のニーズに柔軟に対応しながら変化してきた㈱家撮り部。今後どのように変わっていくのか、楽しみである。

（西山　聡志）

（日本政策金融公庫調査月報　2021年6月号掲載）

# 授業で子どもと向き合える時間を

## どれみ教材開発

<開業者プロフィール>

**長岡 雅子（ながおか まさこ）**

大阪府出身。大手音楽教室の講師を20年以上務める。退職後、小学校教師である息子からの相談をきっかけに、音楽教材の開発に着手。製品化や販路のめどがついたことから、2018年に「どれみ教材開発」を創業。

〈企業概要〉

創　　業　2018年
従業者数　2人
事業内容　音楽を主にした教材教具の開発と製造
所 在 地　大阪府寝屋川市打上宮前町2-2-503
電話番号　072(813)3834
U　R　L　https://doremihiroba.com

小学校では教師たちが日々の授業に追われ、多忙をきわめていると耳にする。彼らの負担を減らし、子どもたちと向き合いながらゆとりをもって授業ができる環境を整えたいと思い、長岡雅子さんは教材開発事業を立ち上げた。音楽の授業で役立つ、工夫を凝らした製品は徐々に広まりつつある。どのように製品を着想し、販売につなげていったのか、長岡さんに話をうかがった。

## 音楽の授業を楽に

**――どのような製品をつくっているのですか。**

複数の平行な線を、黒板に簡単に引ける「チョークライナー」という製品をつくり、販売しています。音楽の授業で楽譜を書くために使う5線と、英語の授業でアルファベットを書くために使う4線のものがあります。価格は、それぞれ4,980円、4,300円です。当初は音楽の授業用の5線のチョークライナーがメインでしたが、2020年に小学3年生の英語の授業が始まった影響からなのか、4線のチョークライナーの売り上げが伸びており、年間で合わせて1,300台ほど売れています。

使い方は簡単です。まずチョークを本体に差し込みます。このときにチョークの長さや差し込んだ高さがそろっていなくても構いません。黒板にチョークの先端を軽く押し当てると、書きやすい長さに調整されます。あとは線を引くだけです。

本体は幅が19センチメートル、厚さが4センチメートル、高さが7センチメートルなので、片手でも簡単に扱えます。ポリエチレン製で落としたり、接触したりしても壊れにくく、約80グラムと非常に軽いのが特徴です。

購入してくれた先生たちからは、「5線を引く時間が短くなったので、より指導に集中できるようになった」「片手で線が引けるので教科書を持ちながら使えてとても便利」といった喜びの声を聞くことができました。

**――チョークライナーはどのように思いついたのですか。**

主婦をしていた2013年に小学校で教師を務める息子から、音楽の授業での苦労話を聞いたのが始まりです。「楽譜を書こうとすると、5線を引くのに手間がかかる。定規を使って何度も黒板を往復しなければならないうえに、同じ幅で線をきれいに引くのが難しい。何か良い方法はないだろうか」という話でした。

チョークライナー

小学校低学年では、専門の音楽教師が音楽室を使って授業するのではなく、担任の先生が普通の教室で音楽を教えることが多いそうです。そのときには、休み時間に線を引いて準備することもよくあると聞きました。授業中に線を引くと、子どもたちを待たせるからです。小学校低学年の場合は、集中力が切れて騒いでしまう子どもが出てくるので、注意をする時間も余分にかかり、子どもたちと向き合って教える時間が減ってしまいます。そこで、息子の悩みを解決する方法がないか考えてみることにしたのです。

**――なぜ解決策を探ろうとしたのですか。**

これまでの経験が生かせるかもしれないと思ったからです。実は、高校卒業後、大手の音楽教室でピアノやエレクトーンの講師として20年ほど働いていました。幼児から高齢者まで、ピーク時には60人もの生徒を受けもっており、音楽を教えるスキルや経験は積んできました。わたし自身も子どものころから講師になるまでずっと、音楽教室に通っていたので、教えられる側の経験も豊富です。息子が音楽の授業の悩みを打ち明けたのも、長年のノウハウや経験から何かできないかと期待してくれたからなのかもしれません。

試しに、複数のチョークをボール紙に挟んで固定し、平行な線を引ける器具をつくってみました。しかし、その方法では、本体が接触したときの衝撃が伝わりやすく、簡単にチョークが折れることがわかりました。また、チョークの高さがふぞろいになり、線が途切れてうまく引けませんでした。つまり、側面の固定だけでなく縦の動きもコントロールする必要があったのです。

半ば諦めていた2015年に転機が訪れました。ある日、家に届いた宅配便のなかに、スポンジ素材の緩衝材が入っていました。それを見たとき、チョークをこれで包んだうえでボール紙に挟めば、簡単に折れなくなるのではと思いついたのです。早速、ホームセンターでスポンジやゴムなどの緩衝材になるようなものを買いました。試作してみると、スポンジよりもゴム製のチューブの方がチョークの側面を保持しやすく、なかなか良さそうでした。チョークの縦の動きに対しては、チョークを差し込むゴムチューブの下面にスポンジをつけることで黒板にチョークを押し当てたときに収縮して先端がそろうように工夫したのです。出来上がったものを息子が授業で使ってみたところ、線を引くのが格段に楽になったと感謝されました。

## 特許を取得して製品化

**――すぐに販売を考えましたか。**

当時は、息子のためにつくっただけだったので、製品として売ろうとは考えていませんでした。たまたま大阪市の発明協会のイベントの見学に訪れたとき、職員の人に発明に興味があるのかと声をかけられたのです。そこで、チョークライナーをつくった話をしたところ、「特許を取ってみては」と勧められました。大阪知財総合支援窓口で、弁理士に無料で相談することができるということでした。相談してみたところ、すでに息子が小学校の授業でチョークライナーを使っていたこともあり、早く手続きを進めた方がよいとのこと。早期に審査をしてもらえる制度を活用して、申請から3カ月程度で特許を取得しました。実際に特許登録されると、製品化したいという気持ちが膨らみ始めました。

**――製造してくれる会社はどのように見つけましたか。**

広く販売するには、部品を手作業でつくったのでは間に合いません。イベントや店舗のディスプレーを制作する会社に勤める夫に相談したところ、知り合いの紙箱メーカーに外側の部品、ゴム製品の加工業者に内側の部品の製造を頼むことができました。

並行して、製品を紹介するホームページを一からつくりました。立ち上げからほどなくして、教育関係の商材を扱う大手の専門商社の担当者からホームページを見たと電話がかかってきました。チョークライナーの販売について独占契約を結びたいとのことで、次の日には担当がやって来るほどの熱の入りようでした。実際に製品を見た担当者は、売れると思ったのか、注目の製品という扱いでチョークライナーを前面に押し出したチラシを特別につくってくれました。販路のめどが立ったこともあり、2018年5月に正式に開業しました。

**――販売開始してからも製品に磨きをかけたようですね。**

2018年5月に国内最大級の教育関係のイベントがあり、取引先の商社の展示ブースに製品を並べることができました。ただ、チョークライナーの本体はひもでつるされた状態で展示されていました。よく手に取ってもらえたのですが、展示会が終わるころには形が崩れてしまっていました。外装が紙製だったためです。それを見た商社の担当者からは、丈夫な素材に変更できないかと言われました。確かにすぐ壊れてしまうようでは、教育現場で長く使ってもらえません。仮に一度売れても、次は買ってもらえないかもしれません。そこで、改良に着手したのです。

ボール紙に代わる丈夫な素材を見つけようと、インターネットで、プラスチックやウレタンなどの加工業者を探しては、試作の依頼を繰り返しました。そうしてたどり着いたのが、軽くて丈夫なポリエチレン素材です。部品の製造を引き受けてくれる会社も決まって、2018年12月にリニューアルした製品の販売を開始しました。

2019年にも同じ展示会に参加しましたが、前年のように形が崩れることはありませんでした。この翌年度に小学3年生から英語の授業が開始されるということもあり、チョークライナーの注目度は高く、好評を得ました。

## 多くの先生に知ってもらいたい

**――チョークライナーのほかにもさまざまな製品があるのですね。**

音楽を教えるのに便利なオリジナル教材を、いくつか販売しています。なかでも人気があるのは、「おんぷさんのへんしんごっこ」という音符の形を変えて別の音符にすることができる教材です。マグネット式なので黒板やホワイトボードに貼ることができます。音符は「たま」と「ぼう」と「はた」でできているのですが、この教材ははたの部分が可動します。たまとぼうだけの4分音符、はたを一つ出せば8分音符、もう一つ出せば16分音符になります。

正しく楽譜を読むためには音符の種類や音符がもつ音の長さを理解する必要があります。小さい子どもに音符の種類をそのまま教えても理解してもらえないことがありますが、この教材なら、動かしながら楽しく学ぶことができます。

実は、当社の製品を数多く愛用している先生からの要望を受けて、開発しました。「小さい子どもが音符の仕組みを理解するのに役立つ製品をつくってもらえないか」と相談があったことがきっかけです。ホームページには問い合わせフォームを設けているのですが、通常の問い合わせ以外に

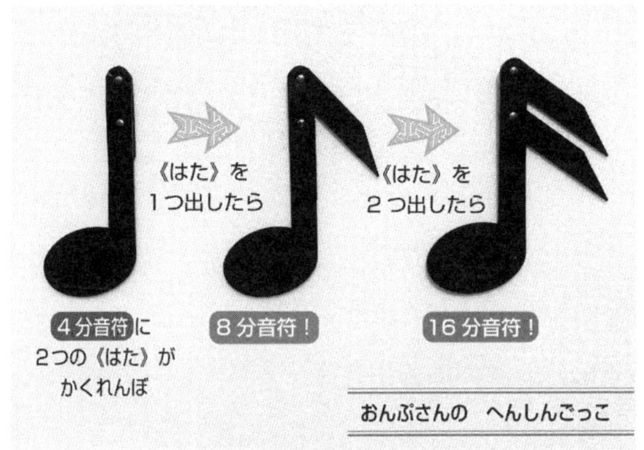


形が変わる音符教材

も、製品開発の要望を送ってくれる人が多くいて、製品開発の源泉になっています。

当社の製品を使うことで、先生が自作の教材の準備をする必要がなくなります。その分、子どもとの触れ合いに時間を充てられます。

**――新型コロナウイルス感染症の拡大の影響はありますか。**

小中学校や音楽教室がオンライン授業に切り替わり、先生たちが新たな教材や教具を探し始めました。その結果ホームページへのアクセスが以前の10倍になり、売り上げも伸びました。例えば、「ビートでリズム」は、音楽に合わせてリズムの学習ができるという教材です。PDFファイルと音楽ファイルがセットになっていて、授業では音楽を流しながら画像をパソコン画面上に映して学習することができます。

こうした状況のなかでも、オンラインでより充実した授業ができるように音符やリズムの学習ができる映像コンテンツをつくり、動画配信サイトで公開しています。

**――今後取り組んでいきたいことは何ですか。**

さらに多くの学校の教師や音楽教室の講師に製品を知ってほしいと思っています。ホームページでは楽譜の読み書きに必要な、音符や記号に関する基本的な規則を簡単に学べるように、音符をなぞって記譜練習したり、代表的な和音を書き込んだりできるワークシートなどを無料で公開しています。

2020年12月には、当社のある寝屋川市内のすべての公立小中学校にチョークライナーを寄贈しました。当社の製品を使ったことがない人に、音楽や英語の授業がどれほど楽になるか実感してもらいたいのです。

まだまだ音楽を教えるのに苦手意識をもっている教師や、さらに指導の質を高めようと教材を探し求めている音楽教室の講師が多くいます。先生と子どもが向き合い充実した授業ができるよう、これからも教育現場を応援していきたいです。

### 聞き手から

起業はささいな出来事がきっかけになることが少なくない。長岡雅子さんは、小学校教師である息子の話からビジネスシーズを見つけ出し、宅配便の緩衝材を見て製品化への道を切り拓いた。その後、特許を取得し、大手の商社との販売契約を果たしている。

小さな種から生まれたチョークライナーだが、音楽の授業で一気に線が描かれる様子を見て、子どもたちは魔法のようだと驚くそうだ。同社の製品はどれも教師の業務負担を軽減しながら、子どもたちの心をつかむ。長岡さんが言う「先生と子供が向き合える」環境を整えるのは簡単ではないかもしれない。ただ、夢の実現にはどんなに小さな一歩でも踏み出すことが大切であると強く感じた。（西山 聡志）

（日本政策金融公庫調査月報　2021年12月号掲載）

# おはぎを再定義して世界へ

## ホリデイズ㈱

<開業者プロフィール>
**落合 裕一（おちあい ひろかず）**
　1982年愛知県小牧市出身。岐阜大学土木工学科を卒業後、テレビ局や出版社に勤務。2016年にIT企業に勤務しながらホリデイズ㈱を創業。

〈企業概要〉

| | |
|---|---|
| 創　　業 | 2016年 |
| 資 本 金 | 3,700万円 |
| 従業者数 | 12人 |
| 事業内容 | おはぎの製造・販売ほか |
| 所 在 地 | 愛知県名古屋市西区那古野2-14-1 なごのキャンパス2-10 |
| 電話番号 | 052(526)3422 |
| U R L | https://ho-lidays.co.jp |

OHAGI3（おはぎさん）は愛知や東京などでフランチャイズ展開しているおはぎ専門店である。粒あんやきなこなどのオーソドックスなおはぎのほかにココナツといった変わり種があり、見た目もころんとしてかわいらしいと人気を博している。

運営するホリデイズ㈱の代表、落合裕一さんは和菓子店で働いた経験はない。どのようにしておはぎ店の着想を得て、事業を拡大してきたのだろうか。

## 小さくスタートできるおはぎ店

**――お店について教えてください。**

OHAGI3は愛知県名古屋市におはぎ専門店として2017年にオープンしました。東京都と宮城県にも出店していて、全部で6店舗あります。直営店は2店舗で、ほかはフランチャイズ店です。

おはぎの価格は1個220円です。粒あんの「暁月（あかつき）」、黒ごまの「宵月（よいつき）」、きなこの「満月」、ココナツの「新月」などがあります。季節限定で桜の葉を使ったおはぎなどもあります。主な顧客層は30～40歳代の女性です。自宅で食べるおやつや手土産として買いに来る方が多いです。

店でのおはぎづくりは、まずもち米とうるち米を炊くところから始まります。次に米粒を半分ほどつぶした「半ごろし」と呼ばれる状態にしていきます。それから、あんこで包んだり、きなこをまぶしたりして味をつけています。

工場で量産しているおはぎの場合、米粒をすべてつぶしたものが少なくないのですが、OHAGI3では米の触感を楽しんでもらえるように半ごろしのおはぎを提供しています。保存料などの添加物を使っていないため、賞味期限は当日中です。

**――いつごろから起業を意識し始めたのでしょうか。**

大学時代にたこ焼き店でアルバイトをしていた経験がきっかけです。たこ焼きを提供するまでのスピードを上げることに加え、お客さんにつくる様子を見て楽しんでもらえるよう腕を磨きました。会社の海外催事にも参加するようになり、そこでは売り上げが1日で100万円を超えました。達成感を味わうとともに、今度は人に喜んでもらえるような事業を一から立ち上げたいと思ったのです。ただ、具体的なアイデアは浮かばなかったので、いったん就職し、働きながら探していくことにしました。

**人気のココナツのおはぎ「新月」**

転機となったのは、出版業界で働いていた頃、出張で訪れた米国ロサンゼルスでの出来事です。立ち寄ったカフェで高齢の夫婦が朝食を楽しそうにとっていました。その様子を見て、プライベートな時間、つまり仕事や家事の間にある「くらしのすきま」に、心があたたまるひとときを提供できるような事業を起こしたいと思ったのです。ホリデイズ㈱の理念である「くらしのすきまをあたためる」が生まれた瞬間でした。

**――どのように具体的な事業に落とし込んでいったのでしょうか。**

何しろたこ焼き店での成功体験が頭にありました。わたしがつくったたこ焼きをおいしそうに食べているお客さんの笑顔を思い出し、食で多くの人たちに喜んでもらいたいと考えて、事業を飲食店に絞ることにしたのです。すぐさま勤務を辞めてアイデアの具体化に専念しようとしたのですが、収入が安定しないのを心配する家族から反対されたため、勤務をしながらホリデイズ㈱を起業しました。2016年のことです。

どのような業態にするか構想を練るために、知り合いの会社役員の方に相談相手になってもらいました。わたしがチーズケーキ専門店やサンドイッチ販売店などさまざまな事業を提案するたびに、彼が「すでに有名店がある」「初期投資が大きすぎるのでは」などとアドバイスをしてくれます。アイデアを練り直すことを繰り返し、その数が50を超えた頃に、おはぎ店の構想が生まれたのです。

**――なぜおはぎ店だったのですか。**

大きな設備投資をせずともスタートでき、フランチャイズ展開しやすいと考えたからです。あんこなど味の決め手となる材料を工場でまとめてつくるようにすれば、店では電気炊飯器と冷蔵庫があればおはぎをつくれます。ガスを使わないので工事は簡単ですし、必要な設備が少ないことから小さな店舗で営業でき、そのぶんテナント料も抑えられます。こうした出店のしやすさにより、短期間で各地に店を構えることができると考えました。

## 思わず手が伸びる仕掛け

**――出店しやすいと、一方で競合店の参入が心配なところです。どう差別化を図っているのでしょうか。**

まず、ターゲットを30歳代の女性に絞りました。スイーツの流行の中心となる10～20歳代の女性ではなく、あえてこの世代にしました。彼女たちは経済的な余裕があったり、子どもがいる人が多かったりする層です。友人や親へのお土産や、家庭でのおやつといった需要にもつながりやすいと考えました。また、10～20歳代の女性に、大人の女性がたしなむお菓子という、憧れに似たイメージを与えることも期待できます。

次に、商品と店づくりの大きく二つの観点から差別化を進めました。商品の観点では素材や味、サイズで差別化を図っています。素材については、おはぎの食感を保つために時間が経っても固くなりにくい品種のもち米を使っています。また、あんこには粗糖を使い、糖度を45度に調整しました。昔ながらのおはぎは糖度が50度を超えるものが多いのですが、甘さ控えめなお菓子が好まれる最近の傾向に合わせました。

あんこは、起業時に声をかけた仲間の人脈で、名古屋市にある製造会社と半年かけて開発しました。小豆と粗糖というシンプルな材料ゆえに、味にムラがでやすいのです。材料や製法の試作を繰り返して協力工場であんこを量産する体制を整えました。

おはぎの味の開発は、行きつけのカフェレストランを経営する女性に加わってもらい、進めました。新しいおはぎの味を探求するために、あえて和菓子に精通している人ではなく、さまざまなジャンルの菓子をつくれる人がよいと思ったからです。20種類ほどのおはぎをつくり、和菓子を普段あまり食べない人でも楽しめる味を目指しました。

おはぎのサイズにも一工夫しています。和菓子店やスーパーなどで販売されているおはぎの大きさは1個70グラムほどですが、当店では55グラムと小ぶりにしています。1個で満腹になるよりも、少しずついろいろなものを味わいたいという女性のニーズに応えるためです。

形も楕円形（だえんけい）ではなく真ん丸のかわいらしい見た目にしました。1個ずつ入れられるように間仕切りした箱を使えば、おしゃれなギフトになります。

差別化のためのもう一つの観点である店舗づくりについては、陳列やデザインで独自性を出しています。1日に販売するおはぎは原則6種類にしました。6種類というのは、これより多すぎても悩んでしまう、少なすぎても選ぶ楽しみに欠けるという、お客さんの満足度に配慮するために設けたラインです。また、種類を絞ることでおはぎを店舗でつくる時間や仕入れの手間とコストを抑えられるというメリットもあります。

従来のおはぎのイメージを刷新するために、店舗はモダンかつシンプルに仕上げています。例えば、おはぎをガラスケースに1個ずつ並べてゆとりのある陳列にし、落ち着いた雰囲気を醸し出しています。

**――各地での店舗展開はどのように進めたのでしょうか。**

OHAGI3の1号店は名古屋市中心部から車で10分ほどの幹線道路沿いにオープンしました。間もなく地元のテレビ番組で取り上げられ、行列ができ完売する日が続きました。おかげさまでオープンから半年ほどで出店にかかった費用を賄うことができました。そして2021年に、よりアクセスの良い名古屋駅近くに移転しました。

全国各地での出店を視野に入れ、OHAGI3に適した場所を検証しようと商業施設のほか、中部国際空港にも店を出しました。設備を抑えた、出店も退店もしやすいつくりなので、さまざまな場所での展開を試せます。

また、店舗の面積や立地によって形態を変えています。5坪程度ならおはぎのテイクアウト専門店、7～10坪ほどなら和カフェスタンドとして、おはぎのパフェや、抹茶ラテなどの飲み物も提供しています。なかでも東京の郊外にある大型商業施設の店舗では、カフェで休憩する人とおはぎをお土産にする人の双方の需要を獲得して当時出店している店舗のなかで最高の売り上げを達成しました。

出店の資金は借り入れのほかに、勤務時代の知り合いが出資してくれています。2018年に3店舗目を出すころには事業が軌道に乗り忙しくなったため、当時の勤務先を辞めて経営に専念することにしました。2019年には東京に進出しました。創業時は2人だった従業員が、今では11人に増えました。

## 挑戦を続けて磨き上げる

**――順調に事業を広げていったのですね。**

すべてうまくいったわけではありません。中部国際空港での出店を決める際には、海外の人も訪れることから将来の海外進出の足がかりにしたいと考えていました。しかし、おはぎは日持ちしないことから遠方へのお土産としての需要に応えられず、売り上げが伸び悩み、約1年で閉店を決めました。

そこで、2019年からはイタリアや台湾、シンガポールで実験的におはぎ

名古屋駅から徒歩5分の本店

を販売しました。イタリアではミラノにあるすし店でデザートとして提供してもらいました。米は菓子として楽しめることを知らない人が多く、お客さんからは米のおいしさを再発見できたと好評でした。台湾ではラッピングなどの見た目よりも、手軽さや安さを重視する傾向があることがわかりました。露店の立ち並ぶ夜市が有名なように、食べ歩き文化が根づいていることが背景にあるのかもしれません。

海外での販売を通して食文化の違いを踏まえた展開が重要なポイントだと感じました。ただ、2020年になると新型コロナウイルス感染症が各国に拡大していったため海外での販売は難しくなり、現在は一時的に中断をしています。

**——国内の販売でもコロナ禍の影響はありましたか。**

商業施設の休業などで売り上げが落ち込みました。ただ、テイクアウト販売をメインとしていたことで、なんとか必要な売り上げを確保できました。テナント料の負担が小さいことも幸いしました。また催事の販売は好調で、手土産の需要をつかみ拡大しています。

配達サービスによるテスト販売を行いました。しかし、おはぎの単価は低いので、注文する個数によっては手数料が割高になってしまいます。ほかの店のメニューとセットにして配達サービスを利用することなども検討しましたが、採算をとるのが難しいと判断しました。

代わりに、インターネットでわらび餅製造キットの販売を始めました。材料そのものを送るので、おはぎと異なり日持ちし、通信販売に向いています。親子で簡単においしくつくれるので、コロナ禍で増えたおうち時間を楽しんでもらえます。

コロナ禍の状況をみながらではありますが、今後は国内で業績が好調な商業施設内でのカフェスタンド型の出店のほか、フランチャイズ店舗を増やしていき、OHAGI3の可能性を広げながら、世界中のくらしのすきまをあたためていきたいと思います。

**聞き手から**

ホリデイズ㈱の株主リストには、落合さんが勤務時代に知り合った人が名を連ねている。巧みなプレゼンテーションで出資を引き出しているのかと思いきや、近況をざっくばらんに話すなかで先方から出資をしたいと申し出てくれることが多いそうだ。

経営塾で知り合った初対面の経営者に自分のビジネスについて相談するなど、その積極性もさることながら、失敗談も交じえながらやりたいことをまっすぐに語る人柄が、人とのつながりを強めることとなった。起業間もない場合は特に、起業家自身の魅力が業績に直結しやすい。今回の取材を通して、落合さん、ひいてはホリデイズ㈱を応援したいという人たちが、株主として集まっているのだと確信した。（青木　遥）

（日本政策金融公庫調査月報　2021年11月号掲載）

# 空室物件に明かりをともすリフォームサービス

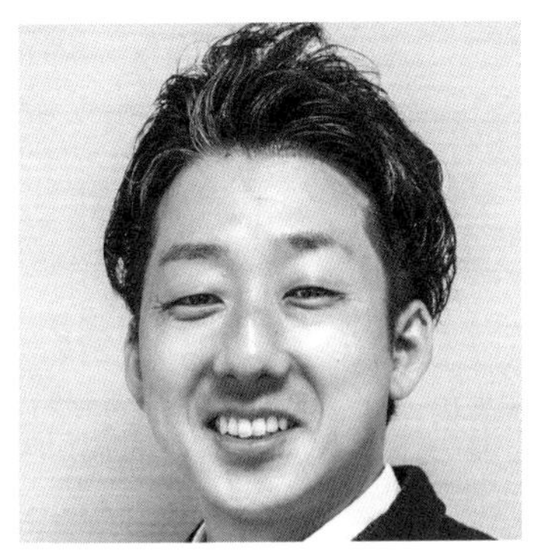

## ㈱ココテラス

<開業者プロフィール>
**篠原 昌志（しのはら まさし）**
　山口県出身。情報通信会社で営業担当として勤務したのち、賃貸マンション、アパート向けのリフォーム会社に入社。営業担当を経て、フランチャイズ展開の事業責任者を務める。2017年に独立し、2018年に㈱ココテラスを設立。

〈企業概要〉

| | |
|---|---|
| 創　　業 | 2017年 |
| 資 本 金 | 200万円 |
| 従業者数 | 1人 |
| 事業内容 | リフォームサービスの運営 |
| 所 在 地 | 東京都港区新橋1-18-21 第一日比谷ビル5F |
| 電話番号 | 03(6868)7227 |
| U　R　L | https://cocoteras.com |

　東京都港区の㈱ココテラスは、定額制リフォームサービス「イメチェン」をフランチャイズで展開している。築年数が古く老朽化するなどして空室となっているアパートやマンションなどの賃貸物件を一新させるこのサービスは、入居者確保に苦戦する賃貸物件のオーナーから好評だ。サービスのリリースから数年で10都県に事業エリアを広げており、見積依頼が各地から舞い込んでいるという。シェアを伸ばすイメチェンとは、どのようなものなのだろうか。創業4年の同社を一人で運営する代表取締役の篠原昌志さんに話をうかがった。

## 関係者に多くのメリットが

**——定額制リフォームとはどのようなサービスですか。**

当社で展開している「イメチェン」は、1平方メートル当たり1万円の基本料金と諸経費5万円で、賃貸物件をリフォームできるサービスです。例えば、40平方メートルの物件であれば45万円になります。内容をご説明しましょう。

まず、部屋の印象を決める壁や床のリフォームを行います。壁のクロスは全面を張り替えて、4分の1程度はアクセントクロスと呼ばれる色の違うクロスを張り、デザイン性を高めます。部屋や玄関の床は、既存の床の上に塩ビタイルと呼ばれるポリ塩化ビニール素材の床材を張りつけます。主に店舗用物件などで使われる床材なのですが、デザインの豊富さと耐久性の高さから居住用でも人気です。そのほか、クロスと床の境目にある巾木（はばき）と呼ばれる建材の交換、スイッチやコンセント、カーテンレールの交換、ふすまや障子の張り替え、ルームクリーニングなどを行います。

さらにオプションとして、設備の入れ替えや追加なども可能です。例えば、インターホンの交換なら2万6,000円から、和室を洋室に変更する工事なら6万円からになります。予算に応じて一覧から必要なものを選べ、約9割の方はオプションを追加しますが、平均の工事額は150万円と、リノベーションに比べて低めになります。

イメチェンの対象は、賃貸物件です。物件オーナーは空室を埋めるためにリフォームしたいけれど、できるだけ費用をかけたくないというニーズをもっています。ただし、リフォームの相場がわからなかったり、必要以上の工事をして予算をオーバーしたりする人も多いです。

その点、イメチェンはメインとなるクロス、床などの施工が定額制なので料金が明確です。基本のセットだけで部屋の印象は変わるので、あとは

イメチェン施工前（左）と施工後（右）

設備や水回りの配管などをチェックして最低限の追加を行えばよいのです。その場で金額が決まるため、施工までのスピードが早いのも特徴です。

**――定額制のほかに他社のリフォームとの違いがあれば教えてください。**

一つは工事の内容です。賃貸物件の改修は、原状回復のリフォームと、物件の機能性を高めるリノベーションに大別できます。リノベーション物件は入居者に人気ですが、費用をかけすぎると採算がとれません。

イメチェンは、原状回復とリノベーションの中間を狙ったコストパフォーマンス重視のリフォームです。壁は元のクロスからデザイン性のあるものに張り替えますし、床はバリエーション豊富な塩ビタイルから選ぶため、入居者に好まれる内装に変えられます。一方、フローリングは張り替えではなく、塩ビタイルの上張りにすることで費用を抑えます。使える設備はクリーニングなどで対応するので、オプションも極力抑えられます。

もう一つの違いは、入居者確保のためのアフターサービスです。当社のリフォームの目的は入居者を見つけることです。そのため、施工後の物件資料の作成や室内の写真撮影、仲介業者の紹介などを行います。ここまで行う同業者は少ないと思います。特に写真は広角レンズのカメラを使い、入居を検討する人が部屋の詳細までわかるものを撮影します。

その効果もあって、リフォーム直後に入居者が決まることもめずらしくありません。入居者からすると、築古でもデザイン性の高い部屋に相場より安く住める利点があります。

**――小口工事でアフターサービスまで行うとなると、御社の利益は小さいのではないですか。**

当社としても採算がとれる仕組みを構築しています。というのも、実際の工事や施工管理はフランチャイズ契約している18のリフォーム会社が行います。フランチャイズ加盟には66万円の加盟金と6万円から30万円の月額料金がかかります。これが当社の売り上げになります。

リフォーム会社が加盟するメリットは三つあります。一つ目は、営業や設計にかかる負担を軽減できる点です。イメチェンの施工事例集やパンフレットといった営業ツールの提供、CAD図面、デザイン仕様の作成、アフターサービスに関するツールの提供などを受けられます。加盟店が自社で対応すると相当な労力になるこれらの作業を当社が引き受けます。

二つ目は、顧客の紹介を受けられる点です。加盟店には、営業ツールを用いて新規開拓をしてもらいますが、それ以外に当社に届く見積依頼を引き継いでもらいます。毎月30件以上の見積依頼が当社にきており、物件最寄りの加盟店に紹介しています。利用者の多くは複数の物件を所有しているので、退去者が出るたびにイメチェンをリピートすることが多いです。自宅のリフォームや外壁の改修工事につながるなど、加盟店の得意先になることもあります。

三つ目は、人材育成に役立てる点です。イメチェンは料金設定が明確なため、営業初心者でも扱いやすいサービスです。また、「リノベの学校」という動画配信サービスを無料で視聴できます。営業の初心者向けに、リフォームに関する知識やノウハウを紹介した動画を現在60本配信しており、1週間に1本のペースで増やしています。

## 業界のイメージを変えたい

**――関係者それぞれのニーズに応える仕組みですね。創業まではどのような仕事をしていたのですか。**

大学卒業後に入社した情報通信会社では法人向け携帯電話の新規開拓を担当しました。仕事は順調でしたが、新規開拓だけでなく、取引先と長く付き合える仕事がしたいと考え、リフォーム会社に転職しました。

最初に担当した賃貸物件のリフォーム営業では、専門用語が飛び交う現場に戸惑いながらも、建築の知識やデザイン、設計に関するノウハウを学びました。その後、フランチャイズ部門に配属され、最終的に責任者を任されました。主に新規加盟店の獲得と既存加盟店のサポート業務を経験しました。

加盟店である中小企業の経営者の悩みを近くで見られたことは貴重な経験でした。多くの企業は優秀な人材を採用できないという課題をもっていました。人材不足により、提供したビジネスモデルやノウハウを生かせず退会する加盟店が多かったのです。こうした課題を解決できるサービスを提供できないかと考え、2017年に退職し、個人事業主として独立しました。

**――創業当初からイメチェンのアイデアはあったのですか。**

当初は賃貸リフォームに特化した営業代行という形でした。前職時代に知り合った企業から声がかかり8社と契約しました。毎月顧問料をもらい、顧問先の営業担当者が獲得したアポイントを引き継いで、リフォームの提案から契約までまとめる仕事です。営業には自信があったのですが、ふたを開けると、アポイントの件数が少なく驚きました。当初1社当たり月5件を見込んでいましたが、0件の月もありました。顧問先に聞いてみると、電話や訪問による新規開拓に苦戦している、ほかの業務が忙しくて新規開拓に時間を使えないなどの問題を抱えていました。新聞やニュースなどでリフォームをかたった詐欺事件や追加請求にかかるトラブルなどが取り上げられたことも影響していたのだと思います。

頼める仕事がないからと顧問契約を1年で打ち切られることもありました。このままでは仕事がなくなると焦りを感じて、新規開拓を補助できるサービスを検討し始めました。

**――サービスを検討するなかで意識したことはありますか。**

明確な料金設定でわかりやすいことです。なおかつリフォーム工事に抱かれている不透明なイメージを一新できるものがよいと考えました。

また、クロスや床の変更をメインにした工事に絞ることにしました。大規模なイメージがある「リノベーション」という言葉を使わず、内装の雰囲気を変えるという意味を込めて「イメチェン」と名づけました。

デザインと設計は当社に一元化することにしました。フランチャイズ展開しても仕上がりのテイストを統一できますし、施工業者によって生じる品質の差も抑えられます。こうして完成したイメチェンは顧問先4社に採用され、業界新聞などで取り上げられました。

## 顔の見えるサービスを

**――画期的なサービスですが、理解してもらうのは大変だったのではないですか。**

今までにない仕組みなので、浸透するか不安はありましたが、おかげさまで順調に加盟店、利用者を増やすことができました。その理由は動画による情報提供にあります。2018年から「YouTube」による動画配信を開始しました。主にイメチェンの施工事例や賃貸物件のリフォームの知識、空室対策の方法などを紹介しています。

認知度の低いサービスを知ってもらうには、情報量の多い動画の配信がベストと考えました。施工事例だけでなく、「分譲マンションのリフォー

配信する動画に篠原さんが出演

ムの注意点」などを紹介することで検索にヒットしやすくなります。

恥ずかしながら、動画にはわたしが出演しています。どのような人がやっている、どのような企業なのかがわかれば安心感につながると思ったからです。専門用語をかみ砕いて知識のない人でもわかる動画になるよう心がけています。

イメチェン利用者からは「動画で社長の顔が見えて、料金も透明性が高いので安心だ」と言われます。月30件ほどの見積依頼のうち、およそ9割が動画の視聴者からです。これまで190本近い動画を配信しており、最近は1日に80時間以上再生されています。累計の再生回数は約55万回に上ります。ここ数年で動画による情報収集が一般的になったことも背景にあるのではないでしょうか。

視聴者の大半は30～50歳代の賃貸物件のオーナーやリフォーム会社、施工会社の人だと思われますが、それ以外に思わぬ反響もありました。

**――どのような反響ですか。**

中古住宅の購入を検討している個人からの問い合わせです。個人の住宅も施工してほしいという依頼が増えました。そこで2020年に個人住宅向けの「イメチェン・ネクスト」を開始しました。イメチェン同様、定額制のリフォームです。単価は平均300万円ほどと、ワンランク上がります。賃貸物件のリフォームは費用対効果を優先しますが、個人住宅の場合は実用性やデザイン性を重視するからです。

例えば、水回りの設備などはグレードの高いものにしたり、クロスや床材のデザインもカタログから自分で選んだりします。リピート受注は見込めないものの、単価が大きくなるため加盟店にも喜ばれています。

**――最後に今後の展開について教えてください。**

最近、在宅勤務をする人が増えてリビングと仕事部屋を分けたいという需要が高まっています。今まで人気のなかった2Kの物件が脚光を浴びているのです。間取りを変更するリノベーションが主流でしたが、イメチェンが得意とする間取りを生かしたリフォームは、一層増えると予想しています。現在は関東が中心ですが、47都道府県にイメチェンを広げることを目標に頑張っていきます。

**聞き手から**

同社が展開するイメチェンは、単なる営業支援ツールとしての役割だけでなく、効率的にリフォームを実施したい賃貸物件のオーナーと、手間のかかる営業をスムーズに進めて新規開拓したいリフォーム会社をつなげるプラットフォームの役割を担っている。明確な料金設定や顔の見える宣伝によって両者の間にあるギャップを埋める仕組みを構築し、リフォームを“イメチェン”したといえるだろう。

同社の社名には、夜になっても明かりがつかない空室物件に入居者を呼び込み、部屋に光をもたらすという思いが込められている。賃貸物件だけでなく個人住宅にまで対象を広げたイメチェンは、これからも多くの部屋、そしてその部屋に関係する人や企業を照らしていくはずだ。

（長沼 大海）

（日本政策金融公庫調査月報　2021年7月号掲載）

# 手近な野菜料理で食生活を健やかに

## ㈱社員食堂

<開業者プロフィール>

**髙橋 佳代子（たかはし かよこ）**

女子栄養短期大学食物栄養学科を卒業し、栄養士の資格を取得。通信教育を提供する会社で栄養学を担当し、1999年にIT企業へ転職。エンジニアとしての経験を積む一方で勤務先の社員食堂の運営に携わる。2016年に㈱社員食堂を設立。

**〈企業概要〉**

| | |
|---|---|
| 創　業 | 2016年 |
| 資本金 | 100万円 |
| 従業者数 | 1人 |
| 事業内容 | 食に関するワークショップの運営、コンサルティング |
| 所在地 | 東京都中央区日本橋大伝馬町13-1 |
| 電話番号 | 090(3093)9010 |
| U R L | https://shainshokudou.tumblr.com |

おやさい350サロンは1日の食事で取った野菜、肉、魚がどれくらいだったのか思い出すところから始まる。それぞれ何グラムかぱっと答えられる人はほぼいない。なかには昨日何を食べたのかすぐに思い出せない人もいる。

栄養士である髙橋さんが食事の内容を聞いて、もっと食べた方がよいものや食べるのを控えた方がよいものを示すことは簡単だ。ただ、それでは食生活の改善につながらなかった経験をもつ。自ら食事に対する意識を変えてもらう場をつくりたいと思い、㈱社員食堂を立ち上げた。

## 野菜を手軽にたくさん取るために

**――おやさい350サロンを開いていると聞きました。どのようなものでしょうか。**

日常の食事を振り返り、野菜のおいしさを楽しみながら、簡単につくれる野菜料理を知ってもらうワークショップです。おやさい350サロンは1日に取る野菜の望ましい量が大人の場合350gとされていることから名づけました。厚生労働省が健康な生活を維持するための目標値として提唱しています。

厚生労働省の調べでは、20～40歳代の人たちが1日に取る野菜は平均230g前後と十分ではありません。サラダなど生のままでは量を食べるのは難しく、かといって調理する余裕がない人、なかには野菜をどれくらい取ればよいのか知らない人もいます。それゆえサロンでは、食生活に不足しがちな野菜を手軽にかつ継続して取り入れられるように支援することを目的にしています。

サロンは1回2時間半で、参加費は5,000円です。参加者の多くは30～40歳代の女性です。サロンではまず栄養学について食品摂取チャートを使いながら簡単なレクチャーをしています。チャートは女子栄養大学の食品構成表を参考にしていて、偏りやすい七つの食品群について1日に必要な摂取量を示したものです。具体的には野菜350g、いも100g、豆・豆製品80g、果物200g、卵50g、乳・乳製品260g、魚・肉100～160gです。

参加者は1日に食べた量をそれぞれ10段階で評価して、チャートをつくります。過不足なく取れていれば正七角形となるので、不足したり多かったりする食品群が一目でわかるのです。野菜が特に不足しがちであることを実感できるだけでなく、自分の食の傾向をつかめます。

野菜の摂取量を具体的に知るためにまず、見本に用意した野菜を手で持っ

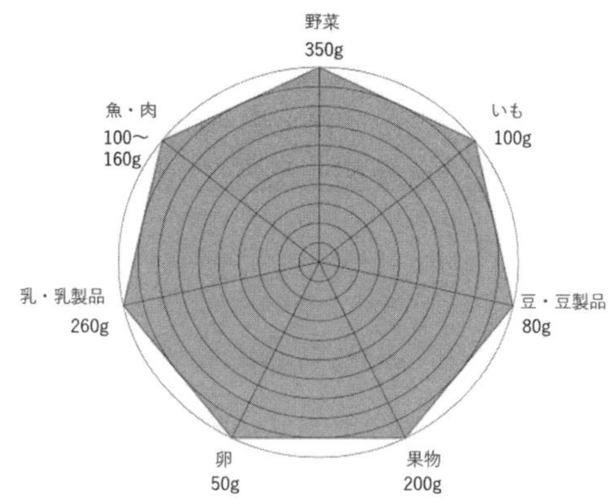


**サロンで使っている食品摂取チャート**

て重さを予想してからはかりに乗せてもらっています。そうすることで感覚を養い、家にはかりがなくても食べる野菜の量を意識できるようになってもらうのがねらいです。

次に、それぞれの食生活について参加者同士で話してもらいます。初対面の人たちも食品摂取チャートをきっかけに話が広がり、「なぜ野菜を食べる必要があるのか」といった素朴な疑問や、「野菜料理のレパートリーが少ない」といった意見が次々に出てきます。言葉にすることで、野菜をしっかり取るために解決すべきことがみえてきます。参加者には、食欲がない、食事の時間が夜遅くなりがちなど食生活に不安をもっている方も多く、栄養学の観点からわたしのアドバイスも織り交ぜながら1時間ほどかけて話をしています。

それからわたしが、皆の前で料理を一品つくります。サロンで紹介する野菜料理は大きく二つの特徴があります。一つは野菜をすべて使い切ることです。家庭で料理をする際に余った野菜を使わないまま腐らせてしまうのを防ぐためです。もう一つは肉や魚などのタンパク質を極力入れないことです。こうすることで日持ちさせやすくなるのでつくりおきができ、毎日料理をする時間をとるのが難しい人でも手軽にいつでも野菜を取ることができます。

参加者には見学をしながら、切り方によって変わる野菜の歯ざわりを試してもらったり、塩や酢をつけて食べてみて相性の良い調味料を見つけてもらったりと、味の変化を楽しんでもらいます。

最後に、わたしが事前に用意した10品ほどの季節の野菜料理を食べてもらいます。参加者は好きなだけ皿に盛り、重さを量ってから食べます。どのくらいの量で満腹になるのかを知り、350gの野菜を取るための自分なりの目安をもてるようにするためです。また、野菜をたくさん食べたことによる翌日の体調改善を実感してもらうこともできます。

**――楽しそうなサロンですね。起業する前はどのような仕事をしていたのですか。**

大学を卒業してから通信教育の会社に勤務し、栄養学のカリキュラムをつくるほか食事の栄養指導をしていました。食事の内容を聞いて不足している栄養を補うために食べるべき食材とその量を伝えていたのですが、どこか手応えが感じられず、次第に栄養士としての仕事に限界を感じるようになりました。

バブル崩壊で勤務していた会社が倒産したのを機に新しいことに挑戦しようと、IT業界に転職をしました。1999年のことです。エンジニアの経験を8年ほど積んだころ、勤務する会社が移転することになり、新しいオフィスで社員食堂を運営する委員の募集がかかりました。当時の社員食堂の料理は栄養のバランスが悪かったり、塩味が強かったりと社内での評判はあまり良くありませんでした。一方で会社の移転先の周辺は飲食店の数が少なく、同じ職場で働く人たちの健康に不安を感じました。社内公募に手を挙げると栄養士の経験や知識が認められ、食堂運営の改革を進めることになりました。

調理を委託している業者に、野菜や豆類の料理を小鉢として加えるように提案したりして、食事のメニューを少しずつ変えていきました。肉料理と揚げ物ばかり取る人もいたため、メイン料理を1品、小鉢を2品と1回に取る数を決めました。足りない場合は野菜料理の小鉢を追加しておなかを満たすルールをつくり、バランス良く、野菜もしっかり取れるように工夫しました。

社員食堂を利用するようになった同僚からは、野菜をたくさん食べるようになり体の調子が良くなった、と言われました。そのときに、言葉で食事のメニューを指導するだけではなく、実際にバランスの取れた食事を体験してその効果を知ってもらえれば、普段の食生活でも意識して野菜を取ってもらえるようになるのではないかと気づきました。

## 実行しながらアレンジする

**――栄養士の仕事に新たな可能性を見つけた瞬間ですね。**

この取り組みを会社の外にも広げたいと考え、勤務先を辞めて2016年に「おとな食堂」を始めました。おやさい350サロンのもととなる取り組みです。店舗はもたず、東京・日本橋にあるシェアキッチンを利用しました。

最初は、参加者が野菜を持ち寄って、一緒にレシピを決めて調理していました。食をテーマにした話もしながらでしたので、調理前の会話に2時間ほどかけていました。調理と食べる時間で3時間、全部で5時間ほどのプログラムです。参加しやすいようにと途中での入退出を自由にしたのですが、フルで参加したいと考える人が多く、勤務している人は参加しにくくなっていました。そこでおとな食堂の内容を組み直すことにしました。プログラムの目的は、野菜をしっかり取る大切さと、手軽に取れることを知ってもらうことです。思い切って、料理教室の要素を除きました。栄養学のレクチャーを含むイントロダクションを15分、話す時間を1時間、わたしの調理を20分、食べる時間を1時間という構成にして、おやさい350サロンと名前も変えました。料理を事前に用意することで、会話の時間は十分に確保しつつ全部で2時間半と、仕事帰りでも参加しやすくしました。

調理実習をしない代わりに、サロンでつくった料理はレシピ掲載サイトの「クックパッド」で紹介し、家庭でも実践できるようにしました。現在、掲載しているレシピは142に上ります。サロンのことを知らない人にも広く発信することができます。

2019年からは開催場所を東京・上野にあるカフェにしました。野菜を使った料理の活動に興味をもった店主の好意で、カフェが比較的すいている午前と夜に、キッチンを借りられることになったのです。一般に借りられるシェアキッチンはどこも賃料が高かったのでとても助かりました。

おかげで運営も安定するようになり、おとな食堂から通算で200回以上開催し、延べ360人もの方が参加しています。

**――サロン以外ではどのようなことをしていますか。**

食に関するイベントで野菜を簡単においしく取れる方法をレクチャーしています。また、野菜料理をメインにした食事を楽しみたいという要望に応えて、ケータリングをしています。

ほかにも事業者向けにメニュー開発などのコンサルティング業務を行っています。食材の仕入れから調理の仕方、単価の設定について提案しています。飲食をメインとしていないような事業者が主で、例えば、小規模な宿泊施設で専門の料理人を雇うのは難しいものの、サービスの一環としてバランスの良い食事を提供したいというニーズがありました。料理の経験が豊富でなくてもつくりやすいようなレシピを考案して、材料を仕入れる店を紹介しています。立地によって提案する仕入先は異なります。近くのスーパーや専門店などを回って鮮度の高い食材がある店を選んだり、日持ちのする調味料などは、購入できるインターネットサイトを紹介したりすることもあります。

サロンでは数々の野菜料理が並ぶ

## 全国に広がったサロン

**——2020年はコロナ禍となりました。どのような影響がありましたか。**

おやさい350サロンの開催が難しくなったほか、ケータリングの利用もゼロになりました。ちょうど、コロナ禍となる直前に、勤務時代の知人から、食品会社でITシステムを導入する支援をしてほしいと声がかかりました。現在はそこでの勤務により収入を補填しています。在宅での勤務のため事業に充てる時間を大きく削減せずにすみますし、栄養士とエンジニア両方の知識を活かすことができます。栄養士の仕事を一度断念して畑違いの職種に挑戦したことが、今役に立っています。

おやさい350サロンの取り組みも続けたいと思い、オンラインで開催することにしました。コロナ禍の影響で外食の機会が減り、家庭でつくる食事に関心を高める人が増えているのではないかと考えたからです。

「Facebook」やブログなどで宣伝をして、全国から参加者を募りました。それまではサロンが遠くて諦めていたという人たちからも喜ばれました。参加人数も、以前はキッチンの大きさから5人ほどが限界でしたが、そうした制限がなくなり1回に15人ほど集まるようになりました。

プログラムもオンライン用に見直しました。調理は各自でしてもらいます。つくるものは事前に案内をしますが、用意する野菜は3～5種類とだけで、あえて指定しません。参加者がそれぞれの地元の野菜を用意するので、ご当地の食材について知る機会になります。野菜の切り方や温める順番など家庭ごとの個性が見えたりもして、味のつき方などを共有して違いを楽しんでいます。

**――今後の展望を教えてください。**

オンライン、オフラインの両方でサロンを広げていきたいです。また、飲食店や社員食堂をもつ企業に向けたアプローチを模索中です。今後も共働き世帯が増え、テイクアウトや外食など食事を外で調達する機会が増え、野菜を十分に取らない人が増えると思うからです。これからも多くの人に野菜料理を楽しんでもらい、食生活を改善するきっかけを提供していきたいと思います。

### 聞き手から

起業をしてみたいという思いはあるものの、アイデアが思い浮かばないという人は少なくない。髙橋さんは、社員食堂の運営をとおして栄養士の仕事で感じた課題を解決する方法を見つけ、多くの人に参加してもらえるようブラッシュアップをしていった。事業につながるアイデアは一朝一夕で生まれるわけではないが、日々の仕事や生活で疑問を抱いたり、課題に目を向けたりすることがその一歩なのだと教えられた。

コロナ禍となって、自分の体調や健康についていっそう関心を高めた人は多いはずだ。野菜のおいしさや調理の手軽さを発見できるおやさい350サロンに参加して、食生活を自らの手でより良いものに変えていく人は増えていくに違いない。

（青木　遥）

（日本政策金融公庫調査月報　2021年8月号掲載）

# 資　料　編

1991年度以降の「新規開業実態調査」の個票データについては、すべて、東京大学社会科学研究所附属社会調査・データアーカイブ研究センターに設置されているSSJデータアーカイブに収録されています。

SSJ データアーカイブでは、統計調査、社会調査の調査個票データを収集・保管しており、学術目的であれば必要なデータを利用することができます。

詳細については、https://csrda.iss.u-tokyo.ac.jp をご参照ください。

## 1　「2021年度新規開業実態調査」アンケート調査票と単純集計結果

選択肢を回答する設問においては回答割合を、実数を回答する設問においては平均値をそれぞれ記した。

### Ⅰ　事業の概要についてうかがいます。

問1　略

問2　開業時の経営形態をお答えください。

| | | | | | |
|---|---|---|---|---|---|
| 1 | 個人経営 | 61.3% | 2 | 株式会社 | 29.4% |
| 3 | NPO 法人 | 0.4% | 4 | その他 | 8.9% |

問3　現在の経営形態をお答えください。

| | | | | | |
|---|---|---|---|---|---|
| 1 | 個人経営 | 60.0% | 2 | 株式会社 | 30.3% |
| 3 | NPO 法人 | 0.4% | 4 | その他 | 9.3% |

問4　既存の同業者と比べて、事業内容（商品・サービスの内容、対象とする市場など）に新しい点がありますか。

| | | | | | |
|---|---|---|---|---|---|
| 1 | 大いにある | 13.2% | 2 | 多少ある | 49.2% |
| 3 | あまりない | 30.6% | 4 | まったくない | 6.9% |

問5　略

問6　主要な商品・サービスの価格帯は、業界の平均的な水準と比べてどうですか。

| | | | | | |
|---|---|---|---|---|---|
| 1 | かなり高い | 2.1% | 2 | やや高い | 20.7% |
| 3 | ほとんど変わらない | 50.4% | 4 | やや低い | 23.1% |
| 5 | かなり低い | 3.8% | | | |

問7　現在の事業はベンチャービジネスやニュービジネスに該当すると思いますか。

| | | | | | |
|---|---|---|---|---|---|
| 1 | 思う | 12.0% | 2 | 思わない | 70.7% |
| 3 | わからない | 17.4% | | | |

問8　フランチャイズ・チェーンに加盟していますか。

| | | | | | |
|---|---|---|---|---|---|
| 1 | 加盟している | 7.7% | 2 | 加盟していない | 92.3% |

問9　主な事業所（店舗・事務所・工場など）はどれですか。最も当てはまるものを一つお答えください。

| | | |
|---|---|---|
| 1 | 店舗（消費者向け） | 36.2% |
| 2 | 医療・福祉施設 | 13.1% |
| 3 | 塾・教室 | 2.1% |
| 4 | 宿泊施設 | 0.8% |
| 5 | その他の消費者向け施設 | 1.5% |
| 6 | 事務所 | 21.9% |
| 7 | 工場、作業所 | 5.8% |
| 8 | 消費者以外を対象とするその他の施設 | 0.6% |
| 9 | 自宅の一室 | 18.0% |

問10　**問9で「1」～「8」と回答した方にうかがいます。それ以外の方は問11へお進みください。**
ご自宅から主な事業所までの通勤にかかる時間（片道）はどれくらいですか。

| | | | | | |
|---|---|---|---|---|---|
| 1 | 自宅に併設 | 11.6% | 2 | 15分未満（1を除く） | 38.1% |
| 3 | 15分以上30分未満 | 27.2% | 4 | 30分以上1時間未満 | 17.3% |
| 5 | 1時間以上 | 5.8% | | | |

問11　主な販売先・顧客についてうかがいます。

(1)　主な販売先・受注先はどちらでしたか。一つお答えください。

| | | | | | |
|---|---|---|---|---|---|
| 1 | 事業所（企業・官公庁など） | 31.3% | 2 | 一般消費者 | 68.7% |

(2)　主な販売先・顧客は固定されていますか。

| | | | | | |
|---|---|---|---|---|---|
| 1 | 固定客がほとんどである | 45.8% | 2 | 固定客が半分くらいである | 36.0% |
| 3 | 固定客はほとんどいない | 18.3% | | | |

問12　仕事の進め方（時間や場所、やり方など）について、あなたの裁量はどの程度ありますか。最も当てはまるものを一つお答えください。

| | | |
|---|---|---|
| 1 | 通常は自分の意向で決められる | 60.5% |
| 2 | 通常は販売先・顧客の意向に従う | 16.1% |
| 3 | 販売先・顧客や仕事の内容によって異なる | 23.5% |

問13　商圏の範囲について、最も当てはまるものを一つお答えください。

| | | | | | |
|---|---|---|---|---|---|
| 1 | 事務所や店舗の近隣 | 13.1% | 2 | 同じ市区町村内 | 35.2% |
| 3 | 同じ都道府県内 | 22.1% | 4 | 近隣の都道府県 | 12.4% |
| 5 | 日本国内 | 15.9% | 6 | 海外 | 1.3% |

## Ⅱ　経営者ご本人についてうかがいます。

問14　性別をお答えください。

| | | | |
|---|---|---|---|
| 1　男性 | 79.3% | 2　女性 | 20.7% |

問15　生年月を西暦でご記入ください。

西暦 [ | | | ] 年 [ | ] 月

問16　最終学歴（中退を含む）をお答えください。

| | | | |
|---|---|---|---|
| 1　中学 | 3.7% | 2　高校 | 27.6% |
| 3　高専 | 0.8% | 4　専修・専門・各種学校 | 26.2% |
| 5　短大 | 3.9% | 6　大学 | 32.5% |
| 7　大学院 | 5.1% | 8　その他 | 0.2% |

問17　あなたは主たる家計維持者ですか。

| | | | |
|---|---|---|---|
| 1　主たる家計維持者である | 83.6% | 2　主たる家計維持者ではない | 16.4% |

問18　現在の事業からの経営者ご本人の収入が、世帯の収入に占める割合はどれくらいですか。

| | | | |
|---|---|---|---|
| 1　100%（他の収入はない） | 37.1% | 2　75%以上100%未満 | 20.6% |
| 3　50%以上75%未満 | 16.6% | 4　25%以上50%未満 | 10.3% |
| 5　25%未満 | 15.3% | | |

問19　あなた自身が、現在の事業以外から得ている収入はありますか。当てはまるものをすべてお答えください。

| | |
|---|---|
| 1　別の事業からの収入（4～6を除く） | 10.0% |
| 2　勤務収入（パート、アルバイトを含む） | 10.9% |
| 3　年金や仕送りからの収入 | 2.7% |
| 4　不動産賃貸による収入 | 3.7% |
| 5　太陽光発電による収入 | 1.6% |
| 6　金融や不動産などの投資収入（利子や売買益） | 4.2% |
| 7　その他 | 1.7% |
| 8　現在の事業以外に収入はない | 70.4% |

問20　現在の事業以外の職業についてうかがいます。

⑴　現在の事業のほかに、現在就いている職業はありますか。当てはまるものをすべてお答えください。

| | | |
|---|---|---|
| 1 | 会社や団体の代表者 | 4.1% |
| 2 | 会社や団体の常勤役員（1、7を除く） | 1.9% |
| 3 | 正社員・正職員（管理職）（7を除く） | 3.0% |
| 4 | 正社員・正職員（管理職以外）（7を除く） | 1.5% |
| 5 | パートタイマー・アルバイト | 5.8% |
| 6 | 派遣社員・契約社員 | 1.6% |
| 7 | 家族従業員 | 0.7% |
| 8 | 自営業主（現在の事業とは別の事業） | 3.8% |
| 9 | 学生 | 0.5% |
| 10 | その他 | 2.1% |
| 11 | 該当するものはない | 76.4% |

⑵　**⑴で「1」～「8」と回答した方にうかがいます。それ以外の方は問21へお進みください。**
現在の事業のほかに就いている職業の、1週間当たりの就労時間はどれくらいですか。
※1時間未満の端数がある場合は、切り上げてお答えください。
1週間当たり 21.4 時間くらい

問21　現在の事業からの経営者ご本人の収入が、経営者ご本人の定期的な収入に占める割合はどれくらいですか。

| | | | | | |
|---|---|---|---|---|---|
| 1 | 100％（他の収入はない） | 59.8% | 2 | 75％以上100％未満 | 10.4% |
| 3 | 50％以上75％未満 | 5.8% | 4 | 25％以上50％未満 | 7.9% |
| 5 | 25％未満 | 16.2% | | | |

問22　仕事の経験についてうかがいます。
※年数について1年未満の端数がある場合は、切り上げてお答えください。

⑴　学校を卒業してから現在の事業を開業するまでに、勤務した経験がありますか。経験がある場合は、勤務した企業（官公庁を含む）の数と経験年数の合計もご記入ください。
※パートタイマー・アルバイト、派遣社員・契約社員、家族従業員として働いた経験を含みます。

1　ある　→　合計 3.8 社　20.6 年　　2　ない
97.2%　　2.8%

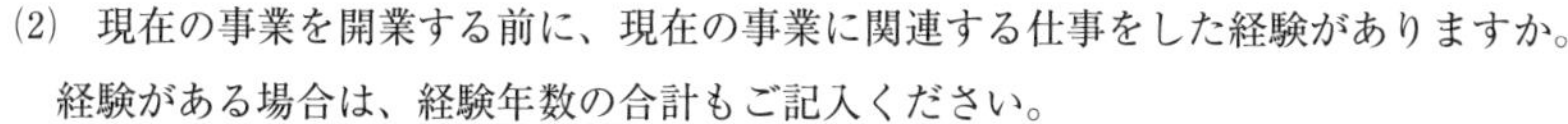

⑵ 現在の事業を開業する前に、現在の事業に関連する仕事をした経験がありますか。経験がある場合は、経験年数の合計もご記入ください。

1 ある → 合計 [15.1] 年　　2 ない

82.2%　　17.8%

⑶ 現在の事業を開業する前に、正社員として働いた経験がありますか。経験がある場合は、勤務した企業（官公庁を含む）の数と経験年数の合計もご記入ください。

1 ある → 合計 [2.9] 社 [18.2] 年　　2 ない

94.5%　　5.5%

⑷ 現在の事業を開業する前に、管理職（3人以上の部下をもつ課や部などの長またはリーダー）として働いた経験がありますか。経験がある場合は、勤務した企業（官公庁を含む）の数と経験年数の合計もご記入ください。

1 ある → 合計 [1.7] 社 [11.4] 年　　2 ない

66.9%　　33.1%

⑸ 現在の事業を開業する前に、事業を経営した経験がありますか。当てはまるものを一つお答えください。経験がある場合は、現在の事業を始める前に経営した事業数と年数の合計も、ご記入ください。

1 事業を経営したことはない　84.4%

2 事業を経営したことがあり、現在も主に自分がその事業を経営している　5.1%

3 事業を経営したことがあり、現在もその事業には携わっているが、経営は主にほかの人がやっている　1.1%

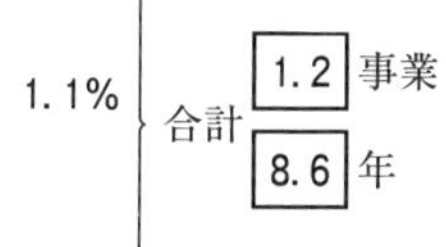

4 事業を経営したことはあるが、その事業の経営から退いた（すでにその事業を行っていない場合も含む）　9.4%

（2～4）合計 [1.2] 事業 [8.6] 年

問23　現在の事業を開業する直前の職業についてうかがいます。

(1)　最も当てはまるものを一つお答えください。

| | | |
|---|---|---|
| 1 | 会社や団体の常勤役員（6を除く） | 11.2% |
| 2 | 正社員・正職員（管理職）（6を除く） | 41.3% |
| 3 | 正社員・正職員（管理職以外）（6を除く） | 28.3% |
| 4 | パートタイマー・アルバイト | 7.4% |
| 5 | 派遣社員・契約社員 | 3.3% |
| 6 | 家族従業員 | 0.8% |
| 7 | 自営業主 | 4.7% |
| 8 | 学生 | 0.1% |
| 9 | 専業主婦・主夫 | 1.3% |
| 10 | その他 | 1.5% |

(2)　**(2)～(5)は、(1)で「1」～「6」と回答した方にうかがいます。それ以外の方は問24へお進みください。**

開業する直前の勤務先の従業者規模をお答えください。

| | | | | | |
|---|---|---|---|---|---|
| 1 | 4人以下 | 12.5% | 2 | 5～9人 | 19.4% |
| 3 | 10～19人 | 15.1% | 4 | 20～29人 | 6.9% |
| 5 | 30～49人 | 6.9% | 6 | 50～99人 | 9.5% |
| 7 | 100～299人 | 9.9% | 8 | 300～999人 | 8.4% |
| 9 | 1,000人以上 | 10.0% | 10 | 公務員 | 1.5% |

(3)　開業する直前の勤務先をどのように離職しましたか。最も当てはまるものを一つお答えください。

| | | |
|---|---|---|
| 1 | 自らの意思による退職 | 77.5% |
| 2 | 定年による退職 | 2.2% |
| 3 | 事業部門の縮小・撤退に伴う離職 | 3.3% |
| 4 | 勤務先の廃業による離職 | 3.8% |
| 5 | 勤務先の倒産による離職 | 0.8% |
| 6 | 解雇 | 1.4% |
| 7 | その他の理由による離職 | 3.6% |
| 8 | 離職していない（現在も働いている） | 7.5% |

⑷　**⑷～⑸は、⑶で「1」～「7」と回答した方にうかがいます。それ以外の方は問24へお進みください。**

開業する直前の勤務先を離職した時期を西暦でご記入ください。

西暦 [　|　|　|　] 年　[　|　] 月

⑸　開業する直前の勤務先からの離職には、新型コロナウイルス感染症の影響がありましたか。新型コロナウイルス感染症の流行前に離職した方は「2　影響はなかった」とお答えください。

1　影響があった　**27.2%**　　2　影響はなかった　**72.8%**

問24　企業や官公庁、団体などに勤務しながら、副業として現在の事業を立ち上げましたか。最も当てはまるものを一つお答えください。

| | | |
|---|---|---|
| 1 | 現在も勤務しながら事業を行っている | 12.7% |
| 2 | 勤務しながら事業を立ち上げたが、<br>現在は勤務を辞め事業を専業として行っている | 15.7% |
| 3 | 勤務を辞めてから事業を立ち上げた | 69.0% |
| 4 | 事業を立ち上げたときは勤務していなかったが、<br>現在は勤務しながら事業を行っている | 1.2% |
| 5 | 一度も勤務したことはない | 1.3% |

## Ⅲ　開業の準備についてうかがいます。

問25　事業を開始した時期（西暦）と年齢をご記入ください。

西暦 [2|0|　|　] 年　[　|　] 月　　**業歴　13.9カ月**　　[**43.7**] 歳のとき

問26　具体的な開業準備（場所の検討、取引先の探索、求人活動など）を始めた時期を西暦でご記入ください。

西暦 [　|　|　|　] 年　[　|　] 月

**具体的な開業準備の開始から開業までの経過月数　8.8カ月**

問27　開業に当たり、現在事業を行っている場所（お住まいなど生活エリアも含む）へ移り住みましたか（同一市区町村内での引っ越しは除きます）。最も当てはまるものを一つお答えください。

| | | |
|---|---|---|
| 1 | 別の都道府県から移り住んだ | 7.6% |
| 2 | 同一都道府県の別市区町村から移り住んだ | 7.6% |
| 3 | 海外から移り住んだ | 0.6% |
| 4 | 移り住んでいない | 84.3% |

問28　開業時、以下の(1)～(7)についての充足度はいかがでしたか。それぞれについて、最も当てはまるものを一つお答えください。

| | 十分だった | どちらかといえば十分だった | どちらかといえば不十分だった | 不十分だった |
|---|---|---|---|---|
| (1) 販売先（受注先）の数 | 19.9% | 29.0% | 25.0% | 26.1% |
| (2) 仕入先（外注先）の数 | 34.3% | 34.6% | 17.6% | 13.4% |
| (3) 従業員の数 | 46.9% | 24.6% | 15.5% | 13.0% |
| (4) 従業員のスキル | 36.9% | 29.5% | 19.9% | 13.8% |
| (5) 自己資金の準備額 | 14.7% | 28.2% | 38.0% | 19.1% |
| (6) 金融機関からの資金調達額 | 31.1% | 35.4% | 24.1% | 9.4% |
| (7) トータルの資金調達額 | 29.5% | 36.0% | 25.8% | 8.7% |

問29　現在の事業を始めるに当たって、ほかの企業（倒産や廃業した企業を含む）から引き継いだものはありますか。有償・無償を問わず、当てはまるものをすべてお答えください。

| | | |
|---|---|---|
| 1 | 従業員 | 12.2% |
| 2 | 土地や店舗・事務所・工場など | 9.1% |
| 3 | 機械・車両などの設備 | 12.8% |
| 4 | 製品・商品 | 7.1% |
| 5 | 販売先・受注先 | 17.3% |
| 6 | 仕入先・外注先 | 15.3% |
| 7 | 免許・資格 | 4.4% |
| 8 | のれん・ブランド・商標 | 6.5% |
| 9 | その他 | 0.8% |
| 10 | 引き継いだものはない | 66.5% |

問30　事業を始めようと思った動機について、当てはまる選択肢の番号を<u>三つまで重要な順に</u>ご記入ください。

| | 最も重要な動機 | 2番目に重要な動機 | 3番目に重要な動機 |
|---|---|---|---|
| ①　収入を増やしたかった | 16.2% | 13.5% | 14.6% |
| ②　自由に仕事がしたかった | 19.1% | 18.4% | 17.8% |
| ③　事業経営という仕事に興味があった | 10.9% | 12.9% | 12.0% |
| ④　自分の技術やアイデアを事業化したかった | 10.5% | 11.8% | 10.5% |
| ⑤　仕事の経験・知識や資格を生かしたかった | 18.2% | 17.8% | 12.2% |
| ⑥　趣味や特技を生かしたかった | 2.1% | 2.7% | 3.9% |
| ⑦　社会の役に立つ仕事がしたかった | 9.1% | 9.9% | 8.1% |
| ⑧　年齢や性別に関係なく仕事がしたかった | 2.4% | 4.0% | 6.1% |
| ⑨　時間や気持ちにゆとりが欲しかった | 2.8% | 6.7% | 10.7% |
| ⑩　適当な勤め先がなかった | 1.7% | 1.5% | 2.9% |
| ⑪　その他 | 7.0% | 0.8% | 1.3% |

問31　現在の事業に決めた理由について、最も当てはまるものを<u>一つ</u>お答えください。

1　成長が見込める事業だから　8.4%
2　新しい事業のアイデアやヒントを見つけたから　4.0%
3　地域や社会が必要とする事業だから　15.9%
4　身につけた資格や知識を生かせるから　19.4%
5　これまでの仕事の経験や技能を生かせるから　43.8%
6　趣味や特技を生かせるから　3.9%
7　不動産などを活用できるから　0.4%
8　経験がなくてもできそうだから　2.1%
9　その他　2.1%

問32　開業を念頭において、技術やノウハウを身につけるために事前に行ったことはありますか。当てはまるものをすべてお答えください。

| | | |
|---|---|---|
| 1 | 勤務経験を通じて身につけた | 71.0% |
| 2 | 関連書籍等を使って自学自習した | 28.4% |
| 3 | 通信教育やインターネット上の講習を受けた | 9.2% |
| 4 | 高校、専門学校、大学などの教育機関に通った | 8.1% |
| 5 | 公共の職業訓練校に通った | 1.4% |
| 6 | 開業前の勤め先で研修や勉強会に参加した | 15.3% |
| 7 | 研修やセミナーに参加した（6を除く） | 25.0% |
| 8 | 習い事を通じて身につけた（3～7を除く） | 2.7% |
| 9 | 同業者と意見交換を行った | 39.7% |
| 10 | 同業者を巡り研究した（9を除く） | 20.7% |
| 11 | 周囲の企業経営者に相談した | 29.7% |
| 12 | 金融機関や税理士などの専門家に相談した | 18.8% |
| 13 | 家族・親戚に相談した（11、12を除く） | 27.0% |
| 14 | 友人や知人に相談した（11、12を除く） | 26.1% |
| 15 | その他 | 1.6% |
| 16 | 何もしなかった | 3.4% |

問33　新型コロナウイルス感染症の流行が開業を決意するきっかけとなりましたか。新型コロナウイルス感染症の流行前に開業した方は「2　きっかけとはなっていない」とお答えください。

| | | | | | |
|---|---|---|---|---|---|
| 1 | きっかけとなった | 13.0% | 2 | きっかけとはなっていない | 87.0% |

問34　開業計画書を作成しましたか。また、作成した開業計画書の妥当性についてどなたかに評価してもらいましたか。

| | | |
|---|---|---|
| 1 | 作成し、評価してもらった | 65.8% |
| 2 | 作成したが、評価してもらっていない | 23.9% |
| 3 | 作成していない | 10.3% |

問35　開業にかかった費用の内訳をご記入ください。該当しない項目には「０」とご記入ください。

開業にかかった費用の内訳

| | （億） | （万円） |
|---|---|---|
| ①　土地を購入する代金 | | 31.4 |
| ②　建物を購入する代金（新築・増改築を含む） | | 126.6 |
| ③　土地・建物を借りる費用（敷金や入居保証金など） | | 51.2 |
| ④　工場・店舗・事務所などの内外装工事費用 | | 176.0 |
| ⑤　機械設備・車両・じゅう器・備品などの購入費用 | | 207.1 |
| ⑥　営業保証金、フランチャイズ加盟金 | | 40.4 |
| ⑦　運転資金（仕入代金、人件費など） | | 308.5 |
| 合　計 | | 941.2 |

問36　開業にかかった費用の調達先の内訳をご記入ください。該当しない項目には「０」とご記入ください。

費用の調達先の内訳

| | （億） | （万円） |
|---|---|---|
| ①　自己資金（預貯金、退職金など） | | 281.7 |
| ②　配偶者・親・兄弟姉妹・親戚からの借入金・出資金 | | 46.0 |
| ③　自社の役員・従業員からの借入金・出資金（②を除く） | | 13.9 |
| ④　事業に賛同した個人・法人からの借入金・出資金 | | 10.6 |
| ⑤　友人・知人からの借入金・出資金（④を除く） | | 3.5 |
| ⑥　日本政策金融公庫からの借入金 | | 521.9 |
| ⑦　地方自治体の制度融資 | | 25.2 |
| ⑧　公的機関からの借入金（⑥、⑦を除く） | | 29.4 |
| ⑨　民間金融機関（銀行、信用金庫など）からの借入金 | | 226.9 |
| ⑩　ベンチャーキャピタルからの出資金 | | 0.0 |
| ⑪　リース、設備手形、設備業者のローン | | 11.0 |
| ⑫　その他 | | 6.3 |
| 合　計 | | 1,176.5 |

問37　経営に関する外部からのアドバイスについてうかがいます。

(1)　開業準備段階から現在までに以下のアドバイスを受けましたか（問34の開業計画書に限定せずにお答えください）。①～⑨についてそれぞれ該当するものを選び、表内の番号に○を付けてください。

(2)　今後5年間に以下のアドバイスを受けたいと思いますか。①～⑨についてそれぞれ該当するものを選び、表内の番号に○を付けてください。

| | (1) 開業準備段階から現在まで | | | (2) 今後5年間 | | |
|---|---|---|---|---|---|---|
| | 1 受ける必要がなかった | 2 受けたかったが受けられなかった | 3 受けた | 1 受けたいとは思わない | 2 どちらともいえない | 3 受けたい |
| ① 商品・サービスの企画・開発 | 67.4% | 8.9% | 23.8% | 31.0% | 33.5% | 35.6% |
| ② 商品・サービスの提供に必要な知識・技術・資格の習得 | 56.3% | 10.5% | 33.2% | 25.9% | 30.0% | 44.1% |
| ③ 法律・会計の知識の習得 | 33.7% | 30.6% | 35.7% | 14.9% | 24.7% | 60.3% |
| ④ 市場・事業所立地の調査・検討 | 61.8% | 19.2% | 19.0% | 36.0% | 32.6% | 31.3% |
| ⑤ 販売先・顧客の確保 | 55.9% | 19.9% | 24.2% | 25.4% | 30.0% | 44.6% |
| ⑥ 仕入先・外注先の確保 | 63.4% | 12.7% | 23.9% | 38.7% | 31.3% | 30.0% |
| ⑦ 資金調達の方法（借入自体を除く） | 34.3% | 17.1% | 48.6% | 23.0% | 30.9% | 46.1% |
| ⑧ 従業員の確保 | 76.1% | 12.1% | 11.8% | 37.5% | 30.8% | 31.7% |
| ⑨ 総合的なマネジメント | 50.7% | 24.9% | 24.4% | 22.5% | 32.7% | 44.8% |

## Ⅳ　開業後の経営の状況についてうかがいます。

問38　従業員数についてうかがいます。(1)開業時、(2)現在のそれぞれについて、従業員数をご記入ください。該当者がいない場合は「0」とご記入ください。常勤役員を務めている家族については家族従業員としてお答えください。

| | 経営者本人 | 家族従業員（役員を含む） | 常勤役員（家族従業員を除く） | 正社員（常勤役員を除く） | パートタイマー・アルバイト | 派遣社員・契約社員 |
|---|---|---|---|---|---|---|
| (1)開業時 | 1人 | 0.4人 | 0.2人 | 0.5人 | 1.1人 | 0.1人 |
| (2)現　在 | 1人 | 0.4人 | 0.2人 | 0.8人 | 1.6人 | 0.2人 |

問39 経営者ご本人の現在の事業に従事している時間は、1週間当たりどれくらいですか。

※1時間未満の端数がある場合は、切り上げてお答えください。

1週間当たり 48.1 時間くらい

問40 現在の売上状況をお答えください。

| | | | |
|---|---|---|---|
| 1 増加傾向 | 44.4% | 2 横ばい | 35.9% |
| 3 減少傾向 | 19.7% | | |

問41 現在の採算状況をお答えください。黒字基調の方は、黒字基調になった時期もご記入ください。

| | |
|---|---|
| 1 黒字基調 → 開業して 6.3 カ月後 | 2 赤字基調 |
| 58.2% | 41.8% |

問42 同業他社と比べて現在の業況（事業の状況）はいかがですか。

| | | | |
|---|---|---|---|
| 1 良い | 8.7% | 2 やや良い | 47.8% |
| 3 やや悪い | 29.4% | 4 悪い | 14.2% |

問43 開業前に予想していた月商（1カ月当たりの売上高）はどれくらいでしたか。また、開業前に予想していた月商、現在の月商、新型コロナウイルス感染症の流行がなかったとした場合の月商もご記入ください。

| | （億） | （万円） |
|---|---|---|
| (1) 開業前に予想していた月商 | | 304.1 |
| (2) 現在の月商 | | 280.7 |
| (3) 新型コロナウイルス感染症の流行がなかったとした場合の月商 | | 344.2 |

問44 現在の事業をするに当たって、最も重視していることを一つお答えください。

| | | | |
|---|---|---|---|
| 1 収入 | 36.5% | 2 仕事のやりがい | 38.6% |
| 3 私生活との両立 | 24.9% | | |

問45　(1)開業時に苦労したこと、(2)現在苦労していることは何ですか。それぞれについて、当てはまる選択肢の番号を三つまでご記入ください。

| | (1) 開業時に苦労したこと | (2) 現在苦労していること |
|---|---|---|
| ① 商品・サービスの企画・開発 | 12.8% | 13.4% |
| ② 顧客・販路の開拓 | 44.8% | 47.9% |
| ③ 仕入先・外注先の確保 | 15.1% | 9.6% |
| ④ 従業員の確保 | 15.1% | 24.0% |
| ⑤ 従業員教育、人材育成 | 11.6% | 18.0% |
| ⑥ 業界に関する知識の不足 | 10.5% | 5.3% |
| ⑦ 商品・サービスに関する知識の不足 | 7.3% | 4.6% |
| ⑧ 財務・税務・法務に関する知識の不足 | 38.4% | 33.0% |
| ⑨ 資金繰り、資金調達 | 57.6% | 34.6% |
| ⑩ 経営の相談ができる相手がいないこと | 14.4% | 16.0% |
| ⑪ 家事や育児、介護等との両立 | 7.4% | 10.0% |
| ⑫ その他 | 2.6% | 4.2% |
| ⑬ 特にない | 5.8% | 7.2% |

問46　次の(1)～(4)について、現在の事業を始める前と比べてどうなりましたか。それぞれについて最も当てはまるものを一つお答えください。

(1)　経営者ご本人の収入

1　増えた　33.5%　　2　変わらない　25.6%
3　減った　41.0%

(2)　仕事のやりがい（自分の能力の発揮など）

1　増えた　78.2%　　2　変わらない　19.4%
3　減った　2.4%

(3)　働く時間の長さ

1　長くなった　45.1%　　2　変わらない　32.4%
3　短くなった　22.5%

(4)　ワークライフバランスの実現（仕事と生活の調和）

1　改善した　38.0%　　2　変わらない　38.7%
3　悪くなった　23.3%

問47 次の(1)〜(5)について、あなたは現在どの程度満足していますか。それぞれについて最も当てはまるものを一つお答えください。

| | かなり満足 | やや満足 | どちらともいえない | やや不満 | かなり不満 |
|---|---|---|---|---|---|
| (1) 事業からの収入（経営者ご本人の収入） | 4.7% | 20.7% | 26.3% | 23.5% | 24.8% |
| (2) 仕事のやりがい（自分の能力の発揮など） | 33.6% | 45.6% | 15.0% | 4.1% | 1.7% |
| (3) 働く時間の長さ | 13.3% | 29.0% | 34.8% | 17.5% | 5.4% |
| (4) ワークライフバランス（仕事と生活の調和）の実現 | 15.2% | 30.5% | 29.0% | 18.0% | 7.2% |
| (5) 開業に対する総合的な満足度 | 25.8% | 44.1% | 19.8% | 7.3% | 3.1% |

問48 現在の事業を始めてよかったことは何ですか。当てはまるものをすべてお答えください。

1 収入が予想通り増えた 17.1%
2 収入が予想以上に増えた 7.0%
3 自分が自由に使える収入を得られた 18.0%
4 自由に仕事ができた 63.4%
5 事業経営を経験できた 61.4%
6 自分の技術やアイデアを試すことができた 51.3%
7 仕事の経験・知識や資格を生かせた 60.5%
8 自分の趣味や特技を生かせた 25.8%
9 同じ趣味や経験をもつ仲間が増えた 18.6%
10 社会の役に立つ仕事ができた 39.9%
11 人や社会と関わりをもてた 39.6%
12 年齢や性別に関係なく仕事ができた 23.7%
13 時間や気持ちにゆとりができた 33.3%
14 個人の生活を優先できた 15.4%
15 家事（育児・介護を含む）と仕事を両立できた 10.4%
16 自分や家族の健康に配慮できた 11.9%
17 空いている時間を活用できた 18.0%
18 転勤がない 16.8%
19 その他 1.0%
20 特にない 1.9%

問49　今後の事業規模についてどのようにお考えですか。⑴売上高、⑵商圏の広さ、⑶将来の株式上場のそれぞれについて最も当てはまるものを一つお答えください。

⑴　売上高

| | | | | | |
|---|---|---|---|---|---|
| 1 | 拡大したい | 90.5% | 2 | 現状程度でよい | 9.2% |
| 3 | 縮小したい | 0.3% | | | |

⑵　商圏の広さ

| | | | | | |
|---|---|---|---|---|---|
| 1 | 拡大したい | 57.4% | 2 | 現状程度でよい | 41.9% |
| 3 | 縮小したい | 0.7% | | | |

⑶　将来の株式上場

| | | | | | |
|---|---|---|---|---|---|
| 1 | 考えている | 13.0% | 2 | 考えていない | 87.0% |

問50　現在の事業の継続についてどのようにお考えですか。最も当てはまるものを一つお答えください。

| | | |
|---|---|---|
| 1 | 家業として承継していきたい | 6.2% |
| 2 | 家族以外に承継を希望する人がいれば、いずれ引き継ぎたい | 17.0% |
| 3 | 自分で続けられる間は続けたい | 62.1% |
| 4 | 継続にはこだわらない | 14.7% |

問51　将来の生活に対する不安はありますか。最も当てはまるものを一つお答えください。

| | | |
|---|---|---|
| 1 | 大きな不安を感じている | 13.5% |
| 2 | 不安を感じている | 35.3% |
| 3 | どちらともいえない | 29.6% |
| 4 | あまり不安を感じていない | 16.3% |
| 5 | ほとんど不安を感じていない | 5.4% |

## V　新型コロナウイルス感染症による影響とデジタル・IT技術の活用状況についてうかがいます。

問52　新型コロナウイルス感染症の流行を受けて、開業後に、(1)新たに提供するようになった商品・サービス、(2)提供方法を変更した商品・サービスはありますか。

(1)　新たに提供するようになった商品・サービス
（異なる業種への多角化、これまで扱ってこなかった商品・サービスの提供など）

1　ある　→　現在の売上高の約 29.9 %を占める　　2　ない
11.5%　　88.5%

(2)　提供方法を変更した商品・サービス
（テイクアウト、インターネット販売、訪問サービスの導入など、商品・サービス自体には変化がないもの）

1　ある　→　現在の売上高の約 29.0 %を占める　　2　ない
9.2%　　90.8%

問53　新型コロナウイルス感染症による影響についてお尋ねします。

(1)　現在の事業を行うに当たり、新型コロナウイルス感染症によるマイナスの影響はありますか。最も当てはまるものを一つお答えください。

| | | |
|---|---|---|
| 1 | 以前は大いにあったが、現在はない | 4.0% |
| 2 | 以前は少しあったが、現在はない | 6.2% |
| 3 | 現時点で大いにある | 39.6% |
| 4 | あまり不安を感じていない | 27.1% |
| 5 | 現在まではないが、今後はありそう | 8.8% |
| 6 | 現在まではなく、今後もなさそう | 14.3% |

⑵ ⑴で「1」～「5」と回答した方にうかがいます。それ以外の方は⑶へお進みください。
マイナスの影響として当てはまるものをすべてお答えください。

| | | |
|---|---|---|
| 1 | 休業した | 13.0% |
| 2 | 営業を一部自粛した（1を除く、時短営業を含む） | 28.9% |
| 3 | 売り上げが予定より減った | 70.2% |
| 4 | 利益が予定より減った | 50.2% |
| 5 | 原材料・商品が手に入りにくくなった（仕入価格の上昇を含む） | 19.0% |
| 6 | 関係機関（税関や保健所など）の事業縮小・休止により生産・販売の手続きが進まなかった | 4.7% |
| 7 | 商品開発が遅れた・中止になった | 5.6% |
| 8 | 設備投資が遅れた・できなくなった | 5.7% |
| 9 | 十分な人手を確保できなかった | 8.3% |
| 10 | 従業員を解雇せざるを得なくなった | 1.8% |
| 11 | 資金調達が難しくなった | 9.4% |
| 12 | 感染防止対策のための経費がかさんだ | 27.0% |
| 13 | 開業費用が予定よりかかった（12を除く） | 8.4% |
| 14 | 国内の取引先企業の需要が減った | 12.8% |
| 15 | 海外の取引先企業の需要が減った | 3.0% |
| 16 | 国内の一般消費者の需要が減った | 15.2% |
| 17 | インバウンド（訪日外国人旅行者）の需要が減った | 8.8% |
| 18 | その他 | 6.5% |

⑶ 現在の事業を行うに当たり、新型コロナウイルス感染症によるプラスの影響はありましたか。「あった」方は、その具体的な内容もご記入ください。

1 あった 18.8%　　2 なかった 81.3%

問54 新型コロナウイルス感染症対策のためにかかった費用についてご記入ください。該当しない項目には「0」とご記入ください。

⑴ 設備、じゅう器、備品の購入費用（開業前から現在までの合計）　約 23 万

⑵ 消耗品（マスク、消毒液など）の購入費用（1カ月当たり）　約 2 万 7 千円

問55　新型コロナウイルス感染症の流行を受けて、開業時点で当初の計画から変更したものはありますか。当てはまるものをすべてお答えください。「開業時期が早くなった」「開業時期が遅くなった」と回答した方は、それぞれの日数をご記入ください。

1　開業時期が早くなった
　→　予定より 235.5 日ほど早くなった　2.1%

2　開業時期が遅くなった
　→　予定より 82.1 日ほど遅くなった　20.2%

3　場所を変更した　1.8%

4　提供する商品・サービスを変更した（追加も含む）　6.2%

5　提供する商品・サービスの提供方法を変更した（追加も含む）　7.1%

6　従業員数を減らした　4.0%

7　その他　2.6%

8　開業が新型コロナウイルス感染症の流行前だった　11.9%

9　変更はなかった（8を除く）　53.1%

問56　新型コロナウイルス感染症の発生によって行政から受けた支援について、当てはまるものをすべてお答えください。なお、補助金には助成金・支援金なども含みます。

1　持続化給付金　19.9%

2　家賃支援給付金　5.8%

3　雇用調整助成金　4.9%

4　各種GoToキャンペーン　8.4%

5　政府系金融機関による実質無利子・無担保融資　8.5%

6　民間金融機関による実質無利子・無担保融資　5.2%

7　休業・営業自粛に対する補助金　9.8%

8　その他の補助金　13.5%

9　補助金以外の支援　2.2%

10　支援は受けていない　49.8%

問57　**問56で、1～9のいずれかに回答した方にうかがいます。「10　支援は受けていない」と回答した方は問58へお進みください。**

行政から受けた支援をすべて合わせて、経営を安定させる効果があったと思いますか。

1　大いに効果があった　22.6%

2　必要なだけの効果はあった　32.3%

3　効果はあったが十分とはいえない　35.0%

4　ほとんど効果はなかった　10.2%

問58　新型コロナウイルス感染症の影響を受けたことに対応して実施したものについて、当てはまるものをすべてお答えください。

| | | |
|---|---|---|
| 1 | 販売価格を引き上げた | 4.6% |
| 2 | 販売価格を引き下げた | 5.8% |
| 3 | 新しい顧客を開拓した | 16.5% |
| 4 | 仕入先を見直した | 5.5% |
| 5 | 従業員に休業してもらった | 7.9% |
| 6 | 従業員を削減した（5を除く） | 3.1% |
| 7 | 金融機関から新たに借入を行った | 12.6% |
| 8 | 金融機関借入の支払い条件を変更した | 1.4% |
| 9 | 経営者が現在の事業以外で働くようになった | 3.4% |
| 10 | 家族が現在の事業以外で働くようになった | 1.4% |
| 11 | 経営者や家族の預金を取り崩した | 19.5% |
| 12 | 仕入代金の支払い猶予を受けた | 0.9% |
| 13 | 当てはまるものはない | 48.2% |

問59　以下の項目について、⑴開業時点と⑵現在の実施状況、⑶コロナ禍終息時点（新型コロナウイルス感染症の経済社会への影響がなくなったとき）に実施するかどうかについて、それぞれ当てはまるものに○をつけてください。

| | (1) 開業時点 | | (2) 現　在 | | ⑶ コロナ禍終息時点（新型コロナウイルス感染症の経済社会への影響がなくなったとき） | |
|---|---|---|---|---|---|---|
| | 1 実　施 | 2 未実施 | 1 実　施 | 2 未実施 | 1 実　施 | 2 実施しない |
| ①　時差出勤 | 14.0% | 86.0% | 20.2% | 79.8% | 17.2% | 82.8% |
| ②　従業員の副業の容認 | 26.4% | 73.6% | 27.9% | 72.1% | 31.2% | 68.8% |
| ③　宅配サービス | 4.1% | 95.9% | 7.3% | 92.7% | 8.4% | 91.6% |
| ④　テイクアウトでの販売 | 10.1% | 89.9% | 13.7% | 86.3% | 13.6% | 86.4% |

問60　以下のデジタル・IT技術の(1)開業時点と(2)現在における導入状況について、それぞれ当てはまるものに○をつけてください。①～③については、(3)コロナ禍終息時点（新型コロナウイルス感染症の経済社会への影響がなくなったとき）に実施するかどうかについても、お答えください。

| | (1) 開業時点 | | (2) 現　在 | | (3) コロナ禍終息時点（新型コロナウイルス感染症の経済社会への影響がなくなったとき） | |
|---|---|---|---|---|---|---|
| | 1<br>導　入 | 2<br>未導入 | 1<br>導　入 | 2<br>未導入 | 1<br>実　施 | 2<br>実施しない |
| ①　在宅勤務（テレワーク） | 16.2% | 83.8% | 26.2% | 73.8% | 22.7% | 77.3% |
| ②　リモート会議 | 22.0% | 78.0% | 36.2% | 63.8% | 36.0% | 64.0% |
| ③　インターネット上での営業・販売 | 19.7% | 80.3% | 26.6% | 73.4% | 33.5% | 66.5% |
| ④　キャッシュレス会計 | 35.9% | 64.1% | 45.5% | 54.5% | | |
| ⑤　インターネットバンキング | 39.7% | 60.3% | 45.7% | 54.3% | | |
| ⑥　ホームページの活用 | 45.8% | 54.2% | 54.0% | 46.0% | | |
| ⑦　SNSの活用 | 50.2% | 49.8% | 58.2% | 41.8% | | |
| ⑧　インターネット予約 | 25.8% | 74.2% | 30.3% | 69.7% | | |
| ⑨　インターネット広告 | 21.7% | 78.3% | 26.2% | 73.8% | | |
| ⑩　会計処理ソフトの導入 | 44.6% | 55.4% | 52.6% | 47.4% | | |
| ⑪　受発注・在庫管理ソフトの導入 | 10.3% | 89.7% | 12.4% | 87.6% | | |
| ⑫　工程管理ソフトの導入 | 6.5% | 93.5% | 7.7% | 92.3% | | |
| ⑬　顧客管理ソフトの導入 | 17.0% | 83.0% | 19.7% | 80.3% | | |
| ⑭　労務管理ソフトの導入 | 11.3% | 88.7% | 13.9% | 86.1% | | |
| ⑮　データの活用によるマーケティング | 11.5% | 88.5% | 14.4% | 85.6% | | |

問61　**問60⑵現在で、①〜⑮のいずれかに「1　導入」と回答した方にうかがいます。それ以外の方は問62へお進みください。**

⑴　デジタル・IT技術の導入は事業の効率化に役立ちましたか。

1　大いに役立った　41.6%　2　多少役立った　39.3%

3　あまり役立たなかった　16.9%　4　まったく役立たなかった　2.2%

⑵　「大いに役立った」「多少役立った」と回答した方は、最も役立ったもの、2番目に役立ったものについて、問60の番号（①〜⑮）をご記入ください。

| | 最も役立ったもの | 2番目に役立ったもの |
|---|---|---|
| ①　在宅勤務（テレワーク） | 8.7% | 9.3% |
| ②　リモート会議 | 15.9% | 9.7% |
| ③　インターネット上での営業・販売 | 4.4% | 3.8% |
| ④　キャッシュレス会計 | 10.3% | 12.2% |
| ⑤　インターネットバンキング | 10.1% | 9.4% |
| ⑥　ホームページの活用 | 5.5% | 10.3% |
| ⑦　SNSの活用 | 16.5% | 12.0% |
| ⑧　インターネット予約 | 7.0% | 5.3% |
| ⑨　インターネット広告 | 2.1% | 3.2% |
| ⑩　会計処理ソフトの導入 | 13.3% | 15.0% |
| ⑪　受発注・在庫管理ソフトの導入 | 1.6% | 1.4% |
| ⑫　工程管理ソフトの導入 | 0.5% | 0.8% |
| ⑬　顧客管理ソフトの導入 | 3.3% | 2.8% |
| ⑭　労務管理ソフトの導入 | 0.4% | 3.5% |
| ⑮　データの活用によるマーケティング | 0.6% | 1.1% |

問62　デジタル・IT技術の活用を今後進めていきたいと思いますか。

1　積極的に進めていきたい　25.0%

2　必要に応じて進めていきたい　59.1%

3　あまり進めるつもりはない　9.5%

4　まったく進めるつもりはない　6.3%

問63　デジタル・IT 技術を導入するうえでの課題について、当てはまるものをすべてお答えください。

| | | |
|---|---|---|
| 1 | 資金が足りない | 31.0% |
| 2 | コストに見合う効果が得られない | 31.5% |
| 3 | 人材がいない | 15.8% |
| 4 | どこに相談すればよいかわからない | 13.1% |
| 5 | 何をすれば効果的なのかわからない | 23.6% |
| 6 | 事業内容に合ったものが見当たらない | 25.9% |
| 7 | その他 | 1.6% |
| 8 | 特に課題はない | 21.2% |

## 2 業種別、性別、開業時の年齢層別の主要アンケート項目集計結果

(1) 開業時の経営形態 問2

(単位：%)

| | 個人経営 | 株式会社 | NPO法人 | その他 | 有効回答数（件） |
|---|---|---|---|---|---|
| 全体 | 61.3 | 29.4 | 0.4 | 8.9 | 1,464 |
| 建設業 | 55.7 | 44.3 | 0.0 | 0.0 | 106 |
| 製造業 | 30.0 | 65.0 | 0.0 | 5.0 | 40 |
| 情報通信業 | 16.7 | 83.3 | 0.0 | 0.0 | 36 |
| 運輸業 | 79.1 | 14.9 | 1.5 | 4.5 | 67 |
| 卸売業 | 29.0 | 64.5 | 0.0 | 6.5 | 62 |
| 小売業 | 69.6 | 26.2 | 0.0 | 4.2 | 168 |
| 飲食店・宿泊業 | 92.5 | 6.1 | 0.0 | 1.4 | 214 |
| 医療・福祉 | 38.2 | 29.9 | 2.0 | 29.9 | 254 |
| 教育・学習支援業 | 86.0 | 2.3 | 0.0 | 11.6 | 43 |
| サービス業 | 69.7 | 24.3 | 0.0 | 6.1 | 412 |
| 不動産業 | 12.2 | 81.6 | 0.0 | 6.1 | 49 |
| その他 | 53.8 | 23.1 | 0.0 | 23.1 | 13 |
| 男性 | 58.7 | 32.8 | 0.3 | 8.3 | 1,162 |
| 女性 | 71.2 | 16.2 | 1.0 | 11.6 | 302 |
| 29歳以下 | 74.7 | 22.8 | 0.0 | 2.5 | 79 |
| 30～39歳 | 70.2 | 23.3 | 0.4 | 6.1 | 459 |
| 40～49歳 | 55.7 | 33.7 | 0.2 | 10.4 | 540 |
| 50～59歳 | 58.1 | 31.0 | 1.1 | 9.9 | 284 |
| 60歳以上 | 49.0 | 34.3 | 0.0 | 16.7 | 102 |

(注) 1 「持ち帰り・配達飲食サービス業」は、「小売業」に含む（以下同じ）。
2 「不動産賃貸業」を除く（以下同じ）。

(2)　現在の経営形態　問3

（単位：％）

| | 個人経営 | 株式会社 | NPO法人 | その他 | 有効回答数（件） |
|---|---|---|---|---|---|
| 全体 | 60.0 | 30.3 | 0.4 | 9.3 | 1,461 |
| 建設業 | 53.8 | 45.3 | 0.0 | 0.9 | 106 |
| 製造業 | 30.0 | 67.5 | 0.0 | 2.5 | 40 |
| 情報通信業 | 13.9 | 86.1 | 0.0 | 0.0 | 36 |
| 運輸業 | 79.1 | 14.9 | 1.5 | 4.5 | 67 |
| 卸売業 | 27.0 | 66.7 | 0.0 | 6.3 | 63 |
| 小売業 | 67.9 | 27.4 | 0.0 | 4.8 | 168 |
| 飲食店・宿泊業 | 92.5 | 6.1 | 0.0 | 1.4 | 214 |
| 医療・福祉 | 37.8 | 30.7 | 2.0 | 29.5 | 254 |
| 教育・学習支援業 | 83.7 | 2.3 | 0.0 | 14.0 | 43 |
| サービス業 | 67.2 | 25.4 | 0.0 | 7.3 | 409 |
| 不動産業 | 12.5 | 83.3 | 0.0 | 4.2 | 48 |
| その他 | 53.8 | 23.1 | 0.0 | 23.1 | 13 |
| 男性 | 57.5 | 33.6 | 0.3 | 8.7 | 1,159 |
| 女性 | 69.5 | 17.9 | 1.0 | 11.6 | 302 |
| 29歳以下 | 70.5 | 24.4 | 0.0 | 5.1 | 78 |
| 30～39歳 | 69.8 | 23.9 | 0.4 | 5.9 | 457 |
| 40～49歳 | 54.3 | 35.1 | 0.2 | 10.4 | 541 |
| 50～59歳 | 56.2 | 31.8 | 1.1 | 11.0 | 283 |
| 60歳以上 | 48.0 | 34.3 | 0.0 | 17.6 | 102 |

(3) 開業時の年齢　問25

（単位：%）

| | 29歳以下 | 30～34歳 | 35～39歳 | 40～44歳 | 45～49歳 | 50～54歳 | 55～59歳 | 60歳以上 | 平均年齢（歳） | 有効回答数（件） |
|---|---|---|---|---|---|---|---|---|---|---|
| 全体 | 5.4 | 12.3 | 19.0 | 19.6 | 17.4 | 11.7 | 7.7 | 7.0 | 43.7 | 1,467 |
| 建設業 | 9.4 | 12.3 | 17.0 | 18.9 | 28.3 | 2.8 | 7.5 | 3.8 | 42.1 | 106 |
| 製造業 | 5.0 | 20.0 | 10.0 | 12.5 | 27.5 | 12.5 | 7.5 | 5.0 | 43.9 | 40 |
| 情報通信業 | 11.1 | 11.1 | 19.4 | 25.0 | 13.9 | 5.6 | 11.1 | 2.8 | 41.4 | 36 |
| 運輸業 | 1.5 | 3.0 | 3.0 | 22.4 | 11.9 | 31.3 | 11.9 | 14.9 | 49.9 | 67 |
| 卸売業 | 1.6 | 7.9 | 9.5 | 28.6 | 23.8 | 6.3 | 12.7 | 9.5 | 46.6 | 63 |
| 小売業 | 4.2 | 8.9 | 22.0 | 22.0 | 20.8 | 10.7 | 8.3 | 3.0 | 43.3 | 168 |
| 飲食店・宿泊業 | 6.0 | 12.6 | 20.5 | 17.2 | 16.7 | 12.6 | 5.6 | 8.8 | 43.7 | 215 |
| 医療・福祉 | 7.1 | 13.7 | 20.0 | 20.4 | 14.9 | 12.2 | 5.1 | 6.7 | 42.7 | 255 |
| 教育・学習支援業 | 7.0 | 16.3 | 11.6 | 25.6 | 11.6 | 9.3 | 11.6 | 7.0 | 43.3 | 43 |
| サービス業 | 4.6 | 15.0 | 22.6 | 18.0 | 14.3 | 10.7 | 7.5 | 7.3 | 43.1 | 412 |
| 不動産業 | 2.0 | 6.1 | 20.4 | 14.3 | 18.4 | 24.5 | 6.1 | 8.2 | 46.6 | 49 |
| その他 | 0.0 | 0.0 | 7.7 | 15.4 | 30.8 | 7.7 | 30.8 | 7.7 | 50.5 | 13 |
| 男性 | 5.3 | 11.9 | 19.3 | 19.6 | 17.5 | 11.4 | 7.9 | 7.1 | 43.8 | 1,163 |
| 女性 | 5.6 | 14.1 | 17.8 | 19.4 | 17.1 | 12.8 | 6.9 | 6.3 | 43.5 | 304 |
| 29歳以下 | 100.0 | 0.0 | 0.0 | 0.0 | 0.0 | 0.0 | 0.0 | 0.0 | 26.8 | 79 |
| 30～39歳 | 0.0 | 39.4 | 60.6 | 0.0 | 0.0 | 0.0 | 0.0 | 0.0 | 35.2 | 459 |
| 40～49歳 | 0.0 | 0.0 | 0.0 | 53.0 | 47.0 | 0.0 | 0.0 | 0.0 | 44.4 | 542 |
| 50～59歳 | 0.0 | 0.0 | 0.0 | 0.0 | 0.0 | 60.4 | 39.6 | 0.0 | 53.8 | 285 |
| 60歳以上 | 0.0 | 0.0 | 0.0 | 0.0 | 0.0 | 0.0 | 0.0 | 100.0 | 63.8 | 102 |

(4) 性 別 問14

(単位：%)

| | 男性 | 女性 | 有効回答数（件） |
|---|---|---|---|
| 全体 | 79.3 | 20.7 | 1,467 |
| 建設業 | 97.2 | 2.8 | 106 |
| 製造業 | 77.5 | 22.5 | 40 |
| 情報通信業 | 94.4 | 5.6 | 36 |
| 運輸業 | 94.0 | 6.0 | 67 |
| 卸売業 | 92.1 | 7.9 | 63 |
| 小売業 | 81.5 | 18.5 | 168 |
| 飲食店・宿泊業 | 74.9 | 25.1 | 215 |
| 医療・福祉 | 72.9 | 27.1 | 255 |
| 教育・学習支援業 | 67.4 | 32.6 | 43 |
| サービス業 | 73.8 | 26.2 | 412 |
| 不動産業 | 91.8 | 8.2 | 49 |
| その他 | 92.3 | 7.7 | 13 |
| 29歳以下 | 78.5 | 21.5 | 79 |
| 30～39歳 | 78.9 | 21.1 | 459 |
| 40～49歳 | 79.5 | 20.5 | 542 |
| 50～59歳 | 78.9 | 21.1 | 285 |
| 60歳以上 | 81.4 | 18.6 | 102 |

(5) 開業直前の職業　問23(1)

（単位：％）

| | 会社や団体の常勤役員 | 正社員・正職員(管理職) | 正社員・正職員(管理職以外) | パートタイマー・アルバイト | 派遣社員・契約社員 | 家族従業員 | 自営業主 | 学生 | 専業主婦・主夫 | その他 | 有効回答数(件) |
|---|---|---|---|---|---|---|---|---|---|---|---|
| 全体 | 11.2 | 41.3 | 28.3 | 7.4 | 3.3 | 0.8 | 4.7 | 0.1 | 1.3 | 1.5 | 1,415 |
| 建設業 | 14.4 | 43.3 | 32.7 | 1.9 | 1.9 | 1.0 | 4.8 | 0.0 | 0.0 | 0.0 | 104 |
| 製造業 | 15.4 | 48.7 | 17.9 | 2.6 | 5.1 | 0.0 | 5.1 | 0.0 | 0.0 | 5.1 | 39 |
| 情報通信業 | 28.6 | 42.9 | 20.0 | 0.0 | 2.9 | 0.0 | 5.7 | 0.0 | 0.0 | 0.0 | 35 |
| 運輸業 | 11.3 | 21.0 | 59.7 | 3.2 | 3.2 | 0.0 | 1.6 | 0.0 | 0.0 | 0.0 | 62 |
| 卸売業 | 25.4 | 49.2 | 22.2 | 0.0 | 0.0 | 0.0 | 1.6 | 0.0 | 1.6 | 0.0 | 63 |
| 小売業 | 8.0 | 48.1 | 24.1 | 4.9 | 4.3 | 0.6 | 4.9 | 0.6 | 3.1 | 1.2 | 162 |
| 飲食店・宿泊業 | 7.1 | 37.6 | 22.4 | 15.2 | 5.7 | 3.8 | 5.2 | 0.0 | 1.9 | 1.0 | 210 |
| 医療・福祉 | 8.1 | 42.7 | 28.2 | 7.7 | 3.6 | 0.0 | 6.5 | 0.0 | 1.2 | 2.0 | 248 |
| 教育・学習支援業 | 4.7 | 37.2 | 32.6 | 16.3 | 2.3 | 0.0 | 4.7 | 0.0 | 2.3 | 0.0 | 43 |
| サービス業 | 12.1 | 39.6 | 29.8 | 8.2 | 2.6 | 0.3 | 4.1 | 0.3 | 1.0 | 2.1 | 389 |
| 不動産業 | 14.9 | 48.9 | 21.3 | 4.3 | 2.1 | 2.1 | 4.3 | 0.0 | 0.0 | 2.1 | 47 |
| その他 | 0.0 | 46.2 | 46.2 | 0.0 | 0.0 | 0.0 | 0.0 | 0.0 | 0.0 | 7.7 | 13 |
| 男性 | 12.3 | 45.7 | 29.0 | 3.3 | 2.7 | 0.8 | 4.5 | 0.0 | 0.2 | 1.5 | 1,117 |
| 女性 | 7.0 | 24.8 | 25.8 | 22.8 | 5.7 | 1.0 | 5.4 | 0.7 | 5.4 | 1.3 | 298 |
| 29歳以下 | 2.7 | 31.1 | 43.2 | 8.1 | 4.1 | 1.4 | 6.8 | 1.4 | 1.4 | 0.0 | 74 |
| 30～39歳 | 7.8 | 41.7 | 30.0 | 9.4 | 2.5 | 0.7 | 3.8 | 0.2 | 2.2 | 1.6 | 446 |
| 40～49歳 | 12.2 | 42.6 | 27.5 | 6.6 | 3.0 | 0.8 | 4.9 | 0.0 | 0.9 | 1.5 | 531 |
| 50～59歳 | 12.9 | 45.0 | 24.7 | 6.6 | 4.4 | 0.7 | 4.1 | 0.0 | 0.4 | 1.1 | 271 |
| 60歳以上 | 22.6 | 30.1 | 23.7 | 4.3 | 5.4 | 2.2 | 7.5 | 0.0 | 1.1 | 3.2 | 93 |

(6) 開業直前の勤務先従業者規模 問23(2)

（単位：%）

| | 4人以下 | 5～9人 | 10～19人 | 20～29人 | 30～49人 | 50～99人 | 100～299人 | 300～999人 | 1,000人以上 | 公務員 | 有効回答数（件） |
|---|---|---|---|---|---|---|---|---|---|---|---|
| 全体 | 12.5 | 19.4 | 15.1 | 6.9 | 6.9 | 9.5 | 9.9 | 8.4 | 10.0 | 1.5 | 1,293 |
| 建設業 | 14.7 | 28.4 | 25.3 | 4.2 | 9.5 | 6.3 | 1.1 | 5.3 | 4.2 | 1.1 | 95 |
| 製造業 | 11.4 | 14.3 | 8.6 | 14.3 | 8.6 | 17.1 | 11.4 | 5.7 | 8.6 | 0.0 | 35 |
| 情報通信業 | 9.1 | 9.1 | 15.2 | 9.1 | 9.1 | 15.2 | 12.1 | 6.1 | 12.1 | 3.0 | 33 |
| 運輸業 | 3.3 | 15.0 | 3.3 | 6.7 | 6.7 | 13.3 | 20.0 | 15.0 | 15.0 | 1.7 | 60 |
| 卸売業 | 6.6 | 29.5 | 13.1 | 1.6 | 6.6 | 11.5 | 13.1 | 11.5 | 6.6 | 0.0 | 61 |
| 小売業 | 8.2 | 14.4 | 22.6 | 6.8 | 8.2 | 9.6 | 8.9 | 6.2 | 13.7 | 1.4 | 146 |
| 飲食店・宿泊業 | 17.9 | 17.9 | 14.7 | 6.8 | 5.8 | 6.3 | 10.0 | 9.5 | 9.5 | 1.6 | 190 |
| 医療・福祉 | 8.1 | 15.3 | 15.8 | 12.6 | 8.6 | 9.5 | 14.4 | 9.0 | 5.0 | 1.8 | 222 |
| 教育・学習支援業 | 17.5 | 15.0 | 5.0 | 2.5 | 5.0 | 10.0 | 10.0 | 12.5 | 17.5 | 5.0 | 40 |
| サービス業 | 15.4 | 22.7 | 14.3 | 4.8 | 5.3 | 9.2 | 6.7 | 7.6 | 12.6 | 1.4 | 357 |
| 不動産業 | 18.6 | 20.9 | 9.3 | 7.0 | 4.7 | 9.3 | 14.0 | 7.0 | 9.3 | 0.0 | 43 |
| その他 | 0.0 | 36.4 | 0.0 | 0.0 | 9.1 | 27.3 | 9.1 | 18.2 | 0.0 | 0.0 | 11 |
| 男性 | 11.4 | 18.8 | 15.5 | 6.4 | 7.2 | 9.8 | 9.9 | 8.9 | 10.7 | 1.3 | 1,036 |
| 女性 | 16.7 | 21.8 | 13.2 | 8.9 | 5.4 | 8.2 | 9.7 | 6.6 | 7.0 | 2.3 | 257 |
| 29歳以下 | 19.7 | 22.7 | 10.6 | 7.6 | 1.5 | 9.1 | 9.1 | 7.6 | 10.6 | 1.5 | 66 |
| 30～39歳 | 11.6 | 23.8 | 16.6 | 7.9 | 6.9 | 8.4 | 8.2 | 7.4 | 8.4 | 0.7 | 404 |
| 40～49歳 | 14.4 | 18.9 | 15.8 | 6.6 | 7.6 | 10.1 | 8.2 | 7.6 | 9.9 | 1.0 | 487 |
| 50～59歳 | 7.1 | 14.2 | 14.2 | 6.3 | 8.3 | 10.2 | 15.4 | 11.0 | 11.0 | 2.4 | 254 |
| 60歳以上 | 15.9 | 14.6 | 9.8 | 4.9 | 2.4 | 9.8 | 12.2 | 11.0 | 14.6 | 4.9 | 82 |

（注）開業直前の職業が「会社や団体の常勤役員」「正社員・正職員（管理職）」「正社員・正職員（管理職以外）」「パートタイマー・アルバイト」「派遣社員・契約社員」「家族従業員」であった人に尋ねたもの。

⑺　開業直前の勤務先離職理由　問23⑶

（単位：％）

| | 自らの意思による退職 | 定年による退職 | 事業部門の縮小・撤退 | 勤務先の廃業 | 勤務先の倒産 | 解雇 | その他 | 離職していない | 有効回答数（件） |
|---|---|---|---|---|---|---|---|---|---|
| 全体 | 77.5 | 2.2 | 3.3 | 3.8 | 0.8 | 1.4 | 3.6 | 7.5 | 1,297 |
| 建設業 | 84.5 | 0.0 | 2.1 | 7.2 | 1.0 | 2.1 | 3.1 | 0.0 | 97 |
| 製造業 | 74.3 | 0.0 | 2.9 | 5.7 | 0.0 | 0.0 | 2.9 | 14.3 | 35 |
| 情報通信業 | 84.8 | 0.0 | 0.0 | 3.0 | 0.0 | 3.0 | 0.0 | 9.1 | 33 |
| 運輸業 | 86.7 | 0.0 | 1.7 | 1.7 | 0.0 | 1.7 | 5.0 | 3.3 | 60 |
| 卸売業 | 66.7 | 1.7 | 3.3 | 6.7 | 1.7 | 3.3 | 3.3 | 13.3 | 60 |
| 小売業 | 74.0 | 0.7 | 4.8 | 5.5 | 0.0 | 2.7 | 3.4 | 8.9 | 146 |
| 飲食店・宿泊業 | 75.3 | 4.7 | 4.7 | 3.7 | 1.1 | 1.1 | 1.6 | 7.9 | 190 |
| 医療・福祉 | 77.7 | 1.3 | 3.1 | 3.1 | 0.9 | 1.3 | 6.7 | 5.8 | 224 |
| 教育・学習支援業 | 62.5 | 7.5 | 10.0 | 2.5 | 0.0 | 0.0 | 2.5 | 15.0 | 40 |
| サービス業 | 79.0 | 2.8 | 2.2 | 2.8 | 1.1 | 0.8 | 3.1 | 8.1 | 357 |
| 不動産業 | 79.5 | 2.3 | 4.5 | 2.3 | 0.0 | 0.0 | 4.5 | 6.8 | 44 |
| その他 | 90.9 | 0.0 | 0.0 | 0.0 | 0.0 | 0.0 | 9.1 | 0.0 | 11 |
| 男性 | 78.2 | 2.1 | 3.4 | 4.1 | 0.9 | 1.4 | 3.3 | 6.6 | 1,041 |
| 女性 | 74.6 | 2.3 | 3.1 | 2.3 | 0.4 | 1.2 | 5.1 | 10.9 | 256 |
| 29歳以下 | 92.5 | 0.0 | 1.5 | 1.5 | 1.5 | 0.0 | 0.0 | 3.0 | 67 |
| 30～39歳 | 81.1 | 0.0 | 2.2 | 3.4 | 1.2 | 0.7 | 3.4 | 7.9 | 407 |
| 40～49歳 | 76.4 | 0.0 | 3.9 | 4.7 | 0.8 | 2.5 | 3.7 | 8.0 | 488 |
| 50～59歳 | 79.4 | 3.2 | 3.2 | 3.6 | 0.0 | 1.2 | 4.7 | 4.7 | 253 |
| 60歳以上 | 47.6 | 24.4 | 7.3 | 2.4 | 0.0 | 0.0 | 3.7 | 14.6 | 82 |

（注）⑹に同じ。

(8) 斯業経験　問22(2)

(単位：%)

| | ある | ない | 有効回答数（件） |
|---|---|---|---|
| 全体 | 82.2 | 17.8 | 1,446 |
| 建設業 | 96.2 | 3.8 | 104 |
| 製造業 | 77.5 | 22.5 | 40 |
| 情報通信業 | 86.1 | 13.9 | 36 |
| 運輸業 | 81.8 | 18.2 | 66 |
| 卸売業 | 90.5 | 9.5 | 63 |
| 小売業 | 77.8 | 22.2 | 167 |
| 飲食店・宿泊業 | 80.1 | 19.9 | 211 |
| 医療・福祉 | 82.9 | 17.1 | 252 |
| 教育・学習支援業 | 69.2 | 30.8 | 39 |
| サービス業 | 80.3 | 19.7 | 406 |
| 不動産業 | 89.8 | 10.2 | 49 |
| その他 | 84.6 | 15.4 | 13 |
| 男性 | 83.4 | 16.6 | 1,146 |
| 女性 | 77.7 | 22.3 | 300 |
| 29歳以下 | 79.2 | 20.8 | 77 |
| 30～39歳 | 86.8 | 13.2 | 455 |
| 40～49歳 | 85.0 | 15.0 | 534 |
| 50～59歳 | 73.0 | 27.0 | 282 |
| 60歳以上 | 74.5 | 25.5 | 98 |

(9) 開業時の従業者数 問38(1)

（単位：%）

| | 1人（経営者本人のみ） | 2人 | 3人 | 4人 | 5〜9人 | 10人以上 | 平均（人） | 有効回答数（件） |
|---|---|---|---|---|---|---|---|---|
| 全体 | 38.9 | 22.0 | 10.8 | 7.4 | 16.1 | 4.8 | 3.2 | 1,414 |
| 建設業 | 44.2 | 24.0 | 12.5 | 6.7 | 8.7 | 3.8 | 2.5 | 104 |
| 製造業 | 60.0 | 17.5 | 7.5 | 2.5 | 12.5 | 0.0 | 2.1 | 40 |
| 情報通信業 | 38.9 | 30.6 | 13.9 | 8.3 | 5.6 | 2.8 | 2.3 | 36 |
| 運輸業 | 71.4 | 7.9 | 6.3 | 6.3 | 4.8 | 3.2 | 2.1 | 63 |
| 卸売業 | 45.8 | 28.8 | 15.3 | 1.7 | 6.8 | 1.7 | 2.2 | 59 |
| 小売業 | 37.3 | 27.3 | 7.5 | 5.0 | 13.0 | 9.9 | 4.3 | 161 |
| 飲食店・宿泊業 | 18.4 | 27.7 | 13.6 | 8.3 | 26.2 | 5.8 | 4.0 | 206 |
| 医療・福祉 | 16.7 | 13.4 | 15.0 | 14.2 | 34.1 | 6.5 | 4.5 | 246 |
| 教育・学習支援業 | 45.2 | 23.8 | 2.4 | 14.3 | 7.1 | 7.1 | 3.2 | 42 |
| サービス業 | 51.9 | 21.3 | 8.8 | 5.8 | 9.3 | 3.0 | 2.6 | 399 |
| 不動産業 | 42.2 | 35.6 | 11.1 | 0.0 | 8.9 | 2.2 | 2.2 | 45 |
| その他 | 76.9 | 7.7 | 7.7 | 0.0 | 7.7 | 0.0 | 1.5 | 13 |
| 男性 | 38.1 | 22.7 | 10.8 | 7.4 | 15.5 | 5.5 | 3.3 | 1,123 |
| 女性 | 41.9 | 19.2 | 11.0 | 7.6 | 18.2 | 2.1 | 3.0 | 291 |
| 29歳以下 | 39.5 | 28.9 | 11.8 | 7.9 | 9.2 | 2.6 | 2.4 | 76 |
| 30〜39歳 | 39.2 | 23.4 | 10.8 | 7.7 | 15.1 | 3.8 | 3.1 | 444 |
| 40〜49歳 | 41.0 | 19.6 | 9.6 | 6.5 | 16.7 | 6.5 | 3.4 | 520 |
| 50〜59歳 | 37.6 | 23.7 | 12.0 | 6.2 | 16.1 | 4.4 | 3.4 | 274 |
| 60歳以上 | 30.0 | 18.0 | 13.0 | 14.0 | 22.0 | 3.0 | 3.4 | 100 |

(注)「パートタイマー・アルバイト」「派遣社員・契約社員」を含む。

⑽　現在の従業者数　問38⑵

（単位：％）

| | 1人（経営者本人のみ） | 2人 | 3人 | 4人 | 5～9人 | 10人以上 | 平均（人） | 有効回答数（件） |
|---|---|---|---|---|---|---|---|---|
| 全体 | 33.9 | 19.7 | 10.1 | 7.6 | 19.5 | 9.2 | 4.2 | 1,409 |
| 建設業 | 29.8 | 19.2 | 20.2 | 8.7 | 17.3 | 4.8 | 3.5 | 104 |
| 製造業 | 37.5 | 20.0 | 7.5 | 12.5 | 17.5 | 5.0 | 3.7 | 40 |
| 情報通信業 | 27.8 | 27.8 | 5.6 | 11.1 | 22.2 | 5.6 | 3.9 | 36 |
| 運輸業 | 70.3 | 7.8 | 6.3 | 1.6 | 6.3 | 7.8 | 2.9 | 64 |
| 卸売業 | 34.4 | 29.5 | 18.0 | 4.9 | 9.8 | 3.3 | 2.7 | 61 |
| 小売業 | 36.5 | 20.1 | 6.9 | 7.5 | 18.2 | 10.7 | 4.7 | 159 |
| 飲食店・宿泊業 | 16.7 | 27.6 | 10.3 | 9.4 | 31.0 | 4.9 | 4.1 | 203 |
| 医療・福祉 | 15.9 | 9.8 | 8.6 | 7.3 | 35.5 | 22.9 | 6.8 | 245 |
| 教育・学習支援業 | 40.5 | 21.4 | 2.4 | 19.0 | 2.4 | 14.3 | 3.9 | 42 |
| サービス業 | 46.2 | 21.1 | 8.8 | 5.8 | 12.3 | 5.8 | 3.3 | 398 |
| 不動産業 | 35.6 | 24.4 | 22.2 | 8.9 | 6.7 | 2.2 | 2.6 | 45 |
| その他 | 58.3 | 8.3 | 25.0 | 8.3 | 0.0 | 0.0 | 1.8 | 12 |
| 男性 | 32.5 | 20.4 | 10.4 | 7.9 | 19.6 | 9.2 | 4.2 | 1,120 |
| 女性 | 39.1 | 17.3 | 9.3 | 6.2 | 19.0 | 9.0 | 3.9 | 289 |
| 29歳以下 | 37.8 | 18.9 | 9.5 | 8.1 | 20.3 | 5.4 | 3.4 | 74 |
| 30～39歳 | 32.4 | 21.3 | 11.1 | 7.7 | 18.3 | 9.3 | 4.2 | 442 |
| 40～49歳 | 33.7 | 19.1 | 7.9 | 7.3 | 22.0 | 10.0 | 4.3 | 519 |
| 50～59歳 | 37.5 | 20.4 | 10.9 | 6.5 | 16.4 | 8.4 | 4.1 | 275 |
| 60歳以上 | 28.3 | 15.2 | 16.2 | 11.1 | 20.2 | 9.1 | 4.0 | 99 |

（注）⑼に同じ。

⑾　最も重要な開業動機　問30

（単位：%）

| | 収入を増やしたかった | 自由に仕事がしたかった | 事業経営という仕事に興味があった | 自分の技術やアイデアを事業化したかった | 仕事の経験・知識や資格を生かしたかった | 趣味や特技を生かしたかった | 社会の役に立つ仕事がしたかった | 年齢や性別に関係なく仕事がしたかった | 時間や気持ちにゆとりが欲しかった | 適当な勤め先がなかった | その他 | 有効回答数（件） |
|---|---|---|---|---|---|---|---|---|---|---|---|---|
| 全体 | 16.2 | 19.1 | 10.9 | 10.5 | 18.2 | 2.1 | 9.1 | 2.4 | 2.8 | 1.7 | 7.0 | 1,453 |
| 建設業 | 23.8 | 19.0 | 14.3 | 6.7 | 24.8 | 0.0 | 1.0 | 1.0 | 4.8 | 0.0 | 4.8 | 105 |
| 製造業 | 10.0 | 22.5 | 10.0 | 25.0 | 7.5 | 7.5 | 7.5 | 0.0 | 0.0 | 2.5 | 7.5 | 40 |
| 情報通信業 | 5.6 | 25.0 | 8.3 | 30.6 | 5.6 | 0.0 | 8.3 | 2.8 | 2.8 | 0.0 | 11.1 | 36 |
| 運輸業 | 42.4 | 16.7 | 13.6 | 1.5 | 9.1 | 0.0 | 4.5 | 4.5 | 3.0 | 1.5 | 3.0 | 66 |
| 卸売業 | 11.5 | 19.7 | 9.8 | 13.1 | 23.0 | 0.0 | 8.2 | 6.6 | 0.0 | 3.3 | 4.9 | 61 |
| 小売業 | 18.7 | 16.3 | 15.7 | 11.4 | 16.9 | 2.4 | 10.2 | 1.2 | 0.6 | 1.8 | 4.8 | 166 |
| 飲食店・宿泊業 | 10.8 | 22.6 | 13.7 | 10.4 | 17.9 | 6.6 | 5.7 | 2.8 | 2.4 | 1.9 | 5.2 | 212 |
| 医療・福祉 | 10.2 | 16.5 | 5.9 | 7.9 | 20.9 | 0.0 | 22.0 | 1.6 | 2.4 | 1.6 | 11.0 | 254 |
| 教育・学習支援業 | 7.0 | 16.3 | 7.0 | 11.6 | 16.3 | 7.0 | 20.9 | 0.0 | 0.0 | 0.0 | 14.0 | 43 |
| サービス業 | 17.9 | 19.6 | 10.0 | 11.0 | 18.4 | 1.5 | 4.9 | 3.4 | 3.9 | 2.2 | 7.1 | 408 |
| 不動産業 | 20.4 | 22.4 | 8.2 | 8.2 | 22.4 | 0.0 | 6.1 | 0.0 | 6.1 | 2.0 | 4.1 | 49 |
| その他 | 23.1 | 7.7 | 30.8 | 7.7 | 15.4 | 0.0 | 0.0 | 0.0 | 7.7 | 0.0 | 7.7 | 13 |
| 男性 | 18.0 | 19.9 | 12.5 | 9.8 | 17.9 | 1.3 | 8.5 | 2.1 | 2.3 | 1.8 | 5.9 | 1,153 |
| 女性 | 9.0 | 16.0 | 5.0 | 13.3 | 19.7 | 5.0 | 11.3 | 3.7 | 4.3 | 1.3 | 11.3 | 300 |
| 29歳以下 | 17.7 | 25.3 | 12.7 | 10.1 | 11.4 | 2.5 | 7.6 | 1.3 | 2.5 | 1.3 | 7.6 | 79 |
| 30～39歳 | 17.0 | 22.3 | 11.1 | 14.4 | 14.6 | 2.6 | 6.6 | 0.7 | 4.1 | 1.5 | 5.0 | 458 |
| 40～49歳 | 14.9 | 17.7 | 11.8 | 9.3 | 20.0 | 1.7 | 10.3 | 1.3 | 2.2 | 2.1 | 8.8 | 536 |
| 50～59歳 | 13.9 | 18.2 | 9.6 | 8.2 | 22.1 | 1.4 | 9.6 | 6.1 | 1.8 | 2.1 | 6.8 | 280 |
| 60歳以上 | 24.0 | 9.0 | 8.0 | 6.0 | 20.0 | 3.0 | 14.0 | 7.0 | 2.0 | 0.0 | 7.0 | 100 |

⑿　現在の事業に決めた理由　問31

（単位：%）

| | 成長が見込める事業だから | 新しい事業のアイデアやヒントを見つけたから | 地域や社会が必要とする事業だから | 身につけた資格や知識を生かせるから | これまでの仕事の経験や技能を生かせるから | 趣味や特技を生かせるから | 不動産などを活用できるから | 経験がなくてもできそうだから | その他 | 有効回答数（件） |
|---|---|---|---|---|---|---|---|---|---|---|
| 全体 | 8.4 | 4.0 | 15.9 | 19.4 | 43.8 | 3.9 | 0.4 | 2.1 | 2.1 | 1,437 |
| 建設業 | 6.6 | 0.9 | 11.3 | 22.6 | 54.7 | 0.9 | 0.0 | 0.9 | 1.9 | 106 |
| 製造業 | 7.7 | 5.1 | 10.3 | 15.4 | 51.3 | 10.3 | 0.0 | 0.0 | 0.0 | 39 |
| 情報通信業 | 20.0 | 5.7 | 17.1 | 17.1 | 34.3 | 2.9 | 0.0 | 0.0 | 2.9 | 35 |
| 運輸業 | 4.6 | 1.5 | 16.9 | 10.8 | 53.8 | 3.1 | 0.0 | 9.2 | 0.0 | 65 |
| 卸売業 | 12.9 | 8.1 | 8.1 | 19.4 | 48.4 | 0.0 | 0.0 | 1.6 | 1.6 | 62 |
| 小売業 | 11.3 | 6.9 | 15.6 | 9.4 | 46.9 | 4.4 | 0.0 | 4.4 | 1.3 | 160 |
| 飲食店・宿泊業 | 7.2 | 3.4 | 9.6 | 15.9 | 43.8 | 11.1 | 0.5 | 3.4 | 5.3 | 208 |
| 医療・福祉 | 9.5 | 3.2 | 33.3 | 18.3 | 32.5 | 0.0 | 0.0 | 0.8 | 2.4 | 252 |
| 教育・学習支援業 | 2.3 | 0.0 | 25.6 | 18.6 | 34.9 | 9.3 | 0.0 | 2.3 | 7.0 | 43 |
| サービス業 | 7.4 | 4.9 | 10.4 | 25.7 | 45.9 | 3.5 | 0.2 | 1.2 | 0.7 | 405 |
| 不動産業 | 4.1 | 0.0 | 16.3 | 30.6 | 40.8 | 0.0 | 8.2 | 0.0 | 0.0 | 49 |
| その他 | 15.4 | 7.7 | 0.0 | 23.1 | 46.2 | 0.0 | 0.0 | 0.0 | 7.7 | 13 |
| 男性 | 8.8 | 3.6 | 15.7 | 18.5 | 45.1 | 3.2 | 0.4 | 2.5 | 2.2 | 1,140 |
| 女性 | 6.7 | 5.7 | 16.5 | 22.9 | 39.1 | 6.4 | 0.3 | 0.7 | 1.7 | 297 |
| 29歳以下 | 15.4 | 6.4 | 16.7 | 16.7 | 35.9 | 5.1 | 0.0 | 0.0 | 3.8 | 78 |
| 30～39歳 | 8.3 | 4.7 | 11.9 | 23.3 | 42.7 | 4.9 | 1.1 | 1.6 | 1.6 | 447 |
| 40～49歳 | 9.0 | 3.6 | 17.2 | 16.8 | 46.7 | 2.8 | 0.2 | 1.7 | 2.1 | 535 |
| 50～59歳 | 5.4 | 3.2 | 17.7 | 19.1 | 45.1 | 3.2 | 0.0 | 4.0 | 2.2 | 277 |
| 60歳以上 | 8.0 | 4.0 | 21.0 | 19.0 | 36.0 | 6.0 | 0.0 | 3.0 | 3.0 | 100 |

⒀　開業費用　問35

（単位：％）

| | 500万円未満 | 500万～1,000万円未満 | 1,000万～1,500万円未満 | 1,500万～2,000万円未満 | 2,000万円以上 | 中央値（万円） | 平均値（万円） | 有効回答数（件） |
|---|---|---|---|---|---|---|---|---|
| 全体 | 42.1 | 30.2 | 12.4 | 5.4 | 9.9 | 580 | 941 | 1,386 |
| 建設業 | 52.9 | 33.3 | 8.8 | 3.9 | 1.0 | 400 | 540 | 102 |
| 製造業 | 43.2 | 21.6 | 13.5 | 8.1 | 13.5 | 660 | 980 | 37 |
| 情報通信業 | 54.8 | 29.0 | 6.5 | 6.5 | 3.2 | 400 | 619 | 31 |
| 運輸業 | 75.4 | 16.9 | 4.6 | 1.5 | 1.5 | 300 | 474 | 65 |
| 卸売業 | 41.7 | 26.7 | 6.7 | 6.7 | 18.3 | 560 | 1,108 | 60 |
| 小売業 | 36.9 | 28.1 | 10.0 | 9.4 | 15.6 | 600 | 1,034 | 160 |
| 飲食店・宿泊業 | 26.8 | 36.1 | 15.6 | 7.8 | 13.7 | 800 | 1,107 | 205 |
| 医療・福祉 | 32.4 | 34.0 | 13.9 | 4.6 | 15.1 | 685 | 1,450 | 238 |
| 教育・学習支援業 | 57.9 | 13.2 | 15.8 | 7.9 | 5.3 | 375 | 637 | 38 |
| サービス業 | 47.7 | 29.1 | 13.5 | 3.3 | 6.4 | 500 | 747 | 392 |
| 不動産業 | 31.1 | 42.2 | 17.8 | 6.7 | 2.2 | 650 | 754 | 45 |
| その他 | 69.2 | 15.4 | 7.7 | 0.0 | 7.7 | 430 | 650 | 13 |
| 男性 | 39.7 | 31.1 | 13.2 | 5.4 | 10.5 | 600 | 972 | 1,102 |
| 女性 | 51.8 | 26.4 | 9.2 | 5.3 | 7.4 | 480 | 823 | 284 |
| 29歳以下 | 45.8 | 33.3 | 11.1 | 2.8 | 6.9 | 500 | 699 | 72 |
| 30～39歳 | 40.4 | 30.0 | 13.7 | 5.9 | 9.9 | 600 | 1,014 | 423 |
| 40～49歳 | 38.3 | 32.5 | 12.8 | 5.6 | 10.7 | 600 | 963 | 514 |
| 50～59歳 | 47.3 | 27.8 | 11.6 | 5.1 | 8.3 | 510 | 871 | 277 |
| 60歳以上 | 52.0 | 23.0 | 8.0 | 5.0 | 12.0 | 476 | 891 | 100 |

⒁ 開業費用（不動産を購入した企業） 問35

（単位：%）

| | 500万円未満 | 500万～1,000万円未満 | 1,000万～1,500万円未満 | 1,500万～2,000万円未満 | 2,000万円以上 | 中央値（万円） | 平均値（万円） | 有効回答数（件） |
|---|---|---|---|---|---|---|---|---|
| 全体 | 11.4 | 20.5 | 15.2 | 9.8 | 43.2 | 1,650 | 2,636 | 132 |
| 建設業 | 60.0 | – | 20.0 | 20.0 | – | 329 | 712 | 5 |
| 製造業 | – | – | 33.3 | – | 66.7 | 3,300 | 2,997 | 3 |
| 情報通信業 | – | – | – | – | – | – | – | 0 |
| 運輸業 | – | 100.0 | – | – | – | 550 | 550 | 1 |
| 卸売業 | – | – | 100.0 | – | – | 1,050 | 1,050 | 1 |
| 小売業 | 4.5 | 4.5 | 18.2 | 9.1 | 63.6 | 2,475 | 2,551 | 22 |
| 飲食店・宿泊業 | 11.1 | 30.6 | 8.3 | 8.3 | 41.7 | 1,350 | 2,140 | 36 |
| 医療・福祉 | 9.1 | 18.2 | 4.5 | 9.1 | 59.1 | 3,325 | 5,366 | 22 |
| 教育・学習支援業 | – | – | – | 50.0 | 50.0 | 2,255 | 2,255 | 2 |
| サービス業 | 13.2 | 23.7 | 23.7 | 10.5 | 28.9 | 1,200 | 1,959 | 38 |
| 不動産業 | – | 100.0 | – | – | – | 650 | 650 | 1 |
| その他 | – | – | – | – | 100.0 | 3,000 | 3,000 | 1 |
| 男性 | 10.8 | 21.6 | 13.7 | 8.8 | 45.1 | 1,710 | 2,633 | 102 |
| 女性 | 13.3 | 16.7 | 20.0 | 13.3 | 36.7 | 1,525 | 2,646 | 30 |
| 29歳以下 | – | 16.7 | 16.7 | 16.7 | 50.0 | 2,050 | 2,115 | 6 |
| 30～39歳 | 12.2 | 22.0 | 12.2 | 9.8 | 43.9 | 1,800 | 2,920 | 41 |
| 40～49歳 | 12.2 | 14.3 | 20.4 | 14.3 | 38.8 | 1,650 | 2,398 | 49 |
| 50～59歳 | 8.0 | 28.0 | 12.0 | – | 52.0 | 2,050 | 2,724 | 25 |
| 60歳以上 | 18.2 | 27.3 | 9.1 | 9.1 | 36.4 | 1,200 | 2,725 | 11 |

⒂ 開業費用（不動産を購入しなかった企業）　問35

（単位：％）

| | 500万円未満 | 500万〜1,000万円未満 | 1,000万〜1,500万円未満 | 1,500万〜2,000万円未満 | 2,000万円以上 | 中央値（万円） | 平均値（万円） | 有効回答数（件） |
|---|---|---|---|---|---|---|---|---|
| 全体 | 45.4 | 31.2 | 12.1 | 4.9 | 6.4 | 510 | 763 | 1,254 |
| 建設業 | 52.6 | 35.1 | 8.2 | 3.1 | 1.0 | 400 | 531 | 97 |
| 製造業 | 47.1 | 23.5 | 11.8 | 8.8 | 8.8 | 590 | 802 | 34 |
| 情報通信業 | 54.8 | 29.0 | 6.5 | 6.5 | 3.2 | 400 | 619 | 31 |
| 運輸業 | 76.6 | 15.6 | 4.7 | 1.6 | 1.6 | 300 | 472 | 64 |
| 卸売業 | 42.4 | 27.1 | 5.1 | 6.8 | 18.6 | 550 | 1,109 | 59 |
| 小売業 | 42.0 | 31.9 | 8.7 | 9.4 | 8.0 | 510 | 792 | 138 |
| 飲食店・宿泊業 | 30.2 | 37.3 | 17.2 | 7.7 | 7.7 | 700 | 887 | 169 |
| 医療・福祉 | 34.7 | 35.6 | 14.8 | 4.2 | 10.6 | 620 | 1,051 | 216 |
| 教育・学習支援業 | 61.1 | 13.9 | 16.7 | 5.6 | 2.8 | 345 | 548 | 36 |
| サービス業 | 51.4 | 29.7 | 12.4 | 2.5 | 4.0 | 490 | 617 | 354 |
| 不動産業 | 31.8 | 40.9 | 18.2 | 6.8 | 2.3 | 665 | 757 | 44 |
| その他 | 75.0 | 16.7 | 8.3 | − | − | 375 | 455 | 12 |
| 男性 | 42.6 | 32.1 | 13.2 | 5.1 | 7.0 | 550 | 802 | 1,000 |
| 女性 | 56.3 | 27.6 | 7.9 | 4.3 | 3.9 | 429 | 608 | 254 |
| 29歳以下 | 50.0 | 34.8 | 10.6 | 1.5 | 3.0 | 478 | 570 | 66 |
| 30〜39歳 | 43.5 | 30.9 | 13.9 | 5.5 | 6.3 | 585 | 810 | 382 |
| 40〜49歳 | 41.1 | 34.4 | 12.0 | 4.7 | 7.7 | 566 | 812 | 465 |
| 50〜59歳 | 51.2 | 27.8 | 11.5 | 5.6 | 4.0 | 480 | 687 | 252 |
| 60歳以上 | 56.2 | 22.5 | 7.9 | 4.5 | 9.0 | 390 | 664 | 89 |

⒃ 現在の売上状況 問40

(単位：%)

| | 増加傾向 | 横ばい | 減少傾向 | 有効回答数(件) |
|---|---|---|---|---|
| 全体 | 44.4 | 35.9 | 19.7 | 1,438 |
| 建設業 | 42.3 | 40.4 | 17.3 | 104 |
| 製造業 | 42.5 | 40.0 | 17.5 | 40 |
| 情報通信業 | 52.8 | 36.1 | 11.1 | 36 |
| 運輸業 | 24.2 | 33.3 | 42.4 | 66 |
| 卸売業 | 41.9 | 25.8 | 32.3 | 62 |
| 小売業 | 41.5 | 36.0 | 22.6 | 164 |
| 飲食店・宿泊業 | 19.6 | 36.4 | 44.0 | 209 |
| 医療・福祉 | 64.3 | 28.6 | 7.1 | 252 |
| 教育・学習支援業 | 54.8 | 31.0 | 14.3 | 42 |
| サービス業 | 50.1 | 39.0 | 10.9 | 403 |
| 不動産業 | 29.8 | 53.2 | 17.0 | 47 |
| その他 | 46.2 | 38.5 | 15.4 | 13 |
| 男性 | 44.5 | 35.0 | 20.5 | 1,142 |
| 女性 | 43.9 | 39.2 | 16.9 | 296 |
| 29歳以下 | 54.5 | 32.5 | 13.0 | 77 |
| 30～39歳 | 52.3 | 32.5 | 15.1 | 449 |
| 40～49歳 | 44.3 | 37.1 | 18.6 | 531 |
| 50～59歳 | 34.6 | 41.1 | 24.3 | 280 |
| 60歳以上 | 28.7 | 32.7 | 38.6 | 101 |

⒄　現在の採算状況　問41

（単位：％）

| | 黒字基調 | 赤字基調 | 有効回答数（件） |
|---|---|---|---|
| 全体 | 58.2 | 41.8 | 1,413 |
| 建設業 | 69.5 | 30.5 | 105 |
| 製造業 | 48.7 | 51.3 | 39 |
| 情報通信業 | 50.0 | 50.0 | 36 |
| 運輸業 | 44.6 | 55.4 | 65 |
| 卸売業 | 64.5 | 35.5 | 62 |
| 小売業 | 58.3 | 41.7 | 163 |
| 飲食店・宿泊業 | 41.3 | 58.7 | 201 |
| 医療・福祉 | 65.5 | 34.5 | 249 |
| 教育・学習支援業 | 52.4 | 47.6 | 42 |
| サービス業 | 63.3 | 36.7 | 392 |
| 不動産業 | 47.8 | 52.2 | 46 |
| その他 | 76.9 | 23.1 | 13 |
| 男性 | 60.4 | 39.6 | 1,122 |
| 女性 | 49.5 | 50.5 | 291 |
| 29歳以下 | 67.1 | 32.9 | 76 |
| 30～39歳 | 65.3 | 34.7 | 441 |
| 40～49歳 | 60.7 | 39.3 | 522 |
| 50～59歳 | 47.6 | 52.4 | 273 |
| 60歳以上 | 35.6 | 64.4 | 101 |

⒅ 現在の業況 問42

（単位：%）

| | 良い | やや良い | やや悪い | 悪い | 有効回答数（件） |
|---|---|---|---|---|---|
| 全体 | 8.7 | 47.8 | 29.4 | 14.2 | 1,424 |
| 建設業 | 8.9 | 50.5 | 32.7 | 7.9 | 101 |
| 製造業 | 5.3 | 57.9 | 26.3 | 10.5 | 38 |
| 情報通信業 | 5.6 | 50.0 | 25.0 | 19.4 | 36 |
| 運輸業 | 7.6 | 40.9 | 34.8 | 16.7 | 66 |
| 卸売業 | 4.8 | 48.4 | 32.3 | 14.5 | 62 |
| 小売業 | 10.4 | 45.1 | 31.7 | 12.8 | 164 |
| 飲食店・宿泊業 | 3.4 | 45.6 | 30.1 | 20.9 | 206 |
| 医療・福祉 | 12.9 | 52.6 | 23.7 | 10.8 | 249 |
| 教育・学習支援業 | 11.9 | 38.1 | 23.8 | 26.2 | 42 |
| サービス業 | 10.2 | 48.6 | 29.2 | 12.0 | 401 |
| 不動産業 | 0.0 | 32.6 | 41.3 | 26.1 | 46 |
| その他 | 7.7 | 53.8 | 30.8 | 7.7 | 13 |
| 男性 | 9.0 | 48.3 | 29.2 | 13.4 | 1,132 |
| 女性 | 7.5 | 45.5 | 29.8 | 17.1 | 292 |
| 29歳以下 | 13.0 | 49.4 | 31.2 | 6.5 | 77 |
| 30～39歳 | 13.7 | 48.4 | 26.6 | 11.3 | 444 |
| 40～49歳 | 6.9 | 53.2 | 28.9 | 11.1 | 523 |
| 50～59歳 | 5.4 | 38.8 | 33.5 | 22.3 | 278 |
| 60歳以上 | 2.0 | 40.2 | 31.4 | 26.5 | 102 |

⒆ 予想月商達成率　問43

（単位：%）

| | 50%未満 | 50～75%未満 | 75～100%未満 | 100～125%未満 | 125%以上 | 中央値 | 平均値 | 有効回答数（件） |
|---|---|---|---|---|---|---|---|---|
| 全体 | 17.8 | 22.1 | 17.7 | 18.9 | 23.6 | 83.3 | 99.1 | 1,356 |
| 建設業 | 9.4 | 18.8 | 17.7 | 18.8 | 35.4 | 100.0 | 112.0 | 96 |
| 製造業 | 21.1 | 31.6 | 7.9 | 15.8 | 23.7 | 69.1 | 95.3 | 38 |
| 情報通信業 | 37.5 | 9.4 | 9.4 | 15.6 | 28.1 | 80.9 | 85.2 | 32 |
| 運輸業 | 30.6 | 33.9 | 17.7 | 11.3 | 6.5 | 62.5 | 69.7 | 62 |
| 卸売業 | 20.0 | 20.0 | 16.7 | 16.7 | 26.7 | 82.9 | 98.9 | 60 |
| 小売業 | 14.6 | 17.8 | 22.9 | 22.3 | 22.3 | 90.0 | 96.8 | 157 |
| 飲食店・宿泊業 | 29.8 | 32.3 | 17.7 | 8.6 | 11.6 | 61.3 | 69.8 | 198 |
| 医療・福祉 | 9.3 | 21.2 | 19.9 | 21.6 | 28.0 | 95.7 | 128.0 | 236 |
| 教育・学習支援業 | 17.5 | 30.0 | 20.0 | 12.5 | 20.0 | 77.5 | 87.2 | 40 |
| サービス業 | 15.2 | 17.8 | 15.4 | 23.8 | 27.7 | 100.0 | 104.1 | 382 |
| 不動産業 | 25.6 | 23.3 | 18.6 | 20.9 | 11.6 | 75.0 | 73.3 | 43 |
| その他 | 8.3 | 8.3 | 25.0 | 16.7 | 41.7 | 108.4 | 118.4 | 12 |
| 男性 | 17.7 | 21.0 | 18.4 | 19.1 | 23.9 | 85.7 | 98.4 | 1,076 |
| 女性 | 18.2 | 26.1 | 15.0 | 18.2 | 22.5 | 78.8 | 101.9 | 280 |
| 29歳以下 | 9.7 | 27.8 | 6.9 | 13.9 | 41.7 | 100.0 | 129.8 | 72 |
| 30～39歳 | 13.0 | 18.3 | 19.7 | 20.8 | 28.2 | 95.3 | 110.1 | 432 |
| 40～49歳 | 17.4 | 21.8 | 16.2 | 21.4 | 23.2 | 83.3 | 93.5 | 505 |
| 50～59歳 | 24.7 | 27.4 | 20.1 | 14.7 | 13.1 | 70.0 | 80.1 | 259 |
| 60歳以上 | 29.5 | 21.6 | 18.2 | 11.4 | 19.3 | 71.7 | 108.6 | 88 |

（注）予想月商達成率＝調査時点の月商÷開業前に予想していた月商×100

## 3 1991～2021年度調査の属性にかかる時系列データ

(1) 業 種

（単位：%）

| | 製造業 | 卸売業 | 小売業 | 飲食店 | 個人向けサービス業 | 事業所向けサービス業 | 建設業 | その他 |
|---|---|---|---|---|---|---|---|---|
| 1991 | 11.8 | 11.8 | 19.4 | 11.6 | 32.1 | | 8.1 | 5.2 |
| 1992 | 8.7 | 8.9 | 18.5 | 12.5 | 18.7 | 16.7 | 8.3 | 7.7 |
| 1993 | 7.6 | 8.5 | 17.7 | 14.7 | 21.8 | 14.8 | 7.9 | 7.0 |
| 1994 | 5.9 | 9.5 | 19.6 | 15.8 | 20.6 | 14.5 | 5.9 | 8.2 |
| 1995 | 8.9 | 7.0 | 16.8 | 16.8 | 25.9 | 9.3 | 7.9 | 7.4 |
| 1996 | 5.8 | 10.3 | 19.1 | 15.7 | 22.3 | 12.7 | 7.6 | 6.5 |
| 1997 | 5.6 | 8.8 | 17.7 | 16.9 | 24.3 | 11.2 | 9.4 | 6.1 |
| 1998 | 5.1 | 9.2 | 16.6 | 16.2 | 22.5 | 13.1 | 9.2 | 8.0 |
| 1999 | 5.6 | 9.3 | 15.6 | 16.3 | 24.7 | 10.8 | 8.8 | 8.8 |
| 2000 | 5.2 | 9.5 | 16.3 | 15.7 | 25.3 | 12.1 | 8.4 | 7.5 |
| 2001 | 6.9 | 8.7 | 15.9 | 13.4 | 27.4 | 11.1 | 8.7 | 8.0 |
| 2002 | 5.2 | 7.2 | 18.6 | 15.4 | 27.4 | 12.1 | 8.4 | 5.8 |
| 2003 | 7.3 | 8.4 | 15.3 | 13.7 | 27.7 | 10.8 | 9.3 | 7.5 |

（単位：%）

| | 建設業 | 製造業 | 情報通信業 | 運輸業 | 卸売業 | 小売業 | 飲食店・宿泊業 | 医療・福祉 | 教育・学習支援業 | 個人向けサービス業 | 事業所向けサービス業 | 不動産業 | その他 |
|---|---|---|---|---|---|---|---|---|---|---|---|---|---|
| 2004 | 8.9 | 5.5 | 3.2 | 3.8 | 7.5 | 14.2 | 14.0 | 14.9 | 1.6 | 15.8 | 7.7 | 2.2 | 0.8 |
| 2005 | 8.5 | 5.2 | 2.5 | 3.6 | 6.8 | 15.9 | 14.5 | 16.1 | 1.5 | 14.2 | 6.9 | 2.4 | 1.9 |
| 2006 | 9.6 | 5.4 | 2.6 | 3.6 | 8.2 | 15.2 | 14.5 | 14.1 | 2.2 | 12.0 | 8.9 | 3.2 | 0.5 |
| 2007 | 7.5 | 5.0 | 3.2 | 2.4 | 5.9 | 13.6 | 16.9 | 15.8 | 1.6 | 17.4 | 8.2 | 1.6 | 0.9 |
| 2008 | 9.5 | 4.0 | 2.8 | 3.2 | 7.4 | 14.0 | 14.5 | 13.2 | 2.5 | 13.3 | 10.8 | 4.2 | 0.6 |
| 2009 | 9.5 | 6.2 | 3.0 | 3.6 | 6.1 | 10.4 | 13.9 | 14.8 | 1.3 | 18.2 | 8.1 | 4.2 | 0.9 |
| 2010 | 8.8 | 4.7 | 2.4 | 2.5 | 8.4 | 14.0 | 12.8 | 15.7 | 2.1 | 13.9 | 9.4 | 4.1 | 1.2 |
| 2011 | 7.1 | 2.7 | 2.9 | 4.0 | 7.9 | 12.9 | 13.6 | 17.5 | 2.3 | 24.8 | | 3.6 | 0.8 |
| 2012 | 7.2 | 3.2 | 2.7 | 2.2 | 7.2 | 14.6 | 12.9 | 19.8 | 2.6 | 16.0 | 6.0 | 4.2 | 1.5 |
| 2013 | 6.3 | 4.5 | 2.6 | 2.5 | 6.1 | 10.6 | 15.1 | 19.6 | 3.4 | 15.2 | 8.4 | 4.8 | 0.9 |
| 2014 | 6.4 | 3.5 | 2.5 | 1.8 | 5.5 | 13.2 | 14.9 | 21.9 | 3.2 | 15.0 | 7.2 | 3.7 | 1.2 |
| 2015 | 8.6 | 4.1 | 2.6 | 2.0 | 5.1 | 11.9 | 15.9 | 19.5 | 2.6 | 23.2 | | 3.7 | 0.7 |
| 2016 | 8.5 | 4.4 | 1.6 | 1.9 | 5.6 | 9.4 | 15.8 | 18.0 | 2.9 | 26.2 | | 4.5 | 1.1 |
| 2017 | 8.9 | 4.2 | 2.2 | 2.7 | 4.6 | 11.9 | 14.2 | 19.6 | 3.6 | 23.3 | | 4.1 | 0.7 |
| 2018 | 7.7 | 3.4 | 3.2 | 2.8 | 4.9 | 13.1 | 14.7 | 17.4 | 2.6 | 25.1 | | 4.2 | 0.8 |
| 2019 | 8.8 | 3.4 | 2.7 | 3.5 | 5.3 | 12.8 | 15.6 | 14.7 | 3.1 | 25.9 | | 3.7 | 0.5 |
| 2020 | 9.4 | 3.1 | 2.9 | 2.6 | 3.5 | 11.8 | 14.3 | 16.7 | 3.6 | 26.4 | | 4.4 | 1.3 |
| 2021 | 7.2 | 2.7 | 2.5 | 4.6 | 4.3 | 11.5 | 14.7 | 17.4 | 2.9 | 28.1 | | 3.3 | 0.9 |

（注）1 2004年度から業種分類を変更した。

2 「持ち帰り・配達飲食サービス業」は、「小売業」に含む（以下同じ）。

(2) 性　別

（単位：％）

| | 男性 | 女性 |
|---|---|---|
| 1991 | 87.6 | 12.4 |
| 1992 | 87.1 | 12.9 |
| 1993 | 87.1 | 12.9 |
| 1994 | 85.3 | 14.7 |
| 1995 | 86.7 | 13.3 |
| 1996 | 86.8 | 13.2 |
| 1997 | 85.1 | 14.9 |
| 1998 | 86.4 | 13.6 |
| 1999 | 87.5 | 12.5 |
| 2000 | 85.6 | 14.4 |
| 2001 | 84.7 | 15.3 |
| 2002 | 86.0 | 14.0 |
| 2003 | 86.2 | 13.8 |
| 2004 | 83.9 | 16.1 |
| 2005 | 83.5 | 16.5 |
| 2006 | 83.5 | 16.5 |
| 2007 | 84.5 | 15.5 |
| 2008 | 84.5 | 15.5 |
| 2009 | 85.5 | 14.5 |
| 2010 | 84.5 | 15.5 |
| 2011 | 85.0 | 15.0 |
| 2012 | 84.3 | 15.7 |
| 2013 | 84.9 | 15.1 |
| 2014 | 84.0 | 16.0 |
| 2015 | 83.0 | 17.0 |
| 2016 | 81.8 | 18.2 |
| 2017 | 81.6 | 18.4 |
| 2018 | 80.1 | 19.9 |
| 2019 | 81.0 | 19.0 |
| 2020 | 78.6 | 21.4 |
| 2021 | 79.3 | 20.7 |

(3)　開業直前の職業

（単位：％）

| | 会社や団体の常勤役員 | 正社員・正職員（管理職） | 正社員・正職員（管理職以外） | パートタイマー・アルバイト | 派遣社員・契約社員 | 家族従業員 | 自営業主 | 学生 | 専業主婦・主夫 | その他 |
|---|---|---|---|---|---|---|---|---|---|---|
| 1991 | 14.8 | 35.0 | 39.5 | 1.5 | − | − | − | 0.4 | 2.6 | 6.1 |
| 1992 | 14.5 | 36.3 | 36.7 | 2.9 | − | − | − | 0.3 | 2.0 | 7.2 |
| 1993 | 14.8 | 36.5 | 39.5 | 3.3 | − | − | − | 0.2 | 2.1 | 3.5 |
| 1994 | 13.9 | 35.2 | 41.9 | 3.0 | − | − | − | 0.3 | 1.7 | 3.9 |
| 1995 | 12.0 | 35.2 | 36.4 | 2.8 | 0.3 | − | − | 0.9 | 1.7 | 10.6 |
| 1996 | 14.2 | 37.6 | 36.2 | 2.1 | 0.4 | − | − | 0.2 | 1.9 | 7.3 |
| 1997 | 12.2 | 31.5 | 47.1 | 3.2 | 0.4 | − | − | 0.6 | 1.4 | 3.5 |
| 1998 | 11.3 | 37.1 | 42.2 | 2.9 | 0.3 | − | − | 0.1 | 1.4 | 4.6 |
| 1999 | 12.2 | 36.1 | 40.9 | 3.8 | 0.4 | − | − | 0.2 | 1.2 | 5.3 |
| 2000 | 14.6 | 36.8 | 38.5 | 3.9 | 1.4 | − | − | 0.3 | 1.6 | 2.9 |
| 2001 | 14.5 | 36.6 | 36.5 | 5.0 | 1.9 | − | − | 0.3 | 1.3 | 3.9 |
| 2002 | 13.3 | 34.6 | 40.1 | 3.4 | 1.5 | − | − | 0.3 | 1.4 | 5.5 |
| 2003 | 12.0 | 42.1 | 30.4 | 5.9 | 1.5 | − | − | 0.7 | 1.5 | 5.9 |
| 2004 | 12.2 | 37.4 | 34.7 | 5.6 | − | − | − | 0.6 | 1.4 | 8.2 |
| 2005 | 12.4 | 36.1 | 33.5 | 6.1 | 1.9 | − | − | 0.2 | 1.7 | 8.0 |
| 2006 | 13.1 | 37.2 | 32.6 | 5.3 | 2.4 | − | − | 0.7 | 1.7 | 7.1 |
| 2007 | 10.9 | 39.8 | 33.6 | 5.9 | 2.7 | − | − | 0.8 | 2.5 | 3.6 |
| 2008 | 13.1 | 38.2 | 33.9 | 5.4 | 2.5 | − | − | 0.5 | 1.4 | 5.1 |
| 2009 | 13.7 | 38.4 | 32.9 | 5.4 | 2.6 | − | − | 0.4 | 1.4 | 5.1 |
| 2010 | 13.0 | 45.2 | 26.3 | 6.0 | 2.5 | − | − | 0.4 | 0.9 | 5.8 |
| 2011 | 13.0 | 38.0 | 31.3 | 6.1 | 2.6 | − | − | 0.4 | 1.4 | 7.4 |
| 2012 | 10.7 | 41.2 | 31.0 | 6.4 | 3.0 | − | − | 0.4 | 1.4 | 5.8 |
| 2013 | 10.7 | 44.7 | 28.8 | 5.8 | 2.9 | − | − | 0.3 | 1.3 | 5.6 |
| 2014 | 10.2 | 44.9 | 29.2 | 6.4 | 2.8 | − | − | 0.2 | 0.8 | 5.5 |
| 2015 | 11.3 | 40.7 | 29.4 | 6.6 | 3.9 | − | − | 0.3 | 0.9 | 6.7 |
| 2016 | 10.4 | 45.1 | 28.5 | 7.4 | 3.4 | − | − | 0.3 | 0.7 | 4.3 |
| 2017 | 10.0 | 40.8 | 31.9 | 5.8 | 3.3 | 0.8 | 3.8 | 0.4 | 1.1 | 2.1 |
| 2018 | 10.0 | 42.2 | 29.5 | 7.7 | 2.8 | 2.0 | 3.5 | 0.3 | 1.3 | 0.6 |
| 2019 | 11.4 | 38.3 | 32.1 | 7.7 | 3.3 | 1.4 | 4.2 | 0.2 | 0.7 | 0.6 |
| 2020 | 10.7 | 39.5 | 29.8 | 9.2 | 3.1 | 1.6 | 3.4 | 0.3 | 1.1 | 1.2 |
| 2021 | 11.2 | 41.3 | 28.3 | 7.4 | 3.3 | 0.8 | 4.7 | 0.1 | 1.3 | 1.5 |

（注）1　1991～1994年度調査および2004年度調査では「派遣社員・契約社員」の選択肢はない。また、1995～1999年度調査では「派遣社員・契約社員」ではなく「派遣社員」の値を掲載している。

2　2007年度調査までの選択肢は「専業主婦・主夫」ではなく「専業主婦」である。

(4) 開業時の年齢

（単位：％）

| | 29歳以下 | 30～39歳 | 40～49歳 | 50～59歳 | 60歳以上 | 平均年齢（歳） |
|---|---|---|---|---|---|---|
| 1991 | 14.5 | 39.9 | 34.1 | 9.3 | 2.2 | 38.9 |
| 1992 | 14.1 | 38.5 | 36.7 | 9.0 | 1.7 | 38.9 |
| 1993 | 14.7 | 37.8 | 34.3 | 11.8 | 1.4 | 39.2 |
| 1994 | 13.4 | 39.0 | 34.3 | 11.1 | 2.1 | 39.2 |
| 1995 | 13.2 | 36.9 | 36.1 | 11.5 | 2.3 | 39.7 |
| 1996 | 13.1 | 37.9 | 35.0 | 12.3 | 1.8 | 39.6 |
| 1997 | 15.0 | 37.0 | 32.6 | 12.8 | 2.5 | 39.6 |
| 1998 | 15.2 | 35.6 | 31.7 | 14.6 | 2.9 | 40.2 |
| 1999 | 12.2 | 36.1 | 30.4 | 18.8 | 2.6 | 40.9 |
| 2000 | 12.1 | 32.2 | 31.9 | 21.1 | 2.7 | 41.6 |
| 2001 | 11.0 | 34.4 | 29.2 | 21.5 | 3.9 | 41.8 |
| 2002 | 13.4 | 35.4 | 28.3 | 19.1 | 3.8 | 40.9 |
| 2003 | 11.8 | 36.5 | 26.4 | 21.1 | 4.2 | 41.4 |
| 2004 | 10.3 | 33.4 | 27.3 | 23.2 | 5.8 | 42.6 |
| 2005 | 9.9 | 31.8 | 27.7 | 24.1 | 6.5 | 43.0 |
| 2006 | 8.3 | 34.2 | 29.1 | 23.1 | 5.3 | 42.9 |
| 2007 | 11.3 | 39.5 | 24.3 | 20.5 | 4.3 | 41.4 |
| 2008 | 9.5 | 38.9 | 28.4 | 18.4 | 4.8 | 41.5 |
| 2009 | 9.1 | 38.5 | 26.5 | 19.4 | 6.5 | 42.1 |
| 2010 | 8.7 | 35.6 | 29.2 | 18.9 | 7.7 | 42.6 |
| 2011 | 8.2 | 39.2 | 28.4 | 17.7 | 6.6 | 42.0 |
| 2012 | 9.8 | 39.4 | 28.3 | 16.9 | 5.6 | 41.4 |
| 2013 | 8.1 | 40.2 | 29.8 | 15.5 | 6.5 | 41.7 |
| 2014 | 7.6 | 38.6 | 30.5 | 17.4 | 5.9 | 42.1 |
| 2015 | 7.4 | 35.8 | 34.2 | 15.4 | 7.1 | 42.4 |
| 2016 | 7.1 | 35.3 | 34.5 | 16.9 | 6.2 | 42.5 |
| 2017 | 8.1 | 34.2 | 34.1 | 16.9 | 6.6 | 42.6 |
| 2018 | 6.9 | 31.8 | 35.1 | 19.0 | 7.3 | 43.3 |
| 2019 | 4.9 | 33.4 | 36.0 | 19.4 | 6.3 | 43.5 |
| 2020 | 4.8 | 30.7 | 38.1 | 19.7 | 6.6 | 43.7 |
| 2021 | 5.4 | 31.3 | 36.9 | 19.4 | 7.0 | 43.7 |

(5) 開業費用

（単位：％）

| | 500万円未満 | 500万〜1,000万円未満 | 1,000万〜1,500万円未満 | 1,500万〜2,000万円未満 | 2,000万円以上 | 中央値（万円） | 平均値（万円） |
|---|---|---|---|---|---|---|---|
| 1991 | 23.8 | 26.7 | 18.4 | 10.3 | 20.8 | 970 | 1,440 |
| 1992 | 22.4 | 29.3 | 17.4 | 9.4 | 21.5 | 908 | 1,682 |
| 1993 | 21.0 | 28.3 | 17.3 | 10.4 | 22.9 | 1,000 | 1,750 |
| 1994 | 19.6 | 28.1 | 17.8 | 9.2 | 25.3 | 1,000 | 1,775 |
| 1995 | 20.3 | 28.0 | 18.3 | 9.3 | 24.2 | 1,000 | 1,770 |
| 1996 | 22.1 | 30.3 | 16.5 | 8.8 | 22.4 | 919 | 1,530 |
| 1997 | 21.5 | 29.8 | 19.5 | 9.1 | 20.1 | 920 | 1,525 |
| 1998 | 24.3 | 27.5 | 18.9 | 9.9 | 19.3 | 900 | 1,377 |
| 1999 | 24.3 | 30.8 | 15.8 | 7.8 | 21.3 | 850 | 1,682 |
| 2000 | 24.4 | 29.2 | 15.5 | 9.7 | 21.1 | 895 | 1,537 |
| 2001 | 22.6 | 32.2 | 16.6 | 7.9 | 20.8 | 850 | 1,582 |
| 2002 | 24.9 | 28.8 | 17.1 | 8.1 | 21.1 | 900 | 1,538 |
| 2003 | 29.6 | 30.2 | 15.8 | 7.3 | 17.1 | 800 | 1,352 |
| 2004 | 29.8 | 28.9 | 15.2 | 6.4 | 19.6 | 780 | 1,618 |
| 2005 | 31.8 | 29.0 | 14.2 | 5.6 | 19.4 | 705 | 1,536 |
| 2006 | 30.1 | 27.1 | 16.4 | 7.5 | 18.9 | 800 | 1,486 |
| 2007 | 31.7 | 28.6 | 15.7 | 5.7 | 18.3 | 724 | 1,492 |
| 2008 | 35.4 | 29.1 | 15.0 | 6.6 | 13.9 | 660 | 1,238 |
| 2009 | 34.3 | 28.3 | 15.0 | 6.6 | 15.8 | 700 | 1,288 |
| 2010 | 38.1 | 28.5 | 13.3 | 4.7 | 15.5 | 620 | 1,289 |
| 2011 | 39.8 | 26.6 | 13.8 | 5.4 | 14.5 | 620 | 1,162 |
| 2012 | 35.4 | 31.1 | 12.7 | 6.4 | 14.3 | 682 | 1,269 |
| 2013 | 34.7 | 31.0 | 14.4 | 6.6 | 13.2 | 690 | 1,195 |
| 2014 | 32.5 | 31.8 | 13.8 | 6.7 | 15.2 | 700 | 1,287 |
| 2015 | 32.8 | 31.6 | 14.9 | 6.9 | 13.8 | 720 | 1,205 |
| 2016 | 35.3 | 30.9 | 14.5 | 6.0 | 13.3 | 670 | 1,223 |
| 2017 | 37.4 | 29.3 | 14.0 | 6.8 | 12.6 | 639 | 1,143 |
| 2018 | 37.4 | 31.0 | 13.7 | 5.8 | 12.1 | 600 | 1,062 |
| 2019 | 40.1 | 27.8 | 15.0 | 5.6 | 11.5 | 600 | 1,055 |
| 2020 | 43.7 | 27.3 | 13.3 | 5.0 | 10.8 | 560 | 989 |
| 2021 | 42.1 | 30.2 | 12.4 | 5.4 | 9.9 | 580 | 941 |

## 4　日本政策金融公庫（国民生活事業）の新規開業支援窓口

(1)　創業支援センター

創業支援センターでは、地域の創業支援機関とのネットワークの構築等を通じて、創業・第二創業をお考えの皆さまを支援する取り組みを行っています。

| 名　称 | 担当地域 |
|---|---|
| 北海道創業支援センター | 北海道 |
| 東北創業支援センター | 青森、岩手、宮城、秋田、山形、福島の各県 |
| 北関東信越創業支援センター | 茨城、栃木、群馬、埼玉、新潟、長野の各県 |
| 東京創業支援センター | 東京都（23区および大島、三宅、八丈、小笠原の各支庁の所管区域） |
| 多摩創業支援センター | 東京都（上記以外） |
| 南関東創業支援センター | 千葉、神奈川、山梨の各県 |
| 北陸創業支援センター | 富山、石川、福井の各県 |
| 名古屋創業支援センター | 岐阜、静岡、愛知、三重の各県 |
| 京都創業支援センター | 滋賀県、京都府 |
| 神戸創業支援センター | 兵庫県 |
| 大阪創業支援センター | 大阪、奈良、和歌山の各府県 |
| 中国創業支援センター | 鳥取、島根、岡山、広島、山口の各県 |
| 四国創業支援センター | 徳島、香川、愛媛、高知の各県 |
| 福岡創業支援センター | 福岡、佐賀、長崎、大分の各県 |
| 熊本創業支援センター | 熊本、宮崎、鹿児島の各県 |

2022年6月1日現在

### (2)　ビジネスサポートプラザ

ビジネスサポートプラザでは、創業される方や公庫を初めて利用される方を対象に平日はもちろん、土日相談（祝日を除く）を実施しています。予約制ですので、ゆっくりご相談いただけます。

| 名　称 | 所在地 | 予約専用ダイヤル | 土日相談実施日 |
| --- | --- | --- | --- |
| 東京ビジネスサポートプラザ（新宿） | 〒160-0023<br>東京都新宿区西新宿1-14-9 | 03(3342)3831 | 毎週土曜日<br>および毎月<br>第1、3日曜日 |
| 名古屋ビジネスサポートプラザ | 〒450-0002<br>愛知県名古屋市中村区名駅3-25-9<br>（堀内ビル6階） | 052(561)6316 | 毎週土曜日 |
| 大阪ビジネスサポートプラザ | 〒530-0057<br>大阪府大阪市北区曾根崎2-3-5<br>（梅新第一生命ビルディング7階） | 06(6315)0312 | 毎週土曜日 |

2022年6月1日現在

2022年版　新規開業白書

2022年7月4日　発行　(禁無断転載)

編　者　日本政策金融公庫総合研究所

発行者　平　岩　照　正

発行所　株式会社 佐伯コミュニケーションズ

〒151-0051 東京都渋谷区千駄ヶ谷5-29-7
ドルミ御苑1002号
電話 03(5368)4301
FAX 03(5368)4380
https://www.saiki.co.jp/

落丁・乱丁本はお取替えいたします。